신사업, 신제품 오디세이

황춘석

박영사

신사업과 신제품. 기업들이 탄생하는 순간부터 고민해야 하는 숙명적인 주제입니다. 라이프 사이클의 차이는 있지만 현재의 제품은 언젠가 사라지거나 더 나은 제품, 더 강력한 경쟁사가 대체할 것이라는 자연의 법칙을 본능적으로 알고 있기 때문이죠. 그래서 기업들은 생존과 또 다른 성장을 위해 새로운 뭔가를 찾으려고 끊임없이 고민합니다. 그런데 최근의 상황은 과거보다 훨씬 더 절박해지고, 시간 여유가 없어졌습니다. 시장과 경쟁의 생태계ecosystem가 급격하고 복잡하게 바뀐 탓입니다.

끊임없이 변하고 있는 비즈니스 생태계

비즈니스 생태계의 변화를 일으키는 요인들은 많습니다. 기업을 둘러싸고 있는 사회, 경제, 법률, 기술, 가치관, 욕망 등과 같은 외부 조건들이죠. 이러한 요인들은 시간의 흐름에 따라 끊임없이 변하고, 상호작용을 하면서 4차 산업혁명과 같은 새로운 패러다임, 그리고 트렌드와 유행을 만들기도 하고, 변화의 방향과 속도에 영향을 미칩니다. 이것은 '태양 아래 변하지 않는 것은 없다'라는 진리처럼 신이 만든 세상의 법칙입니다. 이러한 외부 조건들의 변화에 영향을 받는 비즈니스 세계도 같이 바뀌는 것은 당연한 일입니다.

비즈니스 세계 안에서도 서로 복잡한 상호작용을 하고 있는 요소들이 많습니다. 국가 간의 힘power, 국내외 경쟁사(기존, 신규)와 전후방 가치 체인(예를 들면 원부원료 공급업체, 가공업체, 모듈업체, 세트업체, 최종 사용자), 그리고 기업 내부를 보면 권력 구조와 의사결정 구조, 내부 역량 같은 것들입니다. 이러한 요소들이 서로 상호작용을 하거나 독립적으로 작동하면서 사업의 성공과 실패에 큰 영향을 미치지요. 결국 기업의 생존과 성장 확률은 끊임없이 변화하는 비즈니스의 생태계에서 유연하게 대응할 수 있는 내부 역량을 얼마나 가지고 있느냐에 달려 있습니다.

에드워드 로렌츠가 '베이징에 있는 나비 한 마리의 날갯짓이 뉴욕에 커다란 폭풍을 일으킬 수 있다'라고 말한 나비효과butterfly effect는 인과관계의 복잡성과 증폭성에 대해 말한 것입니다. 이런 측면에서 보면 최근 비즈니스 세계에서 가장 큰 '날갯짓'은 아마도 '중국 시장과 중국 기업'의 역할 변화가 될 겁니다. '중국'이라는 곳은 과거에는 기회의 땅이었지만, 지금은 부메랑처럼 위협이 되어 거꾸로 날아오고 있지요.

그리 멀지 않은 과거에 한국 기업뿐만 아니라 많은 선진 기업이 '중국 시장'을 중심으로 지역적 확장을 통한 성장 전략을 취했습니다. 그런데 중국 기업들은 단기간 내 축적한 국가자본력과 기술력을 무기로 자국 시장뿐만 아니라 해외 시장에서도 강력한 경쟁자로 성장하면서 세계 시장의 생태계에 큰 변화를 만들었습니다. 즉, 복잡한 상호작용으로 이루어진 세계 시장에서 중국 기업들이 강력한 공급자로 성장하면서 세계 시장에 큰 변화의 물결을 만든 것이지요. 이러한 충격파는 기술 장벽이 상대적으로 낮은 산업과 용도에서 조선, 자동차 등으로 점점 그 범위가 넓어지고, 가속화되고 있습니다. 인공지능, 전기자동차나 드론 같은 일부 첨단 산업 분야에서는 이미 앞서고 있으며, 어느 순간에 이 모든 변화가 순차적 형태에서 동시다발적으로 영향을 미치고 있습니다. 이렇게 실감 나는 변화 속에 중국 기업과 비슷한 사업 영역을 가지고 있는 기업들의 고민은 더욱 깊어지고 있습니다.

기업의 지속적인 생존과 성장 엔진은 신사업, 신제품

사실 중국은 오랜 산업 역사의 과정에서 발생한 하나의 사건에 불과하며, 이와 같은 로렌츠의 '날갯짓'은 앞으로도 다양한 형태와 방식, 크기로 계속 나타날 것입니다. 이렇게 끊임없이 변덕스럽게 요동치는 물결 속에서 기업들의 생존과 성장 방식에는 선택의 여지가 별로 없습니다. 좀 더 난이도가 높은 고부가 시장이나 혁신적인 제품과 용도를 끊임없이 발굴할 수밖에 없죠. 이러한 기본 명제에 대해 모든 기업이 동의합니다. 하지만 현실은 이론처럼 쉽지가 않아서, 수많은 노크에도 성공의 문은 좀처럼 열리지 않습니다. 어느 연구 결과에 따르면 도출된 신사업, 신제품 아이디어가 상업적으로 성공할 확률이 0.03%에 불과하다고 합니다. 왜 이렇게 성공률이 저조할까요?

저는 몇십 년간 신사업과 신제품의 추진 방식과 패턴에 대해 관찰과 경험, 인터뷰와 사례 연구를 하면서 이러한 현상의 핵심 원인을 찾으려고 노력했는데, 실패와 성공의 현상적 원인은 참으로 다양했습니다. 편협한 리더의 독단적 의사결정,

시장 진입 타이밍 문제, 잘못된 공동 개발 파트너 선정, 미흡한 제품 기획, 제품 개발과 양산화 지연, 고객 인증qualification 지연, 품질 문제, 경쟁 심화와 급격한 가격 하락, 특허 이슈, 높은 매출 원가 구조, 차세대 제품 개발의 실패, 시장 확장 지연 등등의 악순환이 증폭되면서 결국 출혈을 견디지 못하고 항복하게 됩니다. 그렇지 않으면 '혹시나 상황이 호전되지 않을까?' 하는 기대 속에서 언제 멈출지도 모르는 출혈을 누르면서 고통스럽게 버티고 있는 것이죠.

그리고 이렇게 험한 상황에 처한 신사업, 신제품 추진 멤버들은 감내하기 어려운 압박과 업무 강도, 회사 내부의 정치적인 상황까지도 인내해야 합니다. 고통 속에서 '앞으로는 절대 신사업, 신제품 근처에도 가지 않겠다'라는 다짐을 하기도 합니다. 물론 새로운 것에 도전하는 즐거움과 기대도 있지만, 한편으로는 기존 사업에서 안정된 생활을 하는 동료들이 부럽기도 하죠. 이러한 광경은 옆에서 지켜보기에도 참으로 안타깝습니다.

비즈니스 생태계ecosystem의 기본적인 속성은 자연의 생태계와 같습니다. 시간이 흐르고 공간이 변하면서 기존의 사업에 많은 변화가 일어납니다. 기간의 차이는 있지만 기존 사업이 쇠퇴, 소멸하고 새로운 것이 생성되는 것은 필연입니다. 즉, '중국 이슈'가 아니더라도 신사업, 신제품의 지속적인 발굴과 추진은 기업의 지속적인 생존과 성장을 위해 반드시 필요하다는 의미입니다.

신사업과 신제품의 핵심 성공 요소

그럼, 신사업, 신제품의 성공 확률을 높이기 위해 어떻게 해야 할까요? 오래 전부터 이 물음에 대해 좀 더 실질적인 이야기를 하고 싶었던 소명 의식이 있었습니다. 에베레스트산을 정복하기 위한 등정대의 정신력은 매우 중요합니다. 하지만 등반 전략과 전술 수준, 그리고 등반 기술이 충분하지 않고 장비가 뒤떨어져 있다면 산을 정복할 확률은 그리 높지 않을 겁니다. 그리고 '등정대의 정신력'도 리더가 필요성을 강조하고 강요한다고 해서 만들어지는 것이 아니라, 그럴 수 있는 환경이 조성되어야 합니다. 그래서 이 책에서는 성공적인 등정에 필요한 등반 전략과 기술, 도구, 그리고 도전과 몰입을 할 수 있는 환경 조성을 좀 더 실질적이고 구체적으로 다루고자 했습니다. 즉, 신사업, 신제품 고유의 비즈니스 환경적 특성과 발생되는 문제들의 일반적 패턴, 그리고 이에 제대로 접근하기 위한 실질적인 프로세스와 방법론, 도구에 대해 이론과 현실 간의 균형을 유지하며 성공적인 신사업과 신제품의 추진 지도map를 만들려고 했습니다.

당연히 지도만으로 에베레스트산 등정이 100% 보장되지는 않습니다. 단지 좀 더 잘 만들어진 지도는 정상까지의 자세한 경로와 위험 지역을 알려줄 뿐입니다. 성공 여부는 결국 등산가의 체력, 지식과 경험, 예측하지 못한 상황에 대한 대처 능력과 통찰력에 달려 있습니다. 신사업, 신제품의 세계도 예측하지 못하거나 통제하지 못하는 외부 변수가 에베레스트산의 기후처럼 변덕스럽게 때로는 무섭게 휘몰아칩니다. 이러한 통제 불가능한 환경을 극복할 수 있는 유일한 힘은 기업 내부에 축적된 통찰력 수준과 실행 역량, 의사결정력, 그리고 열정과 몰입을 하게 만드는 환경입니다. 이러한 요소들은 상당히 추상적이지만, 기업의 생존과 성장을 위해서는 반드시 확보해야 합니다. 이 책에서도 이를 위한 구축 프로세스와 방법론, 도구에 대해 좀 더 구체적이고 실질적인 내용을 전달하고자 했습니다.

이 책의 기대 독자

저는 이 책을 신사업, 신제품 분야의 진정한 전문가 혹은 전문가가 되기를 원하는 사람들과 경영자들을 위해 썼습니다.

그럼 신사업, 신제품의 전문가란 어떤 사람들인가요? 그것은 단지 아이템 발굴 혹은 개발, 마케팅, 생산 등 신사업과 신제품 추진 과정의 부분적 기능에 뛰어난 능력자나, 오랫동안 관련 업무를 담당한 경력자를 의미하지 않습니다. 실제 모든 신사업, 신제품의 성공은 고정된 특정 기능들의 뛰어난 수행이나 몇 가지 요소에 의해 이루어지는 것은 아닙니다.

신사업, 신제품의 특성과 상황에 따라 다양한 성공 요소가 존재하기 때문에, 전문가는 이러한 요소들을 상황에 따라 유연하게 조합하고 응용할 수 있어야 합니다.

그래서 '진정한 전문가'는 유망 아이템 발굴부터 성공적인 시장 진입과 확대, 그리고 미래에도 지속 가능한 성장 기반을 구축하는 데 필요한 구조와 구성 요소들을 설계, 운영할 수 있는 역량과 통찰력을 가진 '통합자integrator'여야 합니다.

그렇다고 통합자의 자격 조건이 단지 신사업, 신제품과 관련된 비즈니스 프로세스와 방법론, 도구들에 대한 해박한 지식과 경험뿐인 것은 아닙니다. 둘러싸고 있는 시장 환경, 내부 역량과 환경에 대해서도 정확하게 이해하고 있어야 합니다. 그래야 이론과 현실을 연계시켜 적용 가능한 운영 전략을 설계하는 통찰력을 가질 수 있습니다.

그리고 매우 어렵기는 하나 필요한 자격 조건이 또 하나 있습니다. 인간의 생각과 행동에 대한 근원적 이해와 심리적 현상을 이해할 수 있는 능력인데, 이것은 행위의 주체(내부 리더와 구성원)와 대상(고객)에 대한 근원적인 이해가 있어야 실행력과 응용력을 높일 수 있기 때문입니다.

결국 신사업, 신제품 전문가의 수준은 '추진 프로세스와 방법론, 도구', '사업 전략 및 내외부 환경', 그리고 '인간의 생각과 행동, 심리적 현상'들에 대한 깊은 이해도를 바탕으로, 이 세 가지를 통합할 수 있는 역량에 달려 있습니다. 그리고 이러한 통합 역량의 수준이 결국 일의 본질을 꿰뚫어 볼 수 있는 통찰력의 수준이 됩니다.

사실 이러한 전문가의 조건을 갖추기 위한 과정은 쉽지 않습니다. 습득할 지식과 경험의 플랫폼과 구성 요소를 정교하게 설계하고, 이를 확보하기 위한 긴 시간의 노력이 필요합니다. 그리고 다양한 영역의 지식과 경험을 체계적으로 축적, 확장하기 위한 내면화된 질문, 그리고 이에 대한 답을 찾기 위한 집요함과 몰입이 필요한 험난한 과정을 거쳐야 합니다.

너무 거창하고 이상적인가요? 이러한 자격 조건이 너무 방대할 수도 있습니다만, 적어도 한 분야의 진정한 전문가가 걸어가야 할 지향점으로 이 정도는 되어야 한다고 생각합니다.

이 책에서 전문가가 되기 위해 필요한 모든 지식을 자세하게 설명할 수는 없겠지만, 적어도 어떤 지식과 경험을 습득해야 할지에 대한 가이드라인은 제시할 수 있을 것 같습니다.

아무쪼록 이 책이 전문가가 되기 위한 힘든 과정과 시간들이 헛되지 않도록 방향과 경로를 제시해줄 수 있는 지식의 플랫폼이 되기를 바랍니다.

이 책은 제가 오랜 시간 다양한 경험과 관찰, 그리고 이론적 학습으로 축적한 유산의 결과물입니다. 이 책이 신사업과 신제품을 성공적으로 추진하는 데 도움이 되는 지도가 될 수 있기를 바랍니다. 그리고 실제 현실에는 적용하기 힘든 이론이나 과거 유행처럼 나타났다 사라졌던 일시적 기법이 아닌 신사업과 신제품 추진의 지식 플랫폼knowledge platform으로 오래 남을 수 있기를 소망합니다.

이 책의
내용 구성

이 책에서 다룰 영역은 크게 세 가지로 구성되어 있는데, '가치 창출 활동'과 '가치 창출 강화 요소', 그리고 가치 창출 활동의 주체인 '리더와 구성원'들입니다. 또한 이 3개의 각 영역별로 실제 가치를 창출하기 위한 구체적인 구성 요소들이 제시되어 있습니다.

다음 그림 '신사업과 신제품 추진의 성공 프레임워크'을 보시면 전체적인 시스템의 구조와 구성 요소들이 명기되어 있습니다.

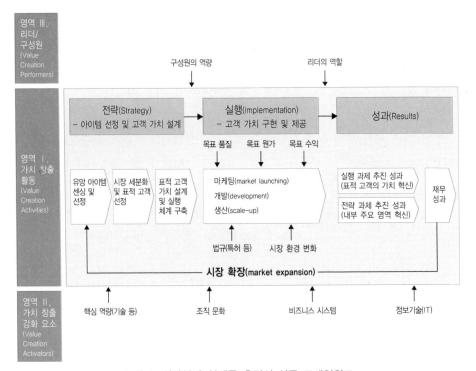

그림 1. 신사업과 신제품 추진의 성공 프레임워크

약간 복잡할 수도 있습니다만, 신사업과 신제품을 추진할 때 이 그림에 언급된 모든 영역과 구성 요소를 적용해야 하는 것은 아닙니다. 프레임워크는 다양한 유형의 신사업과 신제품을 고려하여 만들어져 있기 때문에 레고 블록lego blocks처럼 시장과 제품의 특성, 그리고 내부적 상황에 따라 일부 영역 혹은 일부 구성 요소들을 선택하여 설계할 수 있습니다.

그럼 신사업과 신제품 추진의 프레임워크를 구성하는 세 가지 영역을 개략적으로 살펴보겠습니다.

- **영역 I(가치 창출 활동)**: 실제 가치를 창출하는 활동인 유망 아이템 센싱 및 선정, 시장 세분화 및 표적 고객 선정, 표적 고객의 가치 설계 및 실행 체계 구축, 마케팅·개발·생산 활동, 성과 평가와 시장 확장 방법을 실질적인 관점에서 다루었습니다.

  그리고 각 활동 요소별로 구체적인 프로세스와 방법론, 도구에 대해서도 설명했습니다만, 이 영역의 성과는 이것을 설계하고 실행하는 '리더와 구성원'의 역량과 성공적인 추진 환경을 제공하는 '가치 창출 강화 요소'에 상당 부분 달려 있습니다.

- **영역 II(가치 창출 강화 요소)**: '가치 창출 활동'들을 지원하고 강화하는 요소인 핵심 역량, 조직 문화, 비즈니스 시스템과 정보기술(IT)로 구성되어 있습니다.

  이들은 경영의 인프라와 같은 것들인데 신사업 초기의 성과에는 크게 영향을 미치지 않을 수 있습니다만, 사업의 지속적 확장과 생존에 매우 중요한 요소들입니다.

- **영역 III(리더와 구성원)**: '가치 창출 활동'과 '가치 창출 강화 요소' 둘 다의 설계와 실행 수준을 결정하는 리더의 역할과 구성원의 역량에 대해 정의했습니다.

  특히 리더의 역할은 신사업과 신제품의 성공적 추진의 핵심 요소인 동시에 가장 제어하기 어려운 문제입니다. 어쨌든 이 책에서 리더의 역할에 대해 명확히 정의하였습니다만, 실제 실행 여부는 순전히 리더 개인의 성향과 의지에 맡겨둘 수밖에 없기 때문에 한계를 인식하면서 다루었습니다.

이 책을 쓸 때 한 가지 제약이 있었는데, 그것은 다양한 사업들의 특성을 모두 반영할 수 있는 내용을 기술하기가 어려웠다는 점입니다.

사실 사업을 특성별로 구분하면 다양한 유형들이 있습니다. 산업재와 소비재, B2B와 B2C, 제조업과 서비스업, 유통업 등등으로 말이죠. 그런데 사업 유형별로 프레임워크를 구성하는 요소들과 요소들 간의 중요도가 다르기 때문에, 모든 사업 유형을 만족시킬 수 있는 프레임워크를 설계하는 것은 어려운 일입니다. 따라서 뭔가 가장 대표적인 사업 유형을 정하되 모든 사업 유형들에 적용할 수 있는 프레임워크를 제시하고 설명하는 것이 가장 현실적인 접근일 것입니다.

그래서 이 책은 'B2B 산업재'를 중심으로 쓰여져 있습니다만 가능하다면 다른 유형의 사업들에도 적용될 수 있도록 내용을 구성하려고 노력했습니다. B2B 산업재를 중심으로 한 데는 이유가 있습니다. 산업재에는 마케팅, 연구개발, 생산, 기술, 정보기술 등 제조업에서 일반적으로 다루어야 하는 요소들이 대부분 담겨져 있기 때문에, 적용상의 확장성이 높을 것이라고 생각했기 때문입니다. 사실 B2C 소비재와는 달리 B2B 산업재 관련 서적이 거의 없는 현실도 영향을 미쳤습니다.

하지만 브랜드, 광고, 판촉, 가격, 유통 채널, 소비자의 심리적 현상 등과 같이 B2C 소비재, 서비스업 등의 사업에서는 매우 중요한 요소들인데도 불구하고, B2B 산업재에서는 상대적으로 덜 중요하여 다루지 못했거나 가볍게 다룬 것은 아쉬운 일입니다.

애초부터 이 책을 쓸 때 기본 방향은 기업에서 실질적으로 적용할 수 있는 내용들을 통합적으로 심도 있게 다루어보자는 것이었습니다. 통찰력과 다양성, 기술 진화, 패턴, 트렌드, 마케팅과 판매, 연구개발, 품질, 설비 및 공정 관리, 기술, 구매, 조직 문화 등 신사업과 신제품에 관련된 주요 요소들 모두를 깊이 있게 기술하려고 했습니다. 그러다 보니 주제가 다양해져서, 특정 기능 업무에 대한 지식과 경험만 있는 분들에게는 조금 익숙하지 않은 내용과 용어도 있으리라 생각됩니다.

그래서 이 책을 볼 때 우선 전체의 구조와 구성 요소들framework을 충분히 이해하고 난 뒤, 순서에 관계없이 관심 있는 내용을 선택하여 읽는 것도 괜찮습니다. 그리고 정확하게 이해하기 어려운 내용은 개략적인 의미만 이해하고, 나중에 심도 있게 천천히 공부하는 것도 좋은 방법이라고 생각합니다.

앞에서 언급한 이유 이외에도 제 개인적인 능력의 한계와 과한 욕심으로 어떤 페이지는 읽고 이해하는 데 인내심이 필요할 수도 있습니다, 하지만 이 모든 것이 저의 소명 의식과 열정이라는 선의에서 비롯된 것이라고 이해해주시면 좋겠습니다.

Contents

차 례

제 **1** 장

시작하는 말

01 기존의 신사업과 신제품 추진 방식의 한계

신사업, 신제품의 필요성에 대한 장황한 설명은 필요하지 않을 것 같습니다. 속도의 차이는 있지만 모든 기존 사업과 제품은 언젠가 없어지거나 더 나은 신제품에 의해 대체됩니다. 이것이 '경쟁이 존재하는 생태계의 법칙'이라는 것을 기업들은 잘 알고 있습니다.

그래서 기업들은 지속적으로 생존, 성장하기 위해 치열하게 신사업, 신제품에 관해 고민합니다. 다양한 방법으로 아이디어를 발굴하고, 투자심의위원회 등을 통해 유망한 아이템을 선정하고 자원을 투입합니다. 하지만 이러한 노력과 투자에도 불구하고, 발굴된 아이디어가 상업적인 성공까지 할 확률은 매우 낮습니다.

다음 조사 결과처럼 신제품 아이디어의 상업적 성공률은 0.03%에 불과합니다.

추진 단계별 생존 아이디어	개수	생존율(1)	생존율(2)	생존율(3)
아이디어 발굴	3,000개	100%		
아이디어 제안서 작성	300개	10%	100%	10%
아이디어 타당성 평가	125개	4.17%	42%	42%
개발 초기 단계	9개	0.30%	3%	7%
개발 완료 단계	4개	0.13%	1.3%	44%
시장 진입(출시)	1.7개	0.06%	0.6%	43%
상업적 성공	1개	0.03%	0.3%	59%

생존율(1): 발굴된 3,000개 아이디어 대비 해당 단계 통과 아이디어 비율
생존율(2): 제안서를 작성한 300개 아이디어 대비 해당 단계 통과 아이디어 비율
생존율(3): 바로 전 개발 단계 대비 통과 아이디어 비율

출처: Greg A. Stevens and James Burley, *Research · Technology Management*, March-April 2003.

그림 1-1. 신사업 신제품의 추진 단계별 아이디어 생존율(%)

표를 보면, 발굴된 3,000개의 아이디어 중 1개만이 상업적 성공을 하는 셈인데, 투입된 자원과 기회비용을 고려한다면 안타까운 결과입니다. 물론 새로운 시장을 창출하는 것도, 기존 제품을 대체하는 것도 쉬운 일은 분명 아니지만, 과연 확률적으로 이렇게 비효율적인 성공률을 감수할 수밖에 없는가 하는 생각이 듭니다. 다음과 같은 의문들이죠.

- 3,000개의 아이디어를 발굴하는 데 과연 적절한 사람들이 참여했는가?
- 3,000개의 아이디어 중에서 300개의 아이디어를 1차 선별하고 최종적으로 9개의 사업화 프로젝트를 선정하는 데 있어서, 적합한 사람들이 적합한 방법으로 심사를 했는가?
- 과연 적절한 마케팅, 개발, 생산 방식으로 추진했는데도 불구하고, 9개 사업화 프로젝트 중에서 1개밖에 상업적으로 성공시키지 못했는가?

이 책은 이러한 의문들에 대한 답을 찾아가는 과정이 될 것입니다. 저는 30년이라는 짧지 않은 기간 동안 신사업, 신제품에 직접 참여하고 자문하며 관찰과 조사를 해왔습니다. 그동안의 개인적 경험과 연구로 신사업, 신제품의 모든 현상을 이해할 수는 없겠지만, 많은 경우 성공과 실패에는 공통적인 패턴이 있었고, 몇 개의 패턴이 반복되었다는 것을 이해할 수 있었습니다. 그리고 또한 그 패턴을 발생시키는 원인 인자들도 매우 유사하다는 것을 발견했습니다.

이 책의 내용은 그러한 공통적인 패턴들과 원인 인자들을 근거로 기술했습니다. 그리고 이러한 유형의 패턴과 원인 인자들 모두를 한꺼번에 다루었습니다.

즉, 특정 신사업, 신제품 성공의 핵심 원인 인자들은 몇 개에 불과할 수도 있지만, 이 책에서는 가능한 한 다양한 형태의 신사업, 신제품에 적용될 수 있는 성공 원인 인자들 모두를 다루려고 노력했습니다.

한편으로 이런 방식은 신사업, 신제품의 다양한 특성과 상황에 따라 선택적으로 조합하여 사용할 수 있어서 적용상의 유연성이 넓어진다는 장점이 있습니다.

따라서 추진하고 있는 프로젝트가 기존의 조직에서 독립하여 새로운 조직을 구성하여 추진하는 신사업이냐, 아니면 기존 조직의 신제품이냐, 그리고 그 신제품이 시장에서 어느 생명 주기 단계에 있고 경쟁 상황이 어떤가? 신제품의 혁신성 정도는 어느 정도인가? 등등 기업의 상황과 사업 특성에 따라서 지금부터 제시하는 '신사업과 신제품 추진의 성공 프레임워크 구조'의 구성 요소들을 선택적으로 재구성하거나 가중치를 달리하여 적용할 수 있을 것입니다.

02 신사업과 신제품 추진의 성공 프레임워크 개요

대부분의 사람들이 동의하는 것처럼, 경영은 인과관계를 모델링하여 정확히 예측하고, 조정할 수 있는 과학이 아닙니다. 기업 내외부에서 발생하는 불규칙적인 사건과 변동, 그리고 예측하지 못한 많은 요인이 엉켜서 작동하는 '통제 불가능한 복잡성uncontrollable complexity'이 존재하는 세계입니다.

이러한 다양성과 복잡성에 대응하기 위해서 현실적으로 기업이 선택할 수 있는 방법은 하나뿐인 듯합니다. 다양한 변화에 대응할 수 있도록 기업 내부 활동의 자유도degree of freedom를 높일 수 있는 생태계를 구축하는 것입니다. 사실 이러한 의도를 가지고 설계한 것이 다음 그림의 '신사업과 신제품 추진의 성공 프레임워크 framework'입니다.

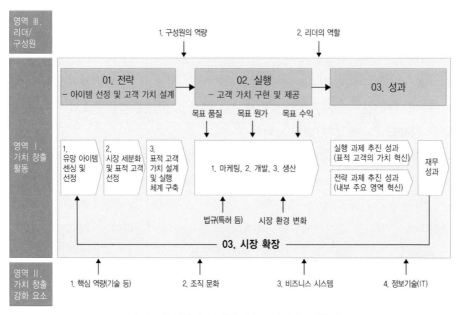

그림 1-2. 신사업과 신제품 추진의 성공 프레임워크

이 '성공 프레임워크'는 신사업과 신제품의 유망 아이템 발굴부터 시장 진입 및 확장 단계에서 나타나는 다양한 성공과 실패 요인들의 패턴과 비정형적인 위협들에 유연하게 대응할 수 있도록 핵심 프로세스와 방법론, 인프라와 같은 요소들이 상호 연계성과 문맥을 가지고 구성되어 있습니다. 그리고 이 책의 본문에서는, 제시한 프레임워크를 실제 구축하는 데 필요한 이론적이면서 현실적인 방법론들을 다양한 사례들과 함께 기술했습니다.

이 책의 내용을 좀 더 쉽게 이해하려면, 먼저 프레임워크의 전체적인 구조와 구성 요소들을 개략적으로 파악한 뒤, 본문에서 구성 요소들 각각을 세밀하게 읽는 것이 효율적입니다.

앞에서도 개략적으로 설명했습니다만 프레임워크의 전체 구조는 '가치 창출 활동(영역 Ⅰ)'과 이를 강화하는 '가치 창출 강화 요소(영역 Ⅱ)', 그리고 이 두 영역을 실제 설계하고 수행하는 '리더와 구성원(영역 Ⅲ)' 등 크게 3개의 영역으로 구성되어 있습니다. 그리고 각 영역별로 구성 요소들이 시계열적으로 연결되어 있거나 상호 연관성을 가지도록 설계되어 있는데, 여기에 중요한 특징이 하나 있습니다.

그것은 '컴포넌트 기반 개발(CBD)component based development' 방식으로 설계되어 있다는 점입니다. 이런 방식은 레고 블록처럼 신사업, 신제품의 특성과 추진 환경에 따라 필요한 구성 요소들을 선택적으로 조합하여 적용할 수 있기 때문에 유연성과 적용성이 높다는 장점이 있습니다. 그럼 먼저 '가치 창출 활동' 내용부터 살펴보겠습니다.

영역 Ⅰ. 가치 창출 활동

'가치 창출 활동'은 신사업, 신제품의 유무형적 가치를 직접적으로 창출하는 역할을 하는데, 앞의 프레임워크 그림처럼 시계열 순서대로 '전략'과 '실행', 그리고 실행 결과인 '성과'로 구성되어 있습니다.

그리고 '전략'은 다시 유망 아이템의 발굴 및 선정, 그리고 표적 고객을 선정하고 고객 가치를 설계하는 3개의 하위 활동으로 이루어져 있으며, 수립된 전략을 실제 구현하는 '실행' 또한 마케팅, 개발, 생산 등 3개의 하위 활동으로 구성되어 있습니다.

지금부터 각 하위 활동들에 관해 간략하게 살펴보겠습니다.

유망 아이템 센싱 및 선정: 신사업과 신제품을 추진할 때 첫 번째로 부딪히는 고민이 '유망 아이템 센싱 및 선정'입니다. 좀 더 구체적으로 말하면 '매력적인 아이템을 어떻게 센싱item sensing하고, 최종적으로 내부 역량을 고려하여 성공 확률이 높은 아이템을 어떻게 선정할 것인가?' 하는 고민이죠.

만약 시장 매력도가 낮거나 내부 역량을 확보할 수 없는 신제품을 사업화 아이템으로 선정한다면, 이익을 창출하는 데는 한계가 있을 수밖에 없을 겁니다. 이의 극단적인 상황을 스포츠로 비유하면 '재능도 없는 사람이 경쟁이 치열한 비인기 종목에 도전하여 부와 명예를 기대'하는 셈이죠. 대부분의 일들이 그런 것처럼 '첫 단추'를 잘 꿰는 것이 신사업과 신제품 성공의 필요조건이자 중요한 출발점입니다.

이 책에서는, 유망 아이템을 효과적, 효율적으로 센싱하기 위한 12가지 아이디어 착안점과 이러한 착안점들을 실제 활용할 수 있도록 지원해주는 4가지 아이디어 발굴 환경 조성 방법들을 제시하였습니다. 그리고 이렇게 발굴된 아이디어를 선별하여 사업화 타당성을 조사, 평가하여 최종적으로 사업화 여부를 결정하는 프로세스, 그리고 다양한 방법들과 기준들을 구체적으로 기술했습니다.

시장 세분화 및 표적 고객 선정: 사업화 과제로 선정된 아이템의 성공적인 시장 진입을 위하여 어떤 시장과 고객을 선정할지를 결정하는 것은 신인 권투 선수가 어떤 상대와 데뷔전을 치를지를 결정하는 것과 같습니다. 이겨도 명성에 별 도움이 안 되는 선수를 선정하거나, 너무 강한 상대를 선택하는 것은 리스크가 클 수 있죠. 그래서 매력적이면서 내부 역량도 있는 시장과 고객을 선정하는 것은 중요한 일입니다.

이 책에서는, 매력적이고 성공 가능성이 있는 시장과 고객을 선정하기 위해 다양한 사례들과 함께 전략적인 시장 세분화 방법들과 기준들을 제시하였습니다. 그리고 표적 시장과 고객을 선정하고 우선순위를 정할 때 고려해야 하는 자사의 내부 기준과 고객이 처한 특별한 상황들에 대해서도 자세히 설명했습니다. 이들을 제대로 적용한다면, 기존의 통상적인 시장 세분화 및 표적 고객 선정 방식에 비해 새로운 기회를 발견할 수 있는 확률이 높아질 것입니다.

표적 고객 가치 설계 및 실행 체계 구축: 표적 시장과 고객을 선정한 뒤에 해야 할 일은 표적 고객이 요구하고 기대하는 가치를 발굴, 설계하고 구현하기 위한 실행 체계를 구축하는 것입니다. 본격적인 시장 공략을 위해 구체적인 접근 전략과 실행 계획을 수립하는 활동이 시작되는 것이죠.

　　많은 기업들의 경우, 고객 가치 설계를 위해 도출한 고객의 가치 내용들은 거의 비슷한데 이들은 가격, 품질, 납기, 신속한 대응력 같은 항목들입니다. 물론 이러한 일반적인 가치들이 중요하지 않다는 말은 아닙니다. 특히 기존 제품을 대체할 경우, 가격은 매우 중요한 일반적 가치입니다. 그런데 이러한 일반적인 고객 가치에 대한 차별적 경쟁 우위를 확보하기 위해서는 근원적인 혁신이 필요한데, 이것은 쉽지 않은 일이지요.

　　그래서 '우리가 알고 있는 일반적 가치 외에 다른 중요한 가치가 있을 수 있다'라는 적극성을 가지고 경쟁사가 발견하지 못한 중요한 기회를 찾아야 합니다. 특히 기업이 구매하는 B2B 제품의 경우, 조직 간, 개인 간에 복잡한 이해관계가 개입되어 있기 때문에 다차원적multi-dimension으로 고객의 가치를 파악하면 의외의 기회를 발견할 수도 있습니다.

　　이 책에서는, 이러한 관점에서 표적 고객의 가치를 발굴하기 위해 고객 가치 유형들을 정리하였으며, 6가지의 고객 가치 발굴 방법들을 제시하였습니다. 그리고 발굴된 고객 가치들의 중요도를 평가하고 표적 고객에게 전략적인 가치 제안value proposition을 하는 방법도 자세히 다루었습니다. 이렇게 설계된 제안 가치를 자사 내부적으로 제때에, 제대로 구현하기 위해 실행 계획을 수립하는 방법도 간략하게 제시하여 실행력을 높일 수 있도록 했습니다.

　　지금까지 설명한 것은 '신사업과 신제품 추진의 성공 프레임워크' 중 유망 아이템을 선정하고, 표적 고객의 가치 설계와 실행 계획을 수립하는 '전략strategy'에 해당하는 내용들입니다.

　　다음은 '전략'을 현실로 구현하는 '실행implementation' 활동인 '마케팅', '개발'과 '생산' 기능에 대해 간단하게 살펴보겠습니다. 이 세 가지 기능은 고객의 개념적 가치conceptual value를 실질적 가치actual value로 변환transformation시키는 역할을 합니다.

　　그런데 아직 정보와 기술이 축적되지 않은 신사업 초기에 특허를 회피하고 법규를 만족시키면서 적기에 새로운 제품을 개발하는 것도, 개발된 제품을 성공적으로 양산scale-up하고, 양산 물량을 구매할 수 있는 고객을 단기간에 발굴하는 것도 모두 쉽지 않은 일이죠. 실제 실행 단계에서 이러한 어려움들로 시장 진입의 터널이 길어질 때는 기능 조직들 간의 갈등 상황이 발생하기도 하는데, 경영층의 실적 압박이 강해지면 이러한 갈등의 강도는 더 심해지죠.

기존 사업도 마찬가지지만, 특히 신규 사업에서 연구소와 구매, 생산, 판매 기능 간의 협업은 매우 중요합니다. 그래서 실행 과정에서 단위 조직들 간, 특히 마케팅, 개발, 생산 간의 협업 체계와 문화를 어떻게 구축할 것인가에 대한 깊은 고민이 필요한 것입니다.

이러한 관점에서 이 책에서는, 실행 단계에서 발생할 수 있는 6가지 문제와 현상에 대해 열거하였으며, 이를 해결하고 설계된 고객 가치를 구현하기 위한 마케팅, 개발, 생산 활동의 방법들을 정의하였습니다. 그리고 각 활동 내용들의 구체적인 수행 방법도 실천적인 측면에서 다루었는데, 이에 대해 간략하게 설명하겠습니다.

마케팅: 신사업과 신제품 추진 초기의 실행 과정에서 마케팅 조직의 주요 역할은 판매, 개발, 생산 기능의 통합된 마케팅 전략을 제시하고, 기능 조직들 간의 갈등을 예방하거나 조정하면서 협업 체계를 구축하는 것입니다. 그리고 각 기능 활동들을 전략적 방향으로 일치시키는 컨트롤 타워control tower 역할, 즉 추진 전략과 실행을 통합시키는 핵심적인 역할을 담당해야 합니다.

이 책에서는 마케팅 기능을 마케팅 전략과 판매 활동으로 구분하였는데, 신사업과 신제품의 성공적 추진을 위한 마케팅 전략 조직의 역할을 6개, 판매 조직의 역할을 2개로 정의하였습니다. 그리고 정의된 각 역할의 수행 내용과 방법을 실천적인 관점에서 가능한 한 구체적으로 다루었습니다.

개발: 신사업, 신제품 초기의 안정적 시장 진입과 시장 확장의 속도에 가장 중요한 영향을 미치는 것이 제품 개발 역량입니다. 신사업 초기에는 축적된 기술이 충분하지 않아 목표 기간 내 샘플을 만들지 못하거나, 설계 미흡으로 양산성을 확보하지 못하는 경우가 많습니다. 당연히 제품 개발이 잘 안 되면 생산, 판매 실적도 좋지 못하게 되죠. 따라서 조기에 개발 능력을 어떻게, 얼마나 빨리 확보하느냐가 시장 진입과 확장 속도에 중요한 열쇠가 됩니다.

이 책에서는, 신제품 개발 속도를 높이고 기술을 체계적으로 축적하기 위해 3가지 요소를 제시하였습니다. '제품 개발 프로세스와 방법론', 그리고 개발 인프라에 해당하는 '실험 설비 전략'과 '실험 정보 및 데이터 관리'들입니다.

'제품 개발 프로세스와 방법론'에서는 과거의 '식스시그마 방법론'의 비효율성을 설명하고, 실용적이고 유연하게 적용할 수 있는 4단계의 제품 개발 프로세스와 방법론을 제시하였습니다. 또한 개발 속도를 높이고 체계적으로 기술을 축적하기 위한 핵심 인프라의 필요성과 구체적인 구축 방법에 대해서도 설명하였습니다.

　　생산: 기존 사업도 마찬가지지만, 신사업과 신제품에서도 생산의 역할은 고객이 원하고 기대하는 품질을, 경쟁력 있는 원가로, 적기에 공급할 수 있는 역량을 확보하는 것입니다. 사실 원가와 납기 개선 노력도 '품질'이 전제조건이 되기 때문에, 결국 품질에 영향을 미치는 변수들을 제어할 수 있는 기술력을 확보하는 것이 핵심이죠. 이러한 기술력에는 엔지니어들의 기술technology과 오퍼레이터들의 기술skill 둘 다가 중요한데, 이를 좀 더 포괄적이고 체계적으로 확보하는 전략이 중요합니다.

　　이 책에서는 품질에 영향을 미치는 변수를 4M1Emachinery, man, method, material, environment로 정의하고, 사업 초기와 사업 안정화 단계에서 발생하는 조건들의 변화에 대해 영향 변수들을 안정화시키고 제어할 수 있는 방법들을 기술하였습니다. 또한 현장 오퍼레이터들의 적극적인 참여를 이끌어낼 수 있는 '소집단 활동과 개선 아이디어 제안 체계'를 구축하기 위해서 고려해야 할 사항들을 열거했습니다.

　　이제까지 신사업과 신제품의 추진 '전략'과 '실행'을 설명했습니다만, 이 활동들의 종합 성적표는 '성과results'입니다. 성과 평가의 중요한 목적 중 하나가 목표 대비 실적 차이에 대한 원인 분석을 통해 적절한 조치를 취하는 것인데, 크게 2가지 관점에서 평가를 합니다.

　　후행 지표lagging indicator인 '재무 성과의 목표 달성도'와 선행 지표leading indicator인 재무 성과 목표 달성을 위해 선정된 '실행 및 전략 과제들의 추진 성과'에 대한 것인데, 이에 대해 설명해보죠.

　　성과: 재무 성과 자체는 목표 대비 실적 차이의 원인을 설명해주지 못하기 때문에 목표 미달 시에도 원인을 알 수 없어 구체적인 조치를 취하기가 어렵습니다. 그래서 재무 성과를 분석할 때는 2가지를 함께 분석해야 합니다. 목표를 달성하기 위한 '실행 및 전략 과제들의 성과'와 목표 수립의 근거였던 가정들assumptions들이죠. 즉, 표적 고객들의 품질 인증률, 판매량 및 단가, 시장점유율, 수요 및 공급 추

21

이, 시장 가격, 환율 같은 선행 지표들과 가정들입니다. 이렇게 분석한 후행 및 선행 지표의 성과, 그리고 가정들의 변화 내용을 반영하여 '전략'과 '실행' 활동을 재검토하고, 필요시 추진 방향과 방법을 수정할 수 있습니다. 극단적인 경우에는 미래 기회비용적인 측면을 고려하여 해당 신사업 혹은 신제품을 과감하게 포기할 수도 있을 것입니다.

이 책에서는 재무 성과 자체보다 재무 성과에 영향을 미치는 원인 인자인 실행 및 전략 과제, 그리고 재무 목표의 가정들 중심의 성과 관리의 필요성과 방법을 간략하게 기술하였습니다. 또한 경영층이 단기 재무 성과에 집중할 때 나타나는 부정적 현상에 대해서도 언급했습니다.

시장 확장: 신사업 당시 제시한 제품과 용도의 수요가 예측대로 증가하고, 이에 따라 이 제품과 용도에만 집중한 기업도 자연스럽게 같이 성장하는 경우는 그리 많지 않습니다. 어느 순간에 수요가 정체되거나 경쟁 상황이 급속도로 악화되어 성장의 속도와 크기에 한계가 오게 됩니다. 그래서 이런 한계를 돌파하기 위해 혹은 이익을 증대시키기 위해서 신규 고객 발굴, 응용 제품이나 신규 용도 발굴, 혹은 그동안 축적한 경험과 시장 정보를 통해 기존과 다른 사업이나 제품으로의 확장을 시도하게 되는 것이죠.

이 책에서는 시장 확장을 위한 2가지 방식을 제시하였습니다. 표적 시장의 수요 정체를 극복하기 위한 방법과 표적 시장 조정을 통한 시장 확장 방법입니다. 전자의 경우에는 '기술수용주기이론'에 따라 캐즘chasm을 극복하기 위한 방법을 소개하였고, 후자의 경우에 대해서는 표적 시장을 조정하는 방법, 그리고 구체적인 마케팅 프로세스와 방법론을 제시하였습니다.

여기까지가 '가치 창출 활동'의 추진 단계와 구성 요소에 대한 요약 내용입니다. 앞에서도 몇 번 언급했습니다만, 신사업, 신제품의 특성과 사업 환경에 따라 이제까지 설명한 추진 단계들과 구성 요소들을 선택적으로 유연하게 조합하여 운영할 수 있습니다.

그리고 사실 더 중요한 것은 이러한 구성 요소들을 수행하는 '활동의 질quality'과 '활동 간의 정합성congruence'인데, 이들에 영향을 미치는 것이 바로 '가치 창출 강화 요소' 영역입니다. 이에 대해 간략하게 살펴보죠.

영역Ⅱ. 가치 창출 강화 요소

'가치 창출 강화 요소value creation activators'는 경영 인프라와 같은 의미입니다. 리더와 구성원들이 가진 역량과 열정을 마음껏 발휘하게 하고 지원해주는 역할을 하기 때문에 정교하게 설계, 구축해야 하는 중요한 영역이죠.

신사업과 신제품의 특성에 따라 브랜드 등 다양한 요소들이 도출될 수 있는데, 이 책에서는 사업 유형에 관계없이 공통적으로 중요한 요소들인 '핵심 역량', '조직 문화', '비즈니스 시스템' 그리고 '정보기술'을 가치 창출 강화 요소들로 선정하였습니다.

핵심 역량: 사실 핵심 역량은 신사업의 성공적인 시장 진입보다는 향후 시장 확장을 위해서 필요한 요소이지만, 신사업 초기 단계부터 준비해서 확보해야 합니다.

핵심 역량은 사업 전략과 해당 기업의 경영 철학에 따라 다양하게 도출될 수 있습니다만, 갖추어야 할 조건 3가지가 있습니다. 미래의 지속적인 생존과 성장을 위해서 중요하고, 다른 사업과 제품에 적용할 수 있는 확장성이 있어야 하며, 경쟁사와 차별화할 수 있는 자사만의 고유 역량이어야 한다는 기준들이죠.

본문에서는 핵심 역량의 정의와 중요성, 그리고 선정 기준에 대해 간략하게 설명하였습니다. 그리고 대부분의 기업들에게 핵심 역량이 될 수 있는 '기술technology'에 대해서 다루었는데, 성과와 연계하여 기술을 체계적으로 축적하고 활용할 수 있는 3가지 방법을 제시하였습니다.

조직 문화: 조직 문화란 '한 특정한 집단의 구성원과 집단의 생각과 행동 양식' 입니다. 구성원 개개인으로 하여금 뭔가 이렇게 생각하게 하고 행동하게 만드는 '그 무엇'이죠. 뭔가 이렇게 안 하면 안 될 것 같은 느낌이나 분위기 같은 것입니다. 이러한 조직 문화는 사업 확장 단계부터 기업의 생존과 성장, 구성원의 행복에 매우 중요한 역할을 하기 때문에, 신사업 추진 초기 단계에 설계하고 가능한 한 신속하게 구축해야 합니다.

인간의 본능과 유전적 특성이 개인의 생각과 행동에 큰 영향을 미치는 제약 속에서, 한 집단만의 고유한 조직 문화를 구축한다는 것은 쉽지 않은 일이기 때문에 매우 전략적이고 정교하게 설계, 운영해야 합니다.

이 책에서는 조직 문화 전문가인 에드거 샤인Edgar H. Schein과 정신분석의 창시자인 지그문트 프로이트Sigmund Freud의 이론적 기반을 바탕으로 저의 오랜 생각과 경험을 더하여 조직 문화에 대한 근본적인 정의와 실체를 규명하려고 했습니다. 그리고 좀 더 실천적인 관점에서, 신사업의 성공을 위해 필요한 3가지의 지향 조직 문화를 설정하고 이를 구현하기 위한 실행 프로그램을 어떻게 설계하고 적용할 것인가에 대해 나름대로 상세하게 다루고자 했습니다.

비즈니스 시스템: 비즈니스 시스템은 사업 전략을 수립하고 이를 성공적으로 수행하기 위해 누가, 무엇을, 어떤 절차와 방법, 방식으로 업무를 수행할 것인가를 규정하는 것입니다. 즉, '가치 창출 활동'을 성공적으로 수행하고, 설정한 '핵심 역량'과 '조직 문화'를 정착시키기 위해 필요한 활동과 활동의 순서를 정의하는 것이죠. 이렇게 '가치 창출 활동'과 '핵심 역량', '조직 문화'를 구현하기 위해 설계된 비즈니스 시스템은 IT 시스템과 연계하여 구축됩니다.

이 책에서는, 기존의 ERP 시스템, ISO 품질 및 안전, 환경 시스템과 MB(맬컴 볼드리지Malcolm Baldridge) 모델의 한계점을 살펴보고, 비즈니스 시스템을 제대로 구축하는 방법을 다루었습니다. 그리고 비즈니스 시스템의 구조와 작성 방법, 경쟁력 있는 비즈니스 시스템을 구축하기 위해 고려해야 할 요소들에 대해 자세히 설명하였습니다.

정보기술(IT): 최근의 IT 시스템은 업무의 일부를 효율적으로 수행할 수 있도록 지원해주는 역할에서 벗어나 비즈니스 모델을 구현하고, 의사결정과 경영 활동의 전체를 제어하는 핵심 기능으로 변신하고 있습니다.

과거에 업무 프로세스를 관리하고, 업무를 수행하는 과정 중에 국지적으로 생성되는 데이터를 분석하는 지원 기능의 단계를 벗어나서, 이제는 경영 전반에 걸쳐 데이터 중심의 의사결정과 전략적 경영 활동을 최적화하는 주도적 역할로의 전환transformation을 시도하고 있죠.

주요 사례는 최근 '4차 산업혁명'의 우산 아래 이야기되고 있는 '사물 인터넷IoT', '스마트 팩토리smart factory' 혹은 독일의 '인더스트리 4.0' 그리고 '디지털 기업digital enterprise'과 같은 현상들입니다. 물론 산업과 기업에 따라 전략적 중요도에 차이는 있습니다만, 사업 기획 단계에서 정보기술을 어떤 목적과 용도로 활용할 것인가를 고민해야 합니다. 만약 '디지털 기업'을 지향한다면, 통상적인 제조업체에서

IT 시스템을 구축하는 범위와 내용과는 큰 차이가 있으므로 사업 모델 설계 단계부터 이를 IT 시스템에 어떻게 반영하여 구축할 것인지를 결정해야 한다는 것이죠.

이 책에서는, ERP 시스템의 한계와 정보기술의 최근 동향, 전략적인 차원에서 신사업의 IT 시스템을 어떻게 구축할 것인지에 대한 생각들을 기술했습니다. 그리고 정보기술에 대한 기본 이해를 돕기 위하여 IT 시스템의 기본 계층 구조와 각 계층 간의 관계에 대해서도 다루었습니다. 또한 실제 IT 시스템을 설계할 때 고려해야 할 개념 설계와 기본·상세 설계 방법도 구체적으로 설명하였습니다.

지금까지 설명한 4개의 '가치 창출 강화 요소'들은 각각 독립적으로 존재하는 것이 아니라 상호 연계될 수 있도록 통합적인 관점에서 구축해야 제대로 작동할 수 있습니다.

도출된 '핵심 역량'이 '조직 문화'로 내재화될 수 있도록 조직 문화를 구축하고, 또한 이러한 지향 조직 문화가 정착될 수 있도록 '비즈니스 시스템'을 설계해야 하는 것이죠. 그리고 'IT 시스템'은 설계한 비즈니스 시스템이 효과적, 효율적으로 수행될 수 있도록 구축되어야 제대로 가치 창출 활동을 지원할 수 있습니다.

그럼 이제 마지막으로 '리더와 구성원' 영역을 간단하게 살펴보겠습니다.

영역III. 리더와 구성원

'가치 창출 활동'과 '가치 창출 강화 요소'를 설계하고 수행하는 주체는 '리더와 구성원'입니다. 신사업과 신제품의 성공적 추진을 위해서는 구성원 스스로 필요한 역량을 개발해야 하고, 리더들도 필요한 역할을 제대로 수행해야만 '신사업과 신제품 추진의 성공 프레임워크'가 목적한 방향대로 작동할 수 있습니다.

사실 리더도 구성원의 일부이지만, 리더의 역할이 그만큼 중요하고 일반 구성원과는 다르기 때문에 이 책에서는 구성원의 역량과 리더의 역할을 구분하여 다루었습니다.

이 책에서는 구성원의 역량을 판매, 개발, 생산으로 구분하여 신사업에 필요한 역량을 정의하였고, 필요 역량을 신속하게 확보할 수 있는 방법을 간단하게 제시하였습니다. 그리고 성공적인 신사업 추진을 위한 리더의 중요한 역할을 '핵심 역량 확보 및 활용', '강하고 우수한 조직 문화 구축', '비즈니스 시스템 설계 및 운영' 등

3가지로 선정하고, 이들 각각에 대한 리더의 구체적인 역할을 기술했습니다.

지금까지 이야기한 '신사업과 신제품 추진의 성공 프레임워크 개요'의 내용을 정리하면, '프레임워크'는 크게 3개의 영역으로 구성되어 있습니다.

'가치 창출 활동'과 이를 강화시켜주는 가치 창출 활동인 '가치 창출 강화 요소', 그리고 이러한 활동과 요소들의 설계와 실행 주체인 '리더와 구성원'들입니다.

그리고 이 3개의 각 영역들에서 중요하게 다루어야 할 구성 요소들을 소개하였고, 또한 각 구성 요소들의 의미에 대해서도 간략하게 설명했습니다.

이 책에서는 '신사업과 신제품 추진의 성공 프레임워크'의 영역과 구성 요소들을 다양한 사례들과 함께 상세하게 다루었습니다. 지금까지 요약하여 설명한 내용의 흐름을 개략적으로 파악했다면, 본문의 내용을 이해하는 데 많은 도움이 될 것입니다.

03 성공적인 신사업과 신제품 추진의 기본 3요소: 통찰력, 다양성과 상호작용

사실 앞에서 설명한 '신사업과 신제품 추진의 성공 프레임워크'의 구성 요소를 실행하는 것만으로 성공 확률을 높이는 데는 한계가 있으며, 이에 못지않게 중요한 것이 수행의 질입니다. 이것은 구성원들이 각 단계의 실행 과정에서 이를 얼마나 '제대로 수행했는가?'에 달려 있습니다. 이를 위해서는 리더와 구성원들의 다양하고 전문적인 통찰력이 필요한데, 이상적인 모습을 그려보면 다음과 같이 묘사할 수 있습니다.

- 해당 분야에 대한 '깊은' 지식과 경험, 정보, '다양한' 관점을 가진 내·외부 전문가들이 서로가 가진 아이디어의 '공유'와 '토론'을 통해 적절한 아이디어를 '지속적'으로 도출하고 실행한다.

추상적으로 묘사하였습니다만, 실제 이런 모습을 현실 세계에 구현하는 것은 쉽지 않습니다. 위의 묘사에서 작은따옴표가 붙은 '깊은', '다양한', '공유'와 '토론', '지속적'이라는 단어들이 수사학적으로 들릴 수 있겠습니다만, 이런 것들이 뒷받침되지 않은 상태에서 나온 아이디어들은 질적, 지속성 측면에서 한계가 있을 수밖에 없을 것입니다.

그런데 문제는 과연 일반적인 기업에서 이런 모습을 구현할 수가 있느냐입니다. 이를 위해서는 시간과 인력에 대한 장기적인 투자, 그리고 적합한 기업 문화와 시스템이 필요한데 리더들의 특별한 경영 철학과 인내 없이 이를 구현하는 것은 매우 어려운 일입니다. 하지만 이것은 회피할 수 있는 선택적인 요소가 아니라, 기업의 지속적 생존과 성장을 위해서 반드시 극복해야 할 문제입니다.

이처럼 '신사업과 신제품 추진의 성공 프레임워크'에는 명기되지 않았지만, 프레임워크의 구성 요소들 모두에 영향을 미치는 중요한 3가지 기본 요소들이 있습니다. 그것은 바로 경영 활동의 모든 과정에서 발생하고 아이디어의 질에 영향을 미치는 '통찰력'과 '다양성', 그리고 '상호작용'입니다.

어떻게 보면 '성공 프레임워크'와 '기본 3요소'는 상호 보완 관계입니다. 신사업과 신제품을 성공적으로 추진하는 데 있어 둘 중 하나만 가지고는 충분하지 않다는 의미입니다.

다음 그림 1−3에 표현되어 있습니다만 '성공 프레임워크'는 각 추진 단계별로 체계적으로 아이디어가 필요한 영역을 제시하고, 또한 아이디어가 제대로 도출될 수 있도록 환경을 조성해줍니다. 그러면, 이러한 영역과 환경 속에서 이 3가지 요소가 작동하면서 필요로 하는 아이디어를 도출해주는 것이죠.

결론적으로 '성공 프레임워크' 적용의 성과는 상당 부분 이 '기본 3요소'에 달려 있습니다. 그리고 이 3가지 기본 요소의 작동 수준은 '성공 프레임워크'의 설계 및 운영 수준의 영향을 받기 때문에 상호 보완적인 관계가 성립하는 셈입니다.

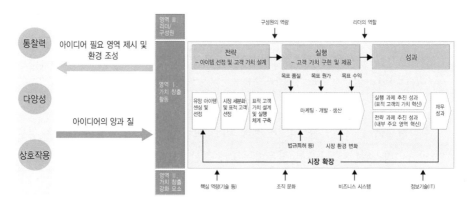

그림 1-3. 신사업, 신제품 추진의 성공 프레임워크와 기본 3요소의 관계

이 3요소들 간의 상호 관계에 대해 살펴보죠.

다음 그림 1−4에 나타난 것처럼 해당 분야에 대한 깊은 지식과 경험, 정보를 기반으로 한 '통찰력'과 다른 관점에서 볼 수 있는 통찰력의 '다양성', 그리고 다양성을 연결시켜 집단지성을 발휘할 수 있게 하는 것이 '상호작용'입니다. 이들에 의해 신사업, 신제품 추진의 각 단계별로 나타나는 상황에 대한 대응과 의사결정을 하는 데 필요한 아이디어의 양quantity과 질quality이 결정됩니다. 그림 '통찰력'과 '다양성', 그리고 '상호작용' 각각을 좀 더 자세히 들여다보겠습니다.

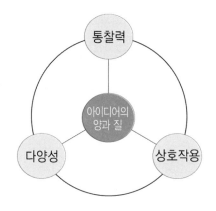

- **통찰력**
  개인이 해당 분야에 대한 깊은 지식과 정보를 기반으로 새로운 아이디어를 창출하는 능력
- **다양성**
  특정 집단의 전문가들 개개인이 가진 지식과 경험, 정보, 그리고 관점들의 다양성
- **상호작용**
  통찰력과 다양성을 가진 전문가들이 새로운 아이디어를 창출하기 위해 개개인이 가진 지식과 경험, 정보를 공유하고 토론하는 것

그림 1-4. 기본 3요소들의 상호 관계

① 통찰력

개인적으로 몇 년 전부터 '뛰어난 통찰력, 직관은 어떤 과정을 통해 만들어지는가?'라는 의문에 대해 나름대로 연구와 관찰을 해왔습니다. 통찰력이 만들어지는 과정을 이해할 수 있어야 내가 무엇을 어떻게 노력해야 하는지가 명확해지니까요.

사실 일부 학자들이 이 주제에 대해 관심을 가지고 연구를 해왔는데, 지금은 제법 많은 사실이 과학적으로도 규명되어 있습니다만 이 책에서는 이를 자세하게 다루지는 않을 생각입니다. 어떤 독자들에게는 지루할 수도 있는 긴 설명이 필요하고, 잘못하면 이 책의 핵심 주제에서 벗어나 너무 장황하게 느껴질 수도 있기 때문입니다.

그래서 이 책의 핵심 주제에 집중하기 위해 '통찰력'에 대한 이론적이고 근원적인 설명은 자제하고, 좀 더 실질적인 이야기를 하려고 합니다. (개인적으로는 이 주제를 나중에 별도로 깊게 다루어볼 생각입니다.)

천재성도 분야가 있는 것처럼 통찰력에도 분야가 있습니다. 이 말은 한 분야에 통찰력을 가진 사람이 다른 분야에도 동일한 수준의 통찰력을 가지기가 어렵다는 의미입니다. 왜냐하면 제대로 된 통찰력을 갖기 위해서는 관련 분야에 대한 풍부한 지식과 경험, 정보가 필요한데, 이것은 오랜 몰입과 내재화의 과정을 통해 축적되기 때문이죠.

'1만 시간의 법칙'이란 말이 있습니다. 한 분야의 전문가가 되려면 적어도 10년 동안의 집중적인 노력이 필요하다는 뜻입니다. 이 말을 단순히 산술적으로 계산

해봐도 3개 분야 혹은 영역의 전문가가 되기 위해서는 30년이라는 시간이 필요합니다. 어쨌든 어떤 분야에 깊은 통찰력을 가지기 위해서는 많은 시간과 몰입이 필요하다는 것에 대해서는 별다른 이견이 없으리라 봅니다.

통찰력이 얼마나 어렵게 만들어지는가에 대해 이렇게 진부한 주장을 하는 이유가 있습니다. 통찰력이 없으나 절대적 권력을 가진 개인이나 조직이 전문 분야가 아닌 영역까지 깊이 개입할 때 발생하는 리스크를 좀 더 강조하고 싶기 때문입니다.

'다양성'과 '상호작용'이 활발히 일어나는 조직 문화를 가진 기업이더라도, 구성원 개개인의 '통찰력'이 미흡하다면 그 성과에는 분명 한계가 있게 됩니다. 즉, 구성원 개개인의 축적된 지식과 경험을 훨씬 뛰어넘을 수 있는 획기적인 아이디어와 결과를 기대하기 어렵다는 의미입니다. 예를 들면, 특정 전문 분야에서 중학교 수준인 집단과 대학원생 수준인 집단이 각각 내놓을 수 있는 아이디어의 질은 당연히 차이가 날 수밖에 없는데, 이것은 한 집단의 통찰력 수준이 구성원 개개인의 통찰력 수준에 상당히 종속적이기 때문입니다.

따라서 '다양성'과 '상호작용'에 대한 이야기를 하기 전에, '신사업, 신제품에 대한 개인의 통찰력을 어떻게 확장하고 유연하게 만들 것인가?'를 먼저 고민하는 것이 순서일 것입니다.

개인이 뛰어난 통찰력을 가지기 위해서는 스스로 치열한 노력의 과정이 필요합니다. 개인 간의 통찰력 수준에 차이가 나는 이유도 이러한 노력의 과정에서 개인이 습득한 지식과 경험의 배경색(깊이와 폭)이 다르기 때문이죠.

이 말은 '1만 시간의 법칙'을 적용하여 10년 동안 열심히만 한다고 해서 모두 깊은 통찰력을 갖게 되는 것은 아니라는 의미를 내포하고 있습니다.

매년 상당한 분량의 책을 읽는 사람들이 꽤 있습니다. 그런데 많은 경우 그 사람들의 통찰력은 투입한 시간에 비해 그리 깊지가 않습니다. 괜찮은 두뇌를 가진 사람들인데도 말입니다. 왜 그럴까요? 몇 가지 추론이 가능합니다.

통찰력은 결국 기억 속에 저장된 지식과 경험, 정보의 양과 깊이, 그리고 이들을 서로 연결시키기 위한 노력에 의해 상당 부분 결정됩니다. 아무리 많은 책을 읽고 경험을 한다고 하더라도, 그러한 것들이 다양성이 결여된 비슷비슷한 지식과 경험, 정보들이라면 이미 고정된 지식과 경험들이 강화될 뿐 확장은 일어나지 않습니다. 혹은 아무리 다양한 책을 읽는다고 하더라도 이를 받아들이는 사람이 기존에 가지고 있는 지식, 경험과 비슷한 것으로 해석하고 인식한다면, 마찬가지로 통찰력은 크게 나아지지 않습니다. 그 사람이 1,000권의 책을 읽어도, 한 분야에서 20년을 경험해도 기존의 지식과 경험의 확장은 거의 일어나지 않을 가능성이 높죠.

그래서 제대로 된 통찰력을 기르기 위해서는 다양한 지식과 경험, 정보를 접하려 하고, 이러한 것들을 항상 다른 관점에서 세밀하게 해석하고 기억에 저장하려는 개인의 필사적인 노력이 필요한 것입니다.

그리고 어떤 사람들은 다양하게 아는 것은 많은데 이야기를 하다 보면 생각보다 내공이 그리 깊지 않아 보입니다. 이런 사람들은 획득한 정보와 경험을 기억 속에 저장만 하고 있는 경우가 많습니다. 좀 더 정확하게 표현하면 획득한 지식과 정보, 경험을 '내면화'하지 못한 것입니다. 내면화는 의미 있는 근원적인 질문과 이에 대한 답을 찾기 위해 고민하는 사유의 과정에 의해 만들어집니다.

이렇게 번거롭고 치열한 과정을 거쳐야 기억 속에 저장된 다양하고 세밀한 지식과 경험, 정보들 간의 상호작용이 일어나면서 현상을 꿰뚫어 볼 수 있는 통찰력을 갖게 되는 것입니다.

정리하면, 의미 있는 통찰력을 가지기 위해서는 먼저 관련 분야에 대한 풍부하고 균형 잡힌 세밀한 지식과 경험, 정보를 축적해야 합니다. 그리고 스스로 던진 질문에 관해 끊임없이 학습하고 고민하여 가지고 있는 지식과 정보, 경험들을 연결시키려는 치열한 과정이 반드시 필요합니다.

② 다양성

먼저 '다양성'을 명확히 정의할 필요가 있습니다. 한 조직에 '다양성'이 존재한다는 것은 어떤 의미이며, 제대로 된 아이디어를 창출하기 위해 어떤 다양성이 필요한 것일까요? 과연 개발, 판매, 생산, 품질보증, 설비 관리, 재무, 인력, 전략과 같은 다양한 기능 조직을 운영하고 있다면 다양성이 확보된 것인가요? 아니면 다양한 전공자들 혹은 다양한 인종, 성별, 나이, 종교를 가진 구성원들이 있다면 다양성이 있는 조직인가요? 예를 들면, B2B 산업재에서 신사업, 신제품 아이디어를 발굴하기 위해 다양한 인종, 성별, 나이 혹은 다양한 부서와 전공자들이 모였다고 해서 다양성이 확보된 것인가요? 그렇지는 않습니다.

사실 '다양성'의 조건은 분야에 따라 다르게 정의될 수 있기 때문에 공통적으로 적용할 수 있는 기준을 설정하는 것은 어렵습니다.

결국, 다양성이란 '어떤 특정 분야나 주제에 대해 다양한 지식과 경험, 정보 그리고 관점을 가지는 것'이라는 개념적인 정의가 가장 적합할 것 같습니다.

그런데 과연 '집단적 다양성'을 통해서만 뛰어난 아이디어를 발굴할 수가 있나요? 한 뛰어난 개인이 이런 다양성을 가질 수는 없을까? 하는 의문이 듭니다. 한 뛰어난 개인(예를 들면 최고경영자)이 다양한 관점의 통찰력을 가질 수 있다면 '집단적 다양성'을 구축하고 유지하는 데 드는 비용을 줄일 수 있으니, 참으로 매력적인 생각이긴 합니다.

사실 한 개인이 어떤 한 주제에 대해 관점의 다양성을 가질 수 있는가?라는 문제는 상당히 철학적인 문제이기도 합니다. 왜냐하면 한 인간이 관점의 다양성을 가지기 위해서는 하나의 관점에 대한 믿음과 신념의 한계를 이해할 수 있어야 하기 때문입니다. 그래야 다른 관점도 인정하고 받아들일 수 있기 때문이죠. 이러한 근본적인 깨달음 없이는 다른 지식과 경험, 정보에 대한 개방성과 수용성을 가지기가 어려울 뿐만 아니라, 오히려 본인이 가진 관점의 당위성을 지속적으로 강화하고 고수하려고 하죠.

좀 더 이론적으로 설명하면 자신의 믿음, 신념 그리고 가설만을 입증해줄 만한 지식, 정보만을 찾는 '확증 편향confirmation bias'의 틀에서 벗어나야 비로소 다양성을 가질 수가 있는데, 이러한 심리적 현상을 극복하기가 쉽지 않다는 것입니다. 왜냐하면 이러한 심리는 외부의 위협과 변화로부터 자신을 보호하려는 인간의 원시적 본능에 가까운 문제이기 때문입니다.

또한 개인의 통찰력은 개인이 가진 지식과 경험, 정보의 범위를 넘을 수 없으며, 극히 특별한 경우를 제외한 대부분의 사람들은 고유한 '사고의 패턴'을 가지고 있습니다. 우리는 늘 생각하는 방식으로 생각하는 습성이 있다는 말입니다. 이러한 습성에 의식적으로 저항하지 않는다면 시간이 갈수록 이러한 개인의 사고 패턴은 점점 더 굳어지죠. 화석처럼요. 그러다가 어느 순간에는 어떤 지식과 경험, 정보를 접하더라도 그것을 인식하고 해석한 결과가 기존의 틀을 벗어나지 못하게 되는 겁니다.

그래서 일반적으로 나이가 들수록 생각이 굳어지고 '바뀌기 힘들다'고 하는데, 이것이 '꼰대'의 탄생 배경입니다. 물론 개인적인 노력으로 지속적인 교정correction 과정을 거쳐 축적된 사고와 행동의 패턴이 좀 더 범위가 넓어지고 유연해질 수는 있지만 여전히 한계는 있습니다. 즉, 모든 사람들은 범위의 차이는 있지만 한정된 사고와 행동의 패턴, 프레임을 가질 수밖에 없습니다.

특히 조직 내에서 자신의 권력이 커질수록 사고와 행동의 경직성은 더욱 커질 가능성이 높습니다. 그래서 한 개인의 통찰력에 의존하는 아이디어는 한계가 있고, 리스크도 크죠. 이러한 이유로 조직 내 권력자의 독단에 따른 위험을 줄이고 다양한 아이디어를 도출하기 위해서 다양한 지식과 경험, 정보와 다양한 사고의 패턴을 가진 내부 전문가를 육성하고, 외부 전문가들을 많이 확보할 필요가 있습니다.

그런데 한 기업에서 다양성을 가진 내부 전문가들을 육성하는 것이 과연 가능한 일인지 모르겠습니다. 유사한 지식과 경험, 정보의 환경에 있는 한 기업의 구성원들이 과연 다양성을 가질 수 있을까? 하는 의문이죠. 사실 이것은 전적으로 기업의 경영 시스템과 기업 문화에 달려 있습니다. 만약 통제가 심하고, 단기적인 성과를 강조하는 관리 시스템과 문화를 가진 조직이라면 아마도 신사업, 신제품에 대한 깊은 통찰력이 있는 다양한 내부 전문가를 육성하기가 어렵겠지요.

요약하면 아이디어를 발굴, 선정할 때 다양한 통찰력을 가진 내외부 전문가의 참여가 중요합니다. 그리고 다양한 관점을 가진 내부 전문가를 육성하기 위해서는 이에 필요한 경영 시스템과 조직 문화가 뒷받침되어야 할 것입니다.

③ 상호작용

다양한 신사업, 신제품 아이디어를 낼 수 있는 내외부 전문가 풀pool을 충분히 확보했다고 가정하겠습니다. 그런데 만약 전문가 간에 아이디어 교환과 토론이 일어나지 않는다면 어떻게 되겠습니까? 서로의 지식과 경험, 정보가 연계되고 공유되지 않는다면, 전문가 개개인이 가지고 있는 통찰력 이상의 성과를 기대하기 어려울 것입니다.

예를 들어보겠습니다. 화학설비 전문가가 화학산업에 관련된 괜찮은 신사업, 신제품 아이디어를 낼 수 있을까요? 아니면 화학산업 전문가가 화학설비와 관련해서 좋은 아이디어를 낼 수 있나요? 둘 다 한계가 있을 수밖에 없을 겁니다.

그런데 만약 화학설비 전문가와 화학산업 전문가가 만나 서로의 지식과 정보를 나눈다면 의미 있는 신사업, 신제품 아이디어가 나올 가능성이 높습니다. 우리는 과학과 문명의 변화는 성격이 다른 것이 만나는 경계선에서 나올 가능성이 많다는 것을 역사와 과거 경험에서 배웠습니다. 서로의 지식과 경험, 정보의 경계선에서 새로운 아이디어가 스파크처럼 창출될 가능성이 높다는 말입니다.

다양한 개인들이 어떻게 서로 영향을 주면서 상호작용을 하는지 다음의 그림으로 표현해보겠습니다.

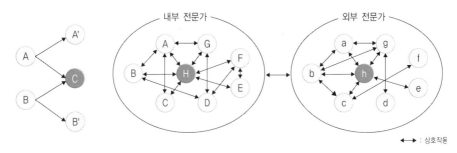

그림 1-5. 상호작용의 효과   그림 1-6. 상호작용의 구조

왼쪽의 그림 1-5에서 A, B 두 전문가가 있다고 가정하겠습니다. 이 전문가들이 혼자서 열심히 고민하면 A', B' 아이디어를 낼 수 있겠지요. 하지만 A, B 서로가 영감을 줄 경우, 전혀 다른 C 아이디어가 창출될 수 있습니다. 이와 같이 각자의 지식과 경험, 정보를 공유하고 토론함으로써 각자가 가진 아이디어의 패턴과 한계를 벗어난 새로운 관점의 아이디어를 탄생시킬 수 있는 것입니다. 그럼, 전문가 간의 상호작용을 어떻게 강화할 수 있을까요?

오른쪽의 그림 1-6에서 A~H명의 내부 전문가들이 있다고 가정하겠습니다. 새로운 아이디어를 창출하기 위해서는 이들 간의 상호작용이 얼마나 활발히 이루어지는지가 중요합니다. 그리고 상호작용의 수준은 개인 간 연결선의 수, 상호작용의 빈도와 강도로 측정할 수 있는데, 이러한 상호작용의 수준을 높이기 위해서는 세 가지 조건이 필요합니다.

바로 참여한 전문가들의 '규모'와 '다양성', 그리고 각 개인들의 '통찰력' 수준입니다. 이에 대해 설명해보죠. 먼저 상호작용의 수준을 높이는 데 왜 '규모'가 중요한지부터 살펴보겠습니다.

규모: 당연히 참여하는 전문가들의 '규모'가 클수록 연결의 기회도 많아지고, 분위기 측면에서도 유리할 것입니다. 그래서 가능한 한 많은 전문가를 확보하는 것이 상호작용의 수준을 높이는 데 중요합니다. 그리고 그림에서 H가 항상 존재하는 것은 아니지만, 많은 경우 조직에서 허브(hub) 역할을 하는 전문가가 있습니다. 다른 전문가들보다 좀 더 많은 지식과 경험, 정보를 보유하고 있기 때문에 가장 많은

연결선을 가지고 있습니다. 그래서 이 허브(H)를 중심으로 상호작용을 강화할 수 있는 구조를 만드는 것도 괜찮은 방법인데, 필요하다면 외부 전문가를 허브로 활용할 수도 있을 것입니다.

다양성: '다양성' 측면은 앞에서도 충분히 설명했습니다. 참여자 간의 지식과 경험, 정보의 내용이 유사하다면 굳이 서로 연결을 하려 하지 않겠죠. 자신이 가지고 있는 것이 상대방의 것과 별반 차이가 없으면 연결해도 새롭게 얻을 것이 없으니까요. 그래서 다양한 관점의 전문가들을 확보하는 것이 중요합니다.

통찰력: 참여자들의 '통찰력' 수준과 개인 간의 편차가 상호작용의 강도에 큰 영향을 미칩니다. 아이디어의 수준을 결정짓는 것은 참여한 인물들의 평균 통찰력 수준입니다. 앞에서도 이야기한 것처럼 해당 분야에 대한 조직의 통찰력 수준이 전반적으로 그리 높지 않다면 괜찮은 아이디어가 발굴될 가능성은 그리 높지 않습니다. 중학생들이 모인 집단에서 아무리 토론을 잘해도 대학생 수준의 아이디어가 도출되기가 힘든 것과 같은 의미입니다.

또한 참여자들 간에 통찰력 수준의 차이가 크다면 일방적인 지식의 전달이 일어날 뿐이지 활발한 상호작용이 일어나지 않습니다. 즉, 참여자들 간에 질문과 답변 형태의 한 방향 커뮤니케이션이 진행될 가능성이 높죠. 이렇게 한 방향으로 지식과 정보가 전달되는 구조는 오래 유지되지 못할 가능성이 높습니다. 왜냐하면 전달자가 곧 흥미를 잃을 가능성이 높으니까요.

그래서, 참여자들 간의 상호작용을 강화하기 위해서는 지식과 경험, 정보의 보유 수준을 고려하여 전문가 그룹을 구성하는 것이 중요합니다.

정리하면, '신사업과 신제품 추진의 성공 프레임워크'를 성공적으로 수행하기 위해서는 추진 과정에서 나타나는 아이디어의 양과 질이 중요합니다. 이것을 결정하는 요소는 참여자들의 통찰력과 다양성, 상호작용입니다.

또한, 이 3개 요소가 제대로 작동하기 위해서는 이들을 가동할 수 있는 운영체계와 이를 수용할 수 있는 조직 문화가 먼저 구축되어야 하는데, 이러한 역할을 담당하는 것이 바로 '신사업과 신제품 추진의 성공 프레임워크'입니다.

결국 '아이디어의 양과 질' 그리고 '신사업과 신제품 추진의 성공 프레임워크',

이 둘 간에는 서로가 영향을 주고받으면서 완성되어가는 상호 보완 관계가 성립하는 것이죠.

이것으로 '신사업과 신제품 추진의 기본 3요소'에 대한 설명을 마치겠습니다. 이후에는 이들에 대한 추가 설명은 하지 않고, 지금부터 본격적으로 설명할 '신사업과 신제품 추진의 성공 프레임워크' 내용 중 '통찰력'과 '다양성', '상호작용'의 역할에 관해 산발적으로 언급할 것입니다.

그럼 '신사업과 신제품 추진의 성공 프레임워크'의 구성 영역과 영역별 구성요소 하나하나에 관한 설계와 수행에 대한 긴 여정을 시작하겠습니다.

흐름에 맞추어 '가치 창출 활동' → '가치 창출 강화 요소' → '리더와 구성원' 순서로 설명하겠습니다.

제 **2** 장

신사업과 신제품 추진의 성공 프레임워크

'가치 창출 활동'에 대해 설명하기 전에 먼저 '가치value'에 대한 정의가 필요할 것 같습니다. 사전적 의미의 '가치'를 제품이라는 관점에서 보면 '필요한 욕구를 충족시킬 수 있는 유무형적인 것'으로 정의할 수 있습니다.

시장은 3개 요소로 구성되는데, 사용자와 공급자, 그리고 이 둘을 연결해주는 '제품'이죠. 즉, 공급한 제품의 사용 결과에 따라 필요한 욕구를 충족시키는 '가치'와 '가치의 정도'가 발생하는데, 사용자 혹은 공급자 각자의 입장에 따라 가치의 기준이 달라질 수 있습니다. 그럼 사용자와 공급자의 가치를 구분하여 설명해보죠.

'사용자의 가치'는 사용자가 지불한 비용cost 대비 인식하는 혜택benefit 간의 차이를 말합니다. 비용은 구매한 제품 자체의 가격뿐만 아니라 구매 과정과 구매 이후에 수반되는 유무형의 간접비용이 모두 포함됩니다. 주문 비용, 재고 유지 비용, 투입 비용, 품질 비용, 심리적 불안 같은 것들이죠. 혜택은 사용자가 제품 구매를 통해 얻고자 하는 직접적인 목적인 품질 향상, 생산성 개선, 원가 절감 등의 본질적 이익과 납기 리스크 회피, 시장 정보 수집, 안정적 공급, 심리적 안정 등과 같은 부수적인 유무형 이익이 있습니다.

결국 사용자의 가치는 투입한 비용 대비 혜택의 크기에 의해 결정됩니다. 그런데 혜택과 비용을 구성하는 가치 요소 하나하나를 수치화하고 가중치를 주어 중요도를 정확하게 평가하는 것은 불가능합니다. 그래서 사용자의 입장에서 총체적으로 평가한 '인지된 가치perceived value'가 중요합니다.

그런데 이 '인지된 가치' 또한 매우 복잡하고, 변동도 크며, 변덕스러워서 정량적으로 평가하기가 쉽지 않습니다. 게다가 경쟁사 간의 제공 가치들의 수준과 고객의 상황에 따라 핵심 가치 요소와 요소들에 대한 기대 수준이 지속적으로 바뀌기도 합니다.

그래서 '인지 가치'를 제대로 관리하기 위해서는 고객과 경쟁사에 대한 지속적이고 체계적인 정보 수집과 이에 따라 새롭게 정의된 '고객 가치'를 만족시키고 전달하는 노력이 필요합니다.

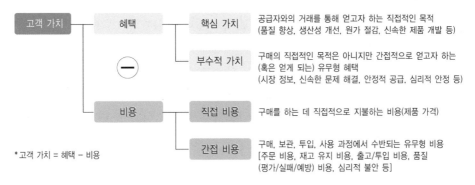

그림 2-1. 새로운 고객 가치

그럼 '공급자의 가치'는 무엇일까요? 실현 시점과 크기의 차이는 있겠지만, 궁극적으로는 '재무적 수익'일 것입니다. 이것은 기업의 기본 목적인 생존과 성장을 위해서 반드시 필요한 '가치'이죠. 생존 자체를 하지 못하면 '기업'이라는 법적 실체가 없어지고, 일자리 감소 등 가장 기본적인 사회적 책무를 못 하게 되며, 성장을 못 하면 공동체에 더 많은 기여를 할 수 없기 때문에 기업의 근원적 '가치'는 '재무적 수익'이 될 수밖에 없습니다. 그러나 공급자가 원하는 '재무적 수익'을 마음대로 실현할 수는 없습니다. 고객이 기대하는 만큼의 제품을 구매해주어야 원하는 재무 수익이 실현될 수 있는 것이죠.

결론적으로는 '사용자의 인지 가치perceived value'에 따라 공급자의 중요 가치인 수익이 결정되기 때문에, 고객의 가치를 어떻게 창출, 강화할 것인가가 기업 경영의 핵심 활동 목표가 됩니다. 그래서 결국 '가치 창출 활동'이라는 것은 고객이 지불하는 비용 대비 고객이 인지할 수 있는 혜택을 높이기 위해 어떤 제품을 제공할 것인가를 정의하고, 이를 실현시켜가는 행위입니다. 아마도 이런 활동을 하지 않는 기업은 없을 겁니다. 하지만 제대로 하는 기업은 그리 많지 않은 듯합니다.

제가 방문한 대부분의 기업들이 '우리는 이런 활동을 나름대로 하고 있습니다(혹은 과거에 했었습니다)'를 입증하는 다양한 증거를 제시합니다. 그런데 '제대로 하고 있습니까?'라는 질문에 대해서는 자신 있게 답변을 못 합니다. 불현듯 과거의 실패 경험과 현재 안고 있는 수많은 문제들이 머리에 스쳐 지나가기 때문이지요. 잘못된 아이템 선정, 개발 지연, 양산 안정화 지연, 높은 원가, 예상하지 못한 치열한 경쟁 심화에 의한 가격 하락과 목표 수익 미달 등 많은 문제와 장애 요인들에 의해 좌절한 기억들이죠.

그런데, 왜 많은 시도들이 이렇게 실패로 끝나게 될까요? 그것은 처음 시작할 때부터 제대로 하지 않았기 때문입니다. 이렇게 처음부터 제대로 하지 않으면 문제는 갈수록 증폭되고 손을 쓸 수 없을 정도로 심각해지고 맙니다.

그래서 신사업, 신제품 시작부터 진행 단계별로 체계적이면서도 유연하게 일을 하는 것이 중요합니다. 물론 힘들게 버티다가 시장 환경이 우호적으로 급변하여 그동안 쌓인 손실을 한꺼번에 만회하는 운이 좋은 경우도 가끔 보았습니다. 하지만 이렇게 기업 경영을 투기처럼 '운'에 맡길 수는 없는 노릇입니다.

그래서 지금부터 신제품의 성공 확률을 체계적으로 높일 수 있는 '가치 창출 활동'의 구성 요소에 대해 다음 그림의 번호 순서대로 이야기하겠습니다.

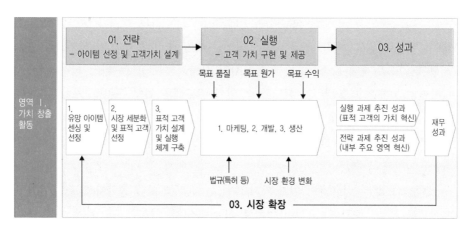

그림 2-2. 가치 창출 활동

01 전략: 유망 아이템의 센싱, 선정 및 표적 고객의 가치를 설계

1. 유망 아이템 센싱 및 선정

유망한 신사업, 신제품 아이템을 센싱하는 것은 옷의 첫 단추를 꿰는 것처럼 중요한 일입니다. 시장 매력도가 낮고 자사 역량에 맞지 않은 성숙기, 쇠퇴기 제품으로 가득 찬 후보 아이템들만이 발굴되었다면 어떻게 되겠습니까? 이후 아무리 아이디어를 잘 평가하고 선정하더라도 수익 창출에는 한계가 있을 수밖에 없습니다.

유망 아이템을 선정하는 것도 똑같은 이유로 중요합니다. 제법 괜찮은 아이템들을 센싱하더라도, 제대로 선정하지 않는다면 이 또한 수익 창출에 한계가 있죠. 규모가 큰 기업일수록 센싱과 선정은 별개의 조직과 계층에서 담당하기 때문에 이런 상황이 제법 자주 발생합니다. 그리고 비전문가의 개입 정도가 클수록 잘못된 아이템이 선정될 확률이 높습니다. 사실 유망한 아이템을 센싱하고 선정하는 것은 쉬운 문제가 아닙니다. 복잡한 과정과 요소가 작동하는 전문가들의 영역이죠.

다음 그림에 매력도 높은 신제품 아이템을 발굴하기 위한 3개 요소가 제시되어 있습니다. 유망한 후보 아이템을 발굴하고 선정하는 과정에 참여하는 전문가들의 통찰력, 그리고 곧 설명할 12가지 유망 아이템 발굴 방법론, 마지막으로 전문가들의 적극적인 참여를 이끌어내기 위한 4가지 환경 조성 방법론입니다. 이 3가지 요소는 상호 보완을 해주기 때문에 플러스(+) 관계입니다. 그리고 마지막으로 발굴된 유망 아이템을 평가하고 선정하는 방법론이 있는데, 이것은 최종 선정되는 신제품 아이템의 매력도에 결정적인 영향을 미치기 때문에 곱하기(×) 관계가 성립됩니다. 즉, 아무리 많은 유망 아이템을 발굴하였더라도, 최종 사업화 아이템을 잘못 선정한다면 성과는 제로가 될 수 있다는 의미입니다.

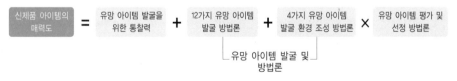

그림 2-3. 신제품 아이템의 매력도 결정 모델

지금부터 이 4가지 요소 각각에 대해 설명하겠습니다. 그리고 실제 기업에서

유망 신제품 아이템을 발굴하고 선정하는 과정에서 일어나는 현실도 같이 이야기 하겠습니다.

1) 유망 아이템 발굴을 위한 통찰력

경영층과 HR 조직은 가끔씩 순진한 상상에 빠지기도 합니다. 조직의 상하좌우를 잘 구성해놓으면 같은 테두리에 있는 조직과 인력들이 자동적으로 통합과 협업을 하고, 시너지가 만들어질 것이라는 막연한 기대 같은 것입니다. 하지만 현실에서는 이러한 기대가 실현될 가능성은 거의 없어 보입니다. 같은 테두리에 있다는 이유만으로 조직과 구성원들이 서로의 지식과 경험, 정보를 공유하고 토론하지는 않습니다. 그렇다고 조직의 최고경영자가 '같이 모여서 새로운 아이디어를 도출해 보세요'라고 지시하여 한자리에 모은다고 해서 아이디어가 수돗물처럼 쏟아지지는 않지요.

여기 한 사례가 있습니다. 한 중견기업은 다른 경쟁사와 대비하여 다양한 기술을 가지고 있었습니다. 최고경영자는 이러한 다양한 기술을 활용하여 새로운 성장기회를 찾고 싶어 했죠. 그래서 그는 연구소 간 통합협의체를 만들어 새로운 사업 아이디어가 나오기를 기대했습니다. 하지만 1년간의 시간만 허비한 채 별다른 소득을 얻지 못했습니다.

급기야 사업 부문별 소속으로 되어 있는 연구소 조직을 전사 중앙연구소 조직으로 통합하였습니다. 하지만 결과는 기존의 사업 부문별 연구소divisional R&D 조직 형태의 성과와 별 차이가 없었습니다. 개인 간, 조직 간에 그저 물리적으로 묶여만 있었고 화학적 반응이 일어나지 않은 것이죠. 화학반응을 일으키는 데 촉매나 열이 필요한 것처럼, 개인들이 적극적이고 자발적인 토론을 하게 하는 '무엇인가'가 없던 것입니다.

그 '무엇인가'는 바로 연구원들의 신사업, 신제품에 대한 통찰력과 지식, 정보의 다양성이었습니다. 그럴 수밖에요. 고객이 요구하는 제품을 개발하는 형태의 업무만을 하다 보니 신규 시장과 제품에 대한 통찰력도 부족하였고, 개인들이 가지고 있는 지식과 정보도 제한적일 수밖에 없었죠. 그리고 대부분의 연구원들이 한 회사에만 오랫동안 근무하다 보니 '다양성' 측면에도 한계가 있었고, 연구소도 그리 크지 않아 '상호작용'을 할 수 있는 분위기 조성에 필요한 인적 규모도 충분하지 않았습니다.

어쨌든 이러한 한계를 극복하려면 외부 전문가와의 연계, 앞에서 이야기한 허브의 적절한 활용과 토론 환경 조성 등 여러 실험적 시도가 필요했지만, 제대로 실행되지 못했습니다.

(1) 기존 아이템 발굴 방식 및 한계점

앞에서 소개한 중견기업의 연구소 사례처럼 기업에서는 유망 아이템을 발굴하기 위해 많은 고민과 시도를 하고 있습니다. 아이디어 발굴을 위해 통상적으로 많이 사용하는 방법들은 다음과 같은 것들인데, 효과 측면에서 한계가 있습니다.

① 내부 구성원 아이디어 수집: 많은 기업이 일반적으로 전 구성원들을 대상으로 신사업과 신제품에 대한 아이디어 제안 제도나 토론방을 운영할 겁니다. 그런데 과연 구성원들이 아이디어 제안을 많이 하고 서로 토론을 하게 되면 괜찮은 아이디어가 많이 나오나요? 일반 소비재는 약간 다를 수 있지만, 부품이나 소재, 장치 같은 산업재는 제품이 기술과 연계되어 특별한 기능이나 성능을 구현하는 것이기 때문에, 그 분야에 대한 전문적인 지식과 경험, 정보가 없는 일반 구성원들이 쓸 만한 아이디어를 제안할 확률은 매우 낮습니다. 그래서 전 사원을 대상으로 신사업, 신제품 아이디어 공모를 하면 다양하기는 하나, 쓸모 있는 아이디어들을 발견하기가 어렵습니다.

특히 기술 및 제품과 직접적 관계가 없는 업무를 담당하는 구성원들이 제안한 아이디어는 대부분 채택하기 어려운 비현실적인 것이 많습니다. 사실 이 말은 산업재에서는 쓸 만한 아이디어를 제안할 수 있는 사람들은 제한적이고, 유망 아이템을 발굴하기 위해서는 별도의 방법이 필요하다는 의미이기도 합니다.

② 외부 전문가 활용: 많은 비용을 지불하고 외부 전문 시장조사 기관이나 컨설팅업체에 맡기기도 하지만, 대체로 결과는 그리 만족스럽지 못합니다. 당연히 그럴 수밖에요. 외부 전문 기관은 관련 정보나 탐색 기법을 가지고 있지만, 관심 분야에 대해 특별히 축적된 통찰력이 없기 때문에 한계가 있을 수밖에 없죠. 그래서 최종 결과 보고서를 보면 많은 경우 이미 시장조사 의뢰 기업이 알고 있는 내용이거나, 현실적으로 추진하기 어려운 아이디어들에 실망하게 됩니다.

물론 외부 시장조사 전문 기관들은 해당 분야에 대한 다양한 지식과 데이터를 가지고 있다는 강점은 있습니다. 하지만, 그 기업의 내부 역량과 상황을 잘 모르기 때문에 정보 전달자 역할만을 수행할 수밖에 없습니다. 그리고 또한 실제 사업 수행 경험이 부족하기 때문에 신제품의 성공 가능성에 대한 직관적 통찰력이 높지 않을 수 있습니다. 따라서, 외부 전문업체에 전적으로 의지하는 것보다는 전문업체가 가진 다양하고 방대한 데이터베이스를 활용하려는 노력이 더 바람직할 수 있습니다.

③ 최고경영자 주도: 여러 가지 이유로 기업의 생존과 성장에 대한 고민을 가장 많이 하고, 상대적으로 더 많은 정보와 인적 네트워크를 가지고 있는 최고경영자가 주도적으로 아이디어를 내는 경우가 많습니다. 특히 규모가 작은 기업의 경우 거의 전적으로 회사의 오너owner가 아이디어를 제안하죠. 그런데 이러한 최고경영자(혹은 오너) 중심의 아이디어 발굴 방식도 리스크가 높습니다.

왜냐하면 성공한 경영자는 과거 성공 경험에 의한 자기 믿음과 확신이 워낙 강하기 때문에 신제품 후보 아이디어를 제안하는 역할로만 만족하지 않기 때문입니다. 본인이 제안한 아이디어가 신제품 추진 과제로 선정되도록 유·무언의 압력을 가하거나, 규모가 작은 기업의 경우에는 일방적으로 사업화 추진을 결정하기도 합니다.

물론 최고경영자가 제안하는 아이디어가 특히 문제가 많다는 말은 아닙니다. 오히려 항상 새로운 성장 엔진에 관해 고민하는 최고경영자의 통찰력에서 나온 아이디어가 괜찮을 가능성이 높습니다. 문제는 최고경영자가 제안한 아이디어가, 다양한 관점의 치열한 타당성 검토feasibility study 과정 없이 사업화 결정까지 일방통행을 하는 데 있습니다.

관련 사례를 하나 소개하죠.

영업직으로 직장 생활을 하다가 창업하여 단기간에 크게 성공한 중소기업 사장이 있었습니다. 기존 사업의 경쟁이 점점 치열해지면서 가격은 떨어지고 수익은 악화되어가던 중 우연히 중요한 정보를 얻게 되었습니다. 원가 경쟁력으로 기존 제품을 대체하고 다양한 기능을 부여할 수 있는 신제품을 생산할 수 있는 신규 설비에 대한 것이었죠. 실패한 많은 사업처럼 이론적으로는 충분히 매력적이었습니다. 이 신규 설비를 활용하면 레드오션에서 절대적 원가 우위를 기대할 수 있는 신제품을 개발할 수 있을 것이라는 확신이 들었던 것입니다.

하지만 당시 한 번이라도 다른 관점에서 생각해봤더라면, 이 아이디어는 불확실성과 리스크가 매우 크다는 것을 쉽게 알아챌 수 있었을 것입니다. 세계적으로 상용화를 해본 적이 없는 설비인 데다 투자비 또한 기존 사업의 생존에 치명상을 줄 만큼 매우 큰 금액이었기 때문에 상식적인 반대가 제기되었을 법도 했습니다. 하지만 당시 누구도 이의를 제기하지 못했습니다. 내부적으로 사장만큼 정보를 가지고 있는 사람도 없었지만 이제까지 사장이 모든 결정을 해왔으므로 구성원들은 이에 관여조차 하지 않으려 했던 것입니다.

사실 당시 외부의 관련 업계 종사자들도 그 사업 모델에 대해 부정적 의견을 이야기했지만, 과거 본인의 성공 방식에 자신이 있었던 그 사장은 결국 엄청난 투자를 단행했습니다. 그리고 우려한 대로 처음부터 설비를 제대로 가동조차 하지도 못하고, 오랫동안 누적된 손실로 고통을 당했습니다.

만약 그분이 자신의 경험과 지식의 한계와 사고의 관성을 인정하고 다양한 의견에 귀를 기울였거나, 아니면 조직 내 분야별 전문가에게 적절한 책임과 권한을 주었다면 아마도 투자 결정을 안 했거나 위험을 최소화하는 방식을 선택했을 것입니다. 내용은 다르지만 이와 유사한 사례가 제법 많이 목격됩니다.

신사업과 신제품 발굴 담당 조직이 있는데도 불구하고 최고경영자가 아이템을 발굴하는 단계부터 직접 개입하는 경우도 있습니다. 최고경영자는 매월 혹은 매주 업무 보고 때 조사한 아이템을 보고받기 때문에 개략적으로 알게 되고, 특정 아이디어에 대해서는 별도로 자세한 보고를 받기도 합니다.

어떤 경영자는 '탐색한 결과를 가지고 매월 같이 모여 이야기합시다'라고 지시를 하기도 합니다. 이렇게 되면 담당 조직은 '매월 보고 건수'를 만들기 위해 부지런히 뛰어다닐 수밖에 없고, 최고경영자가 관심이 있는 사업 영역이나 아이템에 집중하여 시장조사를 하게 됩니다. 이러한 현상은 보고 횟수가 거듭될수록, 그리고 최고경영자의 의견이 많아질수록 더욱 강해지고, 결국 담당 조직은 최고경영자의 관심 아이템이나 지시 사항을 수행하는 조직으로 역할이 바뀌게 됩니다.

이렇게 되면 아이템 발굴 담당 조직의 지식과 경험, 정보가 아무리 뛰어나도 결국은 최고경영자의 통찰력 수준이 그 기업의 아이템 발굴 수준이 됩니다. 위계질서가 존재하는 일반적인 조직에서 일어나는 일반적인 현상이지만, 그리 바람직한 모습은 아닙니다.

④ 담당 조직 운영: 신사업, 신제품 아이디어 발굴 담당 조직은 두 가지 형태

로 운영됩니다. 겸직 혹은 전담 조직을 운영하는 방식입니다.

　전자의 경우는 규모가 크지 않은 기업에서 많이 사용하는데, 목적과는 달리 현실적인 한계가 있는 경우가 많습니다. 통상적으로 기존의 전략기획 조직이나 마케팅 조직에 신사업, 신제품 발굴 업무를 추가시키게 되는데 기존 업무에 우선순위가 밀리기 때문이죠. 그리고 대부분의 경우 이런 조직은 팀원 수가 많지 않은 데다, 신규 아이템 센싱을 해본 경험자도 거의 없습니다. 조금 과격하게 표현하면 해당 조직이 이 업무와 가장 관련이 많기 때문에 그냥 떠맡긴 것이지요.

　신규 사업 전담 팀을 신설하는 후자의 경우에도 비슷한 현상이 발생합니다. 기존에 추진 중인 신사업, 신제품의 성공적인 시장 진입 업무 이외에 신사업, 신제품 발굴 업무를 추가로 맡기 때문에 실질적으로는 겸직 형태로 운영되는 셈입니다. 물론 업무 간의 연관성 측면에서는 기존 조직이 겸직을 하는 것보다 상황은 좀 더 낫습니다만, 그 결과는 그리 큰 차이가 없습니다. 그리고 또한 전자의 경우와 동일한 의문이지만, 전담 조직에 과연 육성된 전문가가 있느냐 하는 점에서는 여전히 한계가 있습니다.

　앞에서 한 분야의 전문가가 되기 위해서는 '10년의 시간과 노력이 필요'하다고 했습니다. 그런데 경영층은 전담 조직을 만들어주었으니 지금 당장 괜찮은 아이디어를 내라고 다그칩니다. 그것도 시급하고 중요한 다른 업무를 같이 시키면서요.

　신사업과 신제품을 발굴할 수 있는 역량과 환경이 만들어지지 않은 상태에서 성과를 요구하는 것은 막연한 욕심일 뿐입니다. 그래서 많은 경우, 성과가 미흡한 한 해가 지나면 신규 조직이 없어지거나 신규 탐색 업무가 슬그머니 없어집니다. 다시 과거로 돌아간 것이지요. 중요한 것은 그 신사업과 신제품 센싱 업무를 담당하는 조직이나 사람의 존재 여부가 아닙니다. 신규 사업이나 신제품 탐색에 관해 축적된 지식, 경험, 정보를 가진 통찰력 있는 사람을 어떻게 확보하고, 인내를 갖고 기다려주느냐 하는 것입니다. 그리고 이러한 체계를 얼마나 지속적으로 유지하느냐 하는 것이죠.

　이제까지 설명한 것처럼 기업들은 다양한 경로와 방식을 통해 신사업과 신제품 아이디어를 발굴하기 위해 노력하고 있습니다. 하지만 이러한 노력에도 불구하고 현실적인 한계로 그리 만족스러운 성과를 만들어내지 못하고 있습니다.

　그럼 이를 어떻게 개선할 것인가에 대한 이야기를 지금부터 하겠습니다. 좀 더 정확하게 표현하면, 명확한 해결책을 제시하기보다는 좀 더 나은 결과를 위해 무엇을 중요하게 다루어야 할지에 대한 방향성과 방법론을 제시할 생각입니다.

(2) 아이템 발굴 방식의 개선 방향

기업마다 주어진 상황과 조건에 따라 유망한 신사업, 신제품 아이디어 발굴을 위한 다양한 방법들을 활용할 수 있기 때문에, 어떤 특정한 방식을 무조건 주장할 수는 없습니다. 하지만 '더 좋은 방식을 선택하는 기준'은 있습니다. 바로 '통찰력 수준'입니다. 즉, 어떤 방식을 선택하는 것이 중요한 것이 아니라, 해당 분야에 대해 누가 더 깊은 통찰력이 있고, 이들의 통찰력을 극대화할 수 있는 방법은 무엇인가? 하는 것입니다.

만약 최고경영자가 내부, 외부 통틀어 해당 분야의 신사업, 신제품에 대해 통찰력을 가진 유일한 전문가라면 최고경영자 주도로 아이템을 발굴할 수도 있다는 의미입니다. 즉, 해당 분야의 전문가가 가진 통찰력이 최대한 발휘될 수 있는 방식을 선택해야 한다는 것입니다.

이 문제를 좀 더 실질적으로 다루기 위해 아이디어 창출의 주체인 '해당 분야의 전문가'에 대한 정의부터 시작해보겠습니다. 사실 '해당 분야가 무엇이냐'에 따라 전문가에 대한 정의, 그리고 유망 아이템을 센싱하는 경로와 방식도 달라집니다. 일반 소비재와 산업재를 가지고 예를 들어보죠.

일반 소비재에서는 평범한 사용자들이나 자사의 구성원들 모두가 신제품 아이디어를 제안할 수 있습니다. 사실 일반 소비재 영역에서는 트렌드 예측과 같은 전문적 영역을 제외하고는 일반인들의 아이디어들이 전문가들의 것과 비교해도 질적으로 큰 차이가 없을 수 있습니다. 아마도 소비재가 특별한 지식과 경험, 정보에 의해 판단되는 인지적인 속성보다는 인간의 감정적이고 행동적인 속성에 더 가까운 것이기 때문에 그럴 겁니다.

이처럼 일반 소비재는 해당 분야에 대한 일상적 지식과 경험, 정보를 가지고도 좋은 신제품 아이디어를 제안할 수 있기 때문에, '일반적 다양성'을 가질 수 있도록 내외부 사용 경험이 많은 사람들을 최대한 많이 확보하여 아이디어의 파이프라인으로 활용하는 것도 좋은 방법이 될 수 있습니다.

반면에 소재, 부품, 모듈처럼 기능과 성능이 중요하고 정량적 수준 평가가 가능한 산업재와 같은 경우에는 해당 분야에 대한 축적된 지식과 경험, 정보가 아이디어의 질에 중요한 영향을 미칩니다. 그래서 전문적인 지식이나 경험이 없으면 혁신적이라기보다는 황당한 아이디어가 도출될 가능성이 매우 높죠.

그런데 산업재와 같은 전문 분야의 경우에도, 상황에 따라 신제품 아이디어를 도출할 수 있는 통찰력을 가진 사람들의 유형은 약간 다를 수 있습니다. 두 가지 상황이 있는데, 기존 사업의 역량을 바탕으로 사업과 제품을 확장하고자 하는 경우와 기존 사업과는 완전히 다른 신제품 아이디어를 발굴하는 경우입니다.

전자, 즉 기존의 사업 역량을 바탕으로 사업과 제품을 확장하고자 할 때 성공 확률이 높은 신제품 아이디어를 낼 수 있는 원천source은 기업 내부의 관련 구성원들이나 조직입니다. 기존 사업과 완전히 다른 분야가 아닌 경우에는 인접 분야에 대한 지식과 정보를 가지고 있을 가능성이 높기 때문이죠. 또한 기존 사업에서 훈련된 감각을 신제품 탐색에 상당 부분 성공적으로 활용할 수도 있습니다. 그래서 기업 내부의 특정 조직이나 계층을 대상으로 '통찰력'을 강화하기 위해 필요한 시장 정보를 주기적으로 제공하고, 좋은 아이디어에 대한 보상 제도를 운영하는 것도 효과적일 수 있습니다.

반면에 기존 사업과는 완전히 다른 신제품을 발굴하는 후자의 경우에는 신사업 발굴 경험이 많은 조직 내부의 마켓 센싱 담당자나 그 분야의 외부 전문가들이 괜찮은 아이디어를 제안할 가능성이 높습니다. 기업 내부 마켓 센싱 전문가는 오랫동안 다양한 산업 분야에 대한 시장조사를 통해 축적되고 체화된 직관과 통찰력이 있기 때문이죠. 흔히 '동물적 감각'이라고 표현되는 것 말입니다.

결론적으로 말하면 신사업과 신제품 유망 아이템을 발굴하려면 신사업과 신제품에 대한 '통찰력'을 지속적으로 유지, 강화할 수 있도록 내부 전담 조직을 운영하고, 외부 전문가로부터 아이디어와 정보, 의견을 수집하는 형태가 가장 바람직합니다.

그런데 기업 규모에 따라 다르겠지만 현실적으로 마켓 센싱 전담 조직을 운영하는 것은 운영 비용적인 측면에서 만만치 않습니다. 만약 이런 비용 투자가 어렵다면, 차선책은 기업 내 일부 사람들로 가상 전문가 그룹을 구성하여 제대로 된 통찰력을 가질 수 있도록 프로그램을 운영하는 것입니다. 가상 전문가 그룹을 구성하여 체계적으로 정보를 수집, 공유, 토론하고, 외부 전문가와 네트워크를 구성하여 이를 적극적으로 활용하는 것이 현실적인 대안이 될 수도 있을 것입니다.

2) 유망 아이템 발굴 및 방법론

앞에서 유망한 신사업, 신제품 아이디어를 발굴하기 위해서는 참여자의 통찰력과 다양성, 그리고 참여자 간 상호작용이 필요하다고 했습니다. 그런데 이러한 요소들은 개념적이라 실제 아이디어 발굴까지 연결되는 과정과 모습이 머리에 잘 그려지지 않습니다. 통찰력, 다양성, 상호작용을 아이디어 발굴과 어떻게 연결시키지? 하는 의문이 듭니다. 뭔가 구체적인 방법이 필요합니다. 좀 더 정확히 표현하자면 개인의 통찰력과 다양성, 그리고 상호작용을 활성화시켜줄 도구tool가 필요한 것이죠. 이 책에서는 이 도구를 2가지로 구분하였는데, 유망 아이템 발굴을 위한 '아이디어 착안점'과 유망 아이템을 발굴하도록 전문가들의 적극적인 참여를 이끌어낼 수 있는 '환경 조성'입니다.

'아이디어 착안점'은 다양한 관점에서 제안자의 지식과 경험, 정보를 최대한 발휘할 수 있도록 도와주는 역할을 합니다. 그냥 '신제품 아이디어를 내보세요'라고 하는 것보다, '이러한 관점에서 신제품 아이디어를 생각해보세요'라고 힌트를 주는 것이 아이디어를 도출하는 데 훨씬 효율적입니다.

실제 이러한 방식이 기존의 패턴에서 벗어나 혁신적인 아이디어를 창출할 때 매우 효과적이었던 경험이 있습니다. 물론 착안점을 잘못 제시하면 오히려 생각의 범위를 제한하는 부작용을 만들 수도 있기 때문에 신중하게 설계해야 합니다.

'환경 조성'은 다양한 개인이 참여하고 개인 간에 상호작용이 일어날 수 있도록 구조를 만들어주는 것입니다. 앞에서 예를 들었습니다만, 사업 부문 연구소DRD를 전사 연구소CRD로 통합한다고 해서 개인 간의 상호작용이 자동으로 일어나지는 않습니다. 화학반응을 일으키기 위해서 열이나 촉매처럼 뭔가가 필요하다고 했죠. 마찬가지로 다양한 개인들이 참여하고 상호작용이 자연스럽게 일어날 수 있는 환경을 만들어줄 필요가 있습니다.

그럼 지금부터 유망 아이템 발굴을 위한 '12가지 착안점'과 '4가지 환경 조성 방법론'을 구체적으로 설명하겠습니다. 시작하기에 앞서 잊지 말아야 할 것이 있습니다. 지금 설명할 도구들은 활용의 대상이지, 아이디어를 발굴하는 주체는 아니라는 점입니다. 이 도구를 제대로 활용하여 신사업과 신제품 아이디어를 창출하는 것은 전적으로 개인과 조직이 가진 기본 역량에 달려 있음을 다시 한 번 상기시키고 싶습니다.

(1) 유망 아이템 발굴을 위한 12가지 아이디어 착안점

유망 아이템을 발굴하기 위한 아이디어 착안점은 크게 3가지로 분류할 수 있

49

습니다. '변화 유형'과 '변화 패턴', 그리고 '시장조사'에 따른 방법론들인데, 이는 다시 12가지의 착안점으로 나눌 수 있습니다. 12가지 착안점은 미래 예측 방법론, 트리츠TRIZ, 경영 이론 등에서 이미 주장하고 있는 것들을 '유망 아이템 발굴 착안점'이라는 관점에서 보완하여 재정리한 것들입니다.

　이 착안점들은 다양한 관점에서 아이디어를 도출할 수 있도록 도와준다는 점에서 의미가 있으나, 이 또한 유연하고 더 다양한 관점의 사고를 제한할 수 있으므로 참고로만 활용하고, 맹목적인 집착은 하지 않아야 합니다.

표 2-1. 유망 아이템 발굴을 위한 12가지 아이디어 착안점

분류 기준	아이디어 발굴 착안점	설 명
변화 크기	① 패러다임 paradigm	다른 변화들의 바탕이 되며, 시간과 공간 측면에서 가장 길고, 광범위하게 그 시대를 지배하고 있는 프레임. 특히 패러다임 전환 시 새로운 사업 및 제품 기회 센싱
	② 메가트렌드 megatrend	사회, 기술, 경제, 환경, 정치 분야에서 수십 년에 걸쳐 일어나는 변화의 흐름에 대한 이해를 바탕으로 신사업, 신제품 기회 포착
	③ 트렌드 trend	메가트렌드의 영향을 받는 특정 분야의 변화 흐름에 대한 이해를 바탕으로 신사업, 신제품 기회 포착
	④ 유행 fashion/fad	짧은 기간에 발생되는 변화를 포착하여 신제품 센싱
변화 패턴	⑤ 제품 수명 주기 product life cycle 및 S-곡선 S-curve	제품의 도입, 성장, 성숙, 쇠퇴 등 단계별 고객 가치의 변화 및 기존 제품의 기술적 한계에서 필연적으로 출현하는 신제품의 특성을 센싱
	⑥ 기술 진화 법칙 law of technology evolution	기술이 진화, 발전하면서 발생되는 일정한 패턴에 대한 이해를 바탕으로 신제품 기회 포착
시장조사	⑦ 기능 분석 function analysis	제품의 기능 분석을 통해 신규 용도 발굴
	⑧ 벤치마킹 benchmarking	경쟁사 등의 제품 포트폴리오와 특허 분석을 통해 신사업, 신제품 아이디어 발굴
	⑨ 포지셔닝 맵 positioning map	경쟁 제품 포지셔닝 분석을 통한 신제품 기회 포착
	⑩ 가치 체인 통합 value chain integration	복수의 가치 체인 통합을 통한 신제품 기회 발굴
	⑪ 수입 대체 import substitute	기존의 수입 제품을 대체할 수 있는 기회를 센싱
	⑫ 관찰 및 조사 observation & survey	고객의 말과 표정, 행동 관찰 및 설문, 인터뷰를 통해 신제품 니즈 센싱

　'**변화 크기**'는 다음 그림 2-4와 같이 변화가 영향을 미치는 공간(영역)과 변화가 지속되는 시간(기간)의 크기에 의해 구분되는 패러다임, 메가트렌드, 트렌드, 유행 등과 같은 것들입니다.

당연히 변화가 지속되는 시간이 길고 영향을 미치는 영역이 클수록 변화의 파급력도 커지므로, 기업의 생존과 성장에 매우 큰 영향을 미치죠. 그래서 이러한 변화의 흐름을 지속적으로 모니터링하고 분석하여 기업의 단기 및 중장기 제품 전략에 적절히 반영하는 것이 중요합니다. 다음 그림에 시간과 공간 축에서 나타나는 변화 크기에 따라 필요한 제품 전략이 정의되어 있습니다.

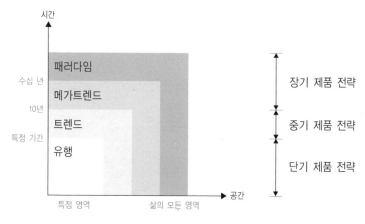

그림 2-4. 변화의 크기에 따른 제품 전략

'**변화 패턴**'은 특정 제품이 시장에 출시된 후 시간이 흐르면서 제품에 단계적으로 나타나는 일반적인 변화의 현상입니다. 변화 패턴은 순전히 과거에 일어났던 반복적 현상들을 토대로 정의됩니다. 그래서 변화의 패턴을 이해하고 변곡점을 잘 포착할 수 있다면, 어떤 신제품을 언제 준비하여 시장에 출시해야 할지를 알 수 있죠. 물론, 이를 제품으로 구현할 수 있는 기술 역량을 가지고 있는지는 별도의 문제입니다.

'**시장조사**'는 자사가 가진 기술이나 제품을 바탕으로 새로운 용도와 고객 가치를 찾아내거나, 아니면 경쟁사나 다른 산업 분야 기업들의 제품 전략과 특허 동향을 조사, 분석하여 유망 제품 아이디어를 발굴하는 방법입니다. 고객 관찰을 통하여 불편함과 불안함, 그리고 좋아하는 것과 원하는 것을 찾아내 신제품 아이디어로 연결할 수도 있습니다.

그런데 이 3가지 분류 기준은 다음 그림 2-5처럼 서로 독립적이면서 상호 보완 관계가 있습니다. 예를 들면, 현재의 시장과 고객에만 집중하여 시장조사를 하는 것보다 '변화의 크기와 패턴'을 이해한 상태에서 시장조사를 하는 것이 좀 더 효과적일 수 있습니다. 즉, 시장조사를 할 때 무엇을, 어떤 가정을 가지고 하느냐가 중요한데, 현재와 미래의 변화 크기와 패턴을 이해하면 좀 더 효과적인 시장조사를 할 수 있죠. 그래서 이들은 서로 보완하는 관계입니다.

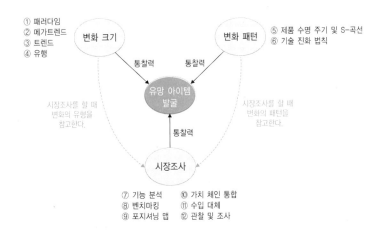

그림 2-5. 유망 아이템 발굴 방법론들 간의 관계

유망 아이템 발굴을 시작하기 전에 먼저 아이디어의 범위를 사전에 정할 것인지, 아니면 범위에 제한을 두지 않고 아이디어를 수집할지를 결정해야 합니다.

사전에 아이디어의 범위를 정할 경우 2가지 관점에서 결정해야 하는데, 그것은 바로 사업 영역business domain과 사업 기준입니다.

사업 영역은 현재 자사의 사업 영역이 전자산업이라면 화학산업이나 서비스산업에 대한 아이디어 발굴을 할지 말지를 결정하는 것이죠. 아이디어 발굴 영역은 360도를 할 수도 있지만, 투입 자원과 시간을 고려하면 영역을 제한하는 것이 더 효과적일 수 있습니다.

사업 기준은 자사 역량(기술, 유통 채널, 브랜드, 투자 여력 등)과 시장 매력도(시장 규모, 예상 수익, 경쟁 강도 등)에서 일부 항목으로 정할 수 있습니다. 예를 들면 '자사의 현재 보유 기술을 활용할 수 있고, 시장 규모가 100억 이상인 사업' 혹은 '시장 경쟁 강도가 심하지 않으면서 시장 규모가 100억인 사업' 등으로 정의할 수 있겠죠.

물론 발굴한 유망 아이템들의 사업화 여부를 결정하기 위한 타당성 평가는 나중에 별도로 하겠지만, 유망 아이템 발굴 단계부터 아이디어의 범위를 정해주면 좀 더 집중적인 아이디어 발굴에 도움이 될 수 있습니다. 또는 아이디어의 범위에 제약을 두지 않고 아이디어를 발굴하는 것도 아이디어의 손실을 최소화한다는 측면에서는 의미가 있기 때문에 상황에 따라 사업 영역과 기준을 결정하면 될 것입니다.

그러면 유망 아이템 발굴을 위한 착안점 12가지를 구체적으로 이야기하겠습니다. 먼저 '변화 크기'와 관련된 착안점인 패러다임, 메가트렌드, 트렌드, 유행부터 설명하겠습니다.

① 패러다임

패러다임은 변화 유형 중 시간적으로 가장 긴 기간의 변화이고 공간적으로도 지구상의 거의 모든 영역에 영향을 미치며 메가트렌드, 트렌드, 유행과 같은 변화들의 바탕이 됩니다. 다시 말하면, 메가트렌드, 트렌드, 유행과 같은 변화의 내용들은 패러다임의 변화에 종속될 가능성이 높습니다.

예를 들면 산업혁명 같은 변화들이죠. 1, 2차 산업혁명 결과 기계, 전기와 같은 과학이 발전하여 엄청난 물질적, 정신적 변화를 가져왔고 이는 지역 간, 개인 간 삶의 형태와 방식을 바꾸어놓았습니다. 그리고 3차 산업혁명은 정보기술(IT)의 발전으로 시공간을 초월하여 정보와 지식, 그리고 사람들을 연결시켰습니다. 이러한 시공간을 초월한 연결은 다른 영역들에도 영향을 미쳐 전체적인 변화를 가속화했습니다.

표 2-2. 산업혁명의 내용과 변화 영역

1차 산업혁명	2차 산업혁명	3차 산업혁명	4차 산업혁명
18세기	18~20세기 초	20세기 후반	2016년~
기계화 혁명 (증기기관 기반)	대량생산 혁명 (전기에너지 기반)	지식정보 혁명 (컴퓨터와 인터넷 기반)	디지털 혁명 (초연결과 초융합 기반)
수공업에서 기계공업으로 경공업의 거대 자본화	경공업에서 중화학 공업으로 대량 생산화	자동화, 글로벌화, IT기업 부상	개인, 경제, 기업, 사회 등 전 분야에 총체적인 변화

53

4차 산업혁명은 현재의 시간과 공간에서 벌어지고 있는 일이니 조금 자세하게 설명하겠습니다. 지난 2016년 1월 다보스 세계경제포럼에서 클라우스 슈밥 포럼 회장은 4차 산업혁명의 도래를 공식적으로 선언하였습니다. 그는 저서 『제4차 산업혁명』의 서문에서 '제4차 산업혁명은 규모, 범위 그리고 복잡성을 미루어 볼 때 과거 인류가 겪었던 그 무엇과도 다르며, 삶과 일, 인간관계의 방식을 근원적으로 변화시킬 것'이라고 했습니다.

아직 제4차 산업혁명의 실체를 명확하게 정의하기는 어렵습니다. 하지만 이 거대한 태풍의 중심에 있는 현상을 '초연결'과 '초융합'으로 요약해도 큰 무리는 없으리라 봅니다.

제4차 산업혁명을 이끄는 과학기술들은 디지털, 물리학, 생물학들입니다. 이 기술들 자체도 빠른 속도로 발전하고 있지만, 이러한 기술들 간의 융합, 그리고 기기와 기기의 연결, 기기와 사람 간의 연결이 더 빠르게, 더 많은 것을 바꾸어놓았습니다. 기존에 익숙했던 패러다임이 어느 순간에 새로운 패러다임으로 대체되고 있는 것입니다.

4차 산업혁명을 대표하는 사물인터넷(IoT), 인공지능, 무인 운송 수단, 3D 프린팅, 첨단 로봇, 디지털 헬스, 증강가상현실, 블록체인과 같은 제품이나 서비스가 삶의 규칙과 방식, 그리고 지구의 생태계에 어느 정도의 충격을 줄지 아직은 정확하게 예측하기 어렵습니다.

2017년 5월 27일 인공지능 알파고가 중국의 바둑 천재 커제 9단에게 3연승한 후 바둑계 은퇴를 선언했습니다. 컴퓨터가 적어도 바둑에서는 인간을 넘어선 신의 경지에 등극했음을 선언한 것입니다. 커제는 대국 중에 눈물을 흘리면서 본인이 근접할 수 없는 한계를 고통스러워했고, 경기 후에 '냉정한 알파고와의 승부는 고통이었다'라고 고백했습니다. 인공지능이 인간의 바둑을 비참하게 2부 리그로 만들어버린 겁니다.

어쩌면 이것은 서막일지 모르겠습니다. 앞으로 '초연결'과 '초융합'이 이 세상을 어떤 방향과 속도로 바꿀지 개인적으로 궁금하기도 하고, 두렵기도 합니다. 누구도 변화의 크기를 예측할 수도, 제어할 수도 없으니 불확실성과 불안감이 더욱 커지는 것이지요.

다시 우리가 고민해야 하는 실질적인 문제로 돌아가겠습니다. 이 거대한 4차 산업혁명이라는 변화의 폭풍 속에서 기회를 잡기 위해 우리는 어떤 산업에, 어떤 용도의 제품 혹은 서비스를 타게팅해야 하나요? 변화가 클수록 그 충격을 상대적으로 크게 혹은 작게 받는 영역이 있을 것입니다. 변화의 폭이 크다는 것은 기존의 마켓 리더들에게는 재앙이 될 수도 있지만, 어떤 기업에게는 기회가 될 확률이 더 높아졌습니다. 물론 극복해야 할 쉽지 않은 장벽이 있겠지요. 기술, 투자비, 진입 타이밍 같은 것들 말입니다.

다음 그림처럼 4차 산업혁명의 영향을 받는 산업들(표준산업분류를 기준으로도 할 수 있음) 혹은 관심 있는 산업이나 제품(사업)과 시간에 따른 영향의 정도를 표시하면 언제, 어떤 산업 혹은 제품에 큰 변화가 있을지 알 수 있겠지요. 그리고 선정한 산업 혹은 제품에 대해 가치체인분석value chain analysis을 해보면 유망 아이템(완제품 혹은 반제품, 소재/부품)을 직관적으로 감지할 수 있을 것입니다.

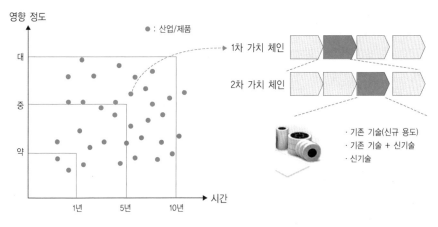

그림 2-6. 패러다임 전환에 따른 유망 아이템 발굴 방법

② 메가트렌드와 ③ 트렌드

일반적으로 10년 이상 지속되는 트렌드를 메가트렌드라고 하고, 1~5년 지속되는 것을 트렌드라고 합니다. 메가트렌드가 넓은 영역의 변화에 영향을 미친다면 트렌드는 특정 영역에 영향을 미치는데, 결국 메가트렌드 속의 특정 영역에서 구체화된 변화를 트렌드라고 합니다. 국내에서도 몇몇 협회나 기관, 기업에서 매년 예측 자료를 발간하고 있죠.

한국정보화진흥원에서 2010년 12월에 『한국사회의 15대 메가트렌드』를 발간한 적이 있습니다.(정기적으로 발간하는 다른 최신 예측 자료도 있습니다만, 이론

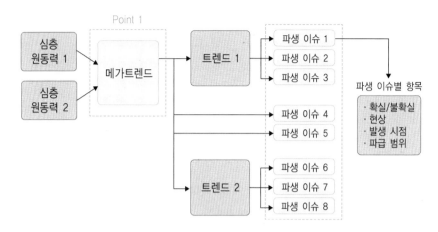

그림 2-7. 미래 전망 자료별 분석의 구조

적 설명에 적합한 본 자료를 예시 자료로 선택하였습니다.) 국내외 51개의 정부, 연구기관, 연구소, 기업으로부터 수집한 미래 예측 자료를 수집, 분석하여 메가트렌드와 트렌드, 그리고 파생 이슈를 도출한 것입니다. 그림 2-7은 그 도출 과정을 설명한 도표를 그대로 복사한 것입니다.

　'심층 원동력'이란 '메가트렌드'를 발생시키는 '원인cause'이라고 볼 수 있습니다. 결국 세상의 변화가 인과관계에 의해 만들어진다고 가정한다면, 영향력 있고 발생 빈도가 높은 이슈(원인)가 향후에 큰 흐름(메가트렌드)을 만들 가능성이 높습니다. 그럼 이런 원인을 어떻게 감지할 수 있나요?

　미래 예측 전문가들이 공통적으로 추천하는 미래 예측의 출처는 '신문'입니다. 이것은 상당히 일리 있는 말입니다. 기자들은 본능적으로 이슈를 발굴하고자 하는 욕망이 있습니다. 사회, 기술, 경제, 문화, 환경, 정치, 스포츠 등등 인간과 연관되는 모든 분야에 예민하게 안테나를 세우죠. 근거가 없는 먼 미래의 황당한 예측에는 관심이 없어도, 적어도 미래의 변화와 연결되어 있고 현재 이슈가 되고 있는 것들은 반드시 기사화합니다. 4차 산업혁명, 스마트팩토리 같은 주제들이죠. 그래서 신문 등을 꾸준하게 읽고 정리하면 미래의 흐름을 이해하는 데 도움이 됩니다.

　필요하다면 신문을 보완하기 위해 전문 기관이나 연구소, 기업에서 조사한 내용을 참고할 수도 있습니다. 물론 신문을 보든 조사한 자료를 보든 수많은 정보 더미에서 핵심을 도출할 수 있는 통찰력은 기본적으로 필요합니다.

다음 단계에서는 이렇게 선정된 '심층 원동력'을 가지고 분야별로 분류하여 정리합니다. '분야'는 분석자가 알아서 정하면 되는데, 일반적으로 PEST(정치, 경제, 사회, 기술), STEEP(사회, 기술, 경제, 환경, 정치), STEEPLE(STEEP + 법규, 윤리) 관점에서 정리합니다.

다음 표는 2010년에 진흥원에서 STEEP 분야별로 도출한 15개의 메가트렌드인데, 설명의 효율성을 위하여 제가 1개(유비쿼터스 환경)를 추가하여 16개의 메가트렌드로 수정한 것입니다.

표 2-3. 한국사회의 16대 메가트렌드

분야	메가트렌드	내용
S(사회)	인구구조의 변화	세계 인구 증가, 국가별/지역별 인구 증가/정체/감소가 각각 진행, 저출산/고령화 문제 등
	양극화	국가 간/기업 간 고용 구조 양극화, 경제적 양극화에 따른 교육 기회의 차별화, 취약 계층에 대한 사회 책임 문제 등
	네트워크 사회	사이버 공동체 활성화, 영토 국가에서 네트워크 국가로 전환, 정보 독점 및 정보의 평준화 등
T(기술)	가상지능공간	사이버 공간과 물리적 공간 간 상호작용 증대, 증강현실, 실감형 콘텐츠 등
	유비쿼터스 환경	사용자가 시간과 장소에 구애받지 않고 언제, 어디서나 네트워크에 접속할 수 있는 정보통신 환경 가속화
	기술의 융·복합화	기술-산업 간 융·복합화, 전통 산업과 신기술의 융합 등
	로봇	유머노이드 로봇, 군사용 로봇, 나노 로봇, 정서 로봇 등
E(경제)	웰빙/감성/복지/경제	고령화, 글로벌화에 따른 삶의 질 중시, 신종 질병/전염병 증가에 따른 건강 문제 대두 등
	지식 기반 경제	경제의 소프트화 현상 심화, 정보/서비스/콘텐츠 등 무형 자산 시대 도래, 지식경영 확산, 디지털 중심의 산업 재편 등
	글로벌 인재의 부상	글로벌화에 따른 멀티플레이어형 인재, 지식 경쟁력 부상, 창의력과 감성의 부각 등
E(환경)	기후 변화 및 환경 오염	환경 오염과 기상 이변에 따른 환경 안보 부각, 국제 탄소거래제도, 물 부족 문제 등
	에너지 위기	화석에너지 및 자원 고갈 심화, 지속가능한 에너지 체제로의 전환, 대체에너지 개발 등
	기술 발전에 따른 부작용	인간/윤리 문제와 기술의 충돌, 기술 패권주의, 개인 정보 보호 및 불건전 정보의 부작용 문제 등
P(정치)	글로벌화	이동성 증가, 인력 및 자본 이동, 국제 공조 확산, 다문화 및 이종문화 등
	안전 위험성 증대	신종 질병 및 전염병 확산, 핵 확산, 대량살상무기 확산, 경비 산업 성장 등
	남북 통합	남북한 경제 협력, 북한 문제의 국내화 및 급변화, 북한의 불확실성 등

이 중에서 '유비쿼터스 환경'을 예를 들어 설명하겠습니다. 유비쿼터스 환경을 구현한다는 말은 기기와 기기, 기기와 사람이 시간과 공간에 관계없이 연결될 수 있는 환경을 만든다는 이야기입니다.

이러한 환경을 구현하기 위해서는 현상을 측정하고, 측정한 데이터를 수집, 저장, 분석하고, 사용자 정보 제공 및 제어하기 위한 기술 인프라가 필요합니다. 센서, 통신기술, 통신기기 및 단말기기 같은 것들 말입니다. 이런 기술 인프라는 가전 산업의 홈 네트워크 산업과 의료산업에 큰 변화를 불러일으킵니다. 이와 같이 하나의 큰 변화의 물결은 다양한 산업과 제품, 소재나 부품의 변화로 연쇄 작용을 일으킵니다.

자, 그러면 이러한 '유비쿼터스 환경'이라는 메가트렌드에 대응하기 위해 우리 회사는 어떤 제품을 개발해야 합니까? 메가트렌드를 자사의 제품 전략으로 연결시키기 위해서는 다음 그림처럼 좀 더 체계적인 분석과 고민이 필요한데, 더 자세히 설명해보죠.

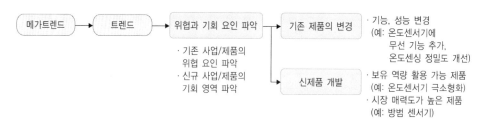

그림 2-8. 메가트렌드에 따른 유망 아이템 발굴 방법

먼저 이러한 (메가)트렌드가 구체적으로 자사의 기존 사업 및 제품에 어떤 위협이 되고, 어떤 신사업과 신제품 기회가 있을 것인지를 명확히 인식해야 합니다. 기회와 위협 요인을 파악하는 목적은 경영 환경의 변화에 따른 기존 사업 전략의 적합성을 재점검하고, 변화의 방향과 속도를 가늠하기 위해서입니다.

만약 변화의 필요성이 감지되면 기존 제품을 변경, 보완하거나 신제품 개발을 위한 아이디어를 적극적으로 발굴해야 하는데, 신제품 아이디어 발굴에는 두 가지 영역이 있습니다. 현재 자사가 가진 역량과 연계된 영역, 아니면 보유 역량과 관계없이 시장 매력도가 높은 영역에 대한 아이디어를 발굴할 수 있습니다.

다시 '유비쿼터스 환경'의 예로 돌아가면, 이 변화가 시공에 제약 없이 무엇을,

어떻게 연결시킬 것인가 하는 질문이 신제품 아이디어 발굴의 출발점일 것입니다. 사실 이에 대한 통찰력 있는 답변을 하기 위해서는 다른 (메가)트렌드와 관련 산업의 흐름을 같이 이해해야 합니다. 산업 간의 발전 속도에는 차이가 있지만 모든 산업은 서로가 동조화하려는 공통 속성이 있기 때문이죠. 그래서 다른 산업의 (메가)트렌드에 대한 깊은 이해 없이는 통찰력 있는 아이디어를 도출하기가 어렵습니다.

'유비쿼터스 환경'의 (메가)트렌드 관점에서 온도측정기기를 예로 들어보죠. 기업의 신제품을 크게 구분하면 기존 제품의 기능과 성능을 변경하거나, 아니면 완전히 다른 신제품을 개발한 것인데, 먼저 기존 제품을 변경하는 신제품의 경우를 살펴보겠습니다.

시공에 제약을 받지 않고 온도 데이터를 사용하려면 기본적으로 클라우드cloud 시스템에 측정된 온도 데이터가 실시간으로 저장되어야 합니다. 그런데 만약 기존 온도측정기가 데이터를 기기 자체에 저장하고 유선으로 인터페이싱을 하는 구조였다면, 무선 기능이 추가된 제품 개발이 필요하겠죠. 또한 측정 분야에 따라 좀 더 세밀한 분석과 제어를 위해서는 정밀도가 더 높은 온도센서기기가 내장될 필요도 있을 것입니다.

다음은 기존 제품의 변경이 아닌 완전 신제품을 개발하는 경우를 보죠.

먼저 기존의 '온도센싱' 기술 역량을 활용할 수 있는 신제품을 생각한다면 '극소형화된 온도센서기'를 생각해볼 수 있을 겁니다. 극히 좁은 공간의 온도 측정이 필요한 시장을 염두에 둔 것이지요.

그리고, 현재 보유한 역량은 미흡하지만 시장 매력도가 높은 시장의 신제품을 생각해볼 수도 있습니다. 예를 들면, 앞의 표 '한국사회의 16대 메가트렌드'의 '안전 위험성 증대'라는 메가트렌드에서 경비 산업과 '유비쿼터스 환경'을 결합해보면 '방범 센서기' 아이디어를 떠올릴 수 있습니다. 나중에 사업 타당성을 평가할 때 고민할 문제지만, 방범 센서기는 기존의 온도센서기와 기술과 시장의 특성 자체가 많이 다르므로 쉽지는 않겠지만 시장 매력도가 높다면 신사업, 신제품 아이디어로서 가치는 있습니다.

④ 유행(패션/패드)

위키백과사전은 유행을 '한 사회의 어느 시점에서 특정 생각, 표현 방식, 제품 등이 그 사회에 침투, 확산해나가는 과정에 있는 상태를 나타낸다'라고 정의하고 있습니다. 트렌드와 달리 유행은 아주 짧은 시기에 태어났다 소멸하기 때문에 예측하기가 쉽지 않습니다.

조엘 베스트가 저술한 『That's a Fad』에 자세히 기술되어 있지만, 유행에는 2가지 패턴이 있습니다. 패션fashion과 패드fad입니다. 패션은 약 1년 정도의 기간에 일시적으로 나타났다가(출현), 크게 확산되었다가(대유행), 갑자기 사라지는(퇴출) 단계를 거친다는 점에서 패드와 유사합니다. 하지만 패션은 출현했다가 사라지는 현상이 반복적이고 규칙적으로 일어나는 연속 반복적 특성이 있지만, 패드는 한 번 나타났다가 사라지면 다시 나타나지 않는 일회성을 가지고 있습니다. 예를 들어 보죠.

여성 의류의 경우에는 올해와 내년의 유행이 다릅니다. 디자인(유행)을 달리하면서 매년 출현했다 사라졌다를 반복하는 것이죠. 하지만 훌라후프는 어떻습니까? 한동안 광풍처럼 유행하던 훌라후프를 요즈음은 보기가 어렵습니다. 그런데 형태가 바뀐 훌라후프가 다시 과거처럼 열풍을 일으킬 수 있을까요? 거의 가능성이 없는 이야기죠. 의류처럼 반복적이고 영속적인 것을 패션이라고 하고, 훌라후프처럼 일회적인 것을 패드라고 합니다.

따라서 패드는 이를 주도하는 고정 세력이 존재하지 않으며 일회성이라서 예측하기가 거의 불가능합니다. 이 경우에는 최초로 패드 제품을 개발하거나 혹은 신제품이 출현하면 확산의 추이를 관찰하여 유사하거나 개선된 제품을 빨리 개발하여 시장에 들어가는 패스트 팔로어fast follower 전략이 제격입니다.

반면에, 패션 제품은 패드와는 다르게 반복적이고 주기성이 있기 때문에 우연적인 현상이 아닌 누군가의 주도에 의해 발생될 가능성이 높아서 어느 정도 예측할 수 있습니다. 조엘 베스트가 말한 '패션은 주기적으로 변화가 일어나도록 변화를 제도화시킨다'는 것과 같은 의미입니다. 누가요? 바로 그 변화를 주도하는 세력들입니다.

의류 패션의 경우를 보겠습니다. 낙수효과trickle down 이론이 있죠. 지금은 경제 용어로 더 알려져 있지만, 원래는 유행의 변화를 설명하기 위해 독일의 사회학자이자 철학자인 게오르크 짐멜Georg Simmel이 1904년에 주장한 이론입니다. 유행이 상위 집단에서 하위 집단으로 내려온다는 것을 의미하는 이 이론에는 2개의 원리가 작용합니다. 차별화의 원리와 모방의 원리입니다.

과거부터 대부분의 나라에서 의복은 신분을 상징했습니다. 조선시대만 하더라도 신분이 왕, 양반, 중인, 상민, 천민으로 구분되었는데 옷, 모자, 신발들이 신분에 따라 구분되어 있었죠. 지금은 이와 같은 공식적인 신분 구분은 없지만, 우리는 뭔가 다른 기준에 의해 암묵적으로 집단이 구분되어 있다고 느낍니다.

인간이 집단을 이루어 국가와 사회를 형성하면 '그들만의 리그'가 만들어집니다. 그리고 인간은 어쩔 수 없는 기본적인 욕망 때문에 상위 리그에 속하고 싶어 합니다.

이러한 배경과 맥락에서 상위 집단은 새로운 패션을 채택함으로써 하위 집단과는 다르다는 것을 입증하려 하고, 하위 집단은 상위 집단의 패션을 모방함으로써 상위 집단의 신분을 확보하려고 합니다. 이렇게 두 가지 상충되는 원리가 상호작용함으로써 유행이 반복적이고 주기적으로 나타나는 패션의 특성을 가지게 됩니다. 이러한 패션의 근원적 속성에 따라 상위 집단의 패션을 주도하는 누군가가 나타나게 됩니다.

바로 일류 디자이너들과 연계한 세계적인 의류업체들인데, 이들 중에서도 극히 일부가 유행을 주도합니다. 이 경우에도 패션을 주도하지 못하는 대부분의 기업들이 선택할 수 있는 최선의 선택은 패드 같은 패스트팔로어 전략일 것입니다. 이를 위해 주도적 기업들의 제품을 모니터링하여 신속한 의사결정과 마케팅 체계를 갖추는 것이 중요한 생존 역량이 됩니다.

요약하면 패드는 유행을 주도하는 세력이 정해지지 않았기 때문에, 패드를 창출하는 기업이 아니라면 변화의 움직임 자체를 관찰하여 패스트팔로어가 되는 것이 주요한 전략이 될 수 있습니다.

패션의 경우에는 변화를 주도하는 세력들의 움직임을 관찰하여 패드와 마찬가지로 적기에 모방할 수 있는 패스트팔로어 전략이 적절할 것입니다.

다음은 '변화 패턴'과 연계하여 아이디어를 착안할 수 있는 '제품 수명 주기 및 S−곡선'과 '기술 진화 법칙'을 알아보겠습니다. 이 방법은 제품과 기술의 과거 변화 패턴을 참고해서 미래의 제품을 예측하는 방법론입니다.

패턴은 과거에 축적된 정보를 기반으로 도출된 변화의 규칙이죠. 패턴은 반복성과 (어떤 경우에는) 주기성도 가지기 때문에 미래를 예측하기가 상대적으로 용이합니다. 이 방법론들은 이미 많이 알려졌지만, 실제 이것이 제품 전략과 구체적으로 어떻게 연계되는지를 자세히 다루겠습니다.

⑤ 제품 수명 주기 및 S-곡선

모든 제품은 생물처럼 인간의 욕구와 기술의 변화에 의해 탄생과 소멸이라는 숙명을 겪습니다. 또한 탄생과 소멸 사이에 성장과 쇠퇴의 과정을 거칩니다. 이렇게 제품들의 탄생, 성장, 쇠퇴, 소멸이라는 반복적인 사이클 속에서 진화라는 변화 과정을 통해서 시장에 더 적합한 신제품이 출현하여 기존 제품을 대체하는 현상이 일어납니다. 자연 세계의 큰 법칙이 비즈니스 세계에도 똑같이 적용되는 셈인데, 좀 더 세밀하게 살펴보죠.

제품은 소비자의 욕구와 기업의 본원적 욕망에 의해 탄생합니다. 그리고 탄생한 제품은 그 욕망에 의해 다시 소멸합니다. 이렇게 인간의 욕구가 지속적으로 변하고, 이를 더 잘 만족시키는 기업만이 생존, 성장하는 원칙이 작동하는 한, 기존 제품의 소멸과 신제품의 탄생이라는 순환적 법칙은 계속 유효할 것입니다.

다음 그림을 보면서 이러한 제품의 생성과 소멸의 순환적 법칙을 구체적으로 설명하겠습니다.

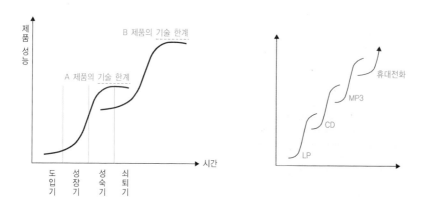

그림 2-9. 제품 수명 주기와 S-곡선

한 제품이 탄생하면 도입기, 성장기, 성숙기, 쇠퇴기를 거쳐 소멸하게 됩니다. 이러한 변화의 과정에서 경쟁 상황이 바뀌고, 시장에서 요구하는 제품 또한 생명주기 단계에 따라 변화합니다. 신제품 아이디어 발굴 측면에서 특히 고민해야 할 단계들이 '성숙기'와 '쇠퇴기'입니다. 성숙기와 쇠퇴기의 객관적 경계선이 명확한 것은 아니지만, 이 단계들에서 일어나는 현상과 이에 따른 제품 전략들은 다음과 같이 정리할 수 있습니다.

경쟁이 더욱 치열해지고 시장의 성장 속도가 급속히 완만해지는 '성숙기' 단계에는 게임의 룰rule이, 많은 경우 품질과 다양한 제품 라인에서 '가격'으로 넘어갑니다. 물론 그렇다고 고객이 품질 수준을 양보하는 것은 아닙니다. 공급자 입장에서는 품질을 과거와 유사한 수준으로 유지하면서 가격을 획기적으로 낮추어야 하는 딜레마에 빠져듭니다.

공급업체들은 이러한 시장 요구에 대응하고 수율 및 생산성, 품종 단순화 등을 개선하기 위해 다양한 노력을 하지만 어느 순간에 한계를 느끼게 됩니다.

결국 개념 설계부터 다시 시작하여 소재와 부품을 획기적으로 줄일 수 있는 제품을 개발하든지, 아니면 제품의 구조, 물질, 생산 방식 자체를 바꾸어 원가를 혁신적으로 낮춰야만 생존할 수 있는 상황에 몰리게 됩니다. 그렇지 않으면 제품을 철수하든지, 뭔가 다른 극단적인 조치를 취해야 하는 것이죠.

이렇게 성숙기 단계에는 고객과 경쟁사의 동향을 주시하며 제품 철수를 준비하든지, 아니면 획기적인 원가 혁신의 방식과 타이밍을 사전에 결정하고 제품을 개발해야 합니다.

'쇠퇴기' 시장에서 기존의 제품은 생존을 하는 데 더이상 적합하지 않게 됩니다. 시장 수요는 급격히 줄어들고, 수익을 낼 수 있는 한계는 더 뚜렷해집니다. 경쟁사들도 구명조끼를 입고 시장에서 탈출하기 시작하고, 이제는 몇 개의 업체들만이 남게 됩니다. 버티는 일부 업체들은 공급 감소 덕분에 일시적 호황을 누리기도 합니다.

그러다가 어느 순간에 결국 그 제품은 시장에서 사라집니다. 하지만 시장에서 그 제품이 소멸했다고 해서 그 제품이 수행했던 목적 기능 자체가 시장에서 없어지는 것은 아닙니다. 그 기능을 훨씬 잘 수행하거나 복합 기능을 수행하는 새로운 제품이 대체하게 되는 것이죠.

물론 그 성숙기, 쇠퇴기 제품도 생명을 연장하기 위해 지속적으로 성능 개선을 하지만, 어느 순간에 더이상 개선할 수 없는 물리적, 기술적 한계에 다다르게 됩니다. 그런 상황에 이르면 신기하게도 새로운 물질과 새로운 기술을 사용한 대체 제품이 혜성처럼 등장합니다. 클레이튼 크리스텐슨Clayton M. Christensen 교수가 그의 저서 『성공기업의 딜레마The Innovator's Dilemma』에서 주장한 와해성 기술disruptive technology에 의한 혁신 제품의 출현이지요.

이렇게 혜성처럼 등장한 혁신 제품들은 많은 경우 처음에는 허술하고 성능에 문제가 많습니다. 제품 초기에는 기술이 부족하고 생산량도 많지 않아서 원가가 높고 성능도 그리 만족스럽지 못합니다. 어떤 경우에는 성능 대비 무게가 무겁고, 사이즈는 크고 두꺼우며, 에너지 소비량도 높고, 예상하지 못한 품질 문제들이 발생하기도 합니다. 이렇게 출시 초기에는 성공적으로 시장을 창출하거나 기존 제품을 대체하기에는 한계가 있는 듯 보이죠.

하지만 이러한 문제들을 해결하기 위한 노력이 계속되면서 경험과 기술이 조금씩 축적되기 시작합니다. 그러다가 임계치를 넘는 어느 순간에 기술 발전의 기울기가 가파른 경사를 그리고 모든 문제들이 순식간에 개선되면서 시장을 장악합니다. 이처럼 혁신 제품은 현재의 관점에서 기술 수준과 발전 속도를 예단하여 가치를 무시해서는 안 됩니다.

그래서, 쇠퇴기 이전 단계부터 전문가 그룹들은 원가 혁신 제품을 개발하려는 노력 이외에 '기존 제품의 목적 기능을 수행하면서 고객의 가치를 획기적으로 개선'할 수 있는 대체 제품 아이디어를 발굴해야 합니다. 만약 완제품을 생산하는 기업이 아니라면 그와 관련된 소재, 부품, 모듈의 혁신을 고민해야겠지요.

여기에서 중요한 것은 시장과 제품을 다른 관점에서 바라볼 수 있는 통찰력입니다. 평균적인 사람이 일반적인 관점에서 바라보는 제품은 점진적인 개선 제품이거나, 근거가 약한 공상일 가능성이 큽니다. 특히 고도의 기술이 필요한 신제품은 더욱 그렇습니다. 그래서 전문가 그룹들을 적극 활용해야 합니다. 몇 가지 사례를 보겠습니다.

TV나 영화에서 1970~1980년대 다방의 LP판이 빼곡히 꽂혀 있는 조그만 방에서 디제이disc jockey가 음악을 트는 모습을 본 적 있을 겁니다. 음악을 좋아하는 분들은 LP판을 사서 전축을 튼 추억도 있을 것입니다. 지금도 여전히 LP 마니아들이 있지만 CD가 등장하면서 LP는 시장에서 거의 사라지게 되었죠. 그러다가 CD 플레이어와 CD가 조그만 크기의 MP3로 바뀌었고, MP3는 휴대전화로 통합되었습니다.

이러한 변화는 소리를 저장하고 재생하는 기술과 인터넷 환경 등의 관련 기술들이 융합하면서 이루어졌습니다.

그림 2-9의 오른쪽에 있는 'S-곡선'은 바로 이러한 혁신 제품이 출현하는 패턴을 설명한 것입니다.

현재 진행형인 TV 디스플레이의 사례를 보겠습니다. 1950년대부터 2000년까지 시장을 지배했던 CRT TV는 부피가 매우 컸고 소비전력도 높았으며 화면 크기도 한계가 있었습니다. 화면이 깜박거리는 문제도 있었죠.

그동안 이를 개선하기 위한 많은 노력이 있었는데도, 거의 50년만에 LCD TV 가 등장했습니다. 그리고 2015년에 이를 더 개선하기 위해 OLED TV가 출현했죠. OLED 디스플레이는 제조 원가, 수명 등 몇 가지 어려운 기술적 문제가 있어 작은 화면에는 상용화되었지만, 대형 TV처럼 큰 화면을 완전히 대체하려면 아직 더 많은 시간이 필요하다고 예측되고 있습니다. 하지만 과거의 기술 발전 흐름과 속도의 패턴을 볼 때 업계에서 예측하는 시점보다 더 빨리 대체될 수도 있을 것입니다.

그림 2-10. 디스플레이의 변천

⑥ 기술 진화 법칙

기술은 제품의 기능을 구현하는 도구입니다. 그러므로 기술 중심의 산업에서 기술 변화를 제대로 예측할 수 있다면, 경쟁사보다 한 발짝 빨리 시장을 선도하거나 대응할 수 있는 신제품을 개발할 수 있을 것입니다.

그런데 기술의 변화를 예측한다는 것은 무슨 뜻일까요? 기술이 진화 발전하는 규칙성과 패턴을 규명한다는 것과 같은 의미입니다. 이 말은 변화가 규칙성 없이 우연성과 불규칙한 패턴을 나타낸다면 예측할 수 없다는 뜻이기도 합니다.

그래서 다음과 같이 근원적인 질문을 해봅니다. 과연 기술에 진화 발전의 규칙성이 있을까요? 만약 있다면 우리가 그것을 어떻게 알아낼 수 있나요?

세상에는 영웅적인 헌신가들이 가끔씩 나타납니다. 러시아의 과학자인 겐리히 알츠슐러Genrich Altshuller가 그러한 사람이었습니다. 그는 새로운 과학적 이론을 발견한 사람은 아니지만, 20만 건의 특허 중 4만 건의 발명 특허를 선정, 분석하여 기술 문제의 해결 원리를 개발하고 기술의 진화 유형과 규칙성을 규명하였습니다. 찰스 다윈이 갈라파고스제도에서 발견한 '종의 기원'처럼 특허에서 기술 진화의 법칙을 발견한 것입니다.

알츠슐러는 자신이 개발한 TRIZ(창의적 문제 해결 이론)에서 8개의 기술 진화 법칙을 제안하였는데, 이 중에서 유망 아이템을 발굴하는 데 활용할 수 있는 6개의 기술 진화 법칙(실제로는 알츠슐러가 제안한 8개 법칙 중 5개와 다른 진화 법칙 1개를 추가하여 6개를 선정)에 대한 이야기를 시작해보겠습니다.

표 2-4. 기술 진화 법칙과 신제품 아이디어 발굴 착안점

기술 진화 법칙	내용 설명	아이템 발굴 착안점
이상성 증가의 경향 (이상성을 증가시키는 발전 방향)	비용과 유해한 기능은 감소시키고, 유용한 기능을 증가시키려는 경향 (가장 이상적인 시스템은 기능은 존재하는데, 시스템은 존재하지 않는 상태)	비용과 유해 기능은 감소(궁극적으로는 제로)시키면서 유용한 기능을 유지, 증가시킬 수 있는 제품은?
재료-에너지 상호작용 수의 증가 후 단순화 경향 (복잡성 증가 후 단순화)	더 높은 수준의 성능과 조절 능력을 갖기 위해 제품의 재료, 부품의 수가 증가하다가 단순화되는 경향	재료, 부품의 수를 추가하여 제품의 기능, 성능을 개선하거나 구조를 단순화시켜 동일하거나 우수한 기능/성능을 수행할 수 있는 제품은?
매크로에서 마이크로 수준으로의 이동 경향 (미시적 수준의 증가와 에너지장field 사용의 증가)	제품의 기능과 성능, 크기를 개선하기 위해 점점 더 작은 크기의 물질과 더 효율적인 에너지장을 사용하려는 경향	좀 더 세분화하거나 좀 더 작은 재료나 분자, 물리적 장의 속성을 활용하여 기존 제품의 기능과 성능을 개선할 수 있는 방법은?
시스템 내부 구성 요소 간 조화의 경향 (불협화음 감소와 리듬의 조화)	제품의 모든 부품과 소재, 모듈 간 불균등, 불균형한 발전 정도에 의해서 발생되는 전체 성능의 저하를 극복하려는 경향	완제품을 구성하는 모듈, 그리고 모듈을 구성하는 소재, 부품들 중 전체 성능을 저해시키는 것은 무엇이며, 이를 어떻게 개선할 수 있을까?
역동성 증가의 경향 (역동성과 제어성의 증가)	움직이는 부품이나 작동하는 도구들은 필요 조건에 더 잘 대응하기 위해서 좀 더 많은 자유도를 가진 유연한 구조로 진화하는 경향	다기능화와 융통성 있는 기능 수행을 위해 좀 더 높은 수준의 자유도를 가진 유연한 구조의 제품을 만들 수 없을까?
상위 시스템으로의 전이 경향 (상위 시스템과 결합, 통합 혹은 전혀 다른 시스템에 기능 이전)	발전 한계에 도달한 시스템은 다른 시스템과 결합, 통합되면서 추가적으로 발전하거나, 시스템 본래의 기능을 전혀 다른 시스템에 수행하게 하는 경향	기존의 제품(완제품, 모듈, 부품 혹은 소재)을 유사한 다른 제품과 결합/통합하거나, 전혀 다른 제품에 기능을 이전하여 새로운 제품을 만들 수 없을까?

법칙 1(이상성 증가의 경향): 이상성ideality이란 제품의 유해한 기능들이 없고, 유익한 기능만 있는 상태를 말합니다.

여기서 유해한 기능이란 제품의 무게, 크기, 에너지 소비, 비용, 그리고 유익한 기능을 수행하면서 나타나는 부작용 등을 모두 포함합니다. 유익한 기능들은 당연히 고객이 원하고 기대하는 제품의 기능입니다. 가장 이상적인 모습은 유해한 기능들은 발생하지 않고, 유익한 기능들만 존재하는 제품을 만들어 이상성을 무한대로

만드는 것이지요. '이상Ideal'이란 말 그대로 현실세계에서는 실현이 거의 불가능하지만, 이런 이상을 추구하는 과정에서 개선 제품이나 혁신 제품이 탄생할 수 있다는 의미가 내포되어 있습니다.

(신제품 아이디어 발굴을 위한 질문)
- 현재 시장을 지배하고 있는 제품에 대해 시장에서 요구, 기대하는 유익한 기능과 유해한 기능은 무엇인가?
- 유해성 기능을 원천적으로 제거 혹은 획기적으로 개선하기 위한 방법(제품)은 무엇인가?

법칙 2(재료-에너지 상호작용 수의 증가 후 단순화 경향): 제품은 시간이 지날수록 더 높은 수준의 성능과 조절 능력을 가지기 위해서 모듈, 부품, 소재, 그리고 에너지 구성 요소와 이들 간 상호작용의 수가 증가합니다. 한 개mono가 두 개bi, 두 개가 다수poly로 세분화하여 전문화되거나 다른 기능이 추가되면서 재료와 에너지가 증가하는 현상이죠.

이렇게 복잡성이 증가하다가 기존의 성능이나 조절 능력과 동일하거나 더 우수한 슈퍼 모노super mono가 출현하면서 모듈, 부품, 소재 및 에너지가 다시 단순화되는 경향이 있습니다.

다시 TV 디스플레이를 예를 들어보겠습니다. 과거 CRT의 성능과 문제점을 개선하기 위하여 더 많은 부품, 소재로 구성된 LCD, PDP TV가 등장했습니다. 그러다가 슈퍼 모노인 OLED를 사용한 TV가 등장하여 구조를 단순화했습니다. OLED 스스로가 발광하면서 램프와 복잡한 소재들의 층으로 구성된 BLUback light unit를 없애버린 것입니다.

이러한 제품 혁신에는 기존에 사용하지 않았던 새로운 물질과 기술 방식의 적용, 그리고 이를 안정화해가는 과정에서 나타나는 기술적 문제들을 극복하는 속도가 관건이 됩니다.

(신제품 아이디어 발굴을 위한 질문)
- 재료, 부품의 수를 추가하여 제품의 기능, 성능을 개선할 수 있는 방법은 무엇인가?

- 현재의 제품 구조를 단순화하여 현재의 제품과 동일하거나 더 우수한 기능/성능을 수행할 수 있는 방법은 무엇인가?

법칙 3(매크로에서 마이크로 수준으로의 이동 경향): 제품의 주요 기능을 구현하는 구성 요소들은 좀 더 작은 재료나 분자 또는 장field의 속성을 활용함으로써 제품을 발전시키려는 경향이 있습니다.

하나의 덩어리로 된 mono가 bi → poly → complex → micro → nano → 액체화 → 기체화로 점점 세분화되어가는 흐름의 패턴이죠. 예를 들면 다음 그림처럼 절단 도구가 초기에는 철재로 된 톱을 사용하다가 점차 고체 분말, 액체, 가스나 플라스마, 레이저로 발전되어가는 흐름입니다.

이러한 현상은 다양한 재료, 좀 더 정교하고 유연한 작업이 필요한 상황 등 환경의 변화와 함께 나타납니다.

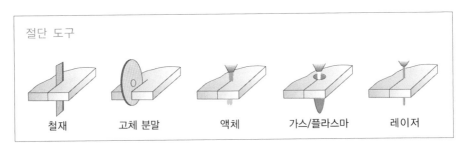

그림 2-11. 절단 도구의 발전 단계

(신제품 아이디어 발굴을 위한 질문)
- 좀 더 세분화하거나 좀 더 작은 재료나 분자, 장의 속성을 활용하여 현재 제품의 기능과 성능을 개선할 수 있는 방법은 무엇인가?

법칙 4(시스템 내부 구성 요소 간 조화의 경향): 제품을 구성하는 요소(모듈, 부품, 소재)들은 동시에 같은 수준으로 발전하는 것이 아닙니다. 서로 조화를 이루지 못하고 불균일하게 발전하죠. 즉, 어느 한 요소가 급격히 발전하면 어떤 다른 요소는 그만큼의 발전을 따라가지 못한다는 것입니다.

이러한 발전의 불균형은 제품 전체의 성능에 영향을 주는데, 이를 극복하려는 노력들이 곧 제품의 발전 과정이 됩니다. 기업 입장에서는 이러한 발전의 불균일이 사업 기회가 되는 셈이죠.

전기자동차를 예로 들어보겠습니다. 전기자동차는 배터리에 축적된 전기로 모터를 회전시켜 자동차를 구동합니다. 환경, 사용 부품 수, 소음, 진동, 폭발 위험성 등 많은 부분에서 전기자동차가 내연기관 자동차보다 우수합니다만, 배터리 충전 시간과 주행 가능 시간 등의 한계가 대중화를 가로막고 있죠.

개인적으로는 물질과 기술의 발전이 이러한 문제들을 조만간에 획기적으로 개선할 것이라 믿고 있습니다. 왜냐하면 이미 배터리 중심의 자동차 구동 시스템이 하나의 큰 흐름이 되었고, 많은 기업들과 전문가들이 현재의 문제들에 집중하고 있는 것이 주류mainstream로 형성되어 있기 때문입니다. 과거 경험으로 볼 때도 어느 한 개발 영역이 시장에서 뚜렷한 주류로 인정되면 더 많은 전문가들의 참여와 투자로 문제의 해결 속도가 예상했던 것보다 훨씬 빨라지게 됩니다.

(신제품 아이디어 발굴을 위한 질문)

• 우리가 관심 있는 완제품을 구성하는 모듈, 그리고 모듈을 구성하는 소재, 부품들 중 전체 성능을 저해시키는 것은 무엇이며, 이를 어느 정도의 수준 으로 어떻게 개선할 수 있을까?

법칙 5(역동성 증가의 경향): 제품이 출시되고 어느 정도의 경쟁 구조가 형성되기 전까지는 제품의 기본 기능과 성능이 시장에서 중요한 소구점appeal point이 됩니다. 그러다가 신규 경쟁자가 진입하고 기존의 경쟁사가 증설하는 시점에 뭔가 다른 차별화가 필요해지죠. 고객의 욕구도 기능과 성능에서 벗어나 사용 조건의 다양성과 사용의 편리성, 그리고 새로운 디자인으로 변화합니다.

이러한 고객 욕구와 시장 경쟁의 변화에 대응하기 위해 제품도 여러 가지로 변화합니다. 그중 한 변화 형태가 다음 그림의 예처럼 좀 더 높은 수준의 자유도를 가지려는, 즉 구조가 유연한 제품으로 진화하려는 경향입니다.

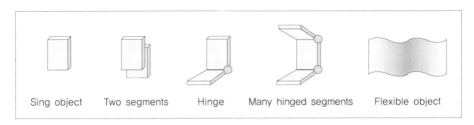

그림 2-12. 구조의 유연성 발전 단계

다음 그림처럼 디스플레이 제품은 이미 ·3세대인 '플렉서블flexible' 단계에 있지만 앞으로 더 유연한 구조를 가지기 위한 노력이 지속될 것입니다.

완제품의 혁신은 당연히 모듈, 소재, 부품의 혁신 없이는 불가능합니다. '시스템 내부 구성 요소 간 조화의 경향'에서도 이야기한 것처럼 플렉서블 디스플레이를 구성하는 기판, 구동, 기판 소재 및 부품 업체에게도 동등한 기술 혁신, 즉 신제품 개발 기회가 주어져 있습니다.

결국 이러한 변화의 흐름을 얼마나 더 잘 감지하고 준비하는가가 성공의 관건이 될 것입니다.

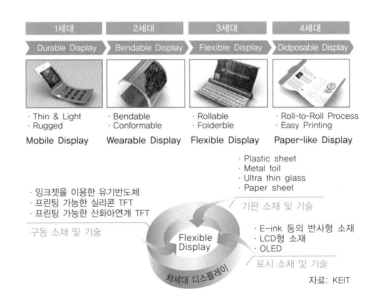

그림 2-13. 플렉서블 디스플레이 기술 및 시장(Display Bank Report 2007)

(신제품 아이디어 발굴을 위한 질문)

• 다기능화와 융통성 있는 기능 수행을 위해 자유도(유연한 구조)가 좀 더 높은 수준의 제품은 어떤 형태가 될 것인가?

법칙 6(상위 시스템으로의 전이 경향): 한 제품(완제품, 모듈, 부품 혹은 소재)이 발전의 한계점에 이르면, 가지고 있던 기능이 다른 제품으로 전이되면서 진화하기도 합니다. 이 진화는 유사한 기능을 수행하는 다른 제품과 결합 혹은 통합되거나, 전혀 다른 제품으로 하여금 이 기능을 수행하게 하고 본래의 제품은 사라지게 하기도 합니다.

다음 그림과 같이 한 개mono의 기능을 수행하는 것이 복수bi의 기능을 수행하고, 복수가 여러 개poly의 기능을 수행하면서 새로운 제품을 생성하는데, 이것이 모노-바이-폴리mono-bi-poly라 불리는 진화의 법칙입니다.

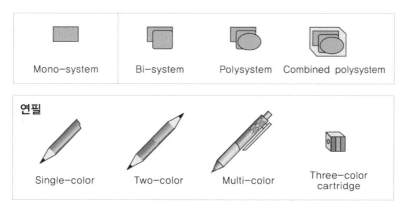

그림 2-14. 모노-바이-폴리 진화의 법칙

(신제품 아이디어 발굴을 위한 질문)

• 기존의 제품(완제품, 모듈, 부품 혹은 소재)을 유사한 다른 제품과 결합, 통합하거나, 전혀 다른 제품에 가능을 이전하여 새로운 제품을 만들 수 없을까?

마지막으로, '시장조사'에 의한 유망 아이템 발굴 방법론을 알아보겠습니다. 시장조사는 미래의 변화를 예측하거나 변화의 패턴을 규명하여 신사업과 신제품 아이디어를 도출하는 미래 예측 방법론이 아닙니다. 현재의 시장을 실제 조사, 분석하여 기회를 찾아내는 것이죠.

이 책에서는 6가지 방법론을 제시하고 있습니다. '기능 분석', '벤치마킹', '포지셔닝 맵', '가치 체인 통합', '수입 대체', '관찰 및 조사'인데, 상당 부분은 기업에서 이미 사용하고 있는 방법들입니다. 먼저 '기능 분석 방법론'에 대해 이야기하겠습니다.

⑦ 기능 분석

기능 분석 방법론은 '현재 제품의 기능을 활용하여 새로운 용도를 찾는 방법'입니다. 엄밀히 말하면 고객은 제품 자체를 구매하는 것이 아니라, '문제를 해결해 줄 기능'을 구매하는 것입니다.

예를 들어보죠. 어떤 고객이 나무 판자에 구멍을 뚫을 드릴을 구매한다고 하면, 사실 그 고객은 드릴을 사는 것이 아니라 '구멍을 뚫을 도구'를 사는 것이라고 하는 것이 정확한 표현입니다. 그렇다면, 가치(비용 대비 혜택)를 고려할 경우 그 고객에게 적합한 제품은 드릴이 아니라, 다른 어떤 도구가 될 수도 있죠. '기능 분석' 방법론의 기본 개념도 이와 동일합니다. 현재 자사 제품의 기능을 정확히 정의하여, 이것으로 대체할 수 있는 다른 제품이나 신규 용도를 발굴하는 것입니다.

그럼 먼저 간단하게 제품의 기능을 정의하는 방법부터 이야기하겠습니다. 사전에서는 기능을 '어떤 것이 담당하는 특유의 역할 및 활동'이라고 정의하고 있습니다. 한 제품의 기능에는 목적 기능과 기본 기능이 있습니다. 목적 기능은 그 제품이 존재하는 이유, 즉 본질적 기능이며, 고객이 제품을 구매하는 근본 목적이기도 합니다. 바로 이 제품의 본질적 기능을 목적 기능이라고 하며, 이 목적 기능을 구현하기 위한 하위 구성 요소 또는 해결책을 기본 기능이라고 합니다. 예를 들어보겠습니다.

A라는 제품(소재)은 LCD TV의 '밝기'라는 기능을 향상시키는 역할을 합니다. '밝기'를 향상시키기 위해서는 무엇을 해야 합니까? '색 순도'와 '휘도'를 높이고, '색상'을 균일하게 해야 합니다. 이것을 '기본 기능'이라고 합니다. 이에 대한 내용이 다음 그림의 왼쪽에 정리되어 있습니다.

이를 영어의 3형식 문장인 주어(S), 동사(V), 목적어(O) 형태로 정리한 것이 오른쪽 그림입니다. 사실 3형식 문장으로 표현한 것은 한 제품의 기능을 명확하게 기술할 수 있도록 표현 방식을 통일한 데 불과하며, 어떤 해외 특허 검색 시스템에서는 이런 형식의 문장 검색을 선호하기도 합니다.

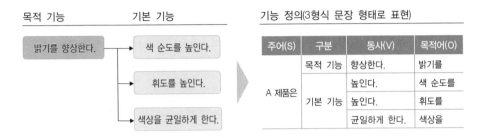

그림 2-15. 목적 기능 및 기본 기능

이렇게 정의된 기능을 활용하여 신제품 아이디어를 발굴하는데, '밝기' 혹은 '밝기의 향상'이 필요한 용도가 어떤 것이 있는지를 찾아보는 겁니다. 물론 '기본 기능'을 가지고 찾아볼 수도 있습니다만, '목적 기능'이 '기본 기능'보다 포괄적이기 때문에 목적 기능으로 찾는 것이 더 넓고 다양한 범위의 아이템을 발굴할 수 있는 장점이 있습니다.

대체 혹은 신규 용도를 찾을 때 전문가 그룹들의 브레인스토밍 등 다양한 아이디어 발상법을 활용할 수 있지만, 특허 검색을 통해 '밝기 향상'이 필요한 용도를 검색해볼 수 있습니다. 여기에서는 특허 검색을 활용하여 아이디어를 발굴하는 방법을 알아보겠습니다.

무료 특허 정보 서비스 사이트인 키프리스(http://www.kipris.or.kr)에서 '밝기 향상'으로 검색하면 많은 특허 내용이 출력됩니다. 검색어가 포괄적일수록 더 많은 정보를 보여주는데, 대신 상당 부분 적합하지 않는 내용도 나타난다는 단점이 있습니다. 검색된 내용에 대해서는 별 도리 없이 하나씩 확인하면서 선별하는 인내가 필요합니다. 다음 그림 2-16의 오른쪽에 1차 선별한 내용을 정리했는데, 전문가들의 2차, 3차 검토를 통해 최종적으로 시도해볼 만한 유망 아이템들을 선별하게 됩니다.

- 주위 밝기에 따른 신호등 조도 가변 제어장치
- 자동차용 전조등 밝기 조절 스위치
- 조명 제어장치
- 형광램프 점등 장치
- 광반사 물질이 코팅된 전등
- 정지등 밝기 조정 장치
- 주변 밝기에 따라 표시기의 밝기가 자동 조절되는 전자벽시계
- 차량의 모니터 밝기 자동 조절 장치
- 도어 비디오폰의 자동 밝기 조정 장치
- 감시용 흑백모니터의 화면 크기 변환에 따른 CRT 화면 밝기 보정회로
- LED를 부분 코팅한 전광판용 픽셀 모듈, 대형 안내판, 도로의 교통정보 안내판, 광고판
- 주변 조도에 따라서 밝기가 가변하는 LED 가로등
- LED 형광등 광확산 커버 리플렉터 코팅 설계
- 밝기를 높여주는 전등갓

그림 2-16. 키프리스에서 '밝기 향상'을 검색한 결과

1차 선별한 후보 과제들을 평가할 때는 시장에 대한 매력도는 나중에 조사하고, 3명 이상의 전문가들이 모여 먼저 기술적인 측면의 적합성을 평가하는 것이 좋습니다. 제품 구현에 필요한 기술이 기존의 보유 기술과 너무 차이가 있다면 그리 현실적인 아이템이 아니겠지요. 어쨌든 명확한 정량적 선별 기준을 정하기는 어렵지만, 3명 이상의 전문가가 기본 조사와 함께 직관적으로 판단한다면 어느 정도 신뢰성이 있다고 할 수 있습니다.

⑧ 벤치마킹

기업에서는 사업, 기술의 유사성 때문에 신제품 아이디어 발굴을 위한 벤치마킹을 주로 동종 혹은 유사 산업군의 선두 기업을 대상으로 많이 합니다. 홈페이지나, 카탈로그, 출원 특허, 설비 업체나 원료 업체, 고객, 컨설팅업체, 시장조사업체, 외부 발표 자료 등을 통해 필요한 정보를 입수하죠. 이렇게 다양한 소스source를 통해 사업 구조, 제품, 기술 정보를 종합하여 사업 구조와 제품, 제품과 기술을 연결해보면 뭔가 아이디어가 떠오를 수 있습니다.

예컨대 3M의 홈페이지를 보면 산업별로 제품들이 자세하게 나와 있습니다. 제품 카테고리(시장, 용도)별로 어떤 기술들이 사용되었는지도 개략적으로 알 수 있죠. 이러한 정보를 바탕으로 추가 특허 분석을 통해 유망 아이템을 예측할 수 있습니다. 예를 들면, 특정 기술 유형의 특허출원 일자와 특허분류 코드를 통해 기술 개발의 시계열적 흐름을 알 수 있고, 이를 제품과 연계시키면 신제품의 개발 흐름도 유추할 수 있습니다. 효율적인 분석을 위해 필요하다면 유료로 제공하고 있는 특허 분석 시스템을 활용하여 방대한 특허 데이터를 좀 더 쉽게 분석, 활용할 수도 있을 것입니다.

이렇게 다양한 방법으로 자사가 보유하지 않은 제품을 벤치마킹하여 자사의 내부 역량(주로 기술)에 적합한 유망 아이템을 발굴할 수 있습니다. 물론 실제 제품 개발을 할 때 특허 침해 이슈는 있지만, 이를 어떻게 회피할 것인가는 나중에 고민할 일입니다.

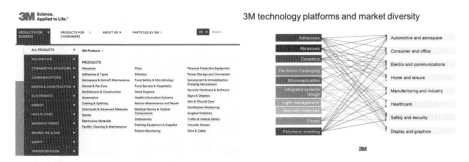

http://www.3m.com/3M/

그림 2-17. 3M의 제품 카테고리

⑨ 포지셔닝 맵

퍼셉션 맵perception map이라고도 하는 포지셔닝 맵positioning map은 마케팅 전략을 수립할 때 많이 사용하는 방법입니다. 흔히 알고 있는 STPsegmentation, targeting, positioning 전략의 한 요소죠.

즉, 포지셔닝은 시장을 세분화하고 표적 시장이 정해지면 경쟁사와 차별화되는 제품과 서비스의 특성과 이미지를 고객의 마음속에 심어주는 활동입니다. 물론 고객에게 제공하고자 하는 특성과 이미지가 고객에게도 중요한 가치여야 합니다.

이러한 '포지셔닝' 이론을 활용하여 유망 아이템을 발굴하는 것이 '포지셔닝 맵'입니다. 기존 시장에서 경쟁사 제품의 포지셔닝 분석을 통해 새로운 가치를 제공할 수 있는 기회(새로운 아이템)를 찾아내는 방법론이죠.

골프공 시장을 예로 들어보겠습니다. 골프공 구매 시 고객들이 중요하게 생각하는 가치를 가격과 브랜드 이미지라고 한다면, 각 브랜드들을 다음 그림처럼 위치시킬 수 있을 것입니다.(다음 그림은 설명을 위해 임의로 골프공 브랜드별 이미지와 가격을 단순화하여 작성한 것이므로 실제와는 다르게 평가될 수 있습니다.)

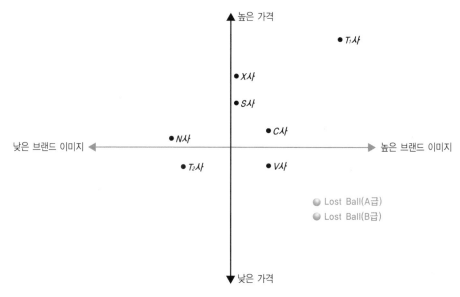

그림 2-18. 골프공 브랜드들의 포지셔닝 맵

그림의 우측 사분면 아래쪽이 비어 있습니다. 이것은 뭔가 기회가 있을 수 있다는 의미입니다. 즉, 브랜드 이미지도 괜찮고 가격이 싼 골프공을 필요로 하는 고객들이 제법 있을 수 있습니다.

특히 라운딩을 할 때마다 10개 넘게 잃어버리는 초보자의 경우 브랜드도 괜찮고 가격도 싼 로스트 볼은 매우 가치가 높은 반가운 제품일 것입니다. 그리고, 로스트 볼의 브랜드나 외관 상태에 따라 A급, B급 등의 다양한 포지셔닝이 가능하겠죠.

이처럼 '포지셔닝 맵'으로 신제품 아이디어를 발굴할 수 있는데, 여기서 핵심은 '가격', '브랜드 이미지'처럼 사분면을 구분하는 가치 기준을 무엇으로 선정하느냐 하는 것입니다. 시장 유형별로 중요하게 생각하는 가치가 다르므로 다양한 기준으로 시장을 세분화하여, 시장별로 중요하게 생각하는 '가치'를 도출하고 '포지셔닝 맵'을 그리는 것이 중요합니다. 예를 들면 가격, 성별, 스코어 등의 다양한 세분화 시장에 따라 가치 기준이 달라질 수 있을 것입니다.

⑩ 가치 체인 통합

대부분의 경우 한 회사가 원재료부터 가공 및 완제품까지 전부를 생산하지 않습니다. 투자비 증가, 환경 변화에 대한 유연성 저하, 편중된 사업 구조에 따른 위험성 증가 등으로 최근에는 일부 산업을 제외하고는 수직화를 그리 선호하지 않죠.

수직적 통합은 통합적 신제품 개발 활동 및 품질 관리에 유리하고 생산 원가나 비용을 절감할 수 있다는 장점이 있습니다. 그래서 수직적 통합 자산을 직접 소유하지 않으면서 수직적 통합의 장점을 확보하기 위한 방법이 필요해졌습니다. 그 방법이 바로 가치 체인들을 통폐합하여 단순화하는 것이죠. 이러한 통폐합은 완제품 생산자가 주도하거나, 중간 가치 체인들 스스로가 경쟁력을 높이기 위하여 전후방 체인들을 통합하는 형태로 나타납니다.

사실 이런 현상은 기술이 어느 정도 표준화되고 가격 경쟁력이 중요한 성숙기 시장에서 많이 발생합니다.

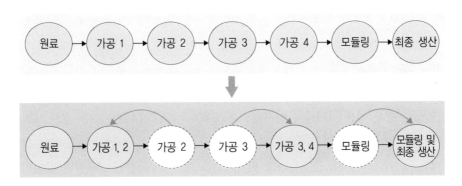

그림 2-19. 가치 체인들의 통폐합 형태

그림을 보면서 설명하겠습니다. 그림처럼 가공 1업체에서 가공 2의 공정을 통합하고, 가공 4업체에서 가공 3공정을 통합하고 최종 생산자가 모듈 작업을 하는 형태입니다. 이런 통합 과정은 가치 체인별로 정립된 전문화 기술이 시간이 흐르면서 자연스럽게 전후방 체인에 기술이 이전되어 일부 체인(가공업체 1, 4)이 통합 생산 능력을 가지게 되는 단계에 발생합니다.

물론 이런 통합이 모든 체인에 일어나는 것이 아니고, 기술의 난이도가 높지 않거나 상호 기술의 유사성이 있는 체인들을 중심으로 발생합니다. 이러한 현상이 신제품 아이디어 발굴에 주는 메시지는 단순합니다. 전후방 가치 체인들 중에 통합 생산할 수 있는 체인을 선정하여 필요 기술 확보, 설비 보완 등 사전에 준비를 하고 체인 통합의 필요성이 감지되면 재빠르게 대응해야 한다는 것이죠. 물론 이전에 향후 시장 상황과 투자비 회수 기간을 고려하여 투자 타당성을 평가해야겠죠.

⑪ 수입 대체

불편함과 불만, 불확실성과 두려움을 해결해주기를 바라는 것은 인간의 가장 근본적인 욕구입니다. 이러한 관점에서 고객을 관찰하여 문제점을 찾아내고 이를 만족시켜주기 위한 전략과 노력은 마케팅의 기본적인 출발점입니다.

수입을 대체하고자 하는 활동도 고객의 이런 심리적 불안정을 해결해주기 위한 노력입니다. 수입을 하는 경우는 당시에 국내 공급업체가 없었거나, 필요한 수준의 품질을 만족시켜줄 수 있는 능력을 갖춘 국내의 공급업체가 없었기 때문이었을 가능성이 높습니다. 그러나 시간이 흐를수록 국내 업체들의 품질 수준도 높아지기 때문에, 수입 대체 의지는 어떻게 보면 자연스러운 현상입니다. 어쨌든 수입 대체를 위해서는 고객이 전환 비용switching cost을 감수할 만큼의 혜택benefit을 제시해야 하는데, 일반적으로 가격 인하, 공급 리드 타임 단축, 고객 요구 대응력 제고 등 3가지 정도입니다.

가격 인하는 완제품의 가격 경쟁이 심화되는 성숙기 단계에 제조 원가를 낮추기 위해 구매와 생산 조직에서 필사적으로 노력하는 요소입니다. 수율 개선 노력도 필요하지만, 이것은 이미 기술적으로 한계에 다다랐기 때문에 쉽지 않습니다. 결국 단기간 내 이익을 유지, 증대시키기 위해서는 구매 비용 절감이 매력적인 방법이기 때문에 원부자재 변경에 따른 위험을 감수하고서라도 추진하려는 것이죠.

공급 리드 타임 단축은 운송과 통관 시간, 경우에 따라서는 공급업체의 생산 주기에 따라 발주부터 입고까지 상당 기간의 리드 타임이 발생하는 데 따른 비효율성과 재고 운영 비용을 개선하기 위한 노력입니다. 특히 해외 대형 혹은 선도 공급업체의 경우 자사의 생산 효율화를 우선하는 정책을 많이 취하기 때문에, 국내 고객 입장에서는 납기와 재고 관련하여 개선을 할 수 없어서 답답해하죠. 국내 업체에서 공급을 받게 되면 이 문제도 상당 부분 해결되기 때문에 수입 대체에 대한 매력을 더욱 느끼게 됩니다.

해당 산업 분야에서 국내 고객이 글로벌 선도 기업일 경우 고객의 요구 사항에 대한 공급업체의 대응 능력은 매우 중요합니다. 제품을 개선하거나 신제품을 개발할 경우에 후방 산업 업체들의 협업이 중요한데, 해외 공급업체의 경우 지리적위치, 언어 장벽 등 여러 가지 이유로 이것이 잘되지 않습니다. 그래서 지리적으로 가깝고 언어에 대한 장벽이 낮으며, 고객 요구 대응력과 동질감이 높은 국내 업체와 거래하려는 것이죠.

과거에 이런 사례가 있었습니다. 한국의 한 글로벌 가전업체가 어느 소재를 국산화하려고 많은 노력을 했습니다. 실제로 그 소재는 가치 체인 측면에서 보면 한참 후방 체인에 있었고, 완제품 제조 원가에서 극히 미미한 비율을 차지하고 있었습니다.

하지만 완제품을 개선하고 신제품을 개발하기 위해서는 반드시 그 소재도 같이 개발되어야 했습니다. 그런데 기존의 해외 공급업체의 경우 당시 그 가전업체가 사용하는 양 자체가 많지 않았고, 애당초 공동 개발, 협업 등으로 파트너십을 구축하려는 생각도 없었습니다.

이러한 상황 때문에 그 가전업체는 매우 답답해하고 있었는데, 마침 국내의 한 기업이 그 소재를 개발하여 시장 진입을 하려고 노력하고 있었습니다.

사실 하이테크 산업에서 가장 큰 장애 요인은 품질 인증입니다. 고객이 적극적으로 테스트를 해주지 않으면 1년 이상이 소요되기도 하고, 게다가 인증 실패를 하는 경우 상황은 더욱 어려워지죠. 그 신규 업체도 품질 인증이 가장 큰 고민이었는데, 그 전자 업체는 앞에서 설명한 상황 때문에 국내 신규 생산업체와 적극적으로 협업하여 단기간에 국산화에 성공했습니다. 나중에 그 가전업체의 사용량도 크게 증가하여 결국 원원win-win이 된 셈이었습니다.

결론적으로 수입을 대체하기 위해서는 어떤 제품을 표적으로 할 것인지를 정하는 것이 매우 중요합니다. 고객이 현재에도 불편한 점이 없고, 미래에도 문제가 없을 것 같은 제품을 단순히 양이 많다는 이유만으로 수입 대체하려 하면 성공 가능성이 낮습니다.

그래서 먼저 관세청이나 무역협회에서 수입 실적을 조사하여 도출된 후보 제품에 대해 가격, 공급 리드 타임, 고객 요구 대응력 등의 측면에서 고객의 불편함, 불안과 불만, 불확실성과 두려움이 어느 정도인지 조사하고 수입 대체 아이템을 발굴할 필요가 있습니다.

• 관세청, 무역협회의 수출입 무역 통계에서 관심 품목(HS Code)의 수입 실적(시장 규모의 매력도) 조사

• 불편함과 불만, 불확실성과 두려움 측면에서 수입 고객이 어떤 불편함과 불만, 불확실성과 두려움이 어느 강도로 있는지 조사

https://unipass.customs.go.kr:38030/ets/

그림 2-20. 관세청 수출입 통계 사이트

⑫ 관찰 및 조사

지난 2016년 3월 22일, 신학철 당시 3M 수석부회장은 『한국경제신문』과 인터뷰에서 '3M만의 혁신 비결'에 대한 질문을 받고 이렇게 답변했습니다.

"3M은 임직원 모두가 사람이 사는 모습, 인류가 살아가는 방식 등을 세계 곳곳에서 지속해서 관찰할 수 있게 장려합니다. 우리가 가진 기술로 사람들의 불편함을 어떻게 해결할 수 있을까 고민하는 것을 '고객 혁신'이라고 부릅니다. 혁신은 수천 번에 걸쳐 고객의 불편함을 찾아내고 기술을 접목해서 해결하는 하나의 과정입니다."

결국 고객의 불편함을 찾아내는 것이 혁신의 출발이라는 의미입니다. 사실 문제가 무엇인지를 정확하게 정의할 수 있다면, 많은 경우 해결책은 찾아낼 수 있습니다. 중요한 것은 누구를 대상으로, 어떤 관점에서 문제를 보고, 관찰자의 감정과 막연한 추측이 개입되지 않은 '사실fact'를 찾아낼 것인가? 하는 것입니다.

그래서 관찰 방법과 시장조사 방법이 중요한 것인데, 먼저 '관찰법'에 대한 이야기를 하고, '시장조사 방법'에 대해 설명하겠습니다.

관찰: 관찰은 단지 '본다see'는 의미는 아니죠. 사전은 관찰observe을 '사물이나 현상을 주의하여 자세히 본다'라고 정의하고 있습니다. 그럼 뭘 자세히 보죠? 바로 사람의 말과 표정, 행동입니다. 어떻게 자세히 보죠?

필요성 인식, 정보 탐색, 주문, 배송, 보관, 사용, 폐기, 평가, 재구매 여부 등 구매의 각 단계에서 고객의 반응에 대해 다양한 관점에서 전후 문맥을 가지고 관찰하여 숨겨진 욕구를 찾아내는 것입니다.

인간은 유무형적 자극에 대해 반응할 때 말과 표정, 행동으로 표현합니다. 이성이 통제하는 상태에서 표출되는 언어는 이미 뇌에서 이성의 필터로 한 번 걸러지기 때문에 실제 그 사람이 가지고 있는 생각이나 감정을 그대로 표현하지 않는 경우가 많죠.

하지만 표정과 행동은 처음부터 단단히 의도하지 않는 경우 이성의 통제를 받지 않고 반사적이고 무의식적으로 나타나는 경우가 많습니다. 특히 반복적으로 자주 발생되는 일은 표정과 행동에 그대로 투영되죠. 그래서 말과 표정, 행동을 종합적으로 잘 관찰하면 불편함과 불안함, 그리고 좋아하고 원하는 것을 쉽게 눈치챌 수 있습니다. 이렇게 불편함과 불안함, 그리고 좋아하고 원하는 것을 찾아내면 신제품 아이디어가 되는 것입니다. 정리하면 관찰 대상은 다음과 같은 내용들이 될 것입니다.

표 2-5. 고객의 경험 단계별 관찰 내용

		고객의 경험 단계								
		필요성 인식	정보 탐색	주문	배송	보관	사용	폐기	평가	재구매
부정적 요소	불편 불만 불안 무료									
긍정적 요소	편안 만족 안정 재미	고객의 경험 단계별 부정적, 긍정적 요소를 관찰하고 조사한 결과를 기재								

관찰은 주로 소비재 산업에서 많이 사용하는 방법이기 때문에 면도기 사례를 들어보겠습니다.(다음 내용은 https://happist.com에서 일부 발췌하였습니다.)

2005년에 P&G에 인수된 질레트는 세계 시장 점유율 1위의 면도기 브랜드입니다. 하지만 인도에서는 영 성적이 좋지 않았습니다. 중하류층을 겨냥하여 새롭게 디자인한 중가형 제품을 출시해도 실패했죠. 그래서 3,000시간 이상을 현지인들과 같이 보내면서 행동과 표정을 관찰하고 인터뷰한 결과 다음과 같은 사실을 알게 되었습니다.

(a) 어두운 아침 시간에 집 바닥에 앉아 손거울을 사용하거나 거울도 없이

면도를 하며,

(b) 깨끗한 물이 부족하기 때문에 매우 적은 물로 면도를 하며,

(c) 금전적인 여유가 없어 같은 것을 계속 사용하며,

(d) 구식 양날 면도기를 사용해 면도하면서 상처가 나거나 피를 흘리는 경우가 많았으며,

(e) 어두운 곳에서 얼굴이 베이지 않게 면도하기 위해 30분이나 시간을 소비하고 있다.

결국 '적은 물로도 면도'를 할 수 있고 '가격이 싼 안전한 면도기'를 개발하는 것이 신제품 아이디어였습니다. 이 아이디어를 구현하여 인도 시장을 목표로 2010년에 출시한 것이 바로 '질레트 가드Gillette Guard'입니다.

이러한 노력으로 드디어 2013년 6월에 인도 면도기 시장의 50% 이상을 점유하면서 질레트는 인도 시장을 장악하게 됩니다.

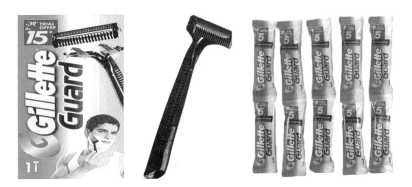

그림 2-21. 인도 시장을 장악한 질레트 가드

시장조사 시장조사 방법에는 여러 가지가 있습니다. 설문조사, 인터뷰, 워크숍 등이 있는데, 산업의 특성에 따라 적합한 방법론이 다를 수 있습니다.

예를 들면, 소비재는 특성이 유사한 집단의 공통된 가치를 파악하기 위해 설문서나 인터뷰의 내용을 잘 설계하고 진행한다면 좋은 결과를 얻을 수 있습니다. 반면에 산업재는 가격, 품질, 납기와 같이 이미 파악된 일반적 공통 가치도 있지만, 조직이 구매하고 조직 내의 다양한 사람들이 관련되어 있기 때문에 일반적인 인터뷰나 설문서로는 파악하기 어려운 고객 가치들도 있을 수 있습니다. 그래서 산업재

분야에서는 공식적, 비공식적 인터뷰나 워크숍을 많이 활용하죠.

더 자세히 설명하겠습니다. 설문조사와 인터뷰(주로 포커스그룹 인터뷰)는 주로 소비재 분야에서 고객이 요구하는 제품의 특성을 알아내기 위해 많이 사용한다고 했습니다. 그럴 수밖에요. 표적 시장을 정의했다 하더라도 불특정 개인들이 많기 때문에 이들 각각의 이성적, 감성적 요구 및 기대 사항을 조사하기는 거의 불가능합니다. 그래서 표적 시장을 대표할 수 있는 대상자들을 샘플링하여 설문을 하거나 포커스그룹 인터뷰를 통해 고객 요구를 파악할 수밖에 없습니다. 그래서 소비재 시장조사에서는 불특정 다수의 공통된 가치를 도출하기 위하여 샘플링 방법, 다변량 분석, 상관/회귀분석, 컨조인트 분석 등 다양한 통계 분석이 필요하게 됩니다.

반면에 산업재는 기업 하나하나의 요구 및 기대 사항을 파악해야 하는데, 구매 관련 이해관계자가 다양하고 불명확한 데다 제품 자체가 기술적 속성이 강하므로 설문을 통해 파악하는 데는 한계가 있습니다. 그래서 산업재에서는 주로 직간접 인터뷰나 워크숍을 통해 복잡하게 얽혀 있는 구매 관련 이해관계자와 그들의 요구 및 기대 사항을 파악하는 것이 더 효과적입니다.

그리고 인터뷰와 워크숍에서는 제대로 된 고객 가치를 발굴하기 위해 사전에 정교하게 설계한 질문 내용과 질문 기술이 매우 중요합니다. 현재 사용하고 있는 제품이 불편, 불안과 불만을 일으키게 하는 요소가 있는지? 있다면 무엇을 얼마만큼 개선해야 하는지? 그리고 편안하고 만족을 느끼게 하는 제품은 어떤 것들인지? 에 대해 신뢰할 만한 대답을 얻기 위해 언제, 어디서 어떤 내용과 방식으로 질문을 할 것인지에 대한 사전 질문 계획을 치밀하게 설계해서 진행해야 합니다.

요약하면, 유망 아이템 발굴을 위한 고객 관찰과 시장조사 방법은 산업의 특성에 따라 다릅니다. 관찰은 주로 소비재에 사용되는데, 고객의 제품 필요성 인식부터 평가 및 재구매 단계까지 고객의 부정적(싫어함), 긍정적(좋아함) 반응을 고객의 말, 표정과 행동의 관찰로부터 알아내는 것입니다. 그리고 시장조사 방법은 설문이나 인터뷰, 워크숍 등이 있는데, 소비재에서는 설문이나 포커스그룹 인터뷰를, 산업재에서는 직간접 고객 인터뷰나 워크숍을 활용하는데 누구를 대상으로, 어떤 질문을, 어떤 방법으로 할 것인지가 매우 중요합니다.

(2) 유망 아이템 발굴을 위한 4가지 환경 조성 방법론

유망 아이템을 발굴하기 위한 12가지 아이디어 착안점을 제대로 활용하기 위해서는 자격을 갖춘 개인들의 적극적인 참여와 동기부여가 중요합니다. 신제품 아이디어를 공식적으로 제안할 수 있는 채널과 적절한 금전적, 비금전적 보상이 없다면 아까운 아이디어가 개인의 머릿속에만 있다가 사라질 것입니다. 또한 다른 전문가와의 토론이나 지식 공유를 할 수 있는 기회가 없다면 더 나은 아이디어를 창출할 수 있는 기회를 놓칠 수도 있습니다.

그래서 유망한 아이템을 발굴하기 위해서는 참가자들이 동기를 부여받으며 참여할 수 있는 환경 조성이 필요합니다.

전 세계의 내부 구성원들과 가족, 비즈니스 파트너, 고객 등이 참여하는 웹web 기반의 신사업 아이디어 창출 포럼인 IBM의 InnovationJam 프로그램의 경우, 시행 첫해에 5만 건 이상의 아이디어가 제안되었다고 합니다. 이런 것을 볼 때, 어쩌면 지금도 많은 사람들이 본인의 아이디어가 세상에 나가서 인정받기를 기다리고 있을지 모릅니다.

사실 아이디어 제안과 인정, 그리고 성과가 선순환 궤도에 오른다면 다른 큰 파급효과를 기대할 수도 있습니다. 제안자들이 '평상시에도 아이디어 발굴을 위해 지식과 정보를 공유하고 축적하려 할 것'이라는 기대입니다. 이런 선순환이 반복되면 개인의 통찰력이 자연스럽게 길러지고, 지속적 생존과 성장에 필요한 신제품 아이디어가 지속적으로 발굴되고 성과를 창출하는 생태계가 만들어질 수도 있죠.

표 2-6. 아이디어 발굴을 위한 환경 조성 방법

아이디어 발굴 환경 조성 방법	정 의
① 아이디어 공모	기업 내부 구성원, 외부 전문가 및 가치 체인들이 가진 신제품 아이디어를 공모
② 전문가 포럼	해당 분야의 내/외부 전문가들로 구성된 포럼을 통해 신제품 아이디어를 발굴
③ 해커톤	다수의 팀을 구성하여 2~5일 내외의 짧은 시간 동안 시장조사를 통해 신제품 아이디어를 발굴하고, 프로토타입의 결과물을 만들어내는 경연대회
④ 브레인스토밍	내부 구성원들을 대상으로 1~3시간 내외의 짧은 시간 동안 질보다 양 중심의 신제품 아이디어를 발굴

이렇게 유망 아이템을 발굴할 수 있도록 환경을 조성하는 다양한 방법들이 있습니다만, 여기에서는 아이디어 공모, 전문가 포럼, 해커톤, 브레인스토밍 4가지를 소개하겠습니다. 이 4가지 환경 조성 방법론은 기존 기법을 신제품 아이디어 발굴

에 적합하도록 재정리한 것입니다.

① 아이디어 공모

내부 구성원, 고객, 사업 파트너, 공급업체, 외부 전문가 중에서 누가 가장 좋은 신제품 아이디어를 가지고 있겠습니까? 아마도 제품과 시장, 기술에 대한 정보와 통찰력이 가장 높은 사람들이겠지요.

이런 기준에서 보면 기존 용도의 개선 및 혁신 제품에 대한 아이디어는 기존 제품을 가장 잘 알고 있는 내부 구성원들과 기존 용도의 사용자들이 가장 잘 낼 수 있겠죠. 또한 신규 용도의 개선 제품에 대한 아이디어는 내부 구성원과 해당 신규 용도의 기존 사용자들이 잘 낼 수 있을 것입니다.

그리고 신규 용도에 대한 혁신 제품 아이디어의 경우 기업 내부 구성원들은 이에 대한 정보와 통찰력이 부족하기 때문에 외부 전문가나 해당 분야의 사용자로부터 아이디어를 발굴하는 것이 더 효과적입니다. 물론 기업 내부에 신제품에 대한 넓은 정보와 깊은 통찰력을 가진 전문 조직이나 전문가가 있다면 좋겠지만, 이렇게 할 수 있을 정도의 기업 규모나 조직 문화를 가진 기업은 그리 많지 않습니다.

지금 설명한 신제품 유형별 아이디어 제안자에 대한 정의는 일반적인 경우를 기준으로 구분했기 때문에 제품 및 기업의 특성에 따라 달라질 수 있습니다. 다음의 매트릭스는 기업에서 아이디어 공모 영역과 제안자를 제한해야 할 불가피한 상황에서, 참고로만 활용하려는 목적에서 인위적으로 분류한 것입니다.

그럼 좀 더 실질적인 관점에서 IBM과 P&G 사례를 가지고 아이디어 공모 방법을 알아보겠습니다.

그림 2-22. IBM과 P&G의 아이디어 공모

IBM은 매년 내부 구성원과 고객, 사업 파트너 등 전 세계 15만 명이 참여하는 'InnovationJam'이라는 이벤트를 실시합니다. 이벤트 시작을 선언하고 난 뒤 신규 사업, 제품, 서비스, 비즈니스 프로세스 등의 분야에 대한 혁신 아이디어를 온라인으로 접수합니다. 2001년에 처음 실시했는데 당시 5만 개가 넘는 아이디어가 제안되었다고 합니다. Jam(IBM 내부 용어로 '온라인에서 이루어지는 대규모 회의'를 의미합니다.) 아이디어의 대부분이 엄청나게 혁신적이지는 않지만 기존 사업을 보완하는 좋은 아이디어들이 많아서 최종 선정된 아이디어에 실제로 투자하여 성공한 사례가 많다고 합니다.

P&G는 내부 중심의 개발 모델로는 지속적인 성장과 혁신에 한계가 있음을 깨닫고 개방형 혁신 모델인 C&Dconnect & develop를 2000년대 초에 도입하였습니다. IBM과 마찬가지로 온라인으로 아이디어를 수집하고 있는데, 모든 사람들에게 상시 개방되어 있죠. C&D를 시작할 당시 목표는 신제품의 50% 이상을 외부로부터의 혁신을 통해 달성하자는 것이었는데 2007년에 이미 이 목표를 상회하였다고 합니다.

IBM의 'InnovationJam'과 P&G의 'C&D' 프로그램의 공통점은 다양성과 최소한의 전문성을 갖춘 '집단지성collective intelligence'을 기본 동력으로 하는 혁신 모델이라는 것입니다.

IBM은 사업 특성상 아이디어를 내기 위해서는 제품과 서비스에 대해 어느 정도의 전문 지식과 정보가 있는 참가자들이 필요했는데, 이는 해당 분야에 세계 최고의 기술을 가지고 있는 내부 구성원들 중심으로 해도 충분할 것이라 판단했던 것 같습니다. 물론 지금은 내부 구성원뿐만 아니라 구성원들의 가족, 고객, 비즈니스 파트너까지 참여자를 확대하고 있습니다.

P&G의 C&D 프로그램은 참여 대상에 제약을 두지 않고 외부의 다양한 기업들과 개인들이 참여할 수 있도록 온라인으로 제품과 기술 관련 아이디어를 상설 공모하고 있습니다. IBM보다는 좀 더 집단지성의 범위가 넓은데, 아마도 기술과 제품의 특성 때문이라고 생각합니다. P&G의 제품들이 IBM보다는 좀 더 일반적이고 개방성이 높아 다양한 영역의 전문가뿐만 아니라 일반인들의 참여가 용이한 측면이 있었던 것이죠.

어쨌든 두 회사의 사례를 참고하여 자사의 기술과 제품의 특성이 고도의 전문성과 범용성 사이 스펙트럼의 어디에 있는지를 판단하여 참여자의 범위와 공모 방식을 정하는 것도 의미가 있습니다.

그런데 이 두 회사의 아이디어 공모 프로그램에는 기술과 제품의 특성과 관계 없이 공통점이 있는데, 그것은 바로 체계적이고 정교한 '운영 시스템'입니다.

아이디어 제안의 범위와 주제를 사전에 정의하고, 아이디어 공모 대상자들의 자발적인 참여를 유도하기 위해 보상 등의 동기부여 제도를 만들고, 제안 아이디어 들을 전문가가 평가 및 선정하고, 아이디어의 내용 보완 체계를 만들고, 이를 투자 와 실행으로 연결시키는 프로세스는 둘 다 유사합니다. 이처럼 운영 시스템과 성과 간의 선순환 고리가 만들어지면, 그 시스템은 경쟁사가 쉽게 흉내 낼 수 없는 자사 의 고유한 차별적 역량이 됩니다. 즉, 다른 경쟁 기업에서 이러한 아이디어 플랫폼 을 모방하여 구성원들에게 아이디어 제안을 압박하고, 파격적인 평가 보상 제도와 IT 시스템을 만든다고 해서 제대로 작동할 수 있는 것은 아니죠.

많은 기업들이 리더의 지시에 의해 아이디어 제안 제도를 운영하지만 지속성 을 가지지 못하고 흐지부지되는 이유가 있습니다. 리더의 확고한 의지와 철학, 그 리고 정교하고 체계적인 운영 시스템이 부족하기 때문입니다.

리더의 확고한 의지와 철학은 리더의 개인적 성향과 오랫동안 축적된 패턴의 문제여서 여기에서 가볍게 다룰 수 있는 성격이 아니기 때문에 나중에 '리더의 역 할'에서 별도로 언급할 생각입니다. 이제까지 설명한 내용을 바탕으로 아이디어 공 모 프로세스를 그림으로 정리하였습니다.

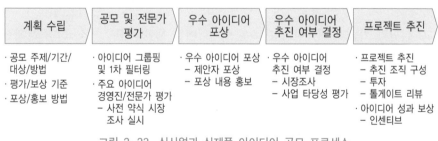

그림 2-23. 신사업과 신제품 아이디어 공모 프로세스

② 전문가 포럼

전문가란 해당 분야에 다양하고 풍부한 지식과 경험을 가지고 핵심을 뚫어 볼 수 있는 통찰력을 가진 사람입니다. 전문가들은 비슷한 수준의 지식, 정보를 가진 전문가들과 같이 있어야 서로 토론이 되고 새롭고 괜찮은 아이디어를 창출할 가능 성이 높다고 앞에서 이야기했습니다. 참여자들 간에 해당 분야에 대한 지식과 정보

에 큰 차이가 있으면, 일방적 지식과 정보 전달이 일어나게 되거나 통찰력이 높은 사람이 토론에 흥미를 잃게 되어 상호작용이 일어나지 않는다고도 말했습니다.

과거에 이런 경험이 있었습니다. 몇십 년 동안 내려온 고질적 품질 문제를 해결하기 위해 관련 팀의 대표 엔지니어들을 선발하여 몇 차례의 워크숍을 진행했습니다. 참여자들 간의 효과적인 토론을 위해 심리적 장애가 되는 요인들을 사전에 모두 제거하기 위해 여러 조치들을 취했는데, 한 가지 실수한 점이 있었습니다. 조직을 구성할 때 창의적이고 혁신적인 아이디어를 기대하면서 입사한 지 2년 정도 되는 우수한 엔지니어들을 몇 명 포함시켰던 것입니다. 그들도 토론에 참여하기 위해 열심히 노력했지만, 시간이 흐를수록 그 멤버들은 피교육자 입장으로 바뀌어버렸고, 적극적으로 제안한 아이디어들도 그리 효과적이지 못했습니다.

전문가 그룹을 구성할 때 개인의 통찰력 수준과 다양성을 주의 깊게 고려해야 합니다. 그래야 토론이 활발해지고 의미 있는 아이디어가 도출됩니다. 따라서 전문가를 선정할 때는 전문 분야와 경력을 충분히 고려하는 것이 중요하며, 주제에 따라 필요할 경우 내부 전문가 포럼, 외부 전문가 포럼, 혹은 내외부 전문가 통합 포럼 중 어느 것이 적합한지를 결정해야 합니다. 3M의 예를 보겠습니다.

3M은 1951년부터 매년 9월에 기술 포럼tech forum을 개최하고 있는데, 매년 차이는 있지만 전 세계 약 1만 명의 기술자들 중 30% 정도가 참석합니다. 이 포럼에서 다양한 최신 기술을 공유하고, 기술자 간의 인적 네트워킹이 자연스럽게 이루어집니다. 참석자들은 이 포럼에서 본인이 가진 문제를 해결할 실마리를 발견하기도 하고, 본인의 기술과 접목하여 새로운 아이디어를 제안하기도 하죠. 그리고 관심 있는 기술을 누가 가지고 있는지도 알게 되므로 나중에 도움을 받거나 협업을 할 수도 있어 대단한 시너지효과를 거두고 있다고 합니다.

1951년부터 매년 진행되는 '기술 포럼'에는 전 세계 사업장의 기술 관련 업무를 하는 모든 3M 직원들이 참석할 수 있다.

그림 2-24. 3M의 기술 포럼

물론 모든 기업이 '기술 포럼'과 같은 것을 도입한다고 해서 성공할 것이라고 생각하지 않습니다. 3M은 47개의 플랫폼 기술platform technology에 10만 개의 특허, 1만 명의 기술자와 110년이 넘는 역사를 가지고 있는 특별한 기업입니다. 3M은 기술이 혁신과 성장의 핵심이었고, 기술 간 연결과 융합 문화, 기술 경영 시스템이 내재화된 기업이기도 하죠. 또한 제품과 기술의 깊이와 다양성이 매우 커서 기술자들이 모일 수 있는 공간을 제공하는 것만으로도 기술 간 연결과 융합이 일어나고 새로운 아이디어를 발굴할 수 있는 확률이 높습니다.

축적된 시간과 문화가 다른 기업들이 이러한 방식을 모방하기는 쉽지 않을 것입니다. 몇 번 흉내 낼 수는 있겠지만, 이를 정착시키고 성과를 창출하기 위해서는 많은 시간과 시스템, 조직 문화의 큰 변화가 필요합니다.

몇 년 전에 한 기업에서 이런 일이 있었습니다. 3M을 벤치마킹하여 똑같이 '기술 포럼'이라는 이름으로 연구소 멤버들이 모두 모인 적이 있습니다. 제품과 설명 패널을 전시하고 개발자가 질문에 대해 답변을 하고, 별도 세션으로 개발 제품과 기술에 대한 발표회도 진행했습니다. 성과는 별도로 하더라도 도입 첫해는 나름대로 신선했습니다. 지금도 계속 그 행사를 하고 있을까요? 안타깝지만 몇 번 시도하다가 중단되었습니다. 왜 그랬을까요? 몇 가지 이유가 있었습니다.

첫째는 기술 변화의 역동성dynamicity의 차이였습니다. 3M처럼 기술과 제품의 변화가 빠르지도 않고, 기술과 제품의 다양성도 그리 크지 않아 몇 번 하면 새로운 것이 고갈되어 참석자의 흥미가 떨어지고 준비하는 것 자체도 부담스러워지게 되었습니다.

둘째는 사업 간 기술 융합성의 한계였습니다. 2개 사업 부문 연구소, 그리고 중앙연구소의 제품과 기술이 서로 많이 달랐기 때문에 융합과 조합을 통해 새로운 기술, 제품 아이디어를 도출하는 것이 쉽지 않았습니다.

셋째는 연구개발 문화와 방침과의 적합성 문제가 있었습니다. 포럼이 끝나고 연구소 간의 협업 과제를 도출하여 추진했습니다. 그런데 과제의 성격이 한 연구소가 다른 연구소를 일방적으로 지원하거나, 아니면 중장기적 추진 과제여서 성공 여부가 불투명하였습니다. 더군다나 당시 연구소는 단기 성과에 대한 압력 때문에 이를 추진할 의지와 여유도 없었습니다. 현재 계획된 과제의 성공이 더 중요했기 때문에 타 사업 부문의 과제를 지원할 이유도 여력도 없었던 것입니다.

전문가들이 모인다고 자동적으로 활발한 토론이 일어나는 것은 아닙니다. 전문가들 개개인이 가진 지식과 정보의 공유와 연계를 통한 신제품 아이디어 개발을 위해서는 그 기업이 가지고 있는 제품, 기술의 다양성과 연계성, 특수성과 역동성을 고려하여 적합한 형태의 포럼을 설계, 운영해야 합니다. 다음 사항은 전문가 포럼을 설계할 때 고려해야 할 내용들입니다.

- 주제(신제품 아이디어 발굴 영역과 분야)
- 참석 대상(내외부 전문가)
- 장소와 운영 방식(활발한 네트워킹과 커뮤니케이션을 위한 환경 조성과 운영 시나리오 설계)
- 아이디어 평가 및 보상(과제 추진 여부를 결정하기 위한 평가 및 보상 기준)
- 도출된 아이디어 실행 체계(기존의 신제품 추진 시스템과 연계하여 추진)

③ 해커톤

인간은 어떤 것에 재미를 느낄 때 가장 적극적으로 참여하고, 혼자보다 여러 사람이 있을 때 창의적인 아이디어를 더 잘 낸다고 하죠. 재미를 느꼈던 것도 일상화가 되면 사람들은 금방 지루해하고 싫증을 느끼게 됩니다. 해커톤은 바로 그런 인간의 속성과 심리를 이용하여 만든 프로그램입니다.

해커톤hackathon은 해커hack와 마라톤marathon의 합성어로 마라톤을 하듯 팀(5명 내외)을 구성하여 하루에서 일주일 이내(보통은 24~48시간 내외)의 짧은 시간 동안 쉬지 않고 아이디어를 기획하고 프로토타입의 결과물을 만들어 경쟁하는 경연대회를 의미합니다.

'해킹'이라는 단어가 부정적인 느낌을 줄 수도 있지만, 원래 컴퓨터 프로그래머들 사이에서는 '난이도가 높은 프로그래밍 혹은 작업 과정 그 자체에서 느껴지는 순수한 즐거움'이라는 의미로 통용되는 용어라고 합니다.

해커톤은 1999년에 캐나다 캘거리에서 열린 암호 개발 이벤트에서 시작되었는데, 이후 2012년 5월 페이스북의 CEO 저커버그가 기업공개IPO를 앞두고 투자자들에게 쓴 편지에서 '타임라인, 채팅, 비디오 등의 서비스가 해커톤을 통해 탄생했다'라고 언급한 내용이 공개되면서 널리 알려졌습니다.

페이스북은 이 행사를 6주마다 진행하며, 주제도 복리후생 문제를 포함하여 다양한 영역을 대상으로 진행하고 있습니다. 지금은 IT업체뿐만 아니라 자동차 등의 제조업체와 NASA, 그리고 정부기관에서도 도입하여 성과를 내고 있습니다.

사실 2~3일간의 짧은 시간 동안 진행되는 해커톤 행사에서 너무 많은 홈런을 기대해서는 안 됩니다. 특히 일반적인 산업 분야가 아닌 전문적인 지식이나 정보가 필요한 분야에서는 더욱 그렇습니다. 물론 최대한의 성과를 내기 위한 최선의 노력은 필요하죠.

이 책의 앞부분에서 반복적으로 주장한 것이 있습니다. 이 글의 전반에 깔려 있는 핵심적인 단어이기도 합니다만, 바로 '통찰력'입니다. 뛰어난 통찰력은 그 분야에 대한 풍부한 지식과 경험, 정보가 기반이 되지 않으면 한계가 있다는 주장도 반복적으로 강조했습니다.

결국 해커톤에서 발굴된 아이디어의 수준도 참가자의 통찰력 수준에 달려 있는데, 참가자 수준의 변동성에 따라 기대하는 성과를 얻지 못할 수도 있습니다. 그래서 해커톤 행사를 얼마나 정교하게 설계하느냐에 따라 성과가 달라질 수도 있습니다.

다음 사항은 해커톤 행사를 설계할 때 고려해야 할 내용들입니다.

- 주제(신제품 아이디어 발굴 영역/분야)
- 참가 자격(주제에 따라 결정)
- 장소와 운영 방식(자유로운 아이디어 발상과 구체화를 위한 환경 조성과 운영 계획)
- 아이디어 평가 및 포상(과제 추진 여부를 결정하기 위한 평가 기준 및 포상 방법)
- 도출된 아이디어 실행 체계(기존의 신제품 실행 시스템과의 연계성 확보)

④ 브레인스토밍

기업에서 가장 많이 사용하는 용어 중 하나가 '브레인스토밍'일 겁니다. 회의와 혼용하여 사용하기도 하고, 리더들이 허심탄회하게 이야기할 필요성이 있을 때 '브레인스토밍합시다!'라고 말하죠.

위키백과에서는 브레인스토밍을 '집단적, 창의적 발상 기법으로 집단에 소속된 인원들이 자발적으로 자연스럽게 제시된 아이디어 목록을 통해서 특정한 문제에 대한 해답을 찾고자 노력하는 것'이라고 정의하고 있습니다. 사실 '집단적, 창의적 발상', '자발적', '자연스럽게'라는 단어들이 브레인스토밍의 핵심입니다. 하지만 현실적으로 계층과 권력이 존재하고, 유사한 지식과 경험, 정보의 환경 아래 놓여 있는 회사의 구성원들이 집단적 창의성과 자발성, 자연스러움을 발휘하기란 그리 쉽지 않은 일입니다.

그래서 저는 브레인스토밍을 준비할 때 참여자들의 심리적 이완을 위한 아이스브레이킹icebreaking, 장소 선정, 참가자의 계층과 다양성, 참여 인원 수에 매우 신경을 씁니다. 진행 시간도 사람들이 집중할 수 있는 최대치인 1시간 30분~2시간 정도가 적절한데, 일반적으로 다음과 같은 순서와 내용으로 브레인스토밍을 진행합니다.

- 준비: 목적 및 취지, 주제(신제품 아이디어 발굴 영역, 분야), 역할 분담, 일정, 규칙
- 아이스브레이킹: 퀴즈 등 다양한 방법으로 긴장 이완
- 아이디어 도출: 아이디어의 질보다 양에 집중, 비판/비난/평가 금지, 특이한 아이디어 환영, 아이디어 간 연계 및 보완
- 아이디어 그루핑 및 선별: 유사 아이디어 그루핑, 투표와 합의로 아이디어 선별
- 마무리: 아이디어 종합 및 다음 단계 설명, 감사 표시

이제까지 12가지의 신제품 아이디어 발굴 방법론과 아이디어를 좀 더 효과적으로 끄집어내게 하는 4가지 아이디어 발굴 환경 조성 방법론에 대해 설명했습니다.

이들 각각은 독립적으로 운용되는 것이 아니라 상호 보완해주는 통합적 관계이기 때문에 동시에 같이 설계, 운영하는 것이 바람직합니다.

그럼 지금부터는 이렇게 힘든 과정을 거쳐 발굴한 아이디어 중에서 유망 아이템을 선정하는 방법론에 관해 이야기하겠습니다.

3) 유망 아이템 선정 및 방법론

발굴된 아이디어들 중 최소한의 기준을 통과한 모든 아이디어를 프로젝트로 추진하는 것도 어떤 측면에서는 괜찮은 방법입니다. 하지만 기업들은 나름대로 성장 전략의 방식과 기준이 있고, 투자할 수 있는 자원에도 한계가 있기 때문에 발굴한 아이디어들 중 일부를 사업화 과제로 선정할 수밖에 없죠.

사실 이 선정 과정은 좋은 아이디어 발굴 못지않게 중요합니다. 아무리 좋은 아이디어를 많이 발굴했다 하더라도 최고의사결정자 혹은 평가심의회가 이를 사업

화 과제로 선정하지 않는다면 무슨 의미가 있겠습니까? 실제 그런 사례가 제법 있는데, 그중에서 가장 안타까운 사례를 소개하겠습니다.

제록스의 팔로알토 연구소(이하 '제록스 PARC')는 세상에서 가장 혁신적인 연구소라 불렸습니다. 이 연구소는 1970년에 제록스의 부설연구소로 설립되었다가 IT(정보기술)역사에 한 획을 긋고 2002년에 분사를 한 당시 세계 최고의 민간 연구소였습니다.

이곳은 많은 기술을 세계 최초로 개발했습니다. 개인용 컴퓨터(PC)의 효시로 불리는 알토Alto, 그래픽 사용자 환경Graphic User Interface, 이더넷Ethernet이라는 근거리 네트워크의 표준 기술, 레이저 프린팅 기술, 객체 지향 프로그래밍, 유비쿼터스 컴퓨팅, 초고밀도 집적회로VLSI, 마우스 등 현재의 디지털 세상에 엄청난 영향을 미친 것들이죠.(저는 한동안 이 연구소가 지구보다 기술이 발달한 다른 행성에서 온 외계인들이 모인 집단이라 생각했습니다.)

그런데 안타깝게도 상업화에는 모두 실패했는데, 당시 제록스의 경영진들은 복사기, 프린터 외에 관심이 없었고 컴퓨터 회사로 변신하는 것을 그리 매력적으로 생각하지 않았기 때문이었죠.

스티브 잡스가 1979년에 제록스 PARC를 방문하여 이러한 발명품들을 보고 흥분하여 이렇게 외쳤답니다. "왜 이걸로 아무 일도 안 하죠? 이거 정말 대단해요. 혁명적이에요!"라고요. 그가 후에 이들에서 영감을 얻어 만든 것이 그 유명한 '매킨토시'입니다. 후에 스티브 잡스는 이렇게 회상합니다.

"제록스는 그들이 무엇을 개발했는지도 몰랐다. 기회가 왔다는 걸 알았더라면 제록스는 이미 IBM과 마이크로소프트를 합친 세계 최고의 하이테크 회사가 되었을지 모른다."

제록스 PARC의 연구원
(출처: computerhistory.org)

GUI를 적용한 최초의
개인용 컴퓨터 제록스 알토
(출처: parc.com)

그림 2-25. 제록스 PARC

저는 상업화보다는 기술 개발 자체에 더 의미를 두었던 제록스 PARC 연구원들이나, 정보기술의 미래를 예측하지 못했던 당시 제록스 경영진들을 스티브 잡스처럼 폄하하고 싶은 생각은 없습니다. 당시 연구원들은 기술 개발 자체에 몰입하고 열정을 느끼도록 만들어진 조직 문화와 환경에서 최선을 다했으니까요. 역설적으로 PARC 연구원들이 상업화와 재무 성과에 압박을 받는 상황이었다면 그런 혁신 기술들이 세상에 나오지 못했을지도 모릅니다.

그리고 주력 사업이었던 복사기 산업의 생존과 성장에 몰두했던 경영진들에게 당시 불투명했던 컴퓨터 사업에 대해 모험적이고 특별한 통찰력을 요구한다는 것도 사실 현실적으로 무리가 있습니다. 하지만 아쉽기는 합니다.

'미래 정보기술의 가치에 대한 통찰력을 가진 혁신가가 제록스의 최고경영자였더라면…' 하는 안타까움이 있기 때문입니다.

어쨌든 이렇게 어려운 채굴 과정을 거쳐 세상에 나온 아이디어는 또 한 번의 험난한 단계를 거쳐야 합니다. 유망한 아이디어들 중에서 상업화 과제로 최종 선발되는 과정이죠. 투자비가 많을수록, 기존 사업의 상황이 어려울수록, 그리고 기회 손실까지 감안한다면 올바른 아이템을 선정하는 것은 정말 중요한 일입니다. 대단한 아이디어를 아무리 많이 채굴했다 하더라도, 옥석을 가리는 필터가 제대로 작동하지 못한다면 무슨 의미가 있겠습니까?. 물론 미래를 정확히 예측할 수는 없습니다만, 성공 확률이 높은 아이디어를 선별하는 방법을 찾기 위한 필사적인 노력은 필요합니다.

유망 아이템 선정 방법론을 이야기하기 전에 먼저, 기업에서 사업화 아이템을 결정하는 과정이 일반적으로 어떻게 이루어지고 있는지, 그리고 무엇이 문제인지를 짚고 가는 것이 좋을 듯합니다.

전략적 의사결정은 통찰력과 분석을 통해 이루어집니다. 하지만 그 대상에 대해 충분한 지식과 경험, 정보가 있을 때에는 분석보다는 통찰력에 의한 직관이 주인 역할을 합니다. 이런 경우에 분석은 직관이 맞는지를 확인하는 보조 역할을 합니다.

직관이 분석보다 먼저 작동한다는 것은 과학적으로도 상당 부분 입증이 되었습니다. 여러분 스스로 과거의 개인적 경험을 떠올려보면 이해가 될 겁니다. 자신이 어떤 의사결정을 할 때 요소 하나하나의 가중치를 분석, 평가하여 결정을 하셨나요? 아니면 자신이 가진 지식과 경험, 그리고 정보를 가지고 직관적으로 마음을 정하셨나요? 특히 변수들의 미래 상황을 예측해야 하고, 변수들이 얽히고설켜 분석에 한계가 있는 경우에는 더욱 개인이 가진 직관, 즉 느낌이 의사결정을 담당합니다.

더군다나 의사결정자가 자신의 직관에 대한 믿음과 주장이 매우 강한 리더라면, 분석은 무의미한 형식적 절차가 될 가능성이 높습니다.

하지만 직관적 판단에도 함정이 있습니다. 앞에서도 이야기한 것처럼 개개인의 직관, 즉 통찰력은 정형화된 패턴이 있기 때문에 적용할 수 있는 분야가 제한적이고, 항상 오류 발생 가능성이 존재하죠. 직관은 본인의 지식, 경험, 정보와 함께 감정적 선호도도 같이 작용하므로 태생적인 한계와 오류가 있기 때문입니다. 더군다나 관련 지식과 경험, 정보가 부족할 경우 오류 가능성은 더욱 높아집니다.

그래서 최고경영자 혹은 소수 경영층 중심의 독점적 의사결정 방식에는 한계가 있으며, 더군다나 그 분야에 대한 지식과 정보가 충분치 않을 경우에는 의사결정의 오류 가능성이 더욱 커집니다.

기업에서는 이러한 오류와 위험성을 최소화하기 위해서 아이디어의 타당성 검증을 좀 더 객관적이고 정량적인 방식으로 분석하려고 합니다. 사업 매력도와 자사 적합도 평가를 통해 NPV, IRR, 영업 이익률, ROIC와 같은 정량적 재무 성과들을 추정하고, 그 분석 결과를 가지고 투자심의위원회나 최고경영자가 의사결정을 하는 과정들입니다.

이미 신사업 경험이 있는 분들은 눈치채셨을 것입니다. 표면적으로는 아무리 정량적 분석 결과라고 해도 순수한 객관적 분석 결과가 아니라는 것을요. 사실 사업 타당성을 분석, 조율하는 과정에서 최고경영층의 독단이 정량적 평가 데이터에 상당 부분 반영되어 있죠. 그래서 많은 경우 선정 단계는 큰 의미가 없는 형식적인 절차가 되기도 합니다.

이러한 현상은 강약의 차이는 있지만 대부분의 조직에서 발생하고 있으며, 권력과 위계질서, 내부 경쟁이 치열한 조직일수록 더욱 강하게 나타납니다.

미래 예측은 결과가 정확한 숫자로 산출되는 '수학'이 아닌 '확률'입니다. 우리가 예측하지 못하거나 정량화할 수 없는 변수와 통제할 수 없는 우연적 변수들이 작동하고 이러한 변수들이 정확하게 얼마만큼 영향을 미칠지 모르기 때문에 지극히 '확률론적'인 영역입니다. 그래서 미래 예측 모델링은 극히 제한적이고 폐쇄적인 상황에서만 의미가 있는데, 변수들과 변수들 간 상호작용의 복잡성이 더욱 높아진 지금의 비즈니스 생태계에서 확률변수를 선정하여 의미 있는 수준으로 내년을 예측한다는 것도 매우 어려운 일입니다.

이런데도 신사업과 신제품 아이디어의 3~5년 후 재무 성과 예측치를 누가 자신할 수 있을까요? 사실 이러한 큰 불확실성이, 조직 내 힘이 강한 리더나 조직이 사업의 타당성에 의도적으로 개입할 때 담당자가 합리적이고 소신 있는 저항을 못 하는 이유이기도 합니다.

예를 들어 지금으로부터 1년 후 양산 설비가 설치된다고 가정해보겠습니다. 시장조사를 해보니 1년 후 시장 규모가 현재 대비 10% 정도 증가할 것으로 예측되고, 기존 경쟁사의 증설과 신규 경쟁사 진입, 신제품 개발 등에 대한 소문도 있습니다.

이 말은 1년 후 양산 단계에서 판매량과 판매 단가가 어떻게 될지 잘 모른다는 의미이기도 합니다. 그리고 아직 개발과 생산 경험이 없는 상황에서는 원부재료 단가, 수율, 생산성 등 모든 것이 불투명합니다.

이러한 불확실성 속에서 사업화 여부에 대한 최종 의사결정을 위해 추정 재무 성과를 산출해야 하는데, 경영층은 A 아이디어를 이미 암묵적으로 마음에 두고 있습니다. 경영층이 관심 있어 하는 아이템을 이미 알고 있는 실무자는 보고 자료를 어떻게 만들겠습니까?

어차피 추정 숫자에 대해 확신이 없는데 투자심의위원회나 의사결정자의 통과 기준에 부적합한 추정치를 보고할 수 있겠습니까? 더군다나 2~3년 후에 평가받는 프로젝트라면 유망 아이템 발굴 조직이 아닌 실제 사업을 수행하는 조직에서 목표 미달에 대한 책임을 질 것입니다. 물론 사업화 타당성 평가 과정에서 투자심의위원회 멤버들은 반대 의견을 내기도 하지만, 결국 의사결정자의 의지를 꺾지는 못합니다. 정확하게 표현하면 100% 확신을 가질 수 있는 데이터를 가지고 있지 않는 한, 의사결정자의 막강한 권력에 적극적으로 대항하지 못할 것입니다.

결국 많은 사람들이 아이디어를 제안하고 아이템을 선정하기 위해 노력하였지만, 극단적으로 표현하면 한 사람의 통찰력에 의해 깔때기의 병목 부분에서 필터링 되고 결정되는 셈이지요. 물론 이러한 소수에 의한 의사결정 방식이 무조건 잘못되었다는 말은 아닙니다. 기업이 처한 어떤 상황에서는 이것이 최선의 방법일 수도 있습니다.

통찰력을 가진 전문 인력을 운영할 상황이 안 되거나, 스피드가 중요한 상황에서 새로운 성장을 늘 고민하고 연구하는 최고경영자의 통찰력에 의한 의사결정 방식의 성공 확률이 가장 높을 가능성도 많습니다. 하지만 단지 한 사람 혹은 소수의 통찰력에 따라 의사결정을 하는 방식은 통찰력과 다양한 관점의 한계로 잘못된 의사결정을 내릴 가능성이 높다는 주장을 하고 싶은 것입니다.

사실 기업 내에서 최고경영자 이외에 그 사업에 대한 지식과 경험, 정보를 가진 전문가가 없다면 1인 중심의 의사결정 방식은 어찌할 수 없는 일이지요. 그런데 해당 분야에 통찰력이 있는 전문 인력을 보유한 기업에서조차 이런 상황이 발생하는 것은 안타깝습니다. 더군다나 그 사업에 대한 지식과 정보가 충분하지 않은 경영층이 전문가의 의견을 무시하고 성격이 다른 과거 유사한 경험이나 일반적 이론을 가지고 의사결정을 하는 것은 더욱 위험한 일입니다.

그래서 많은 경우, 의사결정자의 의지에 맞게 만들어진 최종 사업계획서는 제품 개발, 시장 진입과 확대가 계획대로 잘 진행되지 않는 경우가 많습니다. 프로젝트 초기에 세웠던 가정들인 추진 일정(개발, 양산, 고객 인증), 판매량, 판매 단가, 제조 원가 같은 것들이 현실과 괴리가 크기 때문이죠.

정리하면, 발굴한 아이디어에서 성공 확률이 높은 유망 아이템이 선정되지 못하는 근본적인 이유는 2가지입니다.

첫째, 다양한 관점에서 바라볼 수 있는 통찰력을 가진 사람 자체가 부족하여 다양성이 작동하지 못하고, 한 개인 혹은 소수에 과다하게 의존하는 경우입니다.

둘째, 다양한 관점의 통찰력을 가진 전문가가 많은데도 불구하고, 이들을 활용하지 못하거나, 전문가들 간 상호작용(지식과 경험, 정보의 공유 및 토론)의 시너지를 만들어내지 못하기 때문입니다.

결국 올바른 유망 아이템의 선정 여부는 해당 사업에 대한 다양한 관점의 통찰력이 얼마나 잘 작동하게 하느냐가 핵심입니다. 기본적으로 이것이 제대로 갖춰져 있지 않으면 지금부터 설명할 '유망 아이템 선정 방법론'은 효용성이 떨어질 수밖에 없습니다.

그래서 회사 규모 등의 한계로 특정 개인 혹은 소수의 통찰력에 의존할 수밖에 없는 경우에는 개인의 통찰력을 확장하고, 외부 전문가를 활용하려는 의지가 필요합니다.

지금부터는 최종 추진 아이템을 선정하기 위한 방법론, 즉 사업 타당성 평가 방법론에 대한 이야기를 하겠습니다.

다음 그림은 수집된 신제품 아이디어의 선별부터 및 최종 선정까지 거쳐야 할 단계들을 정리하고, 각 단계에서 해야 할 일들을 설명한 것입니다.

1. 유망 아이디어 선별	2. 사업화 타당성 조사	3. 사업화 타당성 평가/결정

·아이디어 통폐합 및 1차 선별
 - 유사/동일 아이디어의 통폐합
 - 신제품 추진의 기본 원칙 위배
   아이디어 선별
   (사업 영역, 투자 규모 등)
·아이디어 2차 선별
 - 시장 매력도/자사 역량 평가
	·성과 지표 선정
	 - 재무 및 운영 성과
	·재무 성과 추정
	 - 수익성, 효율성, 성장성
	·운영 성과의 핵심 원인 변수 도출
	 및 가정 설정
		·사업화 타당성 평가
		 - 추정 재무 및 운영 성과 검증
		 - 운영 성과의 핵심 원인 변수 및
		   가정 검증
		 - 사업화 여부 결정
		* 사업화 타당성 평가 방법
		 - 전문가 집단 토론
		 - 확률론적 시뮬레이션

그림 2-26. 유망 아이디어 선정 및 사업화 타당성 평가 프로세스

(1) 유망 아이디어 선별

접수된 아이디어가 많을 경우, 자세한 시장조사를 통해 모든 아이디어 하나하나를 유망 아이템으로 선정하는 것이 가장 좋겠습니다만, 이렇게 하기에는 현실적으로 시간과 자원에 한계가 있습니다.

그래서 전략 팀, 사업기획 팀 혹은 신사업발굴 팀 등 유망 아이템 발굴 담당 조직에서 유사한 아이디어들을 통폐합하고, 1차적으로 기본 필터링을 합니다. 사업 영역, 투자 규모 등 자사의 신제품 추진의 기본 원칙에 벗어난 아이디어가 탈락 대상이 되겠지요. (탈락된 아이디어는 현재의 선정 기준과는 맞지 않지만 미래에 선정 기준이 바뀔 수 있으므로 별도 보관, 공유해야 합니다.)

이러한 통폐합 및 1차 필터링을 통과한 아이디어들에 대해 2차 선별 작업을 진행하는데, 일반적으로 신제품의 사업 타당성 평가 기준에는 2가지가 있습니다. '시장 매력도'와 '자사 역량'이죠. 시장 매력도도 높고 자사 역량도 충분한 아이디어를 발굴하고 선별하는 것이 궁극적인 목표이지만 이것은 현실적으로 쉽지 않은 일입니다. 2가지 기준을 만족시키는 아이디어를 발굴하는 것도 어려운 일이지만, 통찰력을 가지고 이를 정확하게 평가하고 선별하는 것도 만만치 않은 일입니다.

그럼 '시장 매력도'와 '자사 역량'을 이론적으로 정의하고, 아이디어 선별 시 구체적으로 어떻게 적용할 것인지를 살펴보겠습니다.

시장 매력도: 시장의 매력도를 평가한다는 것은 시장 규모, 시장 성장률, 경쟁 강도, 진입 장벽(법적, 투자비, 전환 비용), 대체재 출현 위협, 공급자 교섭력, 구매자 교섭력 등이 자사에 얼마나 유리한가를 보는 것입니다. 다시 말하면, 시장 진입과 확대에 성공했을 때 실현 가능한 수익 규모, 그리고 시장에 진입할 때의 난이도

와 위험도를 사전에 평가하여 시장 자체가 얼마나 괜찮은지 평가하는 것이죠. 사실 필요한 내부 역량은 조금 부족하더라도 전략적 판단에 따라 추진할 수 있지만, 시장 매력도 자체가 떨어지면 신사업, 신제품 추진의 의미 자체가 없어지기 때문에 이를 심도 깊게 분석해야 합니다.

그리고 시장 매력도를 구성하는 모든 요소가 자사에 우호적이라면 좋겠습니다만, 일부 요소는 그렇지 않거나 애매한 경우가 많죠. 또한 혁신적인 신제품의 경우 현재보다 미래의 시장 매력도를 예측해야 하기 때문에, 애플의 스티브 잡스나 MS의 빌 게이츠, 구글의 창업자인 래리 페이지와 세르게이 브린, 페이스북의 저커버그와 같은 특별한 통찰력을 가지고 있지 않는 한 미래의 시장 가치를 정확하게 판단하기란 쉽지 않습니다.

자사 역량: 역량이란 기술(개발, 생산), 고객 베이스, 브랜드 이미지, 유통 채널, 원가 경쟁력, 납기 준수, 고객 요구 대응력과 같이 고객이 원하고 기대하는 가치를 실현할 수 있는 능력입니다. 경쟁사가 있는 경우에는 경쟁사보다 탁월하게 고객 가치를 제공할 수 있는 상대적 우위 역량을 가지고 있어야 하죠.

그래서 자사 역량을 평가할 때, 경쟁사가 존재하지 않는 경우에는 순수하게 고객의 절대 만족도 관점에서 자사 역량을 평가하고, 경쟁사가 존재하는 기존 시장인 경우 경쟁사 대비 상대적 자사 역량을 평가합니다. 자사 역량도 시장 매력도와 마찬가지로 완벽한 조건을 가질 수는 없습니다. 고객을 만족시키는 동시에 모든 요소에서 경쟁사보다 탁월한 가치를 제공할 수 있는 능력을 하나의 기업이 모두 가지기는 어렵죠. 많은 경우 신사업, 신제품을 본격적으로 추진하는 과정 중에 기존의 보유 역량을 강화, 확장하거나 새롭게 확보해야 하는 상황이 일반적이죠.

이제 시장 매력도와 자사 역량을 세부적으로 어떻게 평가에 적용할 것인지에 대한 이야기로 넘어가야겠습니다. 다음 그림은 다수의 아이디어나 항목들의 중요도를 평가할 때 많이 사용하고 있는 방법입니다. 이 평가 방법은 이론적으로는 그럴듯하나 실질적인 효용성이 낮아 개인적으로는 그리 선호하지 않지만, 어떤 한계를 가지고 있는지를 충분히 이해해야 응용할 수 있기 때문에 내용에 포함시켰습니다.

표 2-7. 시장 매력도와 내부 역량 기준의 정량적 아이디어 평가 방법

평가 항목		가중치 (%)	A 신제품 아이디어	B 신제품 아이디어	C 신제품 아이디어	D 제품 아이디어
시장 매력도	시장 규모	30	5	3	5	2
	시장 성장률	30	3	5	3	5
	수익률	30	3	5	3	5
	진입 장벽**	10	3	5	5	4
	점수	100	72	88	76	80
자사 역량	개발 기술	30	3	3	4	4
	생산 기술	30	5	3	4	4
	브랜드 이미지	20	5	4	3	2
	유통 채널	20	4	4	3	2
	점수	100	84	68	72	64
종합 점수(평균 점수)*			78	78	74	72

* 시장 매력도와 자사 역량의 평균 점수이며, 점수는 가중치에 평가 점수(5=100점, 4=80점, 3=60점, 2=40점, 1=20점)를 곱하여 산출

** 법적 리스크, 고객의 전환 비용switching cost, 투자 규모

　시장 매력도와 내부 역량을 평가할 수 있는 항목을 세로축에 나열하고, 가로축에는 신제품 아이디어를 열거합니다. 그리고 통상적으로 각 평가 항목별로 전략적 가중치를 두고 정량적 평가를 합니다만 이러한 평가 결과를 가지고 아이디어의 우선순위를 결정하는 것은 무리가 있습니다. 왜냐하면 평가 항목을 선정하는 것도 어렵지만 평가 항목별로 상대적인 중요도를 정량적으로 정확하게 측정할 수 있는 가중치를 설정하는 것은 불가능하기 때문입니다. 이러한 한계를 가지고 평가를 한 종합 점수 결과에 대해서 직관적으로 동의하기가 힘든 경우가 많은데, 더군다나 평가 항목이 많은 경우에는 더욱 그렇죠.

　조금 더 자세히 설명하겠습니다. 가중치가 30%인 '시장 규모'가 만점으로 평가되고, 가중치 70%를 차지하는 '시장 성장률'과 '수익률', '진입 장벽'이 상대적으로 낮게 평가된 A 신제품 아이디어의 시장 매력도 점수는 72점입니다. 반면에 시장 규모가 상대적으로 낮고 나머지 3개 항목이 만점으로 평가된 B 아이디어의 시장 매력도 점수는 88점입니다. A, B 아이디어 간의 점수 차이가 16점이나 되죠. 이렇게 큰 점수 차이가 과연 타당한 결과인지는 차치하더라도, 과연 B 아이디어의 시장 매력도가 A보다 높은 것이 맞는가 하는 근본적인 의문이 듭니다. 사실 시장 규모가 매우 크다면 시장 성장률과 수익률이 낮다 하더라도, 시장 규모 자체가 낮은 것보

다 더 매력적일 수 있지 않을까요?

그래서 평가 항목들의 합계 점수로 평가하는 것보다 차라리 평가 항목들의 개별 평가 결과를 가지고 종합적으로 판단하는 것이 더 합리적일 것이라는 생각입니다.

과거 이런 사례가 있었습니다. 어떤 기업에서 매우 시장 규모가 큰 기존 소재를 대체할 수 있는 세계 최초의 제품을 개발하기로 하였습니다. 시장조사 결과 그 소재는 고객 입장에서도 최종 제품의 품질과 디자인 측면에서 매력적인 것으로 파악되었습니다.

개발을 시작한 지 몇 년이 흘렀습니다. 그동안 연구원들이 쏟은 열정으로 상당한 수준의 진전이 있었고, 소재 개발도 거의 완성 단계에 이르렀죠. 그런데 결론적으로 개발 단계에서 마지막 허들을 넘지 못하고 좌절하고 말았습니다. 여러 가지 복합적인 이유가 있었는데, 그중 하나가 고객의 전환 비용switching cost이었습니다. 그 신소재를 채택하기 위해서 고객이 새롭게 도입하거나 투자해야 할 비용과 시간이 컸던 것입니다. 그런데다 고객들이 신소재를 사용했을 때의 시장 성공에 대한 불확실성도 있었던 것이었죠.

어쨌든 제품이 나오지 않은 상태에서 진행한 개략적인 시장조사 결과와 실제 프로토타입의 신제품을 테스트하는 과정에서 나타난 고객들의 실질적인 반응은 큰 차이가 있었던 것입니다. 만약 평가 항목 하나하나를 치밀하게 도출하고 평가했다면 적어도 사전에 문제를 알고 대비하거나, 사업화 추진을 포기했겠죠.

물론 제프리 무어Geoffrey Moore가 '캐즘 마케팅'에서 주장한 것처럼 이러한 과감한 투자와 불확실성을 극복할 수 있는 혁신 수용자 혹은 선각 수용자가 시장에 존재했을지도 모르겠습니다. 하지만 이것은 극복의 문제가 아니라, 고객의 전환 비용을 충분히 검토하지 않아 과제 자체가 잘못 선정되었을 가능성이 컸다는 생각도 듭니다.

만약 앞의 그림에서 시장 매력도 평가 점수의 90%를 차지하는 시장 규모와 시장 성장률, 수익률 항목이 100점으로 평가되었다고 하더라도, 가중치 10%에 불과한 진입 장벽(법적 리스크, 고객의 전환 비용)이 매우 낮게 평가되었을 경우 이 후보 과제를 탈락시킬 수 있는 평가 방식이 더 바람직할 것이라는 생각입니다.

결론적으로 1차 선별 작업을 할 때 평가 항목별 가중치를 적용한 종합 점수를 근거로 선별하는 방식은 오류 가능성이 높기 때문에 적절하지 않다고 말하고 싶습니다.

그래서 이 책에서는 평가 항목별 평가 결과를 가지고 전문가들의 토론을 통해 종합적인 시각에서 우선순위를 합의하는 방식을 제시하였습니다. 이것은 정량적 평가 결과를 참고로만 활용하고 데이터나 정보, 혹은 전문가 개인들의 직관적 판단과 집단지성을 통해 의사결정을 하자는 제안입니다.

전문가들의 집단지성은 변수가 많거나 불확실성이 큰 경우, 적어도 기계적인 데이터 분석에 의한 방식보다는 더 성공 확률이 높다는 것이 이미 상당 부분 입증되었습니다. 물론 사전에 집단지성 그룹을 어떻게 설계, 운영하느냐가 중요하지만요.

그럼 지금까지 이야기한 내용을 바탕으로, 아이디어에 대한 2차 평가 및 선별(사업화 아이템 최종 후보 선정) 방법에 관해 다음 그림을 보면서 설명하겠습니다.

표 2-8. 시장 매력도와 자사 역량 평가 방법

신제품 아이디어	시장 매력도											자사 역량							
	매력도			위험도								본원적 역량		부차적 역량					
	시장 규모	시장 성장률	수익률	특허	법적 리스크	전환 비용	대체재 위협	공급 초과	경쟁 강도	공급자 교섭력	구매자 교섭력	개발 기술	생산 기술	고객 베이스	브랜드 이미지	유통 채널	원가 경쟁력	납기 준수	고객 요구 대응력
A 신제품 아이디어	7	7	7	1	1	6	7	7	7	6	7	3	7	7	7	7	7	7	7
B 신제품 아이디어	1	7	7	7	7	7	7	7	7	7	7	1	1	1	1	1	1	1	1
C 신제품 아이디어	7	1	1	2	2	3	2	2	2	2	2	7	7	2	2	2	2	2	2
D 신제품 아이디어	7	6	6	6	7	7	6	6	6	7	6	3	3	2	3	2	2	3	3

평가 방법: 구체적인 숫자나 정보가 있을 경우 이를 기재하고, 없을 경우 1(매우 부정적), 2(부정적), 3(약간 부정적), 4(보통), 5(약간 긍정적), 6(긍정적), 7(매우 긍정적)로 표기

'시장 매력도'에 대한 평가는 위 그림처럼 '매력도'와 '위험도' 영역으로 구분되어 있습니다. '매력도'는 시장 자체의 매력도를 평가하는 것인데, 예를 들면 시장 규모, 시장 성장률, 수익률 등이 평가 대상 항목이 될 수 있습니다.

이 항목들을 평가하면 다양한 결과의 조합이 나오는데, 앞 그림의 B 아이디어처럼 시장 규모는 작은데 시장 성장률과 수익률은 높은 경우 혹은 C 아이디어처럼 반대의 경우가 나올 수 있겠죠. 아니면 이 두 가지 결과 사이에서 다양한 스펙트럼의 조합이 나올 수 있을 것입니다.

그럼 어떤 기준을 가지고 아이디어를 최종 평가하겠습니까? 앞에서 설명한 것처럼 종합 점수로 우선순위를 선정하는 것은 에러 가능성이 높다고 했습니다. 그렇다고 개별 항목별로 '통과' 혹은 '탈락'으로 평가하는 것도 너무 단편적이죠.

따라서 매력도 평가는 평가 항목들 전체 점수 혹은 개별 평가 항목의 점수에

의해 선별하는 것보다, 개별 평가 항목들의 점수들을 보고 종합적으로 판단하는 것이 더 합리적입니다. 어떤 점수 조합을 가진 아이디어를 선택할 것이냐 하는 것이죠. 물론 어떠한 조합이 더 매력적인지에 대해서는 사전에 전문가들 간의 많은 토의와 합의가 필요할 것입니다.

그리고 '위험도' 평가를 위한 항목은 특허 및 법적 제약, 진입 장벽, 대체재 위협, 공급 초과, 경쟁 강도, 공급자 교섭력, 구매자 교섭력 등이 될 수 있는데, 이것은 '매력도'를 평가하는 것과는 의미가 다릅니다. 즉, 위험도 평가는 각 평가 항목의 최저 기준을 만족시켜야 통과할 수 있는 '통과' 혹은 '탈락'의 개념입니다. 만약 A 신제품 아이디어의 매력도가 매우 높고 다른 위험 요소도 없는데 특허 회피가 불가능하다면, 이 아이디어는 탈락할 수 있다는 뜻입니다.

'자사 역량'은 성공적인 제품 개발과 생산, 시장 진입 및 확대에 있어 가장 중요한 '본원적 역량'과 상대적으로 덜 중요한 '부차적 역량'으로 구분하였습니다. 본원적 역량에는 개발과 생산 기술, 그리고 부차적 역량에는 고객 베이스, 브랜드 이미지, 유통 채널, 원가 경쟁력, 납기 준수, 고객 요구 대응력 등의 항목이 포함될 수 있습니다. 물론 이러한 항목들은 산업과 시장의 특성에 따라 바뀔 수 있습니다. 예를 들면, 산업재가 아닌 소비재의 경우 '브랜드 이미지'나 '유통 채널'이 본원적 역량으로 분류되는 것이 더 적절할 수도 있을 것입니다.

자, 이렇게 시장 매력도의 '매력도'와 '위험도' 항목과 자사 역량의 '본원적 역량'과 '부차적 역량' 항목을 선정하고 난 뒤, 각 항목별 평가를 위한 자료를 수집합니다. 아마도 많은 경우 평가 항목별 적합한 자료를 찾기가 어렵겠지만, 어쨌든 아이디어 제안자를 포함하여 다양한 소스를 통해 자료나 정보를 수집해야 합니다.

사실 2차 아이디어 선별은 사업화 아이템을 선정하기 위한 최종 후보 아이디어를 선정하는 단계이므로, 가능한 한 많은 시간과 돈을 투자해서라도 제대로 진행해야 합니다. 아무리 힘들게 괜찮은 신제품 아이디어를 발굴하더라도 선별을 잘하지 못한다면 아무런 소용이 없게 됩니다. 제대로 된 아이디어만 깔때기를 통과할 수 있도록 필터를 잘 설치해야 합니다.

이렇게 자료와 정보를 수집한 후 평가자들에게 수집한 자료, 정보와 평가지(앞 그림의 평가 점수가 기재되지 않은 평가 양식)를 배포합니다. 그리고 아이디어가 많지 않을 경우, 가능한 한 해당 아이디어 제안자들이 참석하여 아이디어에 대한 개략적 설명과 질의 응답을 하면서 아이디어별 평가를 진행하는 것이 좋습니다.

물론 평가자들이 가지고 있는 자료와 정보로 항목별 평가가 어렵다면 공란을 비워둘 수도 있겠죠. 어쨌든 담당 조직은 평가 결과를 취합하여 평가자에게 배포를 하고, 이를 근거로 토론하여 유망 아이디어들의 우선순위를 결정합니다.

우선순위를 확정할 때 참고해야 할 사항이 있습니다. '시장 매력도'와 '자사 역량' 간의 조합 형태에 따른 의사결정 문제입니다. 가장 좋은 조합은 시장 매력도와 자사 역량 둘 다 좋은 경우인데, 이런 아이디어는 정말 발굴하는 것 자체가 쉽지 않죠.

많은 경우 시장 매력도의 항목이 전반적으로 높고 자사 역량이 대체로 낮거나, 아니면 반대입니다. 사실 '시장 매력도'는 시장 진입의 성공 확률과 언제, 어느 정도의 수익을 창출할 수 있는지에 대한 것이기 때문에 신제품 추진의 근본적 이유입니다. 그래서 시장이 정말 매력 있다면 자사 역량이 많이 모자라도 위험을 무릅쓰고 도전해볼 수도 있습니다. 이것도 쉽지 않은 결정이긴 하지만, 필요 역량을 외부에서 아웃소싱하든지 아니면 시간은 좀 걸리더라도 자체 개발을 하면 확보할 확률은 있으니까요.

문제는, 시장은 매력도가 없는데 자사 역량은 충분한 경우입니다. 극단적인 예를 들면, 시장 규모는 작은데 경쟁은 치열하여 이익률이 낮다거나, 아니면 강력한 기존 경쟁자가 있어 신규 진입자가 입장함과 동시에 판매 가격을 엄청나게 낮추어 견디지 못하게 하는 시장입니다.

물론 시장의 매력도가 너무 낮다면 시도해볼 만한 가치 자체가 없겠죠. 하지만 어느 정도의 시장 매력도가 있고, 단기간에 일정 수준의 수익만을 목표로 한다면 상황에 따라 추진해볼 수도 있습니다.

이와 같이 의사결정을 할 때 시장 매력도와 자사 역량 간의 조합이 애매한 경우가 많습니다. 이러한 복잡한 유형의 조합에서 적절한 우선순위를 정할 수 있는 방법이 있을까요?

일관되게 주장하는 것이지만 확률적으로 가장 효과적인 방법은 다양한 관점을 가진 전문가들의 참여와 토의를 통해 우선순위를 결정하는 것입니다. 물론 사전의 철저한 조사, 분석이 필요 없다는 말은 아닙니다. 객관적인 데이터나 정보는 평가자들이 가진 통찰력을 더 강화할 수 있기 때문에 매우 중요합니다.

(2) 사업화 타당성 조사

아이디어 선별 과정을 통해 사업화 후보 아이템들을 선정하면 이들에 대한 구체적인 시장조사를 진행합니다. 사업화 여부를 결정하기 위해 구체적으로 사업의 타당성 여부를 조사feasibility study하는 것이죠.

예상 투자 규모 및 연도별 이익을 추정하며 얼마나 투자해서 언제 투자비를 회수하고 어느 정도 이익을 가져올 수 있느냐를 알아보는 것입니다. 시장 매력도와 자사 역량을 평가하는 이유도 궁극적으로 주어진 시장 조건과 환경에서 자사의 역량으로 어느 정도의 원가와 판매 가격으로 얼마만큼 판매할 수 있는지를 추정하기 위해서입니다.

사업화 타당성 조사는 기업마다 다르겠지만, 여기에서 제시하는 단계별 조사 항목 및 분석 내용은 다음 표와 같습니다. 사업화 타당성의 분석 순서는 산업 분석 → 운영 성과 분석 → 재무 성과 분석인데, 산업 분석은 운영 성과를 추정하기 위해 실시하고, 운영 성과는 재무 성과를 산출하는 데 사용됩니다. 최종적으로 사업 타당성은 추정 재무 성과로 평가하게 되는데, 이에 대한 자세한 설명은 나중에 하겠습니다. 그럼 먼저, 산업 분석에 대해 이야기하죠.

표 2-9. 사업 타당성 평가를 위한 단계별 분석 내용

분석 단계	조사 및 분석 내용	분석 목적
① 산업 분석 (시장조사)	해당 시장의 매력도와 자사 역량, 그리고 리스크는 어느 정도인가?	운영 성과 추정
② 운영 성과 분석	산업 분석(시장조사)을 통해 어느 정도 투자가 필요하며, 어느 정도의 가격과 비용으로 얼마만큼 판매와 생산을 할 수 있을 것으로 추정하는가?	재무 성과 산출
③ 재무 성과 분석	추정 운영 성과를 통해 예측되는 수익 규모와 투자비 회수 시점은 언제이며, 결론적으로 과연 투자 가치가 있는가?	사업 타당성 평가

① 산업 분석(시장조사)

시장 규모와 성장률은 자사가 최대한 먹을 수 있는 파이의 크기를 결정하는 것이기 때문에 세밀한 조사가 중요합니다. 그다음에 고민해야 할 문제는 실질적으로 자사가 먹을 수 있는 파이의 크기를 예측하는 것인데, 이를 위해서는 시장을 구성하는 5개의 힘five forces, 즉 구매자, 리스크, 대체재, 경쟁자, 신규 진입자인 자사 간의 관계를 이해해야 합니다.

이것은 내가 가져갈 수 있는 수익의 크기가 이들 간 힘의 균형 정도에 따라 배분되는 메커니즘인데, 마이클 포터의 모델(Five Forces Model)을 약간 응용한 것입

니다. 사업화 타당성을 조사할 때 이 모델을 활용하면 다양한 관점에서 해당 시장의 매력도와 자사 역량, 리스크를 평가할 수 있죠. 다음 그림은 이에 대한 설명입니다.

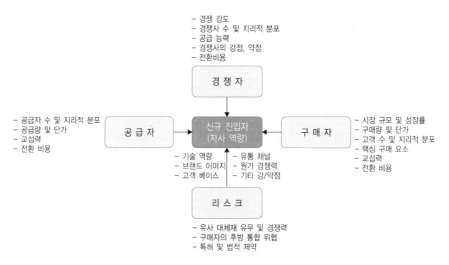

그림 2-27. 사업화 타당성 조사를 위한 산업 분석

산업 분석 모델은 공급자, 구매자, 경쟁자, 리스크, 그리고 이들의 영향 속에서 대응할 수 있는 자사(신규 진입자)의 역량 등 5개 요소로 구성되어 있습니다. 그리고 각 요소를 구성하는 항목들이 있는데, 분석 대상 아이템의 특성에 따라 가감이 가능합니다.

결론적으로 이 항목들의 현재와 미래(향후 3~5년) 상황을 조사, 예측하고 각 요소들 간의 관계 분석을 통해 사업 매력도에 대한 종합 결론을 도출하는 것이 산업 분석입니다.

그럼 5개 요소가 개념적으로 어떤 관계가 있는지를 간단히 살펴보겠습니다.

공급자, 구매자 및 경쟁자의 현재와 미래 상황이 시장 자체의 매력도를 결정합니다. 시장 진입 단계에서 이 3개 요소의 조합 내용이 판매량과 단가에 결정적인 영향을 미치기 때문이죠. 물론 자사의 역량 수준도 중요한 요소이지만 시장 자체의 매력도가 낮으면 아무리 우수한 역량이 있더라도 기대할 수 있는 수익은 제한적일 수밖에 없습니다. 반면에 매력도가 높은 시장에서 자사 역량은 기대 수익을 확대하고, 목표 달성 기간을 당겨주는 데 중요한 역할을 할 수 있습니다. 결국은, 기본적으로 시장의 매력도가 높아야 한다는 의미입니다.

리스크는 해당 사업을 해야 할지 말아야 할지를 근본적으로 고민하게 하는 요소입니다. 시장 매력도가 아무리 높아도 리스크가 치명적이면 이 아이디어를 채택하기가 어렵죠. 예를 들면 자사의 제품 아이디어보다 성능이 탁월한 신물질, 신공법을 사용하는 경쟁사의 신제품이 개발 완료 단계거나, 핵심 기술이 회피할 수 없는 특허에 걸려 있다면 사업화를 결정하는 것은 무리가 있습니다. 더군다나 시장 매력도가 그리 높지 않은 데 비해 투자비가 높고 리스크가 크다면 사업 타당성은 더 낮아질 수밖에 없겠죠.

이렇게 시장 매력도와 자사 역량, 리스크 분석을 하고 종합적인 관점에서 시장을 제대로 평가하는 것은 매우 중요합니다. 이를 근거로 운영 성과와 재무 성과 분석이 진행되기 때문에, 잘못된 분석을 하면 잘못된 의사결정으로 연결되기 때문이죠.

② 운영 성과 분석

앞에서 사업 타당성 조사는 산업 분석 → 운영 성과 분석 → 재무 성과 순서로 분석한다고 했는데, 최종적으로 사업화 여부를 결정짓는 기준이 추정 재무 성과라는 의미입니다. 그런데 재무 성과 지표의 구성 요소인 현금 흐름, 투자비 회수 기간과 수익률을 결정짓는 주요 변수는 무엇인가요?

바로 손익계산서에 있는 항목들인 매출액, 영업 이익과 제조 원가, 그리고 투자비입니다.(B2C 소비재의 경우 광고판촉비 등이 추가되겠죠.) 이런 것들이 결정되면 재무 성과는 상당 부분 자동적으로 산출됩니다. 사실 재무 성과 지표는 의사결정을 하기 위해 추정 운영 성과를 적절한 형태로 변환한 것에 불과합니다.

산업 분석을 하는 목적도 운영 성과를 제대로 추정하기 위해서라고 한다면, 결국 핵심은 운영 성과입니다. 운영 성과를 얼마나 잘 추정하느냐에 따라 사업화 타당성의 정확성이 결정됩니다. 운영 성과 추정이 이렇게 중요한데, 그럼 어떤 것이 운영 성과 지표가 되나요?

기업의 성장 전략과 신제품 특성을 고려하여 지표들을 선정하는데, 일반적으로 매출액, 영업 이익, 제조 원가, 투자비 같은 것들이 될 수 있습니다. 그리고 매출액과 영업 이익을 추정하며 가장 심도 깊게 분석해야 하는 항목이 판매량과 판매 단가, 그리고 제조 원가입니다. 그럼 지금부터 투자비와 판매량, 판매 단가, 제조 원가를 추정하며 무엇을 조사, 분석해야 하는지를 알아보겠습니다.

투자비: 투자비의 상당 부분은 기계장치, 건물, 시험검사기기 등과 같은 유형 자산에 대한 초기 투자 비용들입니다.

많은 경우 초기 투자 금액의 규모가 커서 여러 가지 유혹적인 옵션들 속에서 갈등을 하게 됩니다. 파일럿 설비를 구입할 것인지 말 것인지부터 시작하여 기존 설비를 개조하여 사용할 것인지 아니면 신규 설비를 구입할 것인지, 또는 기존 건물을 변경하여 사용할 것인지 무진과 작업동선을 고려하여 신규 건물을 세울 것인지 등과 같은 고민들이죠. 좀 더 세부적으로는 설비의 규모, 성능과 기능을 어느 수준으로 할 것인지에 대한 갈등들입니다.

사실 기존 설비와 건물을 사용하고 스펙spec을 낮추면 당장의 투자비는 절감되겠지만 양산 단계에서 생산성, 품질, 생산 안정화 소요 시간 등에 문제가 발생하면 오히려 기회 손실이 더 커질 수 있습니다. 특히 원가 절감 지상주의 문화가 강한 조직에서 이런 문제가 많이 발생하죠.

그래서 마케팅 전략과 연계하여 합리적으로 투자비를 산출할 수 있는 조직 문화가 중요하며, 경영층의 노골적이거나 암묵적인 투자비 절감에 대한 압력은 위험할 수 있습니다.

물론 사업화 검토 단계에서 정확한 투자 금액을 산출하는 데는 한계가 있을 수밖에 없지만, 너무 큰 오차가 나지 않도록 관련 부서와의 긴밀한 협업이 필요합니다.

판매량, 판매 단가, 제조 원가: 사업화 검토 단계에서 정확한 투자비를 산출하는 것은 쉽지 않다고 앞에서 말했습니다만, 이보다 어려운 것이 판매량, 판매 단가와 비용을 추정하는 것입니다. 몇 년 후의 경쟁 구조와 시장 상황을 누가 예측할 수 있겠습니까? 결국은 과거 실적 흐름과 향후 몇 가지 변수를 반영하여 예측하는 수밖에요. 그래서 시장조사 담당자 혹은 경영층이 어떤 생각을 가지고 있느냐에 따라 숫자가 큰 폭으로 달라지기도 합니다.

따라서 가능한 한 객관적 사실을 가지고 추정해야 하는데, 이를 위해 판매량, 판매 단가와 비용에 영향을 미치는 원인 변수를 선정하여 분석할 수 있는 체계가 필요합니다.

그럼 원인 변수는 어떤 것들이 있을까요? 신사업과 신제품의 특성에 따라 다양하게 도출할 수 있는데, 다음 표의 예처럼 도출된 변수 간의 상관관계 평가를 통해 주요 원인 변수를 선정할 수 있습니다.

표 2-10. 운영 성과와 영향 변수 간의 상관관계 평가

운영 성과 지표	시장 매력도						자사 역량						
	시장 규모	시장 성장률	시장 가격	수급 현황	구매자 교섭력	공급자 교섭력	개발 기술 역량	생산 기술 역량	기술 서비스 역량	브랜드 이미지	고객 베이스	유통 채널	원가 경쟁력
판매량	9	9	1	9	1	1	9	9	3	3	9	9	3
판매 단가	1	1	9	9	9	1	9	9	3	3	9	3	3
제조 원가	9	9	1	9	1	9	9	9	3	3	9	3	9

평가 방법: 1(약함), 3(보통), 9(강함)

Y축에는 운영 성과 지표인 판매량과 판매 단가, 비용을 나열하고, X축에는 운영 성과 지표에 영향을 미치는 모든 원인 변수를 나열합니다. 이미 눈치채셨겠지만 원인 변수들의 대부분은 산업 분석 모델에서 나온 조사 항목들입니다. 그럴 수밖에요. 결국 판매량과 판매 단가, 비용에 영향을 미치는 원인 변수들을 분석하여 운영 성과를 추정하는 것인데, 시장 규모, 시장 성장률, 시장 가격, 수급 현황과 같이 시장 매력도를 구성하는 요소와 자사의 역량이 운영 성과에도 절대적인 영향을 미치기 때문입니다.

어쨌든 이렇게 도출된 두 변수들 간의 상관관계의 정도를 평가하여 운영 성과와 지표 각각에 영향을 미치는 핵심 원인 변수들을 도출합니다. 이를 함수로 표현하면 다음의 예와 같습니다.

y(판매량) = f(시장 규모, 시장 성장률, 수급 현황, 개발 및 생산 기술 역량, 고객 베이스, 유통 채널)

y(판매 단가) = f(시장 가격, 수급 현황, 구매자 교섭력, 개발 및 생산 기술 역량, 고객 베이스)

y(제조 원가) = f(시장 규모, 시장 성장률, 수급 현황, 공급자 교섭력, 개발 및 생산 기술 역량, 고객 베이스, 원가 경쟁력)

결국 오른쪽에 있는 x변수들이 y변수값을 추정하는 가정들assumptions인 셈이죠. 이러한 가정들을 근거로 판매량, 판매 단가와 제조 원가가 어떻게 변화할 것인지를 추정합니다. 이러한 추정치는 현실적으로 수학적, 통계적 모델링 등을 통해 도출될 수는 없기 때문에, 전문가들의 통찰력에 의존하여 도출할 수밖에 없습니다.

③ 재무 성과 분석

앞에서도 말한 것처럼, 추정 재무 성과(사업 개시 후 3~5년간)는 사업 타당성을 판단하기 위해 추정 운영 성과를 변환시킨 것에 불과합니다. 이에 대한 다양한 재무 성과 평가 지표들이 있지만, 여기에서는 대표적인 몇 가지만 소개하겠습니다.

사업 타당성 평가를 위한 재무 성과 분석은 투자비 대비 수익률과 현금 흐름, 투자비 회수 기간 관점에서 이루어집니다.

기본적으로 투자비 대비 순이익이 너무 적거나 혹은 현금 흐름이 좋지 않거나, 투자비 회수 기간이 기준 기간을 초과할 경우에는 사업 타당성이 떨어진다고 평가됩니다.

그럼 수익률, 현금 흐름, 투자비 회수 기간과 관련하여 대표적인 재무 성과 지표 5가지를 소개하겠습니다. 물론 상황에 따라 다음 표에 있는 지표 중 일부를 선택하거나 다른 지표를 추가할 수도 있습니다.

표 2-11. 사업 타당성 평가를 위한 재무 성과 지표

구 분	재무 성과 지표	계산 공식	설명
수익률	회계적 이익률 ARR Accounting Rate of Return	$ARR(\%) = \dfrac{\text{연평균 순이익}}{\text{평균 투자액}} \times 100$	회계적 이익률은 투자로부터 기대되는 이익을 평균 투자액으로 나눈 수익성 비율로 투자안의 이익률이 기준 이익률보다 큰 경우에 투자 결정
	내부 수익률 IRR Internal Rate of Return	$NPV = \displaystyle\sum_{t=0}^{n} \dfrac{CF_t}{(1+IRR)^t} = 0$	IRR은 NPV를 '0'으로 하는 내부 수익률IRR을 말하여, IRR이 기준 수익률 이상일 경우 투자 결정
현금 흐름	순 현재 가치 NPV Net Present Value	$NPV = \displaystyle\sum_{t=1}^{n} \dfrac{CF_t}{(1+r)^t} = CF_0$ CF_0 = 현금 유출(초기 투자비) CF_t = t기의 현금 흐름	NPV(순 현재 가치)란 투자로 얻어진 순 현금 흐름을 현재 가치로 환산하여 목표 기간 내에 플러스(+)일 경우 투자 결정
자본 회수 기간	투자비 회수 기간	$\text{회수 기간(년)} = \dfrac{\text{투자액}}{\text{연간 순 현금 유입액}}$	회수 기간법은 투자비가 몇 년 내에 회수되는지를 계산해서 목표 회수 기간보다 짧은 경우 투자 결정
	할인된 회수 기간	$\substack{\text{할인된}\\\text{회수 기간(년)}} = \dfrac{\text{투자액}}{\substack{\text{연간 순 현금 유입액}\\\text{의 현재 가치}}}$	할인 회수 기간법은 회수 기간법과 계산 방식은 동일하나 현금 유입액의 시간 가치를 고려하여 현재 가치로 환산하여 계산

위 지표의 계산 공식과 방법을 자세히 다루지는 않겠습니다. 계산 공식을 이해하려면 손익계산서와 원가명세서, 대차대조표, 현금 흐름표에 대한 기초 지식이 필요한데, 여기에서 이것까지 설명하는 것은 무리가 있습니다. 필요한 경우 시중에 나와 있는 관련 재무 서적을 참고하시면 됩니다.

표의 재무 성과 지표들은 투자금액과 사업 개시 후 3~5년간 추정 매출액, 영업 이익, 제조 원가를 추정할 수 있으면 그리 어렵지 않게 산출할 수 있습니다.

사실 ARR, IRR, NPV, 회수 기간, 할인된 회수 기간 지표들 간에는 상당 부분 선형적 관계가 있습니다. ARR이 좋으면, 즉 투자비 대비 이익률이 높으면 다른 지표들도 대체로 긍정적인 숫자가 나옵니다. 투자비가 적게 들어가고, 이익이 높은 아이템은 재무 성과 지표도 좋게 산출된다는 뜻입니다.

여기서 유의할 점은 투자비 산출의 타당성입니다. 투자비 절감에 너무 집중하면 공정 안정화 기간이 길어지거나 품질, 생산성 문제로 이익이 줄어들 수 있기 때문에 조심해야 합니다. 과거에 설비, 건물 문제로 시장 진입 시기가 늦어지고 품질 경쟁력이 떨어져서 이후 투자비 절감 비용 이상의 수습 비용과 기회 손실이 발생하는 현상을 많이 목격했기 때문에, 저는 탑다운top-down 방식의 강제적 투자비 절감에는 부정적입니다.

결론적으로, 투자비를 인위적으로 조정하지 말고 실제 이익의 규모를 결정하는 시장 매력도에 초점을 맞추어 재무 성과를 추정하는 것이 바람직합니다.

(3) 사업화 타당성 평가 및 결정

최종 선별된 유망 아이디어의 사업 타당성을 주장하기 위해 조사한 산업 분석 및 운영 성과, 재무 성과 분석 자료를 세밀하게 검증하고 투자 여부를 결정하는 단계가 '사업화 타당성 평가 및 결정' 과정입니다. 신제품 아이디어의 수집 및 선별, 사업 타당성 평가를 위한 시장조사와 분석 등 이제까지 어려운 과정을 거친 유망 아이템의 사업화 여부를 최종적으로 결정하는 단계입니다. 사업화 타당성 평가 프로세스는 기업마다 다릅니다만 투자 규모나 성격에 따라 투자심의위원회(7±2명의 전문가들로 구성)를 거치거나 전결 규정에 따라 투자 품의를 통해 승인을 받습니다.

여기서는 이에 관계없이 전략적으로 중요하거나 일정 규모가 되는 신사업과 신제품의 사업화 타당성을 평가하고, 사업화 여부를 결정하는 방법을 알아보겠습니다.

① 사업화 타당성 평가

이 단계에서는 앞에서 조사, 분석한 사업화 타당성 자료의 적합성과 적절성을 검토하기 때문에 '평가'라기보다 '검증'이라는 용어가 더 정확해 보입니다. 평가 내용은, 크게 보면 사업화 타당성을 분석하는 항목(지표)과 내용, 가정과 추정이 합리적이고 근거가 있는지를 검증하는 것인데 다음과 같은 5가지 내용들입니다. 각각에 대해 자세히 알아보겠습니다.

- 산업 분석 구성 요소 및 항목, 분석 내용의 적절성
- 운영 성과 및 재무 성과 지표들의 적합성
- 추정 운영 성과(3~5년)의 적합성 및 적절성
  - 운영 성과에 영향을 미치는 핵심 원인 변수 선정의 적합성
  - 핵심 원인 변수들의 변화 내용에 대한 가정들의 적절성
  - 가정들에 따른 운영 성과 지표 추정치의 적절성
- 추정 재무 성과(3~5년)의 적절성
- 리스크 요소 및 심각성

산업 분석 구성 요소 및 항목, 분석 내용의 적절성: 시장 매력도(공급자, 구매자, 경쟁자 상황)와 자사 역량, 리스크 등 산업의 구성 요소별로 필요한 조사 항목을 적합하게 선정하고, 선정한 항목별 조사 내용과 분석이 적절한지를 검토합니다.

검토할 때 중요한 것은 산업 분석 결과가 추정 운영 성과에 어떻게 반영되었는지를 살펴보는 것입니다. 산업 분석의 목적이 해당 산업을 포괄적으로 이해하기 위한 것도 있지만, 더 중요한 것은 운영 성과의 예측 정확도를 높이는 것이기 때문입니다.

운영 성과 및 재무 성과 지표들의 적합성: 앞에서 언급한 것처럼 사업화 여부를 최종 결정하는 근거는 재무 성과이며, 재무 성과를 산출하는 데 사용되는 중요한 데이터가 운영 성과입니다. 따라서 운영 성과와 재무 성과와 연계성이 있으려면 무엇보다도 성과 지표가 제대로 선정되어야 합니다. 만약 재무 성과 지표를 ARR, NPV, 투자비 회수 기간으로 선정했는데 운영 성과 지표는 매출액, 판매량, 품질 수준 등으로 선정한다면 추정 재무 성과의 적절성을 검증하기가 어렵습니다.

이러한 관점에서 재무 성과와 연계된 적합한 운영 성과 지표들이 선정되었는지를 확인해야 합니다. 그리고 또한 같이 검토해야 할 것이 운영 성과 지표들 범위의 적정성입니다. 예를 들면 매출액 지표와 함께 시장 점유율 지표를 운영 성과 지표에 포함시켜야 할 것인지 말 것인지 하는 것들입니다. 사실 매출액 지표만으로는 추정된 매출액이 과연 어느 정도 현실성 있는지를 판단하기가 어렵습니다. 용도별

혹은 등급별 시장 점유율도 같이 조사되어 있다면 추정 매출액의 실현 타당성을 판단하는 데 도움이 될 것입니다.

추정 운영 성과(3~5년)의 적합성 및 적절성: 신제품 3차년도의 추정 판매량을 10만 개, 판매 단가를 10만 원, 영업 이익률 10%라고 가정하겠습니다. 그러면 영업 이익은 10억이 되는데, 이 숫자가 실현 가능성이 거의 없다면 잘못된 재무 성과 추정이 되겠죠. 그래서 판매량 10만 개와 판매 단가 10만 원을 추정한 근거가 타당한지를 확인해야 하는데, 3가지 관점에서 살펴봐야 합니다.

첫째는 판매량과 판매 단가에 영향을 미치는 핵심 원인 변수(예를 들면 시장 규모, 시장 가격, 수급 현황, 구매자 교섭력, 개발 및 생산 기술 역량, 고객 베이스 등)가 잘 선정되었는지, 둘째는 조사, 분석한 핵심 원인 변수의 내용(가정)이 적절한지를 검토해야 합니다. 그리고 마지막으로 핵심 원인 변수의 분석 내용을 근거로 운영 성과 지표 실적이 타당하게 추정되었는가를 살펴봐야 합니다.

추정 재무 성과(3~5년)의 적절성: 앞에서 언급한 것처럼 추정 재무 성과는 추정 운영 성과의 숫자들과 투자비를 대입하면 거의 자동으로 산출되는 것이 바람직합니다. 그런데 만약 매출액, 제조 원가, 감가상각비, 이자율(r) 등과 같은 상세 항목들이 운영 성과 분석 내용에 포함되어 있지 않았다면, 이들에 대한 내용을 추가 조사하여 확인해야겠지요. 그리고 또한 추정 재무 성과의 계산 과정 중 오류와 다른 문제가 없는지도 확인해야 합니다.

리스크 요소 및 심각성: 리스크는 시장 자체의 매력도와는 별개로 꼼꼼히 따져봐야 하는 요소입니다. 잘못하면 엄청난 투자가 무용지물이 되거나 상용화 시점을 연기해야 하는 심각한 상황이 발생할 수가 있습니다.

이에는 여러 종류의 리스크가 있습니다만, 자사의 신제품보다 더 경쟁력 있는 대체재 출현, 주요 고객의 가치 체인 통합 위협, 특허 및 환경과 같은 법적 제약 등이 될 수 있습니다. 어떤 리스크가 있고, 이를 어느 정도 극복할 수 있는지를 알아야 사업화 여부와 시장 진입 시기에 대한 합리적인 의사결정을 할 수가 있습니다.

평가자들은 올바른 의사결정을 위해 앞의 5가지 내용에 대한 검증과 추가 조사를 통해 해당 신사업, 신제품 아이디어에 대한 이해를 충분히 해야 합니다. 사실 이러한 시장조사 결과에도 한계가 있는데, 사용한 정보에는 오류와 불확실성, 확실성이 섞여 있기 때문입니다. 사업화 타당성 평가 과정을 통해 가능한 한 이러한 오류와 불확실한 내용을 최소화하려는 노력이 필요하지만, 적어도 조사한 내용 중에 무엇이 불확실한지는 반드시 이해할 수 있어야 합니다.

② 사업화 의사결정

'사업화 여부를 결정하기 위한 재무 성과 통과 기준을 정하고, 이를 엄격히 적용해야 합니다'라고 무조건 주장하고 싶지는 않습니다. 왜냐하면 앞에서도 언급한 것처럼 재무 성과 추정을 위해 사용한 산업 분석과 운영 성과 분석 결과에는 예측의 오류와 불확실성이 포함되어 있기 때문이지요. 이것은 당연한 우려입니다. 3년, 5년 이후 시장의 변화 방향과 속도를 누가 어떻게 정확하게 예측할 수 있겠습니까?

그래서 통과 기준은 명백하게 작은 물고기를 걸러내기 위한 최소한의 판단 기준으로 사용하는 것이 적절합니다. 이렇게 통과 기준을 엄격하게 적용하지 않아야 통과 기준을 만족시키기 위해 시장 상황과 리스크를 작위적으로 유리하게 해석하는 시도도 어느 정도 예방할 수 있으리라 봅니다. 그럼 통과 기준을 이렇게 유연하게 운영한다면, 의사결정은 어떻게 하나요? 기업이 처한 상황에 따라 2가지 방법이 있습니다.

소수의 전문가(1~2명) 중심으로 의사결정을 하는 방식과 다수의 전문가가 모여 집단지성으로 의사결정을 하는 방식입니다. 이 중에서 '소수 전문가 중심의 의사결정' 방식은 어쩔 수 없는 경우에만 사용하는 것이 좋습니다. 기업의 규모가 작아 사장 등 소수의 전문가만이 존재할 수밖에 없는 불가피한 상황일 때 말이죠. 이러한 경우에도 최소한 다양한 외부 전문가들의 의견을 반영하는 것은 최악의 의사결정을 예방하기 위해 반드시 필요합니다.

그럼 먼저 소수 전문가 중심의 의사결정 방식의 한계점을 이야기하고, 이를 개선하기 위한 다수 전문가 중심의 집단지성 의사결정 방식을 설명하겠습니다.

소수 전문가 중심의 의사결정 방식이 활용되는 상황은 해당 아이템에 대해 내외부 전문가가 거의 없고 극소수(주로 사장)만이 알고 있거나, 최고경영자가 독단적 성향이 강해 다른 사람들의 목소리에 귀를 기울이지 않는 경우입니다. 후자의 경우에는 위험성이 매우 높습니다. 특히 그 분야에 대한 지식과 경험이 많지 않은 경우 더욱 그렇죠.

사실 기업 규모가 작은 대부분의 경우에는 최고경영자만큼 신제품에 대한 통찰력이 있는 사람이 없고, 빠른 실행력이 기업 운영에 중요하기 때문에 사장 중심의 독단적 의사결정은 나름대로 의미가 있습니다. 하지만 특히 투자 규모가 큰 신사업일 경우 최악의 의사결정을 막기 위해서 관련 사업 분야의 다양한 외부 전문가, 경험자와 비공식적인 만남을 통해서라도 본인의 '가정'이 맞는지 의견을 들어보는 것은 매우 중요합니다.

또한 규모가 큰 조직에서 소수 경영층의 독단적 의사결정 방식은 미흡한 결과와 잘못된 조직 문화를 초래할 가능성이 높습니다. 해당 유망 아이템에 대한 통찰력이 부족한 소수가 의사결정을 하는 경우에는 말할 나위도 없지만, 스티브 잡스와 같은 특별한 통찰력을 가진 소수가 있는 기업의 경우에도 그리 바람직하지 못합니다. 왜냐하면 적어도 '특별한 최고경영자'를 계속 육성하는 것은 불가능하므로 지속성에 문제가 있기 때문이죠.

신사업을 결정하는 투자심의위원회의 한 장면을 떠올려봅시다. 약간 극단적인 묘사일 수도 있지만, 전반적인 이야기의 흐름은 기업에서 어렵지 않게 볼 수 있는 광경입니다. 다음 상황을 한 번 보시죠.

신제품 아이디어에 대한 경영층 중간 보고를 하는 과정 중에 최고 의사결정자는 마음에 와 닿는 아이디어를 발견하고 추가적인 시장조사를 지시합니다. 혹은 본인의 네트워크를 통해 얻은 신제품 정보에 대한 시장조사를 지시하기도 합니다.(사실 이 단계에서 이미 이 아이디어에 대해 우호적인 마음이 상당히 굳어진 상태가 됩니다.) 개략적인 시장조사 결과를 몇 번 보고받은 최고경영층은 시장 경쟁 심화 우려, 개발 기술 역량 부족 등 여러 가지 문제 제기에도 불구하고 긍정적인 내용만 머리에 들어옵니다.

특정 아이디어에 대한 최고경영층의 집착을 눈치챈 신사업 담당 조직은 투자심의위원회 통과 기준에 적합하도록 자료를 작성합니다. 목표 재무 성과를 결정해 놓고 이를 달성하는 데 필요한 판매량, 판매 단가, 제조 원가를 조정하고, 가정들을 만들죠. 투자심의위원회에 참석한 멤버들은 이 아이디어에 대한 충분한 지식과 정보가 없기 때문에 이러한 가정들에 대해서 그리 깊은 통찰력이 없습니다.

그래서 심의 과정 중에 심층적인 질문을 하지 못하고 일반적인 질문만을 하거나, 혹은 질문에 대해 충분이 답변하지 못한 담당 조직에 대해서도 반론을 제기하기가 어렵습니다. 사실 이 아이디어에 대해 잘 알고 있다 하더라도 적극적인 반론을 제기하는 것도 쉽지 않습니다. 왜냐하면 어차피 조사, 분석 자료는 미래에 대한 추정이기 때문에 누가 자신 있게 "틀렸습니다"라고 주장할 수 있겠습니까? 더군다나 최고 의사결정자가 이미 사업화를 하기로 어느 정도 결정한 분위기에서는 더 어렵지요. 이렇게 역할이 모호한 투자심의위원회는 큰 긴장감 없이 박수를 치면서 끝납니다.

이런 현상의 발생은 상당 부분 의사결정자 개인의 성향에 달려 있는데, 지위가 올라갈수록 자신의 능력과 조직에서의 위치에 대해 자신감이 강해지기 때문에 이런 분위기를 바꾸기가 쉽지 않습니다. 그래서 이런 문제를 최소화할 수 있도록 의사결정 시스템과 기업 문화를 단단하게 구축하는 것이 중요합니다.

이런 측면에서 다소 이론적일 수도 있지만 '다수 전문가 중심의 집단지성 의사결정 방식'에 대해 설명하겠습니다.

'다수 전문가 중심의 집단지성 의사결정 방식'이 제대로 작동하려면 선결 조건이 있는데, 의사결정에 적합한 다양한 전문가들을 확보하는 문제입니다.

해당 사업 분야에 대한 깊고 다양한 지식, 경험 그리고 정보에 기반한 통찰력이 있는 전문가들을 확보해야 하는데, 이것이 어렵다면 차선책으로 사업에 대한 풍부한 지식과 경험을 가진 사람들로 대체할 수 있습니다. 사실 투자심의위원회를 구성할 때부터 이를 고려하여 멤버를 선정하는 것이 가장 바람직합니다. 필요한 경우에는 다른 내외부 전문가들을 의사결정자로 추가 참여시키는 것도 괜찮습니다.

이렇게 어렵게 내외부 전문가들을 확보하여 투자심의위원회를 구성했다고 하더라도 또 다른 고민이 있습니다. 의사결정 참여자들이 부담 없이 토론을 하고 본인의 의사를 표현할 수 있는 환경을 어떻게 조성할 것이냐 하는 것입니다. 사장이 참석한 자리에서 팀장이 사장의 의견과 반대되는 의견을 자유롭게 낼 수 있을까? 하는 현실적인 문제죠.

자유로운 토론과 의사표현을 할 수 있는 환경을 조성하는 것은 매우 중요하며, 환경 조성 방법에 따라 집단지성의 방식이 결정됩니다.

이 책에서는 3가지의 집단지성 의사결정 방식을 소개하려고 하는데 '찬성/반대 토론법', '델파이법', '확률론적 의사결정 방법'입니다. 이 방법론들의 공통점은 사업화 여부에 대한 솔직한 개인의 찬성과 반대 의견에 따른 정치적 부담을 최소화할 수 있는 환경을 조성하는 데 중점을 두고 있다는 것입니다. 필요한 경우 이 3가지 방법을 혼합하여 사용할 수도 있습니다.

찬성/반대 토론법: 자유로운 토론을 위해 필요할 경우 의사결정 참여자들을 2개 이상의 그룹으로 분리하여 운영할 수 있습니다. 더군다나 전문가들이 내부 구성원들로 구성되어 있고, 평가자 간에 직급의 차이가 크다면 심리적 부담을 줄이기 위해 물리적으로 이를 분리하는 것이 좋습니다. 특히 동양권에서는 위계질서가 엄격하여 직급 차이가 큰 사람들을 동일한 그룹으로 묶는다면 직급이 높은 사람들의 목소리만 듣게 될 가능성이 높기 때문입니다. 참여자가 적어 2개 그룹으로 운영이 어려울 경우, 표현의 평등성 확보와 '집단적 사고groupthinking'를 최소화하기 위해 토론 진행자의 전문적 역량이 그만큼 더 중요해집니다.

찬성/반대 토론법은 강제로 각 그룹의 참여자를 찬성파, 반대파로 나누어 찬성과 반대의 입장에서 질문과 의견만 말하게 하는 겁니다. 이렇게 역할을 강제하면 찬성과 반대의 심리적 부담감에 대한 면제부를 주게 됩니다. 물론 사전에 찬성/반대파 멤버들을 정하고 통지하여 찬성과 반대 이유를 준비하게 하는 것이 좋습니다.

그리고 최고 의사결정자는 토론에 참석은 하되 개입하지 않아야 합니다. 영향력을 사전에 차단하기 위해서죠. 토론과 정보 공유가 충분히 이루어졌다고 진행자가 판단하는 경우, 참여자를 대상으로 사업화 타당성에 대한 무기명 찬반 투표를 실시합니다. 그리고 사전에 투표 결과에 대한 의사결정 기준을 정하고 명문화하는 것이 좋습니다. 예를 들면, '50% 이상 득표한 결정을 따른다'라거나, 아니면 '70% 이상을 득표한 결정에는 무조건 따르되, 그 이하일 경우에는 최고 의사결정자가 결정한다'와 같은 기준들이죠.

델파이법: 원래 델파이법은 정량적 예측이 어려운 미래에 대해 전문가들의 통찰력으로 발생 확률과 시기 등을 예측하는 방법론입니다. 이 방법도 마찬가지로 대면 토론에 대한 심리적 부담감을 최소화하기 위해 무기명 설문조사를 통해 진행하는데, 대표성 있는 전문가의 참여가 중요합니다. 진행 프로세스는 3단계로 이루어집니다.

1단계는 의사결정자들의 무기명 설문조사(7점 척도)를 통해 시장 매력도와 자사 역량, 리스크에 대한 평가를 하고, 종합적으로 사업화 찬성 여부를 선택하게 합니다. 그리고 그 평가 이유도 간략하게 기재하게 합니다.

2단계에서는 설문 결과를 취합하여 1차 답변자들에게 피드백을 하는데, 피드백의 목적은 응답자 전체의 답변 경향과 근거를 참조하여 자신의 판단과 의견을 조정하게 하는 것입니다. 재평가 횟수는 제한은 없으나 일반적으로 답변자 모두 어느 정도 비슷한 설문 결과치가 나올 때까지 진행합니다.

그리고 마지막 단계는 최종 설문 결과를 취합하여 최종 의사결정자에게 보고하고 사업화 여부를 결정합니다. 이것도 마찬가지로 설문조사 결과에 대한 의사결정 기준을 사전에 정하여 명문화하는 것이 좋습니다.

확률론적 의사결정 방법: 일반적으로 신제품의 손익을 추정할 때 3가지 방법을 사용합니다. 가장 가능성 있는 경우most likely과 최악의 경우worst-case, 최선의 경우best-case를 추정하여 가능한 결과값의 범위를 도출하는 '시나리오 분석scenario analysis', 그리고 입력값을 정해진 크기만큼 규칙적으로 증가시켜 결과값을 추정하는 '민감도 분석sensitivity analysis' 방법들입니다.

마지막으로 기업에서 가장 많이 사용하고 있는 방법이 있죠. 하나의 결과값으로 추정하는 '단일 점 추정single point estimate' 방법인데, 보통 가장 실현 가능성이 높은 값most likely을 사용합니다. 가장 실현 가능성이 높은 값을 기준으로 의사결정을 하는 것은 당연하지만, 문제는 이 값을 어떻게 찾아내느냐입니다. 신제품 담당자 혹은 경영층이 개입하여 추정된 값을 사용하나요? 아니면 몇 사람이 추정한 값의 평균을 사용하나요? 개인의 편향성과 평균값의 함정을 생각해보면 이러한 숫자를 사용하는 것은 석연치 않습니다.

신제품 담당자가 가끔 경험하는 장면이 있습니다. 보고를 하는 과정에 의사결정자가 목표를 상향 조정할 것을 지시합니다. 이런 지시에 실무자들이 저항하는 것은 어려운 일입니다. 어차피 미래를 예측하는 것이니 '목표 상향이 어렵다'라는 심증을 자신 있게 뒷받침할 수 있는 객관적인 근거를 제시할 수도 없기 때문입니다. 그래서 목표를 상향 조정하기 위해 판매 가격이나 판매량, 제조 원가와 같은 것을 조정하죠. 그저 애꿎은 목표만 올라가고, 이 목표 달성에 대한 부담은 사업화 결정이 나면 추진 조직의 몫이 됩니다.

그런데 만약 다음 오른편 그림에 나타난 것처럼 "목표를 상향 조정했을 때 달성 확률은 10%에 불과합니다"라고 설명하면, 목표를 재조정하지 못하더라도 최소한 의사결정자가 그 상향된 목표가 얼마나 어려운지 이해는 할 수 있지 않겠습니까? 아니면 혹시 상향된 목표의 성공 확률을 80% 이상으로 만들기 위해 어떤 대책이나 지원이 필요한지 물어보지 않을까요? 그래서 다양한 추정값을 반영하여 성과를 예측하는 확률론적 추정 방법이 의미가 있습니다.

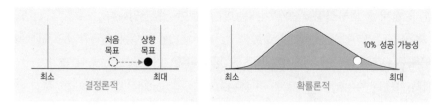

그림 2-28. 결정론적 vs 확률론적 성과 추정 방식

사실 매출액, 영업 이익, NPV 등은 변동성을 가지고 있는 확률변수입니다. 확률은 수학처럼 함수식에 의해 단 한 개만 산출되는 결정론적 값이 아닙니다. 표본을 가지고 모집단을 추정하는 값이므로 항상 오차가 존재하는 확률론적 값이죠.

그래서 매출액을 추정할 때 '매출액이 10억과 20억 사이에 존재할 확률은 77%이며, 신뢰도는 95%입니다', '10억을 달성할 확률은 90%입니다'라는 표현을 하는 것이 합리적이죠. 여기서 매출액이 확률적이라는 말은 매출액을 구성하고 있는 판매량과 판매 단가 또한 시장 수급 상황과 같은 원인 변수들의 변동에 따라 움직이는 확률값이라는 의미입니다.

그리고 또한 원인 변수들의 변동값들의 분포 형태(정규분포, 삼각분포, 균등분포, 지수분포 등등)에 따라 달성 가능 확률도 달라지는데, 결국 목표 달성에 대한 확률은 성과 예측치의 최대, 최솟값과 분포 형태에 의해 결정되는 것이죠.

종합하면, 의사결정을 할 때 특정한 개인이 추정하거나 여러 사람들의 추정값을 평균하여 산출한 '점 추정'과 같은 결정론적 관점보다, 다양한 사람들의 다양한 추정값들을 반영한 확률론적 관점에서 성과를 예측하고 의사결정을 하는 것이 더 합리적이라는 것입니다.

예를 들어 설명하겠습니다. 다음 그림은 NPV를 확률적으로 추정한 것입니다. '프로젝트 2'의 목표로 하는 NPV값이 20.0M$이라고 가정해보겠습니다. 사업화 여부 의사결정을 위한 회의에서 사업화 타당성을 검토한 담당자는 아마도 이렇게 보고할 것입니다.

"다양한 전문가들의 추정값들을 반영하여 분석한 결과, '프로젝트 2'의 NPV 22.0백만달러~43.8백만달러를 달성할 확률은 46%입니다. 그리고, 20백만불을 달성할 확률이 65%입니다. 그리고 그 근거는…."

이러한 형태의 보고 내용은 '판매량과 단가가 얼마가 될 것으로 예측하고, 이럴 경우 NVV값은 얼마가 될 것'이라는 결정론적 추정 방식보다는 훨씬 더 활발한 토론과 올바른 의사결정을 이끌어내는 데 도움이 될 것입니다.

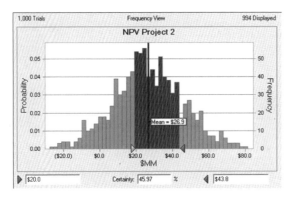

"NPV가 22.0M\$~43.8M\$를 달성할 확률은 46%"

"NPV가 20M\$를 달성할 확률은 65%"

그림 2-29. 확률론적 추정 방식의 사례

실제 '확률론적 의사결정' 방법은 목표 달성 가능성의 정도를 정량적으로 이해할 수 있고, 이를 바탕으로 좀 더 합리적으로 토론할 수 있는 토양을 제공한다는 측면에서 괜찮은 방식입니다.

하지만 이 방법을 도입하고 적용하는 데 있어 결정적인 장애 요인이 있습니다. 무엇이겠습니까? 바로 의사결정자를 포함하여 관계되는 사람들이 확률, 즉 통계에 대한 이해도가 부족하다는 문제입니다. 통계분석 결과를 기반으로 토의하고 의사결정을 해야 하는데 본인이 알지 못하는 지식과 용어에 대한 심리적 불편함이 있는 것이죠. 이렇게 되면 실무자들도 이런 분석 결과를 보고하지 못하게 됩니다. 이러한 현상은 실제 현장에서 일어나는 현실적인 제약 조건입니다.

그리고, 설사 이를 극복한다 하더라도 또 넘어야 할 산이 평가 참여자들의 통찰력 수준입니다. 적용할 확률 분포의 모양을 결정하는 데 필요한 데이터는 전적으로 전문가의 직관에 의한 추정값에 의존할 수밖에 없습니다. 과거 유사한 특성을 가진 신제품의 판매량, 판매 단가, 비용의 실적 데이터가 있으면 좋지만, 데이터의 적합성이나 양적인 측면에서 이를 기대하기는 거의 어렵습니다.

결국 확률론적 추정 방법론도 토론의 활성화와 합리적 의사결정을 하기 위한 도구일 뿐이며, 실제 추정과 의사결정의 정확성을 결정하는 것은 전문가의 통찰력입니다. 어떤 확률분포도를 적용할지를 결정하기 위한 추정 데이터, 그리고 NPV, IRR, 페이백payback을 산출하기 위해서 필요한 판매량, 판매 단가, 비용, 투자비의 most likely, best-case, worst-case에 대해 전문가들이 추정한 값의 정확도에 따라 확률값도 달라지니까요.

이제 신제품 아이디어를 발굴, 선별하고 최종적으로 사업화 여부를 결정하는 프로세스와 방법에 대한 설명이 끝났습니다.

신제품 추진에서 '언제, 어디서, 어떻게 싸울 것인가?'를 결정하는 것은 매우 중요한 출발점입니다. 그리 중요하지 않은 전투에, 그것도 기마병이 강한 군대를 야간에 산악 지역에서 싸우게 하는 것은 어리석은 일입니다. 가치가 있고, 잘 싸울 수 있는 최적의 시간과 장소, 그리고 전투 방식을 선정하는 것은 전투에서 중요합니다. 이를 잘못 판단하면 엄청난 물자와 사람, 시간을 쏟아부은 전투에서 비참하게 패배하거나, 전투에 이겨도 별 성과가 없을 것입니다.

지금부터 시작할 이야기는 이렇게 최종 선정한 사업화 아이템을 어떤 지역과 어떤 고객을 표적으로 하여 판매할 것인가? 즉, 전투를 벌이기로 결정을 한 지역에서 '어떻게 싸울 것인가?how to compete'에 대한 것입니다. 이 단계 또한 성공적인 시장 진입에서 첫 단추를 꿰는 중요한 일인데, 먼저 표적 시장과 고객을 선정하기 위한 '시장 세분화 및 표적 고객 선정'에 대한 이야기부터 시작하겠습니다.

2. 시장 세분화 및 표적 고객 선정

사업화 타당성 평가를 하는 과정에서 시장과 고객에 대한 개략적인 시장조사를 해야 하지만, 본격적인 실행을 위해서는 좀 더 구체적으로 시장과 고객을 조사하여 시장 진입과 확대 단계에 어떤 용도와 지역, 고객에 접근할지를 최종적으로 결정해야 합니다.

만약 '햇반' 사업에 진출하기로 결정했다고 가정하면, 단계별로 어떤 용도(가정용 vs 아웃도어용, 채식주의자 vs 일반용 등등)와 지역(한국, 중국, 일본, 인도 등등), 고객(맞벌이 부부, 학생, 낚시 애호가, 등산 애호가 등등)을 표적으로 할지를 결정하는 것이죠.

특히, 시장 진입 단계에 표적 시장과 고객을 잘 선정하는 것은 시장 진입의 성공 여부와 향후 시장 확대, 그리고 시장 진입과 확대의 스피드에 매우 큰 영향을 미칩니다. 전략적인 시장 세분화, 그리고 표적 시장과 고객 선정이 얼마나 중요한 지를 보여주는 몇 가지 사례가 있는데, 그중 아쉬운 실패 사례를 소개하겠습니다.

소재를 생산하는 한 기업이 있었습니다. 생산성을 획기적으로 개선하여 기존 제품을 대체하는 혁신 제품을 고객과 공동 개발하기로 했습니다. 그 고객은 기존 제품의 고객으로 소재를 가공하여 모듈업체에 공급하는 후가공 업체였죠. 당시 그 고객 입장에서도 개발이 성공할 경우 원료 단가를 획기적으로 낮출 수 있었기 때문에 이에 매력을 느꼈습니다.

개발 초기 단계에는 큰 어려움 없이 필요한 고객의 중량 테스트가 진행되었고 일부 매출도 일어났습니다. 그런데 본격적으로 추진하기 위해서 막상 자본과 시간 투자가 필요한 시점에 분위기가 달라졌습니다. 기술과 판매의 불확실성을 좀 더 실감하기 시작한 것이죠. 그 고객은 이런저런 이유로 투자를 계속 미루었고, 결국 타이밍을 놓쳐 그 소재 기업은 몇 년을 투자한 신제품을 포기해야 했습니다.

사실 그 고객 입장에서 보면 이해할 수 있는 선택이었습니다. 혁신 제품 개발 자체의 당위성에는 찬성했지만, 막상 현실로 다가온 불확실성의 크기는 감당할 수 없었던 것입니다. 하지만 불확실성의 리스크를 감당할 수 있는 절박함이나 혁신성을 가진 다른 후가공 업체를 공동 개발 파트너로 선정했더라면 하는 아쉬움은 있습니다.

사실 그 혁신 제품은 시장 초기 단계에 표적 고객을 잘못 선정한 것 외에, 기술 역량 대비 용도와 지역 선정을 잘못한 문제도 있었습니다. 개발 단계부터 시장 세분화와 용도와 지역, 고객을 좀 더 전략적으로 선정했더라면, 그 혁신 제품은 어쩌면 크게 성공했을지도 모릅니다.

1) 시장 세분화

표적 용도와 지역, 고객을 선정하려면 사전에 시장을 세밀하게 분해해서 이해 해야 합니다. 이는 마케팅의 STP 전략에서 시장 세분화market segmentation에 해당하죠. 시장 세분화를 하지 않고 모든 용도와 지역, 고객을 표적으로 마케팅을 하면 좋겠지만 대부분의 경우 기업의 보유 자원과 역량에 한계가 있기 때문에 투입 효율성을 높이기 위해 시장 세분화를 하는 것입니다.

실제로 시장 세분화를 제대로 하면 낮은 투입 비용으로 리스크를 줄이면서 빠르게 시장 진입과 확대를 하는 데 큰 도움이 됩니다. 그럼 어떻게 시장 세분화를 제대로 할 수 있나요?

산업 분야에서는 거의 무의식적으로 시장을 용도별, 지역별, 사용 규모별로 세분화하죠. 이 분류는 고객으로부터 출발한 것이 아니고 공급자 중심의 시장 분류에서 나왔는데, 저는 그 근원이 상당 부분 기업의 조직 구조에서 비롯한다고 생각합니다. 일반적으로 판매 조직을 지역별 혹은 용도별 등으로 구성하기 때문에, 시장 세분화도 자연스럽게 같이 따라가는 것입니다. 물론 이러한 분류가 잘못되었다는 것은 아니지만, 다른 관점에서 전략적으로 시장을 분류하면 새로운 기회가 보일 수도 있습니다. 고객의 특성이나 가치value 관점에서 시장을 보면 새로운 속성을 가진 시장이 그루핑될 수도 있다는 것입니다.

다음 내용은 세계 최대 건축자재 기업인 라파즈Lafarge가 범용 자재인 시멘트 사업에서 고객 가치 중심의 시장 세분화를 통해 매출액과 수익을 증가시킨 사례입니다.

다른 일반적인 기업과 마찬가지로 라파즈 기업도 처음에는 시장(고객) 세분화에 대한 개념이 없었습니다. 그러다가 2001년 맥킨지 컨설턴트였던 프랑수아 자크를 최고 마케팅 책임자CMO로 영입하면서 고객 관점에서 시장을 다시 정의하게 되었습니다. 표처럼 고객 데이터와 정보를 분석하여 시장을 사업 특성과 구매 특성에 따라 분류했습니다.

표 2-12. 시장세분화 사례(라파즈 기업)

| | | 사업 특성(규모 및 목적) | | | | |
		대형 건설 고객	도매업자	비건축용 사용 고객	주택 건축 고객	특별 주문 및 일회성 주문
구매특성	가격 중시형	가격-대형	가격-도매	가격-비건축	가격-주택	가격-특수/일회
	관계 중시형	관계-대형	관계-도매	관계-비건축	관계-주택	관계-특수/일회
	품질 중시형	품질-대형	품질-도매	품질-비건축	품질-주택	품질-특수/일회

출처: Lafarge North America 자료

고객의 규모 및 사용 목적에 따라 가로축에 고객을 4개의 특성 그룹으로 나누고, 세로축에는 고객의 구매 특성에 따라 3개 그룹으로 분류하여 총 15개 시장으로 세분화하였습니다. 그리고 세분화한 시장별로 차별화된 가격과 마케팅 전략을 전개

했습니다.

가격 중시형 고객에게 기본적인 품질과 최대한 낮은 가격을 제시하고, 관계 중시형 고객에게는 구매담당자 등 관련자와 관계 강화를 위한 활동을 강화하고, 품질 중시형 고객에게는 양질의 시멘트를 프리미엄 가격으로 제공했습니다. 당연히 고객 입장에서는 좋을 수밖에요. 가격을 중요시하는 고객 입장에서는 과도한 품질을 줄이면서 가격을 낮출 수 있으니 반가운 일이었습니다.

라파즈 입장에서도 비용과 생산성 개선, 주문량 증가로 수익을 더 높일 수 있기 때문에 윈윈인 셈이죠. 윈윈은 중장기적으로 상호 파트너십을 구축할 수 있다는 점에서 또 다른 이점이 있기 때문에, 제대로 된 시장 세분화는 이처럼 성공적인 마케팅의 중요한 출발점이 됩니다.

이와 같이 시장 세분화를 제대로 해보는 것은 그 의미가 큰데도 불구하고 기업(특히 산업재)에서는 그렇게 중요하게 생각하는 것 같지 않습니다. 판매원들과 이야기를 해보면 다양한 관점에서의 시장 세분화가 필요하다는 데 대체로 공감합니다. 하지만 막상 현실에서는 신제품뿐만 아니라 기존 제품에도 다른 세분화 기준을 적용하는 것을 어려워합니다. 왜 그럴까요? 그것은 시장과 고객에 대한 정보가 부족하기 때문입니다. 특히 신제품의 경우에는 사업 초기에 정보가 부족하여 고객들의 핵심 구매 요소가 무엇인지 잘 몰라서 관성적으로 용도별, 지역별로 시장 세분화를 하게 되죠.

하지만 이러한 현실적 어려움에도 불구하고, 신사업, 신제품 초기 단계에 시장 세분화를 제대로 시도할 필요가 있습니다. 고객 가치 중심의 시장 세분화를 하려는 과정 중 시장과 고객에 대한 더 세밀한 정보 수집과 이해를 할 수 있고, 어쩌면 새로운 기회를 발견할 수도 있기 때문입니다.

그럼 어떤 기준으로 시장 세분화를 할 것인지에 대한 이야기로 넘어가겠습니다. 사실 시장 세분화는 제품과 시장의 특성에 따라 다양한 기준이 있습니다. 일반 소비재에 대한 시장 세분화 기준은 이미 많은 책에서 제시하고 있기 때문에 여기에서는 산업재를 중심으로 설명하겠습니다.

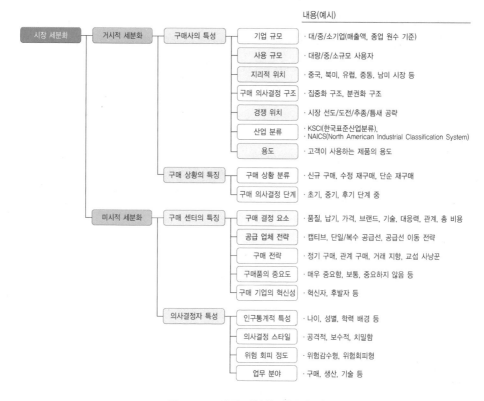

내용(예시)

시장 세분화	거시적 세분화	구매사의 특성	기업 규모 · 대/중/소기업(매출액, 종업 원수 기준)
			사용 규모 · 대량/중/소규모 사용자
			지리적 위치 · 중국, 북미, 유럽, 중동, 남미 시장 등
			구매 의사결정 구조 · 집중화 구조, 분권화 구조
			경쟁 위치 · 시장 선도/도전/추종/틈새 공략
			산업 분류 · KSCI(한국표준산업분류), NAICS(North American Industrial Classification System)
			용도 · 고객이 사용하는 제품의 용도
		구매 상황의 특징	구매 상황 분류 · 신규 구매, 수정 재구매, 단순 재구매
			구매 의사결정 단계 · 초기, 중기, 후기 단계 중
	미시적 세분화	구매 센터의 특징	구매 결정 요소 · 품질, 납기, 가격, 브랜드, 기술, 대응력, 관계, 총 비용
			공급 업체 전략 · 캡티브, 단일/복수 공급선, 공급선 이동 전략
			구매 전략 · 정기 구매, 관계 구매, 거래 지향, 교섭 사냥꾼
			구매품의 중요도 · 매우 중요함, 보통, 중요하지 않음 등
			구매 기업의 혁신성 · 혁신자, 후발자 등
		의사결정자 특성	인구통계적 특성 · 나이, 성별, 학력 배경 등
			의사결정 스타일 · 공격적, 보수적, 치밀함
			위험 회피 정도 · 위험감수형, 위험회피형
			업무 분야 · 구매, 생산, 기술 등

그림 2-30. 시장 세분화 기준의 예

산업재 시장은 위의 그림처럼 다양한 기준과 시장의 특성에 따라 세분화할 수 있습니다. 개인적 경험으로는 산업재 시장에서는 이 중에서 사용 규모, 지리적 위치, 경쟁 위치, 용도, 구매 결정 요소, 공급업체 전략, 구매 전략 등 6개의 세분화 기준이 활용도가 높습니다. 시장 세분화를 할 때 한 개보다는 복수의 기준이 시장을 좀 세밀하게 이해하고 세분화하는 데 도움이 됩니다. 라파즈 사례처럼 시멘트 시장을 고객의 사업 특성과 구매 특성 등 2가지 기준으로 세분화한 것처럼 말입니다.

2) 표적 고객(시장) 선정

세분화된 시장들 중에서 표적 시장을 선정할 때 고려해야 할 변수들이 있습니다. 바로 '고객(시장) 매력도'와 '자사 역량'입니다. 이 책의 '유망 아이디어 선별'에서도 이 두 변수에 대해 설명했습니다만, 여기에서 다룰 내용은 깊이 측면에서 약간 차이가 있습니다. '유망 아이디어 선별'에서의 시장은 '표적 고객(시장)'의 것보다 상위에 있는 좀 더 넓은 시장이었으며, 조사 목적 자체도 약간 다릅니다. 앞에서는 어떤 시장을 선택할 것이냐에 대한 것이었고, 여기에서는 선택된 시장에서 어떤 하위(세분화) 시장이 더 매력적이고, 자사에 유리한 것인가를 평가하여 우선순위를 정하는 데 목적이 있습니다. 다음 표를 보시죠.

표 2-13. 표적 고객(시장) 선정을 위한 자료 수집 내용의 예

시장 세분화		고객(시장) 매력도				자사 역량						
세분화 시장	고객 수	연 사용량	평균 가격	사용 증가율	공급경쟁 현황	개발 기술	생산기술	기술 서비스	고객 관리	브랜드 이미지	유통 채널/납기	단위당 제조 원가
가격-대형 시장	5	백만 톤	100원/kg	년 10%	경쟁 치열	-	-	-	-	-	생산 Capa 부족	70원/kg
가격-도매 시장												
가격-비건축 시장												
가격-주택 시장												
가격-특수/일회 시장												
관계-대형 시장												
관계-도매 시장												
관계-비건축 시장												
관계-주택 시장												
관계-특수/일회 시장												
품질-대형 시장												
품질-도매 시장												
품질-비건축 시장												
품질-주택 시장												
품질-특수/일회 시장												

세로축에는 세분화 시장을 열거했는데, 앞에서 설명한 라파즈 사례의 내용을 임의로 넣어보았습니다. 가로축에는 고객(시장) 매력도와 자사 역량을 구성하는 항목이 들어가 있습니다. 물론 이 항목들은 제품과 시장의 특성, 사업 전략에 따라 바뀔 수 있습니다.

그리고 세분화된 시장을 어떤 우선순위로 타게팅할 것인지를 결정할 때 정량적 평가보다는 시장조사 결과를 참고로 하여 통찰력으로 결정하는 것이 타당합니다. 정량적 평가 방식의 한계에 대해서는 앞에서도 여러 번 이야기했습니다만, 평가 항목별 가중치의 한계, 기업의 전략적 모험성이 반영되지 못하는 문제가 있기 때문입니다.

또한 표적 고객(시장)을 선정하는 데 '자사 역량'이 판단의 절대적인 기준이

되어서는 안 됩니다. 왜냐하면 '자사 역량'이 신제품 성공에 매우 중요한 요소이긴 하지만, '역량'의 속성 자체가 정량적으로 평가할 수 없는 모호성이 강한 탓도 있고, 표적 시장(고객)의 상황에 따라 역량이 부족해도 과감하게 도전할 수 있는 기업의 도전성, 모험성들을 여백으로 두는 것이 적절하기 때문입니다. 그리고 사실 이것은 순전히 리더의 통찰력과 리스크를 수용하는 기업 문화의 영역이기 때문에 정량적 평가 결과가 절대적 의사결정 기준이 될 수는 없습니다.

그렇다고 '자사 역량' 평가가 불필요하다는 의미는 아닙니다. 필요한 사전 조사와 평가 결과에 근거한 전략적 판단 없이 무조건 '우리는 한계를 극복할 수 있을 것이다'라는 자사 역량에 대한 모호하고 맹목적인 믿음은 곤란하기 때문에, 객관적인 평가를 위한 노력과 자료 수집은 분명 필요합니다.

한편, 산업재에서 '자사 역량'을 평가할 때 신중하게 고민해야 하는 것이 있는데, 그것은 바로 '기술 역량'입니다. 기술의 복잡도와 난이도에 따라 다르겠지만, 일반적으로 시장 진입 초기에는 경험적 기술이 충분치 않고, 설비와 공정이 안정화되어 있지 않아서 난이도가 낮은 저가나 중가 제품으로 출발합니다. 그러다가 기술이 축적되면서 중가나 고가 시장으로 확대하는 전략을 취합니다. 그런데 만약 고가 시장으로 바로 진입하기를 원한다면 맹목적인 자신감보다는 사전에 자사의 기술 역량을 충분히 검토해야 한다는 것이죠.

TV용 디스플레이 시장을 예로 들어보겠습니다. 기본 기술이 충분히 쌓이지 않는 상황에서 고부가 제품인 대면적 시장으로 바로 넘어가면 생산 초기 단계부터 제어해야 할 변수들이 많아지므로 이를 안정화시키는 데 예상했던 것 이상의 많은 시간이 소요될 가능성이 높습니다. 진행 단계별로 체계적인 기술이 축적되지도 않아 유사 문제가 재발하고 문제 해결 시간도 길어집니다. 또한 품질 변동이 심해 수율 저하, 클레임 발생 등으로 시장 진입 단계부터 고객의 신뢰가 떨어져 벗어나기 어려운 수렁에 빠질 확률도 높아질 수 있습니다.

그래서 소면적(저가) → 중면적(중가) → 대면적(고가) 시장의 단계적 순서로 접근하는 것이 차라리 총 시장 진입 및 확대 소요 시간 측면에서는 더 빠를 수도 있습니다.

물론 그럴듯하게 보이는 단계적 접근 방식이 무조건 정답이라고 주장하는 것은 아닙니다. 시장 단계별 필요 기술들 간의 독립성 정도와 실행 역량, 시장 환경의 변화에 따라 얼마든지 다른 순서로 접근할 수도 있습니다. 물론 '자사 역량' 자체를 고려하지 않고, 의사결정자의 성향이나 기업 문화, 마케팅 전략에 따라 표적 고객(시장)을 선정할 수도 있습니다. 하지만 '기술 역량'은 성공적인 시장 진입과 진입 스피드에 매우 중요한 요소이기 때문에, 이에 대한 상황을 정확하게 이해하고 전략적 응용과 의사결정을 하는 것이 바람직합니다.

이렇게 표적 고객을 선정하고 공략의 우선순위를 정할 때 최종적으로 고려해야 할 것이 있습니다. 바로 표적 고객이 처한 '특별한 상황들'인데, 이를 잘 이해할 수 있다면 표적 고객을 좀 더 쉽게 공략하는 데 큰 도움이 됩니다. 신사업, 신제품을 경험하신 분들은 아시겠지만, 고객이 필요로 하는 경우와 필요로 하지 않은 경우의 품질 인증 속도에는 정말 큰 차이가 있습니다.

예를 들면, 한 대형 고객이 지금까지는 해외에서 원료를 구입했는데 최근에 납기 문제가 자주 발생하여 다른 신규 공급업체로 신속히 변경하려는 특별한 상황을 이해하는 것이죠. 이럴 경우, 고객이 적극적으로 샘플 테스트를 서두르기 때문에 품질 인증 소요 기간을 획기적으로 단축할 수 있습니다. 이처럼 고객이 어떠한 상황에 있는지를 조사와 분석을 통해 이해하고 기회를 포착하려는 노력이 시장 진입 단계에서는 매우 중요합니다.

여기에서 설명할 고객이 처한 '특별한 상황'은 4가지입니다. 고객의 '경쟁 포지션', '수입 대체', '기존 구매 제품의 만족도', 그리고 '공급업체 전략' 등입니다. 순서대로 설명하겠습니다.

경쟁 포지션: 고객의 경쟁 포지션에 근거하여 고객의 사업 전략과 가치를 파악하라!

일반적으로 시장에서의 경쟁 위치competitive position에 따라 고객을 시장선도기업market leader, 시장도전기업market challenger, 시장추종기업market follower, 시장틈새기업market nicher으로 분류합니다. 시장에서의 경쟁 포지션에 따라 고객들의 사업 전략도 달라지는데, 이에 대해 간단하게 살펴보죠.

'시장선도기업'은 새로운 수요를 창출하여 현재의 시장 규모를 확대하고 진입 장벽을 높여 현재 시장 점유율 1위를 유지하면서 시장 규모를 확대하려 합니다. 그리고 시장에서 선도 위치를 노리는 '시장도전기업'은 시장선도기업의 약점을 공략하거나 차별화를 통해 시장 점유율을 확대하려고 노력하죠. 반면에 '시장추종기업'은 경쟁보다는 가격, 서비스 등에서 나름대로 차별화된 모방 제품을 생산하여 현재의 경쟁 위치와 이에 따른 적정 이윤을 유지하기 위한 전략을 취합니다. '시장틈새기업'은 경쟁이 없거나 약한 작은 규모의 틈새시장에서 특화된 역량(기술과 제품, 서비스 등)으로 매출액보다는 수익성을 추구하는 전략을 가지고 있습니다.

이렇게 시장에서의 경쟁 포지션에 따라 고객이 추구하는 전략과 가치가 다르므로, 신규 공급업체는 이를 잘 파악하고 자사의 역량(원가, 품질, 납기 등)을 고려하여 표적 고객을 선정해야 성공 확률을 높일 수 있습니다.

당연한 이야기일 수도 있겠습니다만, 자사의 기술과 제품이 안정화되지 않은 사업 초기라도 자신이 있다면 시장선도고객을 표적으로 하여 과감하게 공략하는 것도 좋습니다. 사실 이러한 시도에는 위험부담도 따르지만 나름 그만한 가치도 있는데, 무엇보다도 시장 선도 고객에 공급한 실적이 있으면 향후 고객을 확대하는 데 매우 유리하죠. 앞에서도 강조한 것처럼 산업재에서는 길고 까다로운 품질 인증 단계가 신속한 시장 진입과 확대를 하는 데 중요한 장애 요인입니다.

그런데 만약 시장선도기업에 공급한 실적이 있다면, 이것은 기술에 대해서는 이미 검증받았다는 것을 의미하기 때문에 고객 확대 시 품질 인증 과정을 간소화할 수 있습니다. 진입 초기 단계에 어떤 준거 고객들reference customers을 확보했는지가 향후 시장 확대 스피드 측면에서 매우 중요한 역할을 한다는 것이죠.

물론 선도 고객의 인증을 받는 것이 쉽지는 않지만, 실패 확률이 심각하게 높지 않다면 진입 초기 단계에 시장선도기업을 과감하게 공략해보는 것은 또 다른 의미가 있습니다. 그것은 도전 과정에서 얻게 되는 기술 향상, 시장 정보 등 부차적인 이익들인데, 이것은 향후 시장을 확대하는 데 귀중한 자산이 될 수 있습니다.

그리고 또 한 가지 더 중요한 이유가 있습니다. 바로 가장 짧은 경로로 손익을 개선할 수 있다는 점이죠. 처음에는 시장선도고객에 제품을 공급할 때는 가격이 매우 낮습니다. 영업 이익은 고사하고 공헌 이익을 겨우 넘는 경우도 있지요. 하지만 공급량이 증가함에 따라 품질이 안정되면서 수율과 스피드가 높아지고, 원부원료 사용량도 많아지면서 구매 단가도 낮아지게 됩니다. 단위당 제조 원가가 하락함에 따라 수익이 좋아지는 겁니다. 그러다가 상황이 좋아져 가격도 인상할 수 있으면 금상첨화가 되겠죠. 물론 시장선도기업을 공략할 때 빠른 시간 내에 품질이나 어떤 다른 측면에서 기존 공급업체 대비 차별적 경쟁우위를 가져야 한다는 쉽지 않은 전제 조건이 있습니다. 이와 관련된 사례가 있습니다.

미국에 진출했던 한 한국 기업의 이야기입니다. 이 기업은 미국에 진출했을 때

예상하지 못한 문제들로 많은 고생을 했습니다. 사업 초기에는 가동률도 높지 않았고, 제품도 범용제품으로 구성되어 있어 몇 년 동안 적자 상태였죠.

이때 미국의 한 대형 고객이 신제품 개발을 제안합니다. 당시 그 고객은 품질과 요구 사항이 까다로운 데 비해 단가가 별로 좋지 못해 미국 내의 다른 경쟁사들조차 거래를 포기한 상태였습니다. 그러다 보니 기업 내부에서도 이견이 많았습니다. '품질 기준이 까다롭기 때문에 낮은 수율에 의해 제조 원가가 상승할 것이고 클레임 비용도 증가하여 좋지 못한 현재의 상황을 오히려 더욱 악화시킬 것이다!'라는 우려였습니다.

하지만 결국 경영층은 모험을 하기로 결정하고 회사의 역량을 이 프로젝트에 집중하였습니다. 엔지니어들도 정말 의욕적으로 열심히 일했고, 그 고객 입장에서도 이 한국 기업 이외에 옵션이 없었기 때문에 적극적인 기술 지원을 했습니다. 드디어 몇 년 후에 생산 공정이 안정되고 기술이 향상되면서 수율과 스피드가 많이 개선되었습니다. 그리고 또한 향상된 기술 역량을 바탕으로 저가 원료를 사용하면서 제조 원가를 획기적으로 낮출 수 있었고, 어느 정도 품질에 대한 신뢰가 쌓인 후에는 단가도 인상할 수 있게 되었습니다. 결과적으로 그 고객이 당시 전체 영업이익의 40%를 차지할 정도로 성공적인 결과를 가져왔고, 이후 상당한 기간 동안 그 비즈니스는 캐시카우cash cow역할을 톡톡히 했습니다.

그리고 사실 그 시장 선도 고객과의 성공적인 파트너십은 손익 등 유형적인 효과도 컸지만, 이후 시장 확대 과정에 필요한 브랜드 이미지, 자신감, 기술 향상, 기업 문화 등의 무형적인 이익이 더 컸습니다.

물론 시장 진입의 대상으로 선도 기업의 문을 두드리는 것은 위험할 수도 있습니다. 품질 인증의 벽을 넘지 못해 시간만 낭비할 수도 있고, 공급자로 등록되더라도 오랫동안 '고객의 납기 보험용'으로만 활용되다가 결국 견디지 못해 포기할 수도 있죠. 하지만 이러한 리스크를 극복할 만큼의 기술력과 인내력이 있다면 짧은 기간에 더 큰 성공을 할 가능성도 있습니다. 이처럼 리스크와 기회가 항상 같이 존재하므로, 결국 선택은 기업의 몫입니다.

만약 시장 자체가 막 형성되는 도입기 단계라면 어떤 고객을 파트너로 할 것인가를 정하는 일은 더욱 중요합니다. 시작 단계부터 공동으로 제품을 개발해야 하므로 제품 설계 단계, 생산 테스트 등 서로 협력해야 할 일이 많습니다. 또한 시장 도입기 제품의 경우에는 공급자의 성장 속도와 크기가 표적 고객의 성장 속도와 크기에 따라 상당 부분 결정되기 때문에 고객의 미래 성장성(기술력, 투자력, 판매력, 경영 역량 등)도 고려하여 표적 고객을 선정해야 합니다.

이와 같이, 고객의 경쟁 포지션은 그 고객의 전략과 특징을 함축하고 있기 때문에 이로부터 많은 것을 유추할 수 있습니다. 따라서 고객들의 경쟁 포지션을 고려하여 고객의 기대 가치를 유추하고 표적 고객을 선정한다면 성공 확률은 더 높아질 것입니다.

수입 대체: 수입 대체를 고민하는 고객을 찾아라!

과거에 제품을 수입하기로 결정했던 이유는 무엇일까요? 자국에 공급자가 없거나, 브랜드와 품질 수준이 떨어지는 경우, 혹은 구매 단가가 높았던 경우가 대부분일 것입니다. 그런데 수입은 지리적, 언어적, 문화적 차이 때문에 종종 불편과 불안, 불만을 발생시킵니다. 특히 내부 효율성만을 위해 엄격한 공급 방침과 기준, 규칙에 따라 운영되는 해외 대형 공급업체의 경우 상황은 더욱 심각하지요. 그래서 고객들은 대안이 있다면 수입 제품을 국내 제품으로 대체하려고 합니다.

수입 제품에 대한 국내 고객들의 전형적인 불만 내용을 좀 더 구체적으로 알아보겠습니다. 경험에 따르면 주로 가격 인하와 납기, 그리고 신제품 개발을 위한 협업collaboration과 관련된 문제들입니다. 물론 이런 문제들은 수입 제품이 아니라도 발생하지만, 수입 제품의 경우 거리적, 문화적 한계가 있고 과점 상태인 경우가 많으므로 문제의 발생 확률이 훨씬 높습니다. 위 3가지 불만 사항에 대해 자세히 설명하겠습니다.

첫 번째, 공급 가격 인하를 요구하기 어렵습니다. 어떤 경우에는 공급자의 원료 가격이 올라가면 원료 인상 가격에 공급자의 이윤까지 더하여 가격 인상 통보를 받기도 합니다. 특히 공급자 시장seller's market인 경우 구매 담당자는 별 대안이 없습니다. 할 수 있는 일은 기껏해야 가격 인상폭을 최대한 줄이기 위해 여러 이유를 설명하면서 공급업체를 설득하는 것뿐이지요.

두 번째, 공급자의 리드 타임lead time이 길어 고객이 안전 재고를 많이 비축해야 하는 경우입니다. 그리고 어떤 해외 공급업체들은 생산 계획이 유연하지 않은데다 공급자 이익 중심으로 운영함으로써 생산 주기가 매우 깁니다. 이렇게 되면 고객 입장에서는 자사의 생산 주기와 맞지 않게 되고, 또한 공급자의 생산 주기와 예측하기 어려운 여러 변동성을 감안하여 과도한 안전 재고를 운영할 수밖에 없죠.

131

가끔 긴급 발주에 대한 대응도 되지 않아 사업 기회를 놓치기도 합니다. 이런 불확실성에 대응하기 위해서 더 많은 안전 재고를 운영할 수밖에 없는 구매 담당자의 마음은 항상 불안하고 불편합니다.

세 번째, 제품 개발과 개선에 대한 긴밀한 협업이 제대로 되지 않습니다. 더군다나 구매량이 많지 않을 경우에는 한 고객만을 위한 원료 개발은 거의 불가능한 일입니다. 사실 일부 소재, 부품은 완제품을 생산하는 고객 입장에서 보면 전체 제조 원가에서 차지하는 비율이 극히 미미하지만 신제품 개발을 위해서는 반드시 소재, 부품 개발이 함께 이루어져야 합니다. 그런데 공급업체가 전혀 움직이지 않으니 고객 연구소의 개발 담당자는 마음이 답답합니다.

앞에서 여러 가지 신제품 아이디어 발굴 착안점을 설명하였습니다만 이 중에서 수입으로 인해 불편하고 불안한 고객을 조사하여 표적 고객으로 선정하는 '수입 대체' 방법론이 가장 성공률이 높고 진행 속도도 빠를 것입니다. 물론 사전에 수입을 대체할 수 있을 정도의 품질이나 생산량을 확보해야지요.

기존 구매 제품의 만족도: 불편함과 불만, 불확실성과 불안을 가지고 있는 고객을 선정하라!

불편함과 불만, 불확실성과 불안을 회피하려 하고, 안정, 편안함을 바라는 것은 인간의 가장 근본적인 욕구입니다. 이와 관련된 문제들이 발생했거나 발생할 수 있는 상황에 처하게 되면, 어떤 방법을 강구해서라도 반드시 벗어나려고 하는 것이 사람의 기본적인 본능이죠. 기업 간의 거래에서는 가격, 품질, 납기, 요구에 대한 빠른 대응, 신뢰와 같은 문제들입니다.

예를 들면, 구매 담당자는 왜 브랜드가 있는 기업과 거래하려 할까요? 몇 가지 이유 중 하나는 그 구매 제품에 품질 문제가 발생하면 구매 담당자의 책임이 면제되기 때문입니다. 만약 품질 문제가 발생하면 그 업체를 선정한 구매 담당자의 잘못이 아니라, 그 분야에 명성이 있는 그 공급업체가 잘못한 것으로 평가되는 것이죠. 그런데 만약 구매 담당자가 구매 비용을 절감하기 위해 브랜드가 약한 기업의 재료를 사용해서 문제가 발생했다면, 구매 담당자가 일을 잘못한 것으로 평가됩니다. 이것은 구매 담당자의 가장 기본 욕구인 '생존'에 영향을 미치는 일이기 때문에 위험한 모험을 굳이 하지 않으려고 하죠.

과거에 기술 장벽이 매우 높은 신규 사업 프로젝트에 참여한 적이 있습니다.

재료에 품질 문제가 발생하면 완제품에 큰 문제가 발생하기 때문에, 고객은 공급업체 변경에 매우 소극적이었죠. 품질 인증 기간도 최소한 1년 이상 소요되었습니다. 한마디로 전환 비용이 매우 높은 제품이었습니다.

당시 이 시장에 한 대형 고객이 있었는데, 당시 기술적으로 검증된 글로벌 선도기업이 사용량의 대부분을 공급하고 있었고, 자사는 아무리 열심히 노력해도 긴급할 때 혹은 소량 주문을 하는 3차 공급업체3rd vendor로 활용되는 상황이었습니다. 그런데 어느 날부터 갑자기 주문이 증가하기 시작했습니다. 이유를 알고 보니, 고객은 안정적인 재료 공급이 매우 중요했는데, 그 공급업체는 납기도 들쑥날쑥하고 요청 사항에도 적극적으로 대응하지 않아서 뭔가 근본적인 대안이 필요했는데 자사가 그 혜택을 받은 것이었습니다.

이 사례처럼 품질, 가격, 납기, 서비스, 기술 및 상업 요구 대응력 등 고객 가치와 관련하여 불편함과 불만, 불확실성과 불안이 큰 고객(시장)을 표적 고객으로 선정하는 것이 신속한 시장 진입에 유리합니다.

공급업체 전략: 고객의 공급업체 운영 전략을 분석하여 가능성이 높은 고객을 찾아라!

고객의 공급업체 전략을 사전에 충분히 이해해야 시행착오를 줄이고 가능성 높은 표적 고객을 선정할 수 있습니다. 고객의 공급업체 전략 유형을 보면, 캡티브 captive 전략, 단일 공급선 전략, 복수 공급선 전략, 공급선 이동 전략이 있습니다.

먼저 '캡티브 전략'부터 보겠습니다. 이것은 노하우 유출 방지, 공동 개발, 품질의 신뢰성과 균일성, 기술의 고난이도, 위험도 등의 이유로 공급업체가 수직 계열화한 자회사처럼 움직이는 관계입니다. 이러한 관계는 서로 간의 거래 비용을 절감하기 위해 파이프라인을 통한 공급 등 여러 가지 운영 시스템이 이미 구축되어 있기 때문에 신규 업체 등록을 위한 샘플 테스트 자체가 쉽지 않습니다.

이런 관계에 있는 공급업체는 특정 품목에 한 개 혹은 극소수의 업체가 있는데 자동차의 주요 부품 공급업체가 대표적인 경우입니다. 이렇게 관계가 형성된 환경에서는 자사가 제품의 기능과 성능, 가격, 생산성 등 기술 혹은 상업적 측면에서 획기적인 우위를 가지고 있거나 기존 회사 간의 관계에 균열이 생기지 않는 한 진입하기가 매우 어렵습니다. 하지만 모든 관계는 영원하지 않기 때문에 향후를 위해서라도 지속적으로 상황을 파악하고 기회를 포착하려는 노력이 필요합니다.

다음은 '단일 공급선 전략'입니다. 이것은 기존 공급업체와의 파트너십 관계가 토착화된 경우입니다. 사업 초기부터 파트너십을 가지고 출발하면서 경영자부터 실무자까지 오랜 기간 인간적인 유대감을 쌓아온 끈끈한 관계죠. 캡티브 관계처럼 신규 진입하기가 쉽지는 않지만 '태양 아래 변하지 않는 것이 없다'라는 말처럼 감정적, 물리적 환경 변화에 의해 공급자 이원화dual supplier 시점이 언젠가 오게 됩니다. 이때를 위해 열심히 정보를 모으고 관계를 구축하고 유지하려는 노력이 필요합니다.

'복수 공급선 전략'은 일정 수준의 품질과 공급 안정성을 확보하기 위해서 혹은 공급업체 간 경쟁을 통해 가격 인하나 품질 개선, 공동 제품 개발의 속도를 높이기 위한 것입니다. 물론 이 전략은 고객의 구매량이 충분히 클 경우에 가능한 전략입니다.

이 경우에는 공급업체들 간에 발주 비율이 개략적으로 정해지고 정기적인 공급업체 평가 결과에 따라 발주량이 일부 조정되기도 합니다. 앞에서 언급한 캡티브 전략이나 단일 공급업체 전략의 경우처럼 진입하기가 어려운 것은 아니나 품질 평가 통과 및 업체 등록 후 신뢰 축적의 기간이 어느 정도 필요합니다. 하지만 고객의 요구 및 기대 사항에 잘 대응한다면 짧은 시간 내에 1, 2차 공급업체로 도약할 수도 있습니다.

마지막으로 '공급선 이동 전략'은 기술이나 품질에 차이가 없거나 중요하지 않은 범용 제품의 경우에 적용하는 전략입니다. 가격에 따라 언제든지 공급업체를 변경할 준비가 되어 있죠. 만약 신제품이 고객의 원가에 차별적 경쟁 우위를 제공할 수 있다면 공략을 할 필요가 있습니다만, 그렇지 않을 경우는 그렇게 좋은 표적 고객은 아니라고 생각됩니다.

지금까지 설명한 고객의 4가지 '특별한 상황'이란 결국 고객의 특별한 불안과 불편, 불만, 그리고 욕망을 정확하게 이해하고 우리가 가진 제품이 이를 얼마나 충족시켜줄 수 있는가에 대한 이야기입니다. 사실 아직 완성되지 못한 신제품 개발 단계에 표적 고객의 '특별한 상황'을 찾아내기가 결코 쉬운 일은 아닙니다. 하지만 고객들의 '특별한 상황'을 이해하는 것이 좀 더 빠른 경로로 시장 진입을 하는 데 중요한 요소이므로, 관련 정보를 수집하고 분석하는 노력이 필요합니다.

　자, 이제까지 시장 세분화와 표적 고객을 선정하는 방법을 설명했는데, 요약하면 이렇습니다.

　일반적으로 기업에서는 용도별, 지역별, 사용 규모별로 시장 세분화를 하지만, 고객들의 경쟁 위치, 구매 결정 요소, 공급업체 전략, 구매 전략 등 다양한 관점에서 시장을 바라보면 새로운 기회를 발견할 수 있습니다. 그리고 가능하다면 하나의 기준으로 세분화하는 것보다 특성별로 좀 더 자세하게 시장을 분류하기 위해 복수의 기준을 적용하는 것이 바람직합니다.

　그리고 세분화 시장에서 표적 고객(시장)을 선정하기 위해 자사의 역량을 참고하여 고객(시장) 매력도를 평가한다고 했습니다. 또한 표적 고객(시장)과 우선순위를 결정하기 위해서 고객이 처한 '특별한 상황'을 고려하는 것이 필요한데, 이것에는 고객의 '경쟁 포지션', '수입 대체', '기존 구매 제품의 만족도', 그리고 '공급업체 전략' 등 4가지가 있습니다.

　이렇게 최종 선정된 표적 고객(시장)에 어떻게 접근할 것인가 하는 문제는 다음 단계에서 다루려 합니다. 즉, 표적 고객(시장)이 중요하게 생각하는 명시적, 묵시적인 가치를 발굴하여 설계하고, 이를 제대로 추진하기 위해 실행 체계를 구축하는 활동들에 대한 이야기입니다.

3. 표적 고객 가치 설계 및 실행 체계 구축

　이제까지 고민한 것은 성공적인 시장 진입과 확대를 위해 어떤 고객을 선정할 것인가? 하는 문제였습니다. 지금부터는 이렇게 선정된 표적 고객에 어떤 가치를 어떻게 제공할 것인가? 하는 조금 더 실질적인 문제를 다루려 하는데, 다음 4가지 질문에 대한 설명이 전반적인 내용이 될 것입니다.

　첫째, 신제품 추진 조직 구조와 인력을 어떻게 구성할 것인가?(추진 조직 구성)

　둘째, 선정된 시장, 고객의 가치를 어떻게 발굴할 것인가?(표적 고객의 가치 발굴)

　셋째, 파악된 고객 가치를 자사의 역량과 경쟁 전략을 고려하여 고객에게 어떤 가치 제안을 할 것인가?(표적 고객의 가치 설계)

　넷째, 설계된 고객 가치를 구현하기 위한 실행 계획을 어떻게 수립할 것인가?(실행 계획 수립)

　둘째와 셋째 질문이 '표적 고객 가치 설계'에 해당하고, 첫째와 넷째가 '실행 체계 구축'에 해당하는데, 먼저 추진 조직 구성부터 이야기하겠습니다.

1) 추진 조직 구성

신사업, 신제품을 추진할 때 가장 먼저 고민해야 하는 것이 추진 조직을 구성하는 문제입니다. 기존 조직과 독립적인 완전히 새로운 조직과 인력을 구성해야 할 것인가? 아니면 기존 조직에서 파생된 형태의 조직과 인력을 구성하느냐는 매우 중요한 문제입니다.

사실 기업의 성장 전략 측면에서 보면 기존 사업과 제품보다 신규 사업과 제품을 성공적으로 추진하는 것이 더 중요합니다. 그래서 신사업과 신제품에 집중하기 위해서는 별도의 전담 조직을 구성하는 것이 타당하지만, 사업 초기에 들쭉날쭉한 업무량과 신규 인력 비용에 대한 부담으로 별도 전담 조직과 인력을 만들지 않고 기존 조직이 신제품 업무까지 담당하기도 합니다. 신제품의 표적 고객이 기존 제품의 고객과 겹칠 때는 더욱 그렇지요.

물론 규모가 큰 신규 사업은 기존의 조직과 독립된 조직을 구성하고 신규 인력을 채용해야 하지만, 경계에 있는 경우는 애매합니다. 그리고 기존 사업의 신제품일 경우에는 별도 독립 조직을 구성하지 않고 기존 조직에 업무를 부여하는 것이 일반적입니다. 실무 담당자 개인의 평가 지표에 신제품 추진 성과 지표를 반영하면 이에 좀 더 집중할 것이라는 기대를 하면서요. 하지만 현실은 이런 바람대로 움직이지 않습니다. 결국 현업은 기존 고객과 기존 제품을 유지하고 개선하는 업무에 집중하게 되고, 신제품의 시장 론칭과 확대 속도는 느려지거나 실패할 가능성이 높아지게 되죠.

이것은 당연한 현상입니다. 기존 조직에 있는 실무 담당자에게는 기존 사업과 제품의 성과가 더 중요합니다. 리더가 신제품의 성공이 중요하다고 이따끔씩 독려해도 실무 담당자는 결국 재무 실적으로 본인의 업무 성과가 평가된다는 것을 잘 알고 있습니다. 그래서 성과 창출이 불확실하고 어려운 신사업과 신제품보다는 상대적으로 성과가 더 확실하고 용이한 기존 사업의 제품에 더 많은 시간을 투입하려 합니다.

물론 기존 조직에서 신사업, 신제품 업무를 담당하면 기존의 인프라, 즉 기존의 고객 베이스와 운영 시스템을 활용할 수 있는 장점이 있지만, 이것이 핵심은 아닙니다. 핵심은 구성원들을 신사업과 신제품에 얼마나 몰입할 수 있게 만들 수 있느냐 하는 것입니다.

또한 적합한 인력을 확보하는 것도 중요한 문제인데, 신사업, 신제품을 시장에 론칭하고 확대하는 역량은 기존 사업, 기존 제품의 역량과는 많이 다릅니다. 신제품을 개발하고 생산하기 위한 필요 기술도 많이 다를 수 있고, 판매원의 기능도 기존 고객의 요구 사항을 관리하는 역할보다 시장조사, 고객 가치 발굴 및 구현, 설득 및 협상 등 상당 부분 마케터의 역량이 필요합니다.

그런데 많은 경우, 기존 조직 내부에서 이에 적합한 인력을 찾기가 어렵습니다. 따라서 외부에서 적합한 인력을 발굴하거나 교육을 통해 내부 인력을 육성하든지 해야 하는데 인건비, 교육 프로그램의 한계 등으로 이것도 쉽지가 않죠. 어쨌든, 신사업, 신제품의 중요도와 성공에 필요한 역량을 고려하여 내부 혹은 외부에서 충원할 것인지를 합리적으로 판단할 필요가 있습니다.

또한 독립적인 신규 조직이 구성되는 신규 사업에 기존 조직의 인력을 투입할지, 아니면 외부에서 충원할지를 결정할 때도 조직 문화 관점을 고려해야 합니다. 이 책의 후반부 '조직 문화'에서 자세히 다루겠지만 기존 조직의 인력을 활용하면 상당 부분 기존 사업의 조직 문화가 신규 조직에 그대로 복사됩니다. 만약 기존의 조직 문화가 만족스럽다면 다행입니다만, 그렇지 않다면 심각하게 고민해야 할 문제입니다.

조직 문화는 보이지는 않지만 현재와 미래의 조직 역량에 큰 영향을 주고, 한 번 형성되면 바꾸기 어렵기 때문에, 잘못된 문화가 형성되면 기업의 성장과 구성원의 열정을 가로막는 심각한 장애 요인이 될 수 있습니다. 그래서 만약 기업 내의 인력 정책과 기존 기술 혹은 기존 고객 네트워크와의 연계성을 고려할 때 기존 인력을 배치할 수밖에 없는 상황이라면, 사업 시작 전부터 새로운 '조직 문화'를 어떻게 만들 것인지를 고민하고 설계해야 합니다. 물론 이것은 신규 인력 중심의 조직 구성을 할 때도 마찬가지입니다.

다음 표는 조직 구조와 인력을 결정할 때 고려해야 할 사항과 옵션들의 장단점을 단순하게 정리했습니다. 모든 옵션은 장단점이 공존하는데, 결국 장점을 강화하고 단점을 최소화할 수 있는 최적의 조직 구조와 인력을 어떻게 구성할 것인가? 하는 문제입니다. 기존 조직과 인력을 활용하든지, 신규 조직과 인력을 새롭게 구성하든지, 아니면 이 4가지 극단적 옵션 사이의 어느 한 점에 위치할 수도 있는 최적의 조합을 찾든지 관계없이 말입니다.

표 2-14. 신사업, 신제품의 조직 및 인력 구성 방법

구분	지향점	옵션	장점	단점
조직 구조	·신사업/신제품에 몰입할 수 있는 조직 구조 구성	기존 조직을 활용	기존 조직의 인프라 활용 용이	기존 사업/제품에 더 집중할 가능성이 높음
		기존 조직과 독립된 신규 조직을 구성	신사업/제품에 집중 가능	기존 조직의 인프라 활용 어려움
인력	·신사업/신제품의 성공적 진입 및 확대에 필요한 역량 확보 ·강하고 우수한 조직 문화 구축에 적합한 인력 확보	기존 사업의 인력을 활용	인건비 절감	신사업/제품의 성공에 필요한 역량을 보유하지 못할 가능성 높음
			기존 사업의 조직 문화가 이전될 가능성 높음	
		외부 신규 인력 채용	신사업/제품의 성공적 추진에 적합한 역량 소유자 채용 가능	추가 인건비 발생
			기존 사업과 독립적인 새로운 조직 문화 구축 가능	

2) 표적 고객의 가치 발굴

고객이 명시적으로 혹은 묵시적으로 중요하게 생각하는 가치를 어떻게 찾아낼 것인가 하는 문제는 단순하지만 어려운 질문입니다. 사실 고객에게 자사 제품을 공급할 수 있는 비법은 적어도 이론적으로는 명확합니다. 고객이 원하고 기대하는 제품을 경쟁사보다 좋은 조건으로 공급하면 되는 것이지요. 하지만 이를 현실적으로 구현하는 것은 만만치 않습니다.

고객의 가치를 제대로 파악하는 것도 쉽지 않고, 고객이 전환 비용을 감수할 수 있을 정도로 경쟁사보다 차별적인 가치를 제공할 수 있는 역량을 가지는 것도 쉽지 않죠. 어쨌든, 고객의 가치를 정확히 파악하는 것이 무엇보다도 중요한데, 이에 대한 방법을 지금부터 설명하겠습니다.

판매사원들에게 시장에 성공적으로 진입하기 위해 무엇이 필요한지 질문하면, 특히 기존 공급업체나 제품을 대체하는 경우에는 십중팔구 가격, 품질이라고 답변합니다. 사실 틀린 대답은 아닙니다. 하지만 고객이 처한 내외부 환경과 상황 등 다양한 관점에서 조사해보면 다른 중요한 숨겨진 고객 가치를 발굴할 가능성도 있는데, 관성적으로 이렇게 대답하는 것은 그리 바람직하지 않습니다.

다음 그림의 왼쪽은 2000년 『McKinsey Quarterly』에서 발췌한 내용입니다. 레진 산업의 사례입니다만, 고객이 구매 결정을 하는 데 핵심 요소는 가격이 30%, 나머지 70%가 비가격 요인으로 조사되었습니다. 일반적으로 말하는 Q, C, D(품질,

가격, 납기)의 비율이 62%를 차지하고 있고, 38%가 다른 요소들이죠. Q, C, D 이
외 다른 기회가 38% 있다는 의미인데 그리 낮은 비율은 아닙니다. 아마도 그림에
있는 구매 요소들은 구매 팀과 같은 고객 조직의 일부 실무 담당자로부터 도출되었
을 가능성이 높습니다. 만약 경영층이나 생산, 연구소 조직의 의견을 추가하거나,
고객 스스로도 알지 못하는 숨겨진 가치들을 추가할 경우, 조사 결과가 바뀔 가능
성도 있을 것입니다.

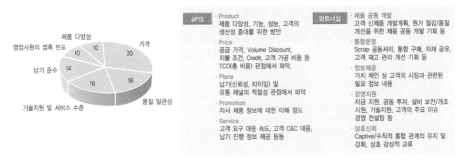

출처: Mckinsey Quarterly, Number 4

그림 2-31. 레진을 구매한 고객의 구매 결정 핵심 요소

　예를 들면, 휴대전화 시장 초기에 고객이 원했던 것은 오직 통화 품질이었지
만, 나중에 발굴된 사진 촬영, 녹음, 음악, 길 찾기 기능 같은 당시 고객 스스로도
알지 못했던 가치와 같은 것들 말이죠. 사실 이러한 고객 가치는 관찰과 고민 없이
는 보이지 않습니다. 아는 만큼 보이죠.

　예를 들면, 자신들이 가진 설비 보전 기술을 설비 관리 역량이 없는 소규모 고
객들에게 제공함으로써 자사에 대한 충성도를 강화한 어떤 회사처럼, 고객이 기대
하지 못했던 가치를 발굴하는 것이 쉬운 일은 아니지만 그 효과는 큽니다. 그래서
어떤 사물을 관찰할 때 단편적이 아닌 다차원적으로 보려는 노력이 중요합니다.

　그림 2-31의 오른쪽 그림은 4P1S와 파트너십 관점에서 고객 가치의 유형을
정리한 것입니다. 제품은 제품 자체의 본원적인 가치 이외에도 부가적 가치가 있는
데, 고객의 사업 전략과 처한 상황에 따라 부가적 가치가 더 핵심적인 구매 요소가
될 수도 있습니다. 이렇게 특정 표적 고객에 특화된 고객 가치를 발굴하기 위해서
는 다차원적인 정보 수집과 관찰, 그리고 분석이 필요하므로 이에 대한 많은 시간
과 노력을 투자해야 찾을 수 있습니다.

지금부터 표적 고객의 가치를 어떻게 찾아낼 것인가? 하는 방법론을 알아보겠습니다. 사실 시장 진입 단계에 고객 가치를 만족스럽게 찾아내는 것이 쉽지는 않습니다. 아직 제품 자체가 완전히 개발되지 않아 고객 품질 인증도 진행되지 못한 상황이라서 고객과의 접촉도 충분하지 않아 정보가 부족할 수밖에 없기 때문이죠.

이러한 측면에서 지금부터 설명할 6가지 고객 가치 발굴 방법은 일회성으로 실행되고 끝나는 것이 아니라, 시장 진입 이후 단계에서도 지속적으로 활용하여 고객 가치를 업데이트하는 데 활용해야 합니다. 그리고 소개할 방법론 모두를 반드시 적용해야 하는 것은 아니며, 상황에 따라 몇 가지를 선택하거나 변형하여 활용할 수 있으며, 여기서는 단지 가이드라인을 제시할 뿐입니다.

① 제품 수명 주기 단계 분석

이 방법은 고객의 제품 수명 주기 단계에 따라 일반적으로 나타나는 현상을 참고하여 조금 넓은 관점에서의 고객 가치를 발굴하는 방법입니다. 표적 고객의 제품 수명 주기를 분석하여 접근 전략을 세우는 것인데, 다음의 그래프를 보시죠.

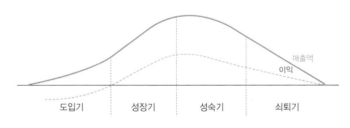

그림 2-32. 제품 수명 주기 그래프

이 그래프는 많이 친숙할 겁니다. 제품도 하나의 생명체처럼 태어나고, 성장하고, 늙고, 죽음을 맞이하는 단계가 있는데, 각 단계별로 나타나는 전형적인 현상들이 있습니다.

도입기에는 판매량이 많지 않아 매출액은 그리 높지 않고, 고정비 부담으로 영업 이익도 좋지 않습니다. 그러다가 성장기, 성숙기로 가면서 매출액과 영업 이익이 좋아지다가(기업마다 차이는 있지만) 성숙기 전반부터 매출액과 영업 이익이 꺾이게 됩니다.

이는 재무 성과 변화 흐름의 이면에서 재무 성과에 영향을 미치는 변수들에 뭔가 변화가 생겼다는 것을 의미합니다. 그중 가장 큰 영향을 미치는 요인은 아마도 수요와 경쟁의 변화일 것입니다. 시장 수요의 증가 속도가 둔화 혹은 감소하고, 신규 경쟁자가 진입하였거나 증설로 경쟁이 더욱 치열해져서 매출액과 영업 이익에 큰 변화가 생기는 것이죠.

사실 이 그래프의 형태는 제품 수명 주기의 일반적인 모습이기 때문에 시장 상황이나 고객의 경쟁 포지션별로 나타나는 현상들은 또 다를 수 있습니다. 예를 들면, 도입기라도 경쟁이 약하다면 가격이 높아 매출액과 이익은 매우 높을 수 있겠죠. 성장기에 시장 수요가 확대되더라도 경쟁이 심하다면 가격은 내려가 수익은 도입기보다 감소할 수가 있죠. 그리고 또한 시장 전체로 볼 때는 성숙기 후반기라도 어떤 기업이 시장에서 차별적 기술 대응력을 가지고 있다면 판매량이 증가하여 매출액과 영업 이익이 성장기보다 오히려 증가하거나 비슷한 수준으로 유지할 수도 있습니다.

요약하면, 제품 수명 주기 단계별로 나타날 것이라고 주장하는 '현상'은 상당 부분 전형적이기는 하지만 모든 고객과 제품, 그리고 모든 상황에 적용되는 것은 아닙니다. 따라서 '표적 고객의 제품이 성숙기 단계에 있으므로 낮은 가격의 제품 전략이 필요해'라는 무조건적인 주장은 무리가 있을 수 있기 때문에 좀 더 세밀한 조사를 통해 유연하게 해석, 적용할 필요가 있습니다. 이러한 유연성을 가지고, 다

표 2-15. 제품 수명 주기 단계별 고객 시장의 특성 및 고객의 핵심 가치

구 분		도입기	성장기	성숙기	쇠퇴기
고객 시장의 특성	수요	낮은 수준	급격히 증가	최고 수준 ~서서히 감소	감소
	경쟁	약함	심화 (신규 진입 및 증설)	최고 심화 (가격 경쟁)	약함 (일부 경쟁사 철수)
	시장 가격	높음	탄력적인 가격	최저 가격	최저 가격 유지 ~약간 상승
	제조 원가	높음	점차 하락	낮아짐	낮음
	매출액	낮은 수준~ 서서히 증가	급격히 증가	최고 수준 유지 ~가격 하락으로 감소	최저 수준
	이익	적자(낮은 판매량과 초기 투자 비용)	최대 흑자(판매량 증가 및 단위당 제도 원가 하락)	흑자 감소 (가격 경쟁 심화)	감소(경쟁 심화 및 수요 정체)
핵심 고객 가치		신속한 대응력 (기능/성능의 안정)	차별적 품질, 고객별 특화 제품 개발	가격 경쟁력	신제품(대체재)

음 표에 기술된 제품 수명 단계별로 고객의 시장에서 나타나는 전형적인 현상과 이에 따라 고객이 중요하게 생각하는 가치를 이해할 필요가 있습니다.

마케팅 전략은 고객의 가치가 어떻게 변하고, 시장에서 어떤 게임의 규칙이 적용되고 있느냐에 따라 결정되기 때문에, 이를 정확하게 조사하고 정의하는 것은 매우 중요합니다.

그러면 제품 수명 주기 단계별로 전형적인 고객 시장의 특성 및 핵심 고객 가치에 따른 공급업체의 대응 전략을 살펴보죠.

도입기 시장에서의 기업들은 할 일이 많습니다. 아직 충분히 형성되지 않은 시장을 주류mainstream로 안착시켜야 하고, 또한 동시에 시장을 선점해야 하는 부담이 있습니다. 이를 위해서는 무엇보다도 제품의 효용성과 기능과 성능에 대한 고객의 신뢰를 확보하는 것이 필요합니다. 그래서 이 단계에서 공급업체는 고객의 요구 사항을 신속하게 제품에 반영하고, 적합하고 균일한 품질의 제품을 제때에 생산, 공급할 수 있는 능력이 중요합니다.

성장기에는 수요가 증가하면서 신규 진입하는 경쟁사가 하나둘씩 늘어나기 시작하고, 기존 경쟁 업체들도 증설을 하기 시작합니다. 한편으로는 고객의 요구 사항이 다양해지고, 특화된 제품이 개발되면서 제품 타입이 많아지는 단계이기도 하죠. 또한 경쟁사들 간에 경쟁이 치열해지면서 원료 공급업체의 품질에 대한 요구 사항도 더욱 까다로워집니다. 성장기 후반부에 '고객별 제품 규격'이 많아지는 것도 이런 이유 때문이죠.

그래서 이 단계에서 고객들의 관심은 경쟁사 대비 차별적 품질과 자사만의 특화된 파생 제품을 개발하는 것이기 때문에, 공급업체는 제품의 품질, 그리고 신속한 제품 개발 및 개선 활동에 집중해야 합니다.

성숙기에 이르면 경쟁 업체 간의 품질에는 큰 차이가 없게 됩니다. 기술과 품질의 평준화가 이루어진 것이지요. 그런데 경쟁 업체들의 증설과 생산성 증대로 고객들 간의 경쟁이 심화되면서 매출액과 이익은 감소하기 시작하는데, 이때부터 본격적으로 가격이 핵심 구매 요소로 등장합니다. 차별화할 수 있는 요소가 없기 때문에 원가 혁신으로 기존의 수익 수준을 유지하려는 전략이죠. 이 단계에서는 공급업체의 매출액과 수익도 감소하기 때문에 이를 만회하기 위해서라도 원가를 획기적으로 개선하기 위한 노력이 필요해집니다.

쇠퇴기에는 수요가 많이 줄어들면서 일부 공급업체들이 철수하기 시작합니다.

가격도 많이 떨어져 영업 이익조차 나지 않는 경우가 발생합니다. 이제 고객도 이 시장에서 철수하거나, 아니면 기존 제품을 대체할 혁신적인 제품을 개발하거나 둘 중 하나를 선택해야 하는 난감한 단계에 이릅니다. 많은 기업의 경우, 기존의 시장을 포기하지 않고 기능과 성능적인 측면에서 기존의 제품을 획기적으로 능가할 수 있는 신제품으로 시장에서 다시 한 번 차별적 경쟁 우위를 가지고 싶어하죠.

이 단계에서 공급업체도 동일한 고민을 시작합니다. 시장을 포기할 것인지 아니면 대체 신제품을 개발할 것인지 말입니다. 만약 대체 신제품을 개발하기로 하였다면 주요 고객과 긴밀한 커뮤니케이션을 통해 사전에 필요한 기술을 확보하려는 노력이 필요할 것입니다.

② 산업 구조 분석

파이브 포스 모델five forces model은 1979년 하버드대학교의 마이클 포터Michael Porter 교수가 제안한 산업 구조 분석 기법입니다. 기업이 자사의 수익에 위협이 되는 요인이 무엇인지 분석하거나 특정 산업 분야에 신규로 진출하려는 경우 해당 산업의 매력도를 파악하기 위해 사용되죠. 이를 표적 고객 입장에서 분석하면 현재 관련 산업에서 고객이 처한 상황을 이해할 수 있고, 이에 따라 자사 입장에서 무엇이 필요한지를 파악할 수 있습니다.

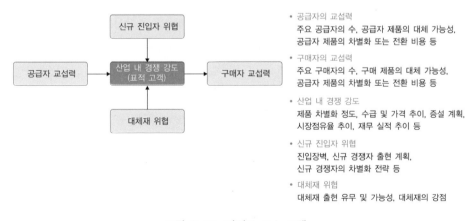

그림 2-33. 파이브 포스 모델

파이브 포스 모델은 표적 고객이 속한 산업에는 5개의 힘forces이 존재하는데, 이 힘들의 상대적 강도에 의해 표적 고객의 현재와 미래 손익이 상당 부분 결정된다고 주장합니다.

이 5개의 힘 중에서 현재의 가치 체인 상에 있는 힘이 3개 있습니다. 원료 공급자와 구매자(표적 고객의 고객)의 교섭력, 그리고 표적 고객이 판매하는 시장에서의 경쟁 강도들입니다. 그리고 나머지 2개의 힘은 신규 경쟁자와 대체재의 출현과 같은 위협 요인들입니다. 이렇게 5개 힘들의 현황과 추이를 파악해보면 현재 표적 고객이 어떤 상황에 처해 있는가를 이해할 수 있습니다. 그리고 처해진 상황에 따라 필요로 하는 가치가 다를 수가 있기 때문에 이에 적합한 접근 전략을 세울 수 있는 것이죠.

중요한 것은 5개의 힘들에 대한 충분하고 적합한 정보를 어떻게 수집하느냐인데 이 과정이 그리 쉽지 않고, 고객에 따라 수집할 수 있는 정보의 양과 질, 소스도 많이 다릅니다. 이론적으로 이야기하자면 증권사나 경제연구소에서 발표하는 기업 및 산업 보고서, 기업 정보 서비스나 시장조사 기관을 정보의 소스로 활용할 수 있습니다. 그리고 필요한 경우 비공식적인 경로와 접촉을 통해 정보를 보완하거나 검증할 수 있죠. 정보가 쌓일수록 표적 고객이 중요하게 생각하는 가치도 좀 더 명확해지기 때문에 최선을 다해 정보를 수집해야 합니다.

③ 5C 가치 분석

5C 가치 분석과 산업 구조 분석 모델 간의 분석 내용은 상당히 중복됩니다. 그래서 산업 구조 분석을 할 때 5C 가치 분석의 개념을 포함시킬 수도 있습니다.

표적 고객의 가치를 도출하기 위한 5C 가치 분석은 자사(공급업체)와 표적 고객의 관점에서 진행합니다. 즉, 자사(공급업체)의 관점에서 표적 고객과 자사 경쟁사의 가치를 분석하고 표적 고객의 관점에서 표적 고객의 고객과 경쟁사에 대한 가치를 분석하는데, 이러한 관점에서 다음과 같은 2가지 질문을 가지고 조사한 결과를 분석하면 의미 있는 고객 가치를 발굴할 수도 있습니다.

- 현재 설계된 가치가 고객이 원하고 기대하는 가치를 만족시켜줄 수 있을 것인가?
- 자사가 제공하는 가치가 경쟁사와 어떤 차별적 경쟁 우위를 가질 것인가?

사실 5C 가치 분석은 일반적으로 알려진 '3C 가치 분석'의 확장된 개념입니다.

3C 분석은 고객customer과 자사company 그리고 경쟁사competitor 간 가치들의 관계 분석을 통해 고객의 차별적 가치를 도출하는 것이죠. '5C 가치 분석'은 3C 분석과는 이론적으로는 동일한데, 다음 그림처럼 '표적 고객의 고객과 경쟁사'에 대한 분석이 추가된다는 점만 다릅니다. 이것은 '표적 고객의 고객'이 원하고 '표적 고객의 경쟁사'와 차별화되는 가치가 무엇인지를 파악하고, 이를 통해 표적 고객이 원하는 가치를 유추해보자는 의도이죠.

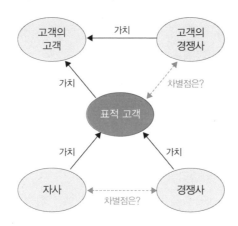

그림 2-34. 5C 가치 분석

　5C 관점에서 접근하면 신제품 초기에 자사의 연구소나 판매 팀이 접촉하는 표적 고객의 일부 실무 담당자가 요구하는 명시적인 가치들뿐만 아니라 좀 더 넓은 관점의 암묵적인 가치들까지 파악할 수 있습니다. 물론 이를 위한 정보 수집(특히 묵시적 가치 관련 정보)이 쉽지 않지만, 뭔가 유추를 위한 실마리라도 발견할 수 있다면 그 의미는 큽니다.
　정리하면, 표적 고객의 고객이 원하는 가치가 무엇인가? 그리고 그 가치를 경쟁사와 차별화할 수 있는 방법은 무엇인가?라는 질문에 대해, 5C 분석을 통해 답을 찾아내는 것이 표적 고객에 좀 더 성공적으로 접근할 수 있는 방법이 될 것입니다.

　④ 관찰 및 조사
　관찰 및 조사 방법론에 관해 앞의 '유망 아이템 발굴 12가지 아이디어 착안점'에서 설명했습니다. 고객 관찰은 '고객의 말과 표정, 행동의 관찰을 통해 기존 제품에 대한 고객의 부정적 반응(불편, 불만, 불안, 무료)과 긍정적 요소(편안, 만족, 안정, 재미)'를 찾아내는 것이라고 했습니다. 이렇게 해서 찾아낸 부정적, 긍정적 요소들이 결국 고객이 요구하고 기대하는 가치가 됩니다.

여기에서는 조사 방법론 중 산업재에서 많이 사용하는 고객 인터뷰 및 설문조사 방법을 자세히 설명하겠습니다.

표적 고객 인터뷰 및 설문조사의 목적은 구매 결정에 있어 중요하게 생각하는 가치가 무엇인지를 파악하는 것입니다. 일반적으로 이야기하는 가격, 품질, 납기, 서비스, 기술 지원 및 대응 속도 이외에도 다양한 요구 및 기대 사항, 그리고 요구 가치들 간의 우선순위와 경쟁사들의 현재 수준을 도출하는 것이죠. 좀 더 근원적인 목적을 보면 행동 관찰의 목적과 마찬가지로 표적 고객이 가지고 있는(혹은 가지게 될) 불편과 불만, 그리고 불안과 불확실성, 그리고 좋아하고 기대하는 것이 무엇인지를 이해하고자 하는 것입니다. 이를 위해 개인별 인터뷰, 포커스 그룹 인터뷰FGI, 설문조사 등 여러 가지 방법을 사용하죠. 이런 여러 가지 도구들의 궁극적인 목적은 '우리가 알고 싶은 정보를 얻기 위하여 누구를 대상으로, 어떻게 그들의 생각을 드러내게 할 것인가?'에 있습니다.

그럼 먼저 누구를 대상으로 인터뷰와 설문조사를 할 것인지에 대해 이야기하죠. 표적 고객의 조직 규모가 클수록 구매 의사결정 과정에 관여된 이해관계자들도 많고, 상황에 따라 이들 각각의 영향력도 다릅니다. 그래서 무조건 구매 담당자만을 대상으로 인터뷰나 설문조사를 해서는 안 됩니다. 구매 담당자의 요구 사항과 정보는 분명 중요하지만, 지극히 일반적이고 제한적일 가능성이 높기 때문이죠. 그래서 우선 우리가 알고 싶어 하는 정보를 누가 가지고 있는가를 알아내는 것이 필요합니다.

인터뷰와 설문조사 대상자를 선정했다면 다음으로 우리가 기대하는 정보를 어떻게 끄집어낼 것이냐? 하는 고민이 필요한데, 이를 위해서는 약간의 질문과 커뮤니케이션 기술이 필요합니다. 기대하는 수준의 답변을 자연스럽게 끌어내기 위해 질문 내용과 방식, 분위기 등등을 활용하는 테크닉이죠. 그래서 어떤 경우에는 충분한 답변을 끌어내기 위해 외부 전문가를 활용하여 인터뷰나 설문조사를 합니다. 고객들은 늘 얼굴을 보는 담당 영업사원에게는 솔직하게 말을 못 하는 사실을 외부 인터뷰 진행자에게는 솔직하게 털어놓기도 하기 때문이죠.

그리고 어느 정도 고객과 친숙해지면 비공식적인 자리를 통해 이야기를 들어보는 것도 좋은 방법입니다. 직접 대화를 통해 알고 싶은 것을 솔직하고 정확하게

146

끌어내는 것은 중요한 기술입니다. 그래서 고객과 접촉하는 신제품 담당자들은 커뮤니케이션 기술에 대한 특별한 훈련도 필요합니다.

⑤ 고객 워크숍

고객 워크숍customer workshop의 목적은 표적 고객의 VOCvoice of customer를 짧은 시간 내에 종합적으로 파악하자는 데 있습니다. 그래서 가능하다면 워크숍에는 표적 고객의 다양한 이해관계자(개발, 생산, 구매 등)와 자사의 관련 담당자 모두가 참석하는 것이 좋습니다.

예를 들면 표적 고객의 구매 담당자, 개발 담당자, 생산 담당자가 참석한다면 자사에서도 영업 담당자, 개발 담당자, 기술 담당자, 품질보증 담당자가 참석하는 형태입니다. 만약 참석자 간의 직급 차이가 크면 자유롭게 토론할 수 있는 분위기가 안 될 수 있기 때문에, 이를 사전에 조정할 필요가 있습니다.

그리고 또한 고객 인터뷰 및 설문조사 혹은 시장조사를 통해 해당 시장과 표적 고객에 대한 정보를 사전에 수집, 분석하면 좀 더 효과적으로 워크숍을 운영할 수 있습니다. 협의 주제에 대한 기본적인 가설 없이 모임 당일에 필요한 정보를 얻으려 한다면 그 워크숍은 매우 비효과적이고 비효율적으로 진행될 가능성이 높습니다.

만약 사전에 인터뷰나 설문조사, 시장조사가 만족스럽게 이루어지지 못했다면 기존에 확보한 정보를 바탕으로 고객 VOC를 정리하고, 이를 만족시켜주기 위한 내부 아이디어를 사전에 정리해서 참석해야 합니다. 그렇게 해야 워크숍 당일에 VOC를 어느 정도 확정할 수 있고, 이를 근거로 양사가 원원하는 아이디어를 도출하고 우선순위까지 정하는 결과물을 도출할 수 있습니다.

워크숍 이후에는 구체적인 추진 계획을 수립하고 상호가 합의하는 후속 과정이 필요합니다. 일반적으로 이러한 고객 워크숍은 한 번의 모임으로 완성하기는 어렵기 때문에 통상 2~3회 정도 실시하기도 합니다. 성공적인 워크숍을 위해 사소하지만 중요한 원칙이 하나 있습니다. 가능하다면 회사에서 멀리 떨어진 외부에서 워크숍을 진행하는 것입니다. 심리적인 이완 속에서 자유로운 토론을 하기 위해서인데, 꽤 중요합니다. 워크숍을 시작할 때 어색한 분위기를 없애기 위해 아이스브레이킹과 원활한 진행을 위한 숙련된 진행자facilitator가 필요한데, 사전에 진행자를 육성하거나 외부 전문가를 활용하는 것도 좋은 방법입니다.

⑥ 기타 정보 수집

제품 수명 주기 분석, 산업 구조 분석, 5C 경쟁 분석, 관찰 및 조사, 고객 워크숍을 통해 수집한 정보 이외에도 다양한 소스를 통해 표적 고객과 관련된 정보를 최대한 수집해야 합니다. '산업 구조 분석' 페이지에서도 언급한 증권사나 경제연구소, 기업 정보 서비스 업체, 시장조사 기관 이외에도 신문, 전문지를 포함한 다양한 온·오프라인 매체에 대한 검색을 통해 정보를 수집할 수 있습니다. 물론 매체 정보를 무조건 신뢰할 수는 없겠지만 정보를 지속적으로 수집, 종합하다 보면 어떤 흐름, 일관된 내용들 속에서 고객의 주요 가치를 유추할 수 있습니다. 그래서 가능한 한 다양한 소스를 통해 많은 정보를 수집하는 것이 중요하죠.

이렇게 파악한 고객 가치를 기반으로 표적 고객에게 제안할 가치를 어떻게 설계할 것인가에 대해 설명하겠습니다.

3) 표적 고객의 가치 설계

앞에서 설명한 6가지 방법을 통하여 파악된 표적 고객의 가치에는 여러 가지 유형이 섞여 있을 겁니다. 고객이 명시적, 묵시적으로 요구하거나 암묵적으로 기대하는 사항들, 혹은 고객 스스로도 인지하지 못하는 중요한 가치들, 아니면 고객이 그리 중요하지 않게 생각하는 가치들이죠.

그럼 이렇게 파악된 가치들을 모두 만족시켜야 하나요? 그렇지는 않죠. 가치들의 특성과 중요도가 다른데도 불구하고 동일한 수준으로 이들을 모두 만족시키려는 시도는 효과 대비 비용과 시간 측면에서 비효율적일 수 있습니다. 그래서 먼저 이들을 유형별로 분류하여 고객의 입장에서 중요도를 평가할 필요가 있습니다. 그러고 난 뒤, 고객의 요구 수준과 경쟁사의 제공 수준을 고려해서 표적 고객에게 어떤 가치를 어느 정도 수준으로 제공할 것인지를 결정해야 합니다.

이러한 일련의 과정이 고객 가치 설계입니다. 물론 이러한 과정에 마케팅, 판매, 생산, 개발 등 관련된 단위 조직의 담당자들이 참여해야 하는 것은 당연한 일입니다. 그리고 이러한 참여는 조직 내 관련된 모든 사람들이 우리가 어떤 고객 가치들에 집중해야 하는지, 그리고 반드시 만족시켜야 할 것이 무엇인지에 대해 동일한 이해를 하게 한다는 점에서도 중요합니다. 특히 신사업 추진 초기에 부족한 인력과 기능 간에 거의 필연적으로 발생하는 갈등의 구조 속에서 동일한 이해와 목표 인식은 조직의 역량과 에너지를 효과적으로 결집할 수 있다는 측면에서 더욱 더 의미가 있습니다.

좀 더 체계적으로 고객 가치를 설계하기 위한 운영 프로세스는 다음과 같습니다.

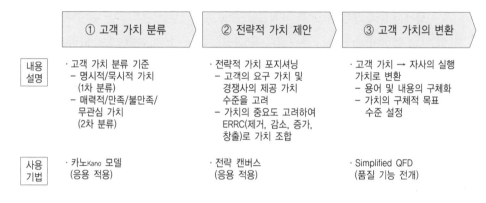

	① 고객 가치 분류	② 전략적 가치 제안	③ 고객 가치의 변환

내용
설명
	· 고객 가치 분류 기준
	 - 명시적/묵시적 가치
	  (1차 분류)
	 - 매력적/만족/불만족/
	  무관심 가치
	  (2차 분류)
		· 전략적 가치 포지셔닝
		 - 고객의 요구 가치 및
		  경쟁사의 제공 가치
		  수준을 고려
		 - 가치의 중요도 고려하여
		  ERRC(제거, 감소, 증가,
		  창출)로 가치 조합
			· 고객 가치 → 자사의 실행
			 가치로 변환
			 - 용어 및 내용의 구체화
			 - 가치의 구체적 목표
			  수준 설정

사용 기법	· 카노Kano 모델 (응용 적용)	· 전략 캔버스 (응용 적용)	· Simplified QFD (품질 기능 전개)

그림 2-35. 표적 고객의 가치 설계 프로세스

첫 번째 단계는 조사한 고객 가치들을 분류하는 단계인데, 두 번의 분류 작업을 진행합니다.

1차 분류는 고객이 명시적으로 요구한 사항인지 아닌지를 구분하는 것인데, 이때 명시적 요구 사항은 자사가 반드시 만족시켜야 기본 요건으로 분류되겠죠. 그리고 2차 분류는 조사된 고객 가치의 중요도를 평가하여 집중해야 할 핵심 고객 가치를 식별하기 위해 실시합니다.

이를 바탕으로, 두 번째 단계에서는 전략적으로 어떤 가치 조합을 고객에게 제안할 것일지를 결정합니다. 당연히 경쟁사 대비 차별적 경쟁 우위를 가져올 수 있는 가치를 고객에게 제공할 수 있도록 설계되어야겠죠.

그리고 마지막 단계에서는 고객의 언어로 표현된 가치를 자사의 언어와 자사의 실행 가치로 변환합니다. 조사된 고객의 가치가 고객 입장에서 기술된 것이라면, 변환된 고객 가치는 파악된 고객 가치를 내부적으로 구현하기 위해 각 기능 조직에서 해야 할 일을 정의한 것이죠.

그럼 프로세스의 각 단계별로 조금 더 자세히 설명하겠습니다.

① 고객 가치 분류: 앞의 6가지 방법을 통해 도출된 표적 고객의 요구 및 기대 사항들을 명시적 혹은 묵시적 가치들로 1차적인 분류를 합니다. 이 1차 분류는

반드시 충족시켜야 할 표적 고객의 명시적 요구 사항들을 식별하기 위한 것인데, 명시적 가치는 충족시켜주지 않으면 링 자체에 올라가지 못하는 기본 요건이기 때문에 반드시 충족시켜야 하는 것들이죠.

이렇게 1차로 분류된 고객 가치들을 중요도 관점에서 다시 한 번 분류할 필요가 있는데, 이것이 카노Kano 분석입니다. 다음 그림은 1980년대 카노 노리아키狩野紀昭 교수가 개발한 카노 모델을 약간 응용한 것인데, 세로축은 '고객에 대한 영향력', 가로축은 '시장에서 획득 가능성'을 기준으로 수집한 고객 가치들을 4개 분면으로 분류합니다. 이렇게 분류를 해보면 수집한 고객 가치들이 충분하게 발굴되었는지, 그리고 어떤 고객 가치들이 중요한지 아닌지를 한눈에 알 수 있습니다.

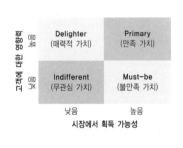

속 성	특 징
Delighters (매력적 가치)	제공하지 않더라도 불만족을 초래하지 않으나, 제공하면 고객을 크게 만족시킴.
Primary (만족 가치)	요구 사항이 충족될수록 더욱 더 만족. 즉, 10% 개선은 10%의 고객 만족으로 연결됨.
Must-be (불만족 가치)	충족 요건 미달 시 매우 불만족. 그러나, 충족된다고 해서 만족을 증대시키지 않음.
Indifferent (무관심 가치)	충족 혹은 미충족이 만족 혹은 불만족에 영향을 미치지 않음.

그림 2-36. 카노Kano 모델

만약에 수집한 고객 가치들 중에서 '매력적 가치delighters'가 한 개도 없거나 실현 불가능한 것이라면, 고객에게 제공할 만한 차별적 가치가 없다는 의미입니다. 즉, 자사가 고객에게 제시할 만한 매력적인 가치가 없다는 것이죠. 이럴 경우 고객 가치를 다시 발굴해야 합니다. 그러나 만약 '매력적 고객 가치'를 끝내 발굴하지 못한 경우에는 '만족 가치primary'를 경쟁사보다 더 빠르게, 더 깊이 있게 제공하는 데 집중해야 하겠습니다만, 이를 통해 획기적인 성과를 기대하기에는 한계가 있을 것입니다. 사실 '매력적인 고객 가치'를 찾는 것이 쉽지는 않은 일이기는 합니다. 하지만, 완전 성숙기 단계에 있는 시장이 아니라면 정보를 충분히 수집하고 다양한 관점을 가지고 이를 찾으려는 노력을 한다면, 상당 부분 가능한 일이기도 합니다.

이렇게 카노 분석을 하면 이전 단계인 고객 가치 수집을 얼마나 제대로 했는지도 자동적으로 평가하게 됩니다. 이해를 돕기 위해 가상 사례를 예로 들어보죠.

표적 고객인 코리아기업에 대한 조사 결과 다음 그림에서처럼 총 12개의 가치가 도출되었다고 가정하겠습니다. 이 중에서 가격과 품질에 대해서는 고객이 요구 조건을 명확하게 제시했습니다만, 나머지 10개는 자사가 다양한 소스를 통해 알아낸 사항들입니다.

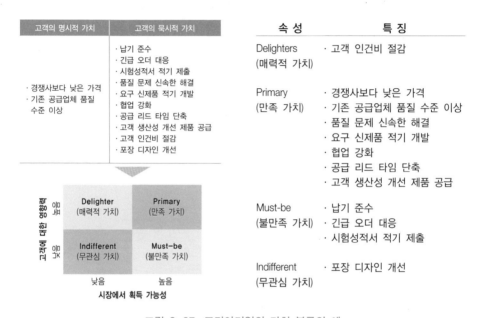

그림 2-37. 코리아기업의 가치 분류의 예

이를 가지고 카노 분석을 해보니 '매력적 요소'로 '고객 인건비 절감'이 선정되었습니다. 선정 배경을 보면 최근 코리아기업이 조립 라인의 증설을 계획하고 있는데 이에 따른 신규 인력 채용에 대한 인건비와 교육 훈련에 대해 많은 고민을 하고 있는 것으로 파악되었기 때문입니다. 만약 이 문제를 공급업체에서 해결해준다면 코리아기업 입장에서는 예상하지 못했던 고마운 일이 될 것입니다.

그리고 또한 자사 내부에서 '포장 디자인 개선'에 대한 아이디어가 있었는데, 조사 결과 코리아기업의 경우 이에 대해 별로 관심이 없는 '무관심 가치indifferent'로 파악되었습니다.

② 전략적 가치 제안: 이렇게 발굴된 고객 가치들을 분류하고 난 뒤 다음 단계에서는 고객의 요구 가치와 경쟁사의 가치 제공 수준을 고려하여 고객에게 제안

할 가치 수준들의 조합을 결정하게 됩니다.

　　도출된 모든 고객 가치를 고객의 기대와 경쟁사의 수준보다 더 높게 제공하는 것은 좋은 일이긴 하지만, 이것은 현실적으로 구현하기 어렵거나 비효율적입니다. 그래서 고객 가치들 각각의 중요도를 고려하여 제공할 가치들의 수준을 전략적으로 조합하는 것이 바람직합니다. 정말 중요한 가치들은 고객의 기대나 경쟁사보다 높은 수준을 제공하고, 상대적으로 덜 중요한 것은 수준을 낮추는 등 ERRC(제거, 감소, 증가, 창출) 과정을 통해 고객 가치들을 전략적으로 제공하자는 것이죠.

　　이를 시각적으로 좀 더 명확하게 하기 위해 다음 그래프처럼 김위찬 교수의 '블루오션 시프트blue ocean shift'에 나오는 전략 캔버스strategy canvas를 응용하여 사용하는 것도 좋을 듯합니다.

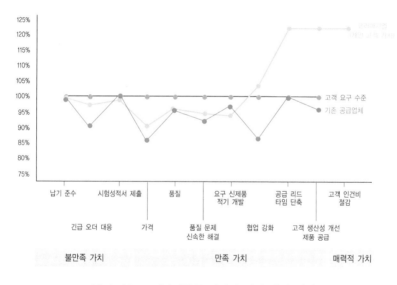

그림 2-38. 코리아기업의 전략적 가치 제안 캔버스

　　김위찬 교수도 이야기한 것처럼 전략은 제공할 가치에 차별성, 집중성, 강렬한 태그라인이 있어야 합니다. 만약 그런 것이 없다면 고객 입장에서는 자사의 가치 제안에 그리 매력을 느끼지 못할 것입니다. 그래서 사실 승패는 고객의 기대와 경쟁사의 수준을 넘어서는 강력한 가치를 자사가 제안할 수 있느냐에 달려 있습니다. 결국 매력적인 고객 가치delighters를 발굴하고 만족시키는 것이 핵심이죠.

　　다시 코리아기업의 가상 사례를 이어서 설명하겠습니다. 당시 표적 고객인 코리아기업은 인건비 이외에도 원부자재의 재고 규모와 생산성을 개선하기 위해 고민을 하고 있었습니다. 당시 원부자재의 안전재고량이 많아서 규격이 바뀌면 불용재고가 발생했는데, 원부자재 재고를 관리하는 구매 팀 입장에서는 곤혹스러운 일이었죠. 이렇게 안전재고량이 많아지게 된 데에는 여러 가지 이유가 있었지만, 그중 하나가 공급업체의 리드 타임이 너무 긴 탓도 있었습니다. 그래서 공급업체들에게 리드 타임 단축 요구를 계속했지만, 공급업체들 입장에서도 다른 고객들의 납기도 고려해야 하고, 생산 변경 횟수 증가에 따른 손실 때문에 이를 받아들이기가 어려웠습니다.

그리고 생산성 문제도 있었는데, 이것은 순전히 기술력 문제 때문이었습니다. 코리아기업은 가전제품을 조립하는 업체인데, 조립 생산 공정과는 성격이 완전히 다른 3개의 자재를 합지lamination하는 공정을 가지고 있었습니다. 코리아기업 입장에서는 합지 공정이 주요 공정이 아니었기 때문에 상대적으로 기술 투자가 부족하여 수율과 스피드가 떨어져서 제조 원가가 높을 수밖에 없었죠. 그리고 현장 근무자들도 회사로부터 푸대접을 받고 있다는 생각에 불만이 많았습니다. 이러한 문제들은 사업본부장의 머리에서 떠나지 않는 큰 골칫거리였습니다.

코리아기업의 주요 가치를 정리하면, 고객 인건비 절감, 공급 리드 타임 단축(정확하게 표현하면 안전재고량 감소), 고객 생산성 개선(제조 원가 개선) 등 이 세 가지가 가장 큰 고민거리이자 주요하게 생각하는 가치였습니다. 특히 공급업체가 자사의 인건비 절감을 해결해준다는 것은 상상하지도 않은 매력적 가치일 것입니다.

그래서 코리아기업은 이 세 가지 가치들에 대해 고객의 요구 수준과 기존 공급업체의 수준을 훨씬 넘어서는 가치를 제공하기로 결정하고, 이외 다른 가치는 경쟁사와 비슷하거나 조금 나은 수준으로 제공하는 것으로 가치 설계를 했습니다. 이에 대한 설명이 앞의 그래프 그림에 있는 코리아기업의 '가치 제안 캔버스'입니다.

③ **고객 가치의 변환**: 앞의 전략 캔버스에서 제안한 11개의 가치(무관심 가치 제외)는 순전히 표적 고객의 언어와 입장에서 기술된 것입니다. 아직 실제 가치를 구현해야 하는 자사 입장에서는 표현과 내용이 명확하지 않거나 혹은 조직 내에 누가, 무엇을 해야 할지가 구체화되지 않은 상태이죠. 따라서 가치를 제공하는 자사의 관점에서 가치들을 명확하게 정의하고 구체화하는 작업이 필요한데, 이 과정이 제안된 '고객 가치의 변환'입니다.

다시 말하면, 고객의 요구 사항이 '공급 가격은 기존 경쟁사 가격보다 낮아야 한다'라고 했다면, 도대체 얼마나 낮추어야 하는지를 명확하게 표현하자는 것이죠. 그리고 '고객 인건비 절감'이 고객의 '매력적 가치'로 선정되었다면, 자사 입장에서 이를 구현하기 위해 무엇을 해야 하는지를 구체화하는 것입니다.

이렇게 고객 가치를 내부 실행 가치로 변환시키기 위한 도구가 'simplified QFD Quality Function Deployment'입니다. 이 도구는 관련 단위 조직들이 모여서 토의와 의사결정 과정, 그리고 공감대를 형성하는 데 제법 유용합니다.

국내에서는 '품질 기능 전개'라고 번역된 QFD는 1972년 일본의 고베Kobe 조선소에서 고객 요구를 정확히 파악하여 개발, 생산에 반영하기 위해 만든 방법론입니다. 이후 도요타, 포드, GM 등 자동차 업체와 가전 및 기계산업으로 확대 적용되기 시작했죠.

사실 원론적인 QFD를 작성하기는 그리 쉽지 않습니다. 개인적으로 25년 전에 3일간의 QFD 교육 과정에 참석한 적이 있는데, 당시에도 '일부 기업을 제외하고, 과연 QFD를 제대로 활용할 수 있을까?'라는 의문이 들 정도로 복잡했습니다.

그러다가 1996년에 GE에서 식스시그마를 도입하면서 기존의 QFD를 거의 매트릭스 형태로 단순화하여 사용하기 시작했는데 이것이 simplified QFD(이하 sQFD로 부르겠습니다)입니다. 개인적으로는, 이것이 정교함은 떨어지지만 활용성은 훨씬 더 크다고 생각합니다. 그럼 가상 사례로 작성한 sQFD 내용을 보시죠.

표 2-16. 코리아기업의 sQFD 작성 사례

자사의 가치 제안 고객의 요구 및 기대 가치			가격	품질	납기 준수	긴급 오더 대응	시험 성적서 적기 제출	신제품 개발 속도	신제품 제안	시장 정보 제공	품질 불만 대응 속도	합지 제품 공급
매력적 가치	고객 인건비 절감											9
만족 가치	경쟁사보다 낮은 가격	명시	9									9
	기존 공급업체 품질 수준 이상	명시		9								
	요구 신제품의 신속한 개발							9				
	양사간 협업 강화		1	1		3		9	9	9	1	9
	공급 리드 타임 단축											9
	품질 문제 신속한										9	

자사의 가치 제안 고객의 요구 및 기대 가치		자사의 가치 제안									
		가격	품질	납기 준수	긴급 오더 대응	시험 성적서 적기 제출	신제품 개발 속도	신제품 제안	시장 정보 제공	품질 불만 대응 속도	합지 제품 공급
	해결										
	고객 생산성 개선 제품 공급										9
불만족 가치	납기 준수			9							
	긴급 오더 대응				9						
	시험성적서 제출					9					
목표 수준		8천 원 /kg	이물 3,400 ppm↓			출고 전 COA 송부		월 1건	월 1건	접수 후 72 시간 내 해결	'19. 10월 까지 공급
중요도 순위		2	2	2	3	4	3	2	3	3	1

상관관계력: 9(강함), 3(보통), 1(약함)

세로축에는 전략 캔버스에 명기된 고객 가치들을 나열하고, 가로축에는 세로축의 고객 가치를 자사의 실행 가치로 변환된 내용을 열거합니다. 즉, 세로축의 고객 가치를 만족시키기 위해 가로축에 자사의 실행 내용을 구체화한 것이죠. 그리고 가로축의 내용이 세로축의 내용과 직접적으로 일대일로 대응되는 항목도 있고, 그렇지 않은 것도 있겠죠. 예를 들면, 고객과의 협업을 강화하기 위한 자사의 실행 내용이 적기 신제품 개발, 고객에 신제품 아이디어 제안, 시장 정보 제공, 그리고 고객에 대한 합지제품 공급 등 4개의 항목과 연결되어 있습니다.

고객 입장에서는, 후방산업의 관점에서 제시하는 신제품 아이디어가 도움이 될 수 있고, 고객이 이를 신제품으로 채택할 경우 아이디어 제안 업체(자사)와 공동으로 제품 개발을 할 수 있기 때문에 양사 간의 협업이 강화될 수 있습니다. 사실 이러한 아이디어는 내부에서 열심히 고민하면 나올 수가 있습니다. 그런데 '합지제품 공급' 아이디어가 도출되기 위해서는 조금 더 복잡한 과정과 통찰력이 필요합니다. 코리아기업의 가상 사례를 계속 이어서 설명하겠습니다.

코리아기업은 인건비 절감, 공급 리드 타임 단축(정확하게 표현하면 안전재고량 감소), 고객 생산성 개선(제조 원가 개선) 등 세 가지 문제를 근원적으로 해결하는 것이 핵심입니다. 만약 이들에 대해 고객의 기대와 경쟁자의 수준을 뛰어넘을 수 있는 해결책을 제안할 수 있다면 코리아기업과 성공적으로 거래할 수 있을 것입니다.

이 문제를 해결하기 위해 수집한 코리아기업에 대한 정보를 분석하고, 자사의 모든 관련 조직들이 모여서 근본적인 해결책에 대한 토의를 한 결과, '고객이 생산하는 합지 제품을 자사에서 합지하여 공급하자'라는 아이디어가 도출되었습니다. (이 아이디어가 도출된 복잡한 과정은 여기에서 별도로 설명하지 않겠습니다.) 사실 자사가 합지 공정에 대한 오랜 경험이 있었기 때문에 생산 기술에는 자신이 있었죠. 이렇게만 된다면 고객 입장에서는 합지 공정이 필요 없게 되므로, 인건비 절감뿐만 아니라 합지에 필요한 원부자재 재고 관리도 필요 없게 됩니다. 당연히 합지 공정의 현장 근무자들도 새로 증설하는 조립라인으로 전환 배치될 수 있어 모두가 행복할 수 있는 해결책이 될 것입니다.

그리고 자사의 기술력으로 수율과 생산성을 상당 부분 개선시킬 수 있기 때문에 제조 원가 등 비용 개선도 이루어질 것입니다. 이렇게 되면 고객의 기존의 수익 수준을 보장해주면서 자사의 이익도 높일 수 있는 윈윈 가격 책정도 가능해질 것입니다.

물론 코리아 고객이 현재 가지고 있는 고민거리를 파악하는 것도, '합지 제품 공급'과 같은 아이디어를 도출하는 것도 쉽지 않습니다. 결국 이것은 고객에 대한 다양하고 깊은 정보를 체계적으로 수집할 수 있는 역량과 '합지 제품 공급'이라는 아이디어를 도출할 수 있는 개인과 조직의 통찰력에 달려 있습니다.

자, 이렇게 표적 고객에 대한 가치 설계를 마친 후 해야 할 일은, 설계된 고객 가치를 고객과 사전 공유하고, 양사 합의가 필요한 가치들에 대해 공식적으로 커뮤니케이션을 하는 것입니다. 특히 설비 등 자사의 투자가 필요한 부분에 대해서는 당연히 사전 합의와 이에 따른 공급 가격에 대한 협의가 필요하겠죠. 그리고 가능하다면, 워크숍 등 공식적인 경로를 통해 커뮤니케이션을 하는 것이 본격 추진에 대한 양사 간의 선언적 의미와 책임감을 부여할 수 있어서 좋습니다. 물론 고객과 사전 공유 및 합의가 필요 없는 경우에는 바로 실행 계획을 수립하면 됩니다.

실행 계획을 수립하는 목적은 명확합니다. 아무리 매력적인 고객 가치를 설계했더라도 구현하는 타이밍이 맞지 않거나 구현을 하지 못한다면 이제까지 한 일들은 의미가 없어지기 때문이죠. 그래서 이를 제대로 구현하기 위해서 언제까지, 누가, 무엇을 할 것인지를 결정하는 '실행 계획 수립'이 필요한 것입니다.

4) 실행 계획 수립

실행 계획을 수립한다는 의미는 설계된 고객 가치를 구현하기 위해 자사의 각 단위 조직에서 무엇을, 언제까지, 누가 해야 할 것인지를 정의하는 것입니다. 사실 신사업, 신제품에서 중요한 성공 요소 중의 하나가 단위 조직 간의 협업인데, 실행 계획 수립을 통해 목표 달성을 위해 최적화되고 통합된 단위 조직들의 활동 계획이 수립되는 것이죠.

다음 2장의 '실행(고객 가치 구현 및 제공)' 단계에서 자세히 설명하겠지만, 실행 단계에서는 순차적 혹은 동시에 각 기능 조직에서 문제들이 발생하는데, 이러한 문제들이 단위 조직 간의 이해관계와 맞물려 갈등을 발생시킵니다. 심각한 경우에는 갈등이 봉합되지 않아 서로 적대적 관계로 악화되기도 하죠. 이런 문제들은 시장 진입 속도와 조직 문화 형성에 상당히 부정적인 영향을 미칩니다. 이를 사전에 방지하기 위해서는 조직 전체 공동의 목표와 단위 조직 간의 역할을 명확하게 정의하고 공유하는 것이 중요한데, 이러한 역할을 담당하는 것이 '실행 계획 수립'입니다.

물론 실행 계획을 잘 수립하면 실행 역량도 획기적으로 높아질 것이라는 단선적인 주장을 하는 것은 아닙니다. 단지 실행 계획을 잘 수립하면 통합적인 관점에서 기능 간의 역할과 목표가 명확해지므로 좀 더 체계적이고 목표 지향적인 활동에 집중하게 하는 데 도움이 될 수 있다는 생각입니다.

자, 그러면 설계된 고객 가치를 성공적으로 구현하기 위해 실행 계획을 수립하고 운영하는 방법을 알아보겠습니다. 실행 계획의 구성을 보면 고객 가치를 구현하기 위해 어떤 일을, 누가, 언제까지, 어떤 목표를 가지고 수행할 것인가를 명확하게 정의하도록 되어 있습니다. 이렇게 작성된 고객 가치 실행 계획서는 향후 주기적으로 진행 상황과 성과를 점검하고, 시장 환경 변화에 따른 장애 요인을 도출하여 제때 대응하는 용도로 활용될 것입니다.

또한 실행 계획서는 각 기능별 역할 수행 실적의 점검과 기능 간의 체계적인 커뮤니케이션을 하기 위한 목적이 크기 때문에 다음과 같은 형태의 양식을 활용하는 것이 효과적입니다.

'합지 제품 공급'을 예로 들어 실행 계획서 작성 방법을 간단히 설명하겠습니다.

표 2-17. 실행 계획 수립의 예

실행 과제	목표 수준	활동 구분	활동 세부 내용	담당자	완료일	결과물	특기 사항
합지 제품 공급	19. 10까지 공급	고객과 커뮤니케이션	워크숍 실시	판매	'19. 2. 15	합지 제품 공급 여부, 목표 품질, COA 송부 방법 고객과 합의	참석자: 본부장, 마케팅/개발/생산 팀장
			공급가격 실무 협의	판매	'19. 2. 28	고객의 구매 담당자와 공급가격 실무 협의	사전 가격 산출 기준 시뮬레이션 필요
			공급가격 확정	판매	'19. 3. 10	양사 간 MOU체결	공식적 MOU 체결식 필요 및 언론 홍보
		설비 준비	규격 확정 및 품의	공무, 생산	'19. 4. 20	투자품의서	투자 타당성 분석 필요
			제작 및 설치	공무, 생산	'19. 7. 20	설치 및 점검 기록서	
			시운전 완료	생산, 공무	'19. 7. 30	시운전 결과 보고서	
		연구개발	파일럿 테스트 완료	개발	'19. 8. 20	테스트 결과 보고서	
			본라인 테스트 완료	개발, 생산	'19. 9. 20	공장실험 계획 및 결과 보고서	생산 팀 참여 및 정보 공유
			품질 인증	개발	'19. 10. 10	샘플 제작 및 고객인증	
			생산이관	개발	'19. 10. 20	이관문서	BOM, 제품 규격, 시험 방법/기준, 공정 기준 포함
		생산	작업표준 및 규격, BOM 작성	생산	'19. 10. 20	ISO 문서 제/개정	개발 팀 검토
			품질 안정화	생산, 개발	'19. 10. 30	수율 및 고정능력지수	개발 팀 참여 및 지원
			생산 스피드 개선	생산, 개발	'19. 12. 10	생산 스피드	개발 팀 참여 및 지원

　　표의 맨 왼쪽에 있는 실행 과제는 sQFD에서 고객 가치를 자사의 실행 가치로 변환한 내용입니다. 이를 구현하기 위한 내부 활동 내용을 크게 4가지로 구분하였고, 각 구분별로 추진해야 할 활동 세부 내용과 담당자, 완료일, 기대 결과물을 명기했습니다.

　　이 실행 계획서는 고객 가치와 자사의 가치 구현 활동들을 연결시키고, 각 단위 조직에 분산되어 있는 실행 활동들을 통합시켜주는 역할을 합니다. 따라서 이를 가지고 진행 상황과 변경 사항을 내부적으로 커뮤니케이션하면서 지속적으로 업데이트하는 것이 필요합니다.

　　이러한 활동은 다음 2장의 '실행(고객 가치 구현 및 제공)' 단계에서 이루어집니다.

　　이제 '영역Ⅰ. 가치 창출 활동Value Creation Activities'을 구성하는 3개의 축 중에서 '1장. 전략(아이템 선정 및 고객 가치 설계)'에 대한 설명이 끝났습니다. 간략하게 1장의 내용을 요약하고 다음 2장에서 다룰 내용을 소개하겠습니다.

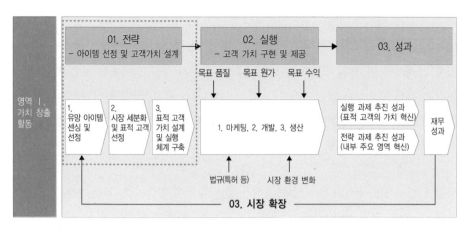

그림 2-39. 가치 창출 활동의 전략

이제까지 우리는 '전략'에서 크게 3가지 내용을 다루었습니다. 먼저, 유망 아이템을 발굴하고, 이들에 대한 사업 타당성 평가를 통해 사업화 과제를 선정하는 프로세스와 다양한 방법론들에 대해 살펴봤습니다.

그리고 선정된 신사업, 신제품의 성공적인 시장 진입과 확대를 위해, 고객 가치 관점에서 시장 세분화를 하는 방법에 대해서 사례를 들어 설명했습니다. 또한 세분화 시장들 중에서 시장 자체의 매력도와 자사의 역량을 고려하여 표적 시장과 고객을 선정하는 방법들에 대해서도 다루었습니다.

마지막으로, 표적 시장과 고객의 가치들을 조사, 평가하여 고객에게 매력적인 가치를 제안하기 위한 고객 가치 설계 방법에 대해서 이야기했습니다. 그리고 설계된 고객 가치를 실제 구현하기 위한 구체적인 활동 내용과 담당 조직을 정의하는 실행 계획서 작성 방법도 다루었습니다.

다음 단계는 설계된 고객 가치를 실제 구현, 제공하는 '실행implementation'에 대한 내용입니다. 이제까지 다룬 '전략'과 지금부터 다룰 '실행'은 "구슬이 서 말이라도 꿰어야 보배"가 되는 관계입니다. 그런데 성과 창출 관점에서 보면 둘 간에는 상호 보완적인 관계가 성립되죠. 구슬이 볼품없으면 아무리 잘 꿰어도 한계가 있습니다. 마찬가지로 '괜찮은 구슬이 서 말'이더라도 이를 잘 꿰지 못하면 볼품이 없게 되기 때문입니다.

과거 직장에서 가끔 이런 말을 했습니다. "전략을 잘 수립하는 것은 정말 중요하지만 전략 만능주의는 위험하다. 성과를 창출하는데 실행력이 없다면 잘 수립된 전략이 무슨 의미가 있겠는가? 실행하면서 기존의 전략을 튜닝하고, 실행 과정 중에 새로운 사업과 제품 전략을 센싱하는 것이 더 중요할 수 있다. 그래서 전략과 실행 간에 균형된 자원 투입이 필요하다." 이 생각은 지금도 변함이 없습니다. 물론 전략 자체의 중요성을 과소평가하는 것은 아닙니다. 단지 '완벽한 전략'이라는 허구에 너무 깊이 빠져 '실행력과 실행 과정의 중요성'을 간과하지 말아야 한다는 메시지를 전달하고 싶습니다.

정교한 사업 전략과 재무 성과 예측, 이런 것에 엄청난 시간을 투자해도 실제 상황에 들어가면 예측의 정확성에 한계가 있을 수밖에 없습니다. 제품 개발 지연, 양산 품질 불안, 고객 인증 지연, 수요량 증가 둔화, 판매 가격 하락 등등 실행 역량의 문제와 시장 환경의 변화로 예측에 사용된 가정들이 한순간에 무너지기 때문이죠.

문제는 실행 과정에서 목표를 달성하지 못했을 때 나타나는 전형적인 현상인데, 경영층의 반응과 이에 따른 부정적 모습들입니다.

부진한 실적과 실행력에 대해 경영층의 질책과 압박을 받게 되면, 기존의 가정을 수정하여 수정 재무 목표를 수립합니다. 담당 스태프 조직은 이때부터 감시자가 되고 실행 조직은 목표를 달성하지 못한 죄인이 됩니다. 이런 상황은 실적이 좋아질 때까지 지속되는데, 이것은 사업 성공에 별 도움이 안 될 뿐만 아니라 구성원들의 생각과 행동을 오히려 잘못된 방향으로 몰아붙이게 됩니다. 또한 향후 지속적인 생존과 성장에 필요한 노하우 축적과 조직 문화에도 좋지 못한 영향을 미치죠.

이처럼 전략과 실행 간에는 많은 경우 큰 간극이 발생하는데, 이것은 어떻게 보면 당연한 현상입니다. 왜냐하면 전략은 극도로 단순화한 이상적 세상을 예측하는 것이고, 실행은 복잡한 세상에서 경험하는 현실이기 때문이죠. 따라서 예측한 세계가 왜 현실에서 구현되지 않느냐고 질책하는 것은 맞지 않는 일입니다. 그래서 경영층은 질책보다는 복잡한 세상에 유연하게 대응할 수 있는 실행력을 확보하기 위해 많은 준비와 투자에 신경을 쓰는 것이 더 현명한 일일 것입니다.

지금부터는 설계된 고객 가치를 구현하고 제공하기 위한 '실행'의 핵심 활동인 마케팅, 개발, 생산에 대한 이야기를 하겠습니다.

신사업과 신제품의 실행 초기에 발생하는 현상과 필요한 실행 역량은 기존 사업의 것들과는 많이 다릅니다. 그래서 기존 사업의 실행 경험을 그대로 복사하려는 관성은 적합하지 않을 수 있기 때문에, 새로운 시각에서 정의된 마케팅, 개발, 생산 기능의 역할들을 받아들이려는 의도적인 노력이 필요합니다.

02 실행: 고객 가치 구현 및 제공

성공적인 시장 진입과 확대를 위해 설계된 표적 고객(시장)의 가치를 신속히 구현하여 제공하는 것은 말할 필요 없이 중요합니다. 하지만 현실에서는 설계된 고객 가치를 실제 구현하기 위한 과정이 쉽지 않습니다. 구현 과정에서 예상하지 못한 문제와 변화로 스텝이 꼬이게 되면서 악순환이 증폭되는 사이클에 휩쓸리기 일쑤입니다. 그래서 문제와 변화가 발생되면 조직의 모든 기능 조직들이 이에 유연하게 대응할 수 있는 실행 역량이 중요한 것이죠.

다음 그림을 보면 실행 활동을 마케팅, 개발, 생산 등 세 가지 기능으로 분류했습니다. 이 세 가지 기능의 목표는 전략을 제대로 실행해서 목표 재무 성과를 달성하는 것인데, 이를 위해서는 적기에 목표 품질과 목표 원가, 그리고 목표 수익을 달성할 수 있어야 합니다. 이것은 특허, 환경 등 법규를 만족시키면서 시장 환경의 변화 등 장애 요인을 극복할 수 있는 마케팅, 개발, 생산 역량을 가지고 있어야 가능한 일입니다. 더 자세하게 이야기해보죠.

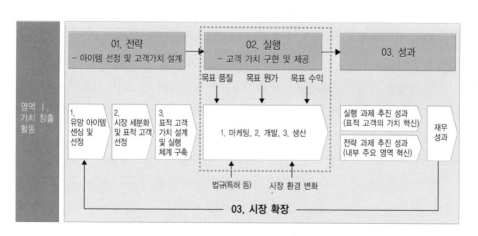

그림 2-40. 가치 창출 활동의 실행

기대를 가지고 출범했던 많은 신사업, 신제품들이 사업 타당성을 검토했을 때 세웠던 가정들이 현실에 맞지 않거나, 예상하지 못한 시장 변화가 발생하여 무대 뒤로 사라지는 모습을 종종 목격하게 됩니다. 그런데 이러한 가정과 시장의 변화가 정말 예측할 수 없고, 대응할 수 없는 특성을 가진 그 무엇일까요? 이와 관련된 경험 사례를 보겠습니다.

과거 투자비가 600억 원이 넘는 신사업의 성공적 시장 진입 및 확대를 위한 사내 컨설팅을 한 적이 있습니다. 당시 그 신사업은 기존의 사업 부문에 소속되어 있으나 조직은 별도의 사업본부 조직이었고, 공장도 별도의 장소에 설립되어 있었습니다. 그 신사업도 통상적으로 경험하는 어려운 과정에 있었는데, 그 상황이 그동안 개인적으로 경험하고 관찰한 것과 거의 유사한 '신사업, 신제품의 초기 패턴'을 보이고 있었습니다. 그래서 '신사업, 신제품의 초기 패턴 그래프와 내용'을 간략하게 정리하여 관련된 신사업 리더에게 내용을 설명했습니다.

당시 그 리더는 설명을 듣고 난 뒤 "지금 우리가 겪고 있는 상황과 똑같다!"라는 반응을 보였고, 제게 신뢰를 가지고 도움을 요청했습니다. 그 이후 연구소, 마케팅, 생산의 리더들과 총괄 리더로부터 사내 컨설팅에 대한 최종 승인을 받아 연구소, 마케팅, 생산 모두가 참여하는 프로젝트를 진행했는데, 개인적으로도 기억에 남는 시간들이었습니다.

다양한 기능의 전략과 실행을 통합하는 컨설팅 경험을 했다는 기억 외에, 어려운 상황에서도 이를 제대로 극복하고자 하는 리더와 구성원들의 열정과 그 극복 과정을 목격할 수 있었던 것은 소중한 기회였습니다.

당시 회사의 단기 재무 성과 압박 속에서도 체계적으로 연구소, 마케팅, 생산이 협업하고 기술을 축적하는 과정과 구성원들의 열정과 몰입은 참으로 대단했습니다. 그때의 경험과 관찰한 내용은 이 글 중간중간에 녹아들어 있습니다. 그 신사업의 리더들에게 신뢰를 얻어 사내 컨설팅을 시작한 계기가 된 '신사업의 초기 패턴' 그래프를 보시죠. 이 그래프는 특히 기술 중심의 신사업의 경우 시작 단계부터 안정적인 궤도에 오를 때까지 겪게 되는 과정과 그에 따른 수익 간의 관계를 보여줍니다.

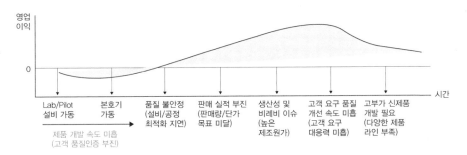

그림 2-41. 신사업의 초기 패턴

신사업을 추진하는 과정에서 사업 특성에 따라 나타나는 현상은 다르겠지만 일반적으로 시간의 흐름에 따라 개발, 생산, 판매 관련 문제가 순차적으로 혹은 동시에 발생합니다.

더 자세히 설명하면 신사업 초기의 제품 개발 단계에서는 개발 완료 타이밍과 설계의 정확성, 양산 시 재현성 문제가 발생됩니다. 그리고 초기에는 관련 기술도 부족과 장비가 부족하여 생각보다 제품 개발이 만족스럽게 진행되지 않습니다.

그러다가 표적 제품의 개발이 어느 정도 이루어지면, 다음은 생산과 판매 문제가 발생합니다. 생산은 양산 품질과 제조 원가, 판매는 고객 품질 인증 지연 등으로 생산 규모 대비 판매량이 따라가지 못하는 데다 경쟁 상황의 변화 등 여러 가지 문제로 판매 가격도 많이 낮아지죠. 물론 모든 신사업에 이러한 모든 이슈들이 앞의 그래프처럼 순차적으로 발생하는 것은 아닙니다. 신제품의 특성과 시장 상황에 따라 문제들이 다양한 순서로 순차적 혹은 동시에 발생하기도 할 것입니다.

하지만 이 책에서는 신사업의 경험적 현상을 이론적으로 설명하기 위해 신사업을 추진하는 과정에 발생할 수 있는 모든 문제가 앞의 그림처럼 시간의 흐름에 따라 순차적으로 발생한다고 가정하고, 하나씩 설명하겠습니다.

제품 개발 속도 미흡: 연구소는 설계할 때부터 난항에 부딪힙니다. 고객의 기술적 요구 사항이 무엇인지를 종합하여 정확하게 알려주는 내부 조직이 없어서, 사람을 만나는 데 취미와 재능이 없는 개발자가 직접 고객을 만나기도 합니다. 그것도 일부 기능을 수행하고 있는 담당자를 만날 수밖에 없어서 제한적인 고객 요구 사항만 파악하는 경우도 많습니다.

어쨌든 나름대로 고객 요구 사항을 파악한 후 이를 만족시키기 위한 제품 개발을 시작합니다. 특허를 회피하면서 고객이 원하는 품질과 목표 제조 원가를 만족시키기 위해 어떤 물질과 어떤 방식으로 설계할 것인지부터 고민하게 되죠. 그런데 문제는 '개발 속도'입니다.

판매 팀의 샘플 재촉이 점점 더 강해지는데, 기술적 한계를 극복해가면서 제대로 된 시제품을 빨리 개발하기가 쉽지 않습니다. 어떤 경우에는 고객의 내부 사정이나 무관심에 의해 품질 테스트가 지연되기도 합니다. 판매에서 샘플을 그렇게 재촉했지만 정작 고객 테스트가 지연되어 제품 개발이 늦어지는 것이죠. 실제 과거 신제품 프로젝트를 할 때 전체 고객 품질 인증 사이클 타임을 분석해보면 가장 많은 리드 타임이 발생하는 병목 구간이 바로 고객 테스트 단계였습니다.

품질 불안정: 어쨌든 우여곡절 끝에 고객의 품질 인증을 받고 난 뒤, 상업 생산을 위한 중량 생산scale up을 하기 시작하면서부터 또 다른 문제가 발생합니다. 제품 출하 후 고객의 사용 품질 문제가 발생하거나, 낮은 생산 수율로 제조 원가가 상승하게 되는 것이죠.

생산은 이로 인해 회의 때마다 판매로부터 압박을 받습니다. 생산은 이에 대해 할 말은 많지만, 적극적으로 반박할 분위기가 아니라는 것을 직감적으로 압니다. '촉박한 납기 일정과 불완전한 제품 설계 때문에 문제가 발생했는데, 왜 공장이 책임져야 하지?'라는 생각으로 기분은 그리 개운하지 못합니다. 그러다가 어떤 시점부터 손익은 변동비마저 감당하지 못해 판매량이 늘어날수록 손익이 악화되는 괴로운 상황에 처하기도 합니다. 공장은 그렇게 한동안 고생하다가 품질에 영향을 미치는 여러 변수들이 안정되면서 품질과 수율이 조금씩 좋아지기 시작합니다.

판매 실적 부진: 이렇게 생산 품질이 어느 정도 안정되어가는 무렵에 또 다른 문제가 등장하기 시작하는데, 바로 판매량과 판매 가격입니다.

특히 부진한 판매량은 생산의 제조 원가에도 부정적인 영향을 미칩니다. 고객 주문량이 많지 않아 설비 가동률이 떨어지고, 원부자재 구매량도 많지 않아 구매단가도 인하를 하지 못해 단위당 제조 원가가 높아지게 되죠. 또한 소로트small lot 생산 및 불규칙한 설비 가동으로 수율의 변동폭이 커지고, 품질도 항상 불안하여 구매 자재 가격 인하를 위하여 과감하게 구매업체 변경을 시도하지도 못합니다.

판매도 나름대로 표적 고객과 유망 고객들에게 품질 인증을 위해 샘플을 보냈지만 테스트 결과가 빨리 피드백되지 않아 목소리가 점차 약해지기 시작합니다. 생산은 속으로 불만이 많습니다. '판매의 요구로 제조 원가 저하를 감수하고 정말 어렵게 본 라인에서 샘플을 급하게 만들어 보냈는데, 고객들의 테스트가 아직 진행조차되지 않았다니!' 판매도 내심 불만이 있죠. '아직까지 품질을 잡지 못해 고객 인증 테스트에 실패하고 출하 제품도 클레임을 먹으면서 어떻게 제품을 팔 수 있나.' 조직 간의 갈등이 증폭되기 시작합니다.

어쨌든 궁지에 몰린 판매는 일찌감치 목표 가격을 포기하고 주문량 확보에 몰두하죠. 시간이 흐르면서 충분하지는 않지만 서서히 판매량이 증가합니다. 하지만 여전히 목표 수익에는 한참 못 미쳐 분위기는 그리 좋지 못합니다.

생산성 및 비례비 이슈: 손익 개선에 대한 압박이 점점 강해지면서 눈을 돌리는 곳이 바로 제조 원가입니다. 제조 원가를 낮추기 위해 생산량 증대와 수율 개선, 그리고 구매단가 인하에 집중하게 되는 것이죠.

생산량 증대와 수율을 개선하기 위해서는 로트lot 규모가 큰 주문량이 필요하고 구매단가 인하를 위해서는 저가 원료 사용이 필요합니다. 둘 다 쉽지 않은 만큼 무리하다 보면 심각한 위험과 부작용에 노출되기도 합니다. 과도한 안전재고 보유 및 부적합 재고 발생, 품질 저하, 최소 구매 물량 보증 계약과 같은 문제들이죠.

고객 요구 품질 개선 속도 미흡: 판매에서 판매량 증대를 위해 샘플을 여기저기 보낸 효과가 서서히 나타나지만, 고객이 늘어나는 과정에서 고객들의 요구 사항은 더욱 다양해지고 까다로워집니다. 품질 클레임 발생 확률도 점차 높아집니다.

생산에서는 아직까지 충분한 생산 경험이 축적되지 못했기 때문에 고객들의 다양한 요구와 품질 문제에 대한 대응 속도가 느립니다. 그리고 이런 품질 문제를 해결하는 주체가 연구소인지 생산 팀인지도 명확하지 않아 서로가 문제 해결의 주체가 아니라고 주장하기도 하죠. 판매의 불만은 극에 다다릅니다. '이제 신뢰를 쌓고 물량이 늘어나는 시점인데 고객 요구 사항에 적기에 대응하지도 못하고, 또 이런 품질 문제가 발생하다니!'라는 생각이 드는 것이죠.

고부가 신제품 개발: 어느 정도 판매량이 늘어나고 제조 원가도 낮추었지만 획기적인 손익 개선에는 한계가 있는 듯 보입니다. 경쟁 심화로 판매 가격도 점점 더 내려가고 있어 현재의 수익을 지키는것 자체도 어렵게 보입니다.

사업 타당성 평가 때 가정했던 것과는 다른 상황이 지금 집중하고 있는 표적 제품의 시장에서 전개되고 있고, 이런 제품 라인으로는 수익성에 한계가 명확한 듯 보입니다. 이제 새로운 고부가 신제품을 개발하는 것만이 지금의 늪에서 탈출할 수 있는 유일한 통로가 되는 상황이 되어버렸습니다.

이제 공은 다시 연구소로 넘어가고 드디어 제2라운드가 시작됩니다. 과연 자사가 보유하고 있는 기술 역량으로 고객이 요구하는 신제품이나, 기존의 경쟁자보다 더 좋은 신제품을 적시에 개발, 생산할 수 있을까요? 현재의 다양한 제품 라인도 아직 기술적으로 완전하지 않은데, 더 높은 기술력을 요구하는 고부가 신제품을 목표 기간 내에 개발할 수 있을지 의문이죠. 이야기는 다시 신제품 초기의 개발 단계로 돌아가게 되고, 이후 발생하는 문제에서는 이제까지 설명한 현상이 한동안 반복됩니다.

지금부터 말할 내용은 앞에서 설명한 이러한 문제들의 발생을 최소화하기 위해 마케팅(판매 포함), 개발, 생산 활동을 어떻게 조직화해야 할 것인지에 대한 이야기입니다. 그럼, 마케팅 활동부터 시작하겠습니다.

1. 마케팅

시장 진입 단계에서 직면하는 문제들과 해결해야 할 과제들은 통상 동시다발적으로 발생합니다. 많은 경우 아직 조직의 기능들이 안정적으로 작동하지 못하는 불안함 속에서 기능 간의 갈등도 생기죠. 그런데다 고객 베이스 확대를 동시에 추진해야 하고 신제품, 신용도 등 시장 확장을 위한 활동도 멀지 않은 시차를 두고 준비해야 하기 때문에 각 기능 조직들이 해야 할 일도 많습니다. 이를 크게 나누어 보면 시장 진입, 고객 확대, 시장 확장을 위한 일들이죠. 그런데 각 단계를 넘어가기가 생각처럼 쉽지 않은데, 특히 시장에 처음 나온 신제품의 경우에는 그 과정이 더욱 험난합니다.

제프리 무어의 '캐즘 마케팅'에 따르면 기능이나 성능이 우수한 많은 신제품들이 초기 시장 진입은 성공적으로 하지만 주류 시장으로의 확대로 넘어가는 '죽음의 계곡(캐즘)'을 넘지 못하고 세상에서 사라집니다. 신제품과 주류 시장의 심리적, 물리적 수용력 간의 간극을 극복하지 못한 것이죠.

이와 같이 신제품의 적기 개발, 사용 방식의 변화 등 전환 비용에 대한 고객들의 심리적 저항, 지속적이고 신속한 품질 개선 요구, 시장 경쟁과 가격의 급격한 변화, 기술 특허 회피, 품질 문제 발생, 기술 대응 속도의 한계 등등 넘어야 할 캐즘들이 많습니다. 이를 신속하게 통과하기 위해서는 개발, 생산, 판매, 구매 등 기능 조직별 최적화와 기능 조직들 간의 협업이 중요합니다. 그래서 불확실성 속에서 방향을 제시하고, 전개 과정 중에 발생되는 기능 간의 갈등들을 조정하고, 각 기능의 활동들을 전략적인 방향으로 일치시키는 컨트롤 타워가 필요합니다. 이러한 역할을 수행하는 곳이 바로 마케팅 본부입니다.

마케팅 본부를 마케팅 전략과 판매, 두 개의 하위 단위 조직으로 운영하는 것이 좋습니다. 하지만 사업 규모가 작아 별도의 마케팅 전략 조직을 운영할 수 없다면, 판매 조직이 마케팅 전략의 주요 기능을 수행해야 합니다. 그 당위성은 간단합니다.

판매 조직이 자사와 시장, 고객 간의 접점에 있고, 시장과 고객에 대한 정보의 중심에 위치해 있어서 개발, 생산, 구매 등의 기능을 종합적으로 조율하기에 가장 적합하기 때문이죠. 그리고 시장 진입 단계에서는 표적 고객을 신속하게 확보하는 것이 가장 중요한 과제인데, 고객과 직접 커뮤니케이션을 담당하는 판매 조직의 의견과 생각이 조직 내에서 가장 큰 무게를 가질 수밖에 없습니다.

그러면 좀 더 구체적으로 성공적인 시장 진입과 확대를 위한 마케팅의 핵심 역할에 대해 알아보겠습니다.

마케팅 전략 조직과 판매 조직은 다음에 열거된 내용 중에서 제품과 시장 특성에 따라 업무를 배분하면 됩니다. 일반적으로 마케팅 전략 조직의 역할은 ①~⑥, 판매 조직의 역할은 ⑦, ⑧번으로 분담할 수 있는데, 각 역할에 대해 자세히 설명하겠습니다.

① 통합 협의체 운영: '실행 계획서'의 실행 관리, 주요 이슈 및 전략 과제 협의, 통합 관리

② 다세대 제품 기획: 차세대 제품 기획 및 이를 위한 개발, 판매, 생산 기능들 간 역할 조율

③ 가격 전략: 제품의 특성과 자사의 시장 위치에 따라 가격 정책 수립 및 실행

④ 유통 전략: 고객 가치 증대 및 비용 대비 효과 관점에서 유통 채널 설계 및 운영

⑤ 촉진 전략: 광고, 홍보, 판매 촉진 전략 설계 및 운영

⑥ 원가 관리: 적기에 기존 제품 및 신제품의 재료 비용 절감 통합 추진

⑦ 고객 가치 발굴을 위한 고객 커뮤니케이션 관리: 고객과 공식, 비공식 커뮤니케이션을 통한 고객 가치 발굴(고객 가치 구현은 ①번의 통합 협의체를 통해 추진)

⑧ 고객 관계 관리: 고객의 이성적, 감정적 가치에 기반한 커뮤니케이션 수행

1) 전략적 마케팅 활동

① 통합 협의체 운영: 시장 진입 초기 단계에 생산, 구매, 개발, 판매, 품질보증 등 관련 조직들이 참여하는 통합 협의체를 운영하고자 하는 목적은 3가지입니다.

첫째는 앞에서 발굴된 고객 가치를 구현하기 위해 작성된 '실행 계획서'를 제대로 실행하기 위해서입니다. '실행 계획서'는 '전략'의 긴 터널을 통과한 최종 결과물이기 때문에 성공적인 시장 진입과 확대 기반을 만들기 위해서는 반드시 성공적으로 실행되어야 하는 것이죠. 그래서 주기적으로 각 단위 조직별로 맡은 업무가 잘 진행되고 있는지 모니터링하고 조율하는 활동을 협의체를 통해 지속적으로 해야 합니다.

둘째는, 협의체를 통해 재무 실적과 시장 정보 등을 공유함으로써, 사업 현황에 대해 모두 동일한 이해를 할 수가 있게 되고, 이를 통해 현재와 미래의 이슈를 발굴할 수 있습니다.

그리고 발굴된 이슈에 대한 해결책을 포함하여, 성공적인 시장 진입과 확대를 위해 필요한 전략 과제를 도출하고 진행 사항을 모니터링하면서 단위 조직 간의 역할 조율을 협의체에서 할 수 있습니다.

여기에서 전략 과제는 '실행 계획서'에는 포함되지 않은 것일 수 있지만, 지속적인 생존과 성장에 필요한 혁신 과제들입니다.

예를 들면, 핵심 기술 확보, 원가 절감, 안전 재고 최적화, 고객 불만 처리 프로세스 개선, 데이터 분석 시스템 도입, 차세대 제품 기획, 신규 용도 발굴 등과 같이 전사적으로도 중요하면서 적어도 2개 이상의 단위 조직 간 협업이 필요한 전사 과제들입니다. 이러한 과제들은 연간 경영 계획 혹은 중장기 경영 전략을 수립, 실행하는 과정에서도 도출될 수 있을 것입니다.

셋째는, 협의체를 활용하여 단위 조직 간의 갈등을 사전에 조율하고, 모든 활동을 전략적 방향으로 일치시켜야 합니다. 사실 '실행 계획서' 중심의 통합 커뮤니케이션은 신사업 초기에 어수선하기 쉬운 각 단위 조직들의 활동들을 통합함으로써, 각 단위 조직들의 활동 목적과 방향성을 지속적으로 유지, 조율할 수 있게 하는 장점이 있습니다.

그리고, 통합 협의체를 통해 신사업 초기에 발생할 수 있는 조직 간의 다양한 갈등 요소를 사전에 공유하고, 해결할 수도 있을 것입니다. 실제 사업 초기에는 많은 경우 조직 간 이해관계의 충돌로 갈등이 발생하는데, 이러한 갈등이 업무의 효율성을 방해할 뿐만 아니라 조직 문화 형성에도 바람직하지 못한 영향을 끼칩니다.

예를 들면 판매에서는 품질 인증을 위한 샘플을 가능한 한 많이 뿌려보고 싶어 하죠. 하지만 생산의 입장은 다릅니다. 샘플을 생산하면 제조 원가가 높아지는 부담이 있기 때문이죠. 더군다나 샘플을 힘들게 생산해서 보냈는데 고객이 관심이 없어 테스트하지 않거나, 판매로부터 진행 상황에 대한 피드백이 없는 경우가 많아 판매에 대한 불만이 쌓이게 됩니다. 판매 가격도 기대보다 낮아 영업 이익까지 악화되면 은근히 판매 역량에 대한 의심도 생기죠.

판매도 생산에 할 말이 많습니다. 생산 품질의 완성도가 떨어져 고객 품질 인증에 실패하거나, 힘들게 들어간 고객으로부터 중요한 순간에 클레임이 발생합니다. 그것도 비슷한 이전의 품질 문제가 반복되니 화가 납니다. 그런데다 낮은 수율로 제조 원가가 높아져서 영업 이익이 악화되었다고 생각하니 더 화가 납니다. 연구소에도 불만이 있습니다. 시장 진입 초기 제품들로는 이익 개선에 한계가 있는데, 고부가 용도의 제품 개발이 계속 지연되고 있기 때문이죠.

연구소도 판매와 생산에게 할 말이 많습니다. 기술적으로 고부가 제품을 개발하는 것이 쉽지 않은 데다 양산 설비에서 충분한 실험을 할 수 있는 기회를 주지 않아 개발을 빠르게 진행할 수 없다는 불만이죠.

사실 이런 현상들은 기술 중심의 신규 사업에서 충분히 일어날 수 있는 모습입니다. 하지만 이런 내부적인 갈등을 어떻게 잘 조율하여 핵심에 집중할 수 있도록 협업할 것인가가 중요합니다.

개인적인 경험으로도 결국에 성공하는 신사업과 그렇지 않은 신사업은 이런 갈등을 사전에 얼마나 잘 조율했는가에서 차이가 나는 것 같습니다. 실제 이 두 부류의 신사업을 경험해보면, 성공과 실패를 불러일으키는 에너지와 느낌, 냄새가 많이 다릅니다.

이러한 관점에서 갈등을 조율하고 정보 공유와 솔직한 토론을 통해 서로의 상황을 이해하고 동일한 목표를 향해 집중할 수 있도록 통합협의체를 설계하고 운영하는 것이 중요합니다.

종합하면, 통합협의체에서 다루어야 할 주제는 재무 성과와 시장 정보의 공유, 표적 고객들의 가치 구현을 위한 '실행 계획서'의 진행 상황 모니터링과 조율, 그리고 '실행 계획서'에는 포함되지 않았지만, 내부 혁신을 위한 주요 전략 과제를 도출하고 진척 상황을 모니터링하는 것들입니다. 그리고 이 추진 과정 중에 발생하는 단위 조직 간의 갈등, 지원 및 협조 사항을 조율하여 동일한 목표를 향해 집중할 수 있도록 협의체가 운영되어야 합니다. 이렇게 협의체를 통해 최신 정보를 각 기능 조직이 공유하고, 활발한 토론을 통해 전략적 방향과 각 기능 조직의 필요 역할을 공감, 통합하는 것은 재무 성과 달성에도 중요할 뿐만 아니라, 조직 문화 형성에도 매우 중요합니다.

이러한 협의체를 성공적으로 운영하려면 사전에 협의체의 운영 방식, 분위기를 잘 설계해야 합니다. 보고나 설명, 질책하는 자리가 아니라 실제 정보를 공유하고 무엇을 어떻게 해야 하는지를 토론하고 결정하는 기회가 되도록 운영되어야 합니다.

② 다세대 제품 기획: 다세대 제품 기획(MGPP)Multi Generation Product Plan은 시장에서의 생존과 시장 확대를 위하여 선행 제품을 개발함으로써 제품 리더십을 지속적으로 확보하려고 실행합니다. 그런데 사실 표적 고객과 제품을 결정하고 개발하고 있는 시장 진입 초기 단계부터 제품 개발 로드맵을 작성해야 하는 일은 부담스러울 수 있습니다. 지금 당장 개발해야 할 제품에 집중해야지, 차세대 제품을 고민하는 것은 사치스럽다는 생각이 들죠. 하지만 시장의 변화 속도와 경쟁 상황이 언제 어떻게 바뀔지 모르기 때문에 자원을 최소한으로 투입하더라도 제품 개발 로드맵을 통해 반드시 선행 제품 개발을 진행해야 합니다.

이와 관련된 사례가 있습니다. A 제품은 시장이 태동한 지 얼마 되지 않았고, 자사는 나름대로 좋은 품질과 가격으로 기존의 경쟁사들을 물리치고 시장 점유율 1위를 차지하고 있었습니다. 그런데 매출의 상당 부분을 차지하고 있었던 한 대형 고객이 큰 품질 클레임을 제기하였습니다. 사실 A 제품이 성능에 약간의 문제는 있었지만 특별히 잘못 생산된 제품은 아니었습니다. 과거에는 그런대로 만족하고 넘어가던 핵심 품질 항목이 고객 시장의 경쟁이 치열해지면서 품질 요구 수준이 높아진 것이었죠. 물론 당시 공급자 간의 경쟁이 심화되면서 마켓 클레임 성격도 약간 있었다고 생각합니다. 어쨌든 당시 그 문제를 개선한 경쟁 업체가 이미 있었기 때문에(그러나 해당 업체는 다른 문제를 가지고 있어서 고객이 전적으로 이 업체의 제품을 사용하기에는 상황이 약간 애매했습니다), 자사 입장에서 보면 정말 심각한 문제였습니다. 클레임 비용은 협상을 통해 최소화한다 하더라도 그 문제가 개선되지 않으면 제품 공급 자체가 힘든 상황이었기 때문이죠.

그런데 다행스럽게도 연구소에서 그 문제의 성능을 개선하기 위한 선행 제품 개발을 하고 있었습니다. 개발 중인 제품이었지만 몇 번의 고객 인증 테스트를 통과하여, 기존의 공급 물량을 겨우 유지할 수 있었습니다

차세대 신제품을 기획하는 방법론에는 두 가지가 있습니다. '시장 주도적 접근 방식market-driven approach'과 '기술 주도적 접근 방식technology-driven approach'입니다. 이 두 가지 방법론은 동전의 양면과 같습니다. 왜냐하면 차세대 제품을 시장과 고객의 변화 흐름으로 예측할 것이냐, 아니면 기술의 변화 흐름으로 예측할 것이냐 하는 것인데, 예측의 정확도를 높이기 위해서는 둘 다 필요하기 때문이죠.

그래서 차세대 제품을 기획할 때는 시장과 고객에 대한 정보와 통찰력을 가지고 있는 판매 팀과 고객 및 경쟁사의 기술 흐름과 자사의 개발 역량을 이해하고 있는 개발 팀, 기술 팀이 같이 고민하는 것이 효과적입니다.

일반적으로 차세대 신제품을 기획할 때는 3~5년 정도를 예측하는데, 이것을 '다세대 제품 기획'이라고 합니다. 사실 지속적인 시장 리더십을 유지하고 제품 경쟁력을 강화하기 위해서는 3세대 이상의 다세대 제품 개발이 필요하다고 생각합니다. 투자 가능한 개발비에 한계가 있더라도 생존을 위해 최소한 2세대 제품 개발은 되어 있어야 합니다.

이에 동의하신다면, 그럼 어떤 선행 제품을 개발할 것인가? 하는 것이 먼저 정의되어야겠죠. 다음 그림을 보시죠. 이 그림은 앞의 '유망 아이템 발굴 방법론' 중 '제품 수명 주기 및 S-곡선'에서 이미 설명한 그래프입니다.

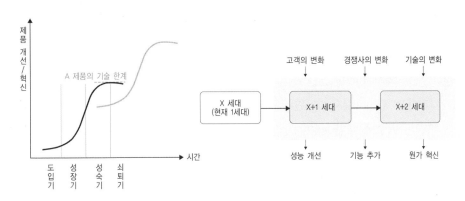

그림 2-42. 차세대 제품 기획 방법

차세대 제품에는 두 가지 유형이 있습니다. 기존 신제품의 기능과 성능을 획기

적으로 바꾸는 혁신 신제품(왼쪽 'S-곡선'에서 기존 기술의 한계선인 변곡점에서 출현)과 기존 신제품의 기능과 성능을 점진적으로 향상시키는 개선 신제품입니다. 혁신 신제품 로드맵은 이 책의 앞 '유망 아이템 발굴 방법론'의 'S-곡선'에서 다루었기 때문에 여기서는 점진적 개선에 중점을 둔 신제품에 국한해서 이야기하겠습니다.

신제품을 시장에 론칭함과 동시에 고객, 경쟁사, 기술의 외부 변화에 대비하고 내부적으로 시장 확대를 준비하기 위해서 일반적으로 3세대(X+2)까지 제품 기획을 합니다. 이렇게 해야만 적어도 혁신 제품이 출현할 때까지 시장에서 지속적으로 시장 리더십을 확보할 수 있고, 시장 확대를 할 수가 있습니다.

그럼 제품의 무엇을 기획해야 할까요? 다세대 제품 기획은 일시에 제품의 특성이나 플랫폼을 혁신하는 것이 아니라, 점진적으로 기존 제품의 성능을 개선하고 기능을 추가하거나 원가를 개선하는 데 중점을 두죠. 다세대 제품 기획을 할 때 이런 점진적 개선 관점에서 개선 목표, 출시 시기, 표적 시장, 목표 가격, 핵심 성공 요소 등을 정의하고 제품 설계를 합니다.

그런데 다세대 제품 기획을 실제 구현하기 위해서는 반드시 필요한 것이 있습니다. 무엇일까요? 바로 '기술technology'입니다. 기업에서 멋지게 제품 기획을 했지만 출시가 늦어지거나 포기하는 원인의 많은 경우가 기술 역량이 부족하기 때문이죠. '기술'에 대해서는 나중에 '핵심 역량'에서 상세하게 다룰 생각입니다만, 개인적으로는 많은 생각이 교차하고 아쉬움이 있습니다.

'기술'이 중요하다고 말은 많이 합니다. 하지만 그뿐입니다. 구체적인 확보 전략과 실행이 충분하지 않죠. 제품 전략과 기술을 어떻게 연계시켜야 하고, 기술을 어떻게 관리해야 하는지에 대한 이해의 깊이와 고민이 충분하지 않다는 말입니다. 많은 기업의 경우 PRMProduct Roadmap과 TRMTechnology Roadmap을 작성하지만, 효용가치보다는 작성 여부에만 만족합니다. 그저 막연한 심리적 만족감이죠.

어쨌든 기술에 대한 이야기는 나중에 하고 여기에서는 다음 그림과 같이 다세대 제품 기획과 필요 기술은 반드시 연계되고, 체계적으로 관리되어야 한다는 개념만 강조하고 넘어가겠습니다.

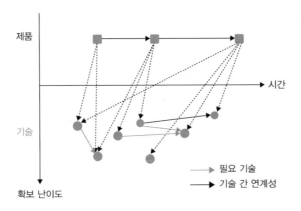

그림 2-43. PRM과 TRM 간 연계

이제까지 한 이야기를 요약 정리하겠습니다. 다세대 제품 기획MGPP은 고객, 경쟁사, 기술의 변화에 능동적으로 대응하기 위해서, 가능하다면 3세대 이상의 선행 제품 개발 계획을 수립, 운영해야 합니다. 또한 선행 제품 개발을 위해 필요한 요소 기술을 도출하고 확보하여 제품 전략과 기술 전략을 연계시켜야 합니다.

이를 좀 더 종합적으로 표현하면 다음 그림과 같습니다. 먼저 고객과 시장의 제품 로드맵PRM과 이에 따른 자사의 제품 로드맵PRM을 정의합니다. 그리고 자사의 제품 로드맵을 구현하기 위한 기술 로드맵TRM을 정의하면, 각 연도별로 추진해야 할 제품 및 기술 개발 과제가 자연스럽게 도출됩니다.

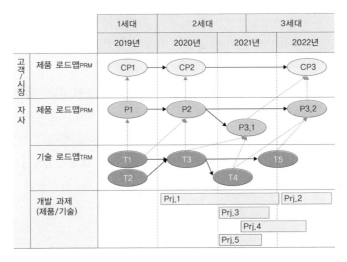

그림 2-44. 제품 및 기술 로드맵 작성을 통한 개발 과제 도출 체계

173

사실 그림에서는 단순하게 표현하였지만 사전에 조사, 분석해야 할 일이 그리 만만하지 않습니다. 고객, 시장의 제품 로드맵을 조사 혹은 예측하는 것도, 이와 연계된 자사의 제품과 요소 기술을 정의하는 것도 상당한 조사와 분석이 필요합니다. 더군다나 여유가 없는 신사업 시장 진입 초기 단계에 미래의 개발 과제에 시간과 인력을 투자한다는 것 자체가 쉽지 않기 때문에, 상당한 경영 철학과 신념 없이는 이를 진행하기가 그리 쉽지 않습니다.

③ 가격 전략: 시장 진입 초기에는 제품의 수명 주기 단계 및 경쟁 상황에 따른 가격 정책이 매우 중요합니다. 이론적으로 가격 설정 방법에는 원가 중심, 손익분기점, 투자자본수익률ROI, 경쟁 중심 가격, 고객 인지 가치 중심 등 다양한 기준들이 제시되고 있습니다. 하지만 경쟁사와 고객, 그리고 시장에 따라 자사의 포지션과 수익 목표가 있기 때문에 하나의 이론을 일률적으로 적용하기가 어렵습니다. 그래서 가격을 결정하기 위해서는 사전에 시장과 자사에 대한 충분한 분석과 이해가 필요합니다.

고객의 구매가격 결정 요소는 제품 특성에 따라 다릅니다. 소비재와 같이 고객이 제품의 가치를 상당 부분 감성적으로 인지하는 경우에는 브랜드 이미지가 가격 결정에 큰 영향을 미칩니다. 반면 산업재의 경우에는 정량적으로 제품을 평가할 수 있기 때문에 제품의 기능이나 성능이 가격 수준에 많은 영향을 미칩니다. 물론 제품의 특성을 이렇게 감성적, 정량적 등 이분법으로 구분하여 가격 정책을 기계처럼 결정할 수는 없습니다. 이 둘 중간에 다양한 스펙트럼이 존재하고, 가격에 영향을 미치는 다양한 변수들이 작동하며 동일한 시장의 동일한 제품이라도 수급 및 경쟁 상황에 따라 가격 차이가 발생합니다.

그리고 사실 고객들은 대부분의 경우 적정 가격 수준에 대해 개략적인 느낌을 가지고 있습니다. 특히 산업재의 경우는 더 그렇습니다. 그 느낌의 기준이 바로 다음 그림 2-45에 나오는 제품의 '고객에 대한 영향력'과 '시장에서 획득할 가능성'입니다. 약간 모호하지만 이 두 가지 기준에 의해 판매 가격을 4가지 유형으로 분류할 수 있는데, 이에 대해 알아보겠습니다.

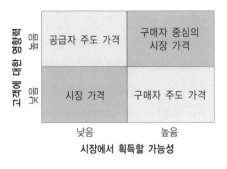

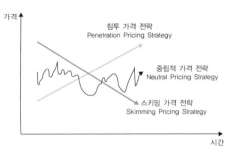

그림 2-45. 판매 가격 결정 기준   그림 2-46. 수급 및 경쟁 상황에 따른 가격 전략

만약 공급자가 거의 없거나 혹은 자사가 차별적 경쟁우위를 가지고 있고 신제품의 제공 가치가 고객이 원하는 것이라면, 가격 결정권은 상당 부분 공급자인 자사가 가지겠죠.(공급자 주도 가격) 이것은 공급자가 가장 원하는 상황이기도 합니다. 이 경우에 공급자는 다양한 가격 전략을 시장 상황에 따라 유연하게 운영할 수 있습니다.

반면에 고객 가치가 낮은 데다 공급자가 많다면 구매자가 가격을 결정하게 됩니다.(구매자 주도 가격) 이런 경우에는 경쟁 입찰 등을 통하여 가격이 결정되기 때문에 이익도 매우 적을 수밖에 없습니다. 물론 사업 타당성 평가 단계에서 이런 시장의 제품을 선택하지 않는 것이 가장 바람직하지만, 그렇지 못한 상황에서는 기능과 성능을 혁신하여 새로운 시장을 창출하든지, 시장을 포기하든지 해야겠죠.

다음은 고객에게 매우 중요한 신제품이지만 공급자가 많은 경우입니다. 이 제품은 고객의 가치에 매우 중요하기 때문에 구매자는 제품과 공급자 선택에 신중하게 됩니다. 그래서 어느 정도 시장 가격이 형성되기는 하지만, 공급자 간 경쟁이 치열하기 때문에 가격 주도권은 일정 부분 구매자가 가지게 됩니다.(구매자 중심의 시장 가격) 이 같은 경우에는 구매자의 구매 정책에 따라 일정한 주기(분기, 반기 등)로 판매 가격이 인하되기도 합니다. 현재 디스플레이 소재 시장처럼 말입니다. 이렇게 되면 가격 인상은 고사하고 가격 유지도 어렵기 때문에 자사의 마진은 상당 부분 구매자에 의해 결정됩니다. 이런 상황에서 수익을 높이기 위해서는 개선 제품 개발 등으로 판매 단가를 최대한 유지하면서 경쟁사보다 더 많은 주문량을 받을 수 있도록 품질을 차별화하거나, 원가를 낮추기 위해 노력하는 방법 말고 별 뾰족한 방법이 없습니다.

175

마지막으로 공급자가 많지는 않지만 고객에게도 그리 중요하지 않은 제품의 판매 가격입니다. 이런 경우에는 완전 독점 공급 체제인 경우를 제외하고, 가격의 변동폭은 그리 크지 않습니다.(시장 가격) 시장에서 어느 정도 형성된 가격이 지속적으로 유지되지만, 경쟁이 치열해지면 구매자 주도 가격 시장으로 넘어가기 때문에 시장 진입 시에는 가격 인하에 의한 침투 전략보다는 고객 가치를 추가하여 새로운 등급의 시장을 개척하는 것이 좋습니다.

앞의 그림 2-46은 수급 및 경쟁 상황에 따라 활용할 수 있는 가격 전략을 나타냈는데, 3가지 전략이 있습니다.

첫 번째는 스키밍 가격 전략skimming pricing strategy입니다. 초기에 높은 가격으로 충분한 마진을 즐기다가, 경쟁자가 진입을 시작하면 가격을 낮추어 경쟁자의 손익을 악화시켜 재투자 여력을 약화시키거나, 애초부터 신규 진입자의 출현을 견제하는 전략이죠. 이 전략은 차별화된 기술과 품질 수준을 가지고 있거나, 모방할 수 없는 진입 장벽을 가지고 있을 경우에 사용할 수 있죠. 반도체 산업이 대표적인 경우인데, 이런 전략을 구사할 수 있는 조건을 가진 기업과 제품은 상당히 제한적입니다.

다음은 침투 가격 전략penetration pricing strategy입니다. 진입 초기에 낮은 가격으로 침투했다가 시간이 흐름에 따라 가격을 점차적으로 인상하는 전략이죠. 낮은 가격으로 고객을 확보하여 인지도와 고객의 전환 비용을 높여 신규 경쟁자의 진입을 억제하면서 수익을 높여가는 방식입니다. 시장 진입 당시 경쟁사가 이미 존재하고 있고 제품의 차별적 경쟁 우위가 없을 경우, 저가 정책으로 출발했다가 개선 제품 개발로 기존 제품을 대체할 경우에 많이 사용하는 전략이죠.

마지막으로 중립적 가격 전략neutral pricing strategy입니다. 진입 당시 기존 경쟁사나 제품과 유사한 수준의 가격을 책정하는 전략인데, 진입 초기에 높은 가격이나 시장 침투 가격을 선택할 수 있는 조건이 안 되어 있을 때 사용합니다. 일종의 '지켜보기 전략wait and see strategy'으로 향후의 시장의 수급 추세와 변화를 확인하면서 유연하게 대응하는 전략이죠. 이 방법은 가격 경쟁이 그리 치열하지 않고 수급 균형이 어느 정도 유지되는 시장에서 수급 변화 등에 불확실성이 있을 때 사용할 수 있습니다.

요약하면, 가격은 '시장에서의 획득 가능성'과 '고객 입장에서의 중요성', 이 두 가지 기준과 수급 및 경쟁 상황에 따라 결정된다고 설명했습니다만, 이 또한 매우 단순화한 이론적 모형에 불과합니다. 고객이 실질적으로 인지하는 적절한 가격에는 좀 더 복잡하고 더 많은 변수가 작동합니다. 공급자에 대한 납기와 품질에 대한 신뢰도, 고객의 전환 비용, 고객의 내부적 상황 등 다른 변수들도 영향을 미치기 때문에 모형화한다는 것은 사실 불가능한 일일지도 모릅니다.

그래서 판매원들이 신제품을 판매할 때, '기존 경쟁사 가격보다 낮은 가격 제시'를 불문율처럼 생각하고 '과연 경쟁사보다 몇 퍼센트 낮은 가격을 제시할까?'라고 고민하고 있는지도 모르겠습니다. 하지만 이 방식 또한 최적의 답이 될 수는 없습니다.

앞에서 설명한 가격 결정의 기준들을 출발점으로 하여 지속적으로 보완하고 정교화하는 노력의 과정에서 가격 모형이 정교해질 수 있을 것입니다.

④ 유통 전략: 소비재 사업에서 유통망은 고객들의 접근성이라는 본원적 측면에서 많이 확보하는 것이 중요합니다. 하지만 산업재에서는 약간 다른 관점에서 중요한 의미를 갖습니다.

소비재는 불특정 다수의 고객이 다양한 시간과 장소에서 구매하기 때문에, 비용과 운영의 효율성에 문제가 없다면 가능한 한 많은 유통 채널을 확보하려고 하죠. 반면에 산업재는 특정한 소수 고객이 계획된 구매를 하고, 기술 서비스, 납기 등 전문화된 고객 요구 대응력이 중요하기 때문에 유통망을 마음대로 늘리는 것은 비효율적일 수 있습니다.

일반적으로 시장 진입 단계에는 준거 고객reference customers 확보에 집중하고, 확보가 되면 이를 기반으로 대형 고객으로의 확대를 추진하게 됩니다. '상위 20%가 전체 80%의 매출을 차지'한다는 파레토Pareto 법칙에 해당하는 20% 고객들을 적극 공략하는 것이죠. 하지만 20%에 해당되는 대형 고객들은 자사뿐만 아니라 경쟁사들에게도 매력적인 고객이기 때문에 공급 경쟁이 치열합니다. 그래서 고객의 자연 증가분 이외 공급 비율 자체를 늘리기가 쉽지 않고, 가격도 그렇게 높지가 않기 때문에 지속적인 손익 증대에 한계가 있을 수밖에 없습니다.

이런 관점에서 보면 크리스 앤더슨Chris Anderson이 주장한 다음 그림의 오른쪽 부분 20% 매출에 해당하는 80%의 롱테일long tail 고객들에 집중하는 전략도 의미가 있습니다.

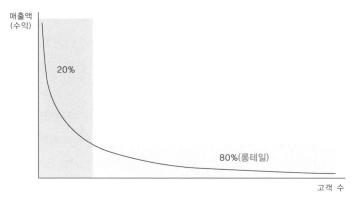

그림 2-47. 롱테일 전략

하지만 이 롱테일 고객들은 지역적으로 넓게 퍼져 있거나 구매량이 많지 않기 때문에 자사에서 이들 모두를 감당하기에는 비용적, 관리적 측면에서 한계가 있습니다. 그래서 대리점이나 중개업체, 아니면 기존에 존재하는 외부 유통 채널을 활용하는 유통 전략이 필요합니다. 그런데 문제는 이 외부 유통 채널이 어떻게 제 역할을 하도록 만들 것이냐입니다.

사실 외부 유통 채널은 자사 판매망의 일부입니다. 이전 가격transfer price을 높이기 위해 협상해야 하는 대상이라기보다는, 시장 확대를 위해 같이 고민해야 하는 파트너죠. 그래서 이들에게 자사의 판매원들처럼 동일한 제품 정보와 교육훈련 기회를 제공해야 하고, 동기를 부여해야 합니다. 또한 마케팅 전략 수립을 위해 시장 정보를 공유하고 고객 가치 개선을 위해 서로 긴밀히 협의할 수 있어야 합니다.

이처럼 제조사와 유통 계약업체 간의 관계가 갑, 을 관계가 아닌 파트너십이 구축되기 위해서는 구체적인 협업 시스템을 설계, 운영해야 할 것입니다.

⑤ 촉진 전략: 이론적으로 촉진 전략에는 4가지 방법이 있습니다. 간접 촉진 방법으로 '광고'와 '홍보'가 있고, 직접 방식으로 '판매 촉진'과 '인적 판매'가 있습니다.

광고와 홍보는 구매자의 범위가 넓거나 불특정 다수일 경우, 혹은 구매 결정에 감정적 요소의 개입 정도가 클수록 중요성이 더욱 커지죠. 대부분의 일반 소비재들이 여기에 해당하기 때문에 기업과 제품 이미지 광고와 홍보에 엄청난 자금을 투자하는 것입니다. 산업재에서도 홍보는 제품의 특성에 따라 중요하게 활용됩니다. 특히 신제품에 대한 홍보가 필요한 경우, 언론매체를 잘 활용한다면 기대 이상의 홍보 효과를 거둘 수도 있습니다.

한편 판매사원들이 직접 고객을 방문하여 판매하는 '인적 판매'와 '판매 촉진'은 산업재 기업에 매우 중요합니다. 인적 판매는 직접 표적 고객을 방문하여 기업과 제품을 소개하고 설득과 협상을 하고, 고객에 대한 정보를 수집할 수 있다는 측면에서 매우 중요합니다. 이에 대한 상세 내용은 다음의 '판매 활동'에서 설명하겠습니다.

판매 촉진 전략에는 다양한 프로그램들이 있지만, 여기서는 산업재에서 유용하게 활용할 수 있는 '전시회'와 '구매 규모별 할인율'에 대해 살펴보겠습니다.

표적 시장 내에서 브랜드 이미지가 약하거나 신제품을 출시한 경우에 전시회 참가는 여러 가지로 의미가 있습니다. 전시회는 해당 제품에 관심을 가지고 있는 잠재 고객들이 직접 방문하고, 경쟁 업체들이 참여하기 때문에 홍보 효과뿐만 아니라 잠재 고객과 시장에 대한 정보를 수집할 수 있는 이점이 있죠. 또한 언론 홍보와 연계하여 전시회 참가를 전략적으로 활용한다면 기대 이상의 효과도 거둘 수 있습니다. 따라서 전시회 참가의 효과를 극대화하기 위해 부스 위치와 분위기, 방문객 관리, 언론 홍보 전략에 대한 사전 기획이 중요합니다.

그리고 구매 규모별 할인율volume discount은 제품 구입 금액(량)에 따라 고객에게 일정액을 돌려주는 형태의 판촉 방법입니다. 이 프로그램은 소비재, 산업재 모두에 중요한데, 고객의 구매 심리를 구매량과 연계시켜 매출을 증대시키는 데 목적이 있습니다. 다음 그래프를 보시죠.

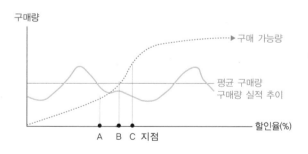

그림 2-48. 구매 규모별 할인율 정책

핵심은 과연 어느 지점(A, B 혹은 C 지점)에 할인율과 할인 구간을 정할 것인가? 하는 것입니다. 애초부터 고객이 자사로부터 구매할 양보다 적은 양의 지점에서 할인율을 적용하면 자사의 입장에서는 쓸데없는 손해를 보게 됩니다. 그렇다고 너무 과도한 양의 지점에서 할인율을 제시하면 고객 입장에서는 동기부여가 되지 않기 때문에 할인율 정책 자체가 의미 없게 됩니다.

그래서 이 두 지점 사이의 어딘가에 있을 최적점을 찾아내는 것이 중요합니다. 이를 위해서는 고객의 과거 및 예상 구매량을 분석하고, 자사의 목표 이익을 고려하여 할인 구간과 할인율을 선정해야 합니다. 만약 최적 구간을 찾을 수 있다면 자사와 고객 둘 다에 이익이 되고, 향후에도 지속적인 파트너십을 구축할 기회가 될 수도 있습니다.

⑥ 원가 관리: 신사업 초기에 신경 써야 할 원가 관리에 대해 2가지 관점에서 이야기하겠습니다. 원가를 인위적으로 낮추기 위해 과다 재고를 보유하는 것에 대한 위험성과 비례비 절감을 위해 무엇을 할 것인지에 대한 것입니다. 먼저 과다 재고에 대해 이야기하겠습니다.

계획대로 시장 진입과 확대가 성공적으로 이루어진다면 문제가 없겠지만, 목표에 많이 미달하고, 그런 상황이 지속된다면 경영층으로부터 성과에 대한 압박이 커지게 됩니다. 그래서 뭔가 단기적인 성과 개선이 필요한 상황에 놓이게 되죠.

그런데 판매량이나 단가는 쉽게 개선할 수 있는 것이 아니기 때문에, 자연스럽게 내부적으로 쉽게 개선이 가능한 요소에 집중하게 됩니다. 그중에서 단기적으로 가장 효과가 큰 지렛대가 바로 제조 원가인데, 결국 제조 원가를 낮추기 위해 안전 재고를 늘리는 무리를 할 수도 있다는 말입니다.

과다 재고는 현금 흐름에 나쁜 영향을 미치고, 추가 이자 비용과 관리 비용을 발생시킵니다. 더 큰 문제는 시간이 흐를수록 재고의 가치도 떨어지고, 고객 요구가 바뀔 경우 불용 재고로 전환될 가능성이 높다는 것입니다. 특히 시장 진입 초기 단계에는 규격이 변경될 가능성이 높기 때문에 불용 재고가 될 확률이 더 높습니다. 이렇게 누적된 재고들이 가까운 미래에 판매 상황이 좋아져서 출고가 되면 다행이지만, 그렇지 않은 경우에는 나중에 이를 처리하는 데 큰 부담이 되기 때문에 사전에 발생시키지 않는 것이 중요합니다.

물론 고객 발굴이나 품질 인증에 부정적 영향을 주면서까지 재고를 엄격하게 관리하자는 것은 아닙니다. 성과 평가 때문에 과도하게 재고를 보유하지 않도록 사전에 조치를 취해야 한다는 의미입니다.

결론적으로 사업 초기에 가능한 한 최소한의 안전 재고를 유지하도록 내부 기준을 만들어 엄격하게 적용해야 한다는 것입니다. 이렇게 해야 나중에 불용 재고를 최소화할 수 있을 뿐만 아니라, 손익의 왜곡도 막을 수 있어 정확한 의사결정을 할 수 있습니다.

이제 비례비에 대한 이야기를 해보죠. 시장 진입 초기 단계에는 원가에 신경 쓸 겨를이 없습니다. 고객 발굴 및 품질 인증에 온통 관심이 집중되죠. 예를 들면, 시장 진입 단계에서는 많은 경우 설계 단계부터 재료에 의한 품질 변동을 줄이기 위해 최상의 재료를 사용합니다. 당연히 제조 원가도 높아지죠. 그런데 문제는 이러한 높은 원가 구조가 상당 기간 지속되는 상황입니다.

일정 시간이 흘러도 BOM bill of material 재료도 개발 당시의 공급업체와 등급 grade을 사용하고 거래 조건과 사용 비율도 그대로입니다. 왜냐하면 아직은 구매량도 많지 않은 데다 다른 저가 공급업체나 재료를 시도하기에는 기술 역량이나 경험이 부족하기 때문이죠. 충분히 이해되는 상황입니다. 하지만 어느 정도 제품의 품질이 안정되고 설비 가동률도 높아지면 수익 개선을 위한 적극적인 비례비 절감 활동이 필요합니다. 개인적인 경험으로 볼 때 재료의 공급업체와 등급 변경, 포장재 재질이나 규격 변경, 호기별 생산 제품 조정 등의 영역에 절감 기회가 있습니다.

물론 전제 조건으로 제품의 품질에 문제가 없어야 이러한 원가 절감 활동을 할 수 있는 것이죠. 그런데 품질에 문제가 있을지 없을지 혹은 어느 정도의 리스크를 감당할지 판단하기 어렵습니다. 그래서 이 활동은 생산 등 특정 기능 조직 단독으로 추진할 수 없으며 생산, 구매, 개발, 판매, 품질 보증 조직들의 협업과 공동 책임이 필요하기 때문에 이를 주도할 수 있는 마케팅 전략 조직의 역할이 필요한 것입니다.

그래서 매주 관련 조직들이 모여 절감 영역별로 개선 아이디어를 도출하고 실행 과정과 성과를 점검하는 것이 필요하며, 이러한 활동을 통해 조직에 긍정적인 활력을 줄 수 있는 무형적인 효과도 가질 수 있습니다.

마지막으로, 공급업체와 재료의 계약 기간을 합의할 때 조심해야 합니다. 특히 폭발적으로 성장하는 제품의 경우에는 가치 체인 자체가 불안정한 상태기 때문에 재료를 구하기 힘든 왜곡된 상황이 벌어지기도 합니다. 하지만 이런 상황이 예상 이상으로 오랫동안 지속되지는 않을 가능성이 높습니다. 공급이 부족한 매력적인 시장은 증설이나 신규 진입자의 참여로 수급 균형을 이루게 되는 것이 비즈니스 세계의 법칙이기 때문입니다. 재료를 구하지 못한다는 불안감에 당시의 가격으로 장기 계약을 하여, 나중에 재료 가격과 제품 판매 가격이 동시에 떨어져 경쟁력을 상실하지 않도록 원료 계약 기간과 조건을 결정할 때 조심해야 합니다.

2) 판매 활동

마케팅 컨설팅과 교육을 할 때 이런 이야기를 자주 합니다. "마케팅 이론과 도구가 정말 많고 복잡한 듯 보이지만, 핵심은 경쟁사와 차별화된 고객의 가치를 이해하고 제공하는 것입니다. 차별화된 고객의 가치를 발굴하기 위해서 가장 중요한 것은 고객에 대한 정보입니다. 결국 판매 사원의 역량 수준은 고객에 대해 알고 있는 정보의 양과 질에 달려 있습니다."

사실 대부분의 기업에서는 판매 사원의 메모나 기억, 혹은 고객 관리 시스템 등 어떤 형태로든지 고객 정보를 관리하고 있습니다. 하지만 많은 판매원들이 알고 있는 고객 가치는 거의 비슷한데 가격, 품질, 납기, 고객 대응력이라는 틀을 벗어나지 못하고 있습니다. 물론 이러한 일반적인 요소들이 고객의 핵심 가치일 가능성이 높습니다. 하지만 판매 사원이 고객을 바라보고, 이해하려는 관점과 범위가 바뀌고, 전략적으로 정보를 수집하기 위해 노력한다면 다른 주요 가치가 보일 수도 있습니다.

그런데 고객이 중요하게 생각하는 가치를 발굴하려는 이유는 무엇인가요? 발굴된 고객 가치를 만족시켜서 고객과의 관계를 구축하고 강화하기 위해서죠. 이 말은 고객 가치를 발굴하고 만족시키는 활동 내용과 고객과의 관계를 형성하는 단계 간에 밀접한 관계가 있다는 의미입니다. 그럼 산업재의 경우 고객과의 관계 형성 단계별로 고객 가치가 어떻게 작용하는지 알아보겠습니다.

대부분이 고관여high involvement 제품인 산업재 시장에서 가장 일반적인 판매 방식은 고객과 직접 만나며 관계를 형성하는 것인데, 고객과의 관계 구축은 진정한 친구를 사귀는 것과 같은 과정을 거칩니다. 다음 그림처럼 관계를 맺고 관계를 지속적으로 유지하다가 파트너가 되어가는 단계들인데, 이 과정에 대해 더 설명해 보죠.

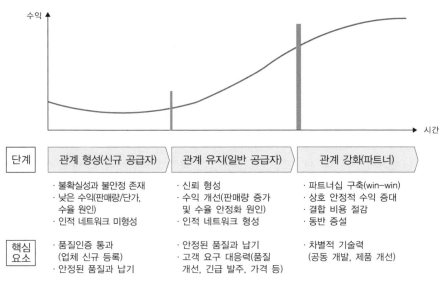

단계	관계 형성(신규 공급자)	관계 유지(일반 공급자)	관계 강화(파트너)

	· 불확실성과 불안정 존재
	· 낮은 수익(판매량/단가,
	  수율 원인)
	· 인적 네트워크 미형성
		· 신뢰 형성
		· 수익 개선(판매량 증가
		  및 수율 안정화 원인)
		· 인적 네트워크 형성
			· 파트너십 구축(win-win)
			· 상호 안정적 수익 증대
			· 결합 비용 절감
			· 동반 증설

핵심
요소
	· 품질인증 통과
	  (업체 신규 등록)
	· 안정된 품질과 납기
		· 안정된 품질과 납기
		· 고객 요구 대응력(품질
		  개선, 긴급 발주, 가격 등)
			· 차별적 기술력
			  (공동 개발, 제품 개선)

그림 2-49. 고객과의 관계 구축 단계

처음 관계를 맺을 때는 불확실성이 크고 안정되지 못한 상태에서 출발합니다. 고객은 공급업체의 제품에 익숙하지 않고, 공급업체 또한 고객의 운영 시스템에 익숙하지 않아 서로 불안한 상태죠. 그런데다 실무 담당자들 간에 인간적인 관계도 아직 형성되지 않아 분위기도 어색합니다. 또한 관계 형성 단계에서는 판매 단가도 높지 않고 판매량도 많지 않은 데다 수율도 낮아 수익도 그리 좋지 못합니다.

그러다가 품질이 어느 정도 안정되고 상호 신뢰가 쌓이면 구매량이 증가하면서 제조 원가도 낮아져 수익이 개선되기 시작합니다. 관계 유지 단계에 접어든 것이죠. 이렇게 품질과 납기에 대한 신뢰가 오랜 기간 동안 쌓이고, 관계가 유지되는 과정에서 담당자 간에 인간적인 관계도 만들어집니다.

이런 과정 중에 고객 입장에서 믿을 수 있는 파트너가 될 수 있는지 없는지를 시험해보는 여러 가지 사건들이 발생합니다. 예를 들면, 제품 개선이나 신제품 개발, 긴급 발주, 전략적 가격 조정 등과 같은 특별한 요청들입니다. 이렇게 다양한 사건들을 극복해가는 경험이 반복되면서 파트너 관계가 자연스럽게 구축되는 것이죠. 사실 파트너십 관계가 구축되면 여러 가지 이점이 있습니다. 공동 개발, 동반 증설, 안정적 매출과 납기, 결합 비용joint cost 절감 등을 통해 상호 윈윈할 수 있는 영역이 많죠.

앞 그림에서 고객과 관계가 형성되어가는 각 단계별로 만족시켜야 할 대표적인 핵심 요소를 명기하였지만, 이것들은 예에 불과합니다. 드러나지 않은 핵심 요소들이 있을 수 있죠. 이러한 핵심 요소들, 즉 고객의 주요 가치들을 발굴하고 만족시키는 과정은 고객 관계 구축의 강도와 속도에 중요합니다.

물론 도출된 '핵심 요소'들을 발굴하고 만족시키는 것이 쉽지는 않습니다. 이를 위해 많은 시간이 필요하고, 많은 장애 요인을 극복해야 합니다. 특히 '일반 공급자' 단계에서 '파트너' 관계로 넘어가는 길은 더욱 험난합니다. 그리고 이것은 판매 팀 혹은 한 기능 조직만 열심히 한다고 될 일이 아닙니다. 그림의 '핵심 요소'처럼 품질 개선이 중요한 사업의 경우에는 기본적으로 개발과 생산 기술이 뒷받침되지 않으면 파트너십을 구축하기가 어렵습니다. 문제는 하루아침에 이러한 기술이 확보되는 것이 아니라는 데 있죠. 많은 시간과 기술을 체계적으로 축적할 수 있는 조직 문화와 시스템, 제도가 기반이 되어 있어야 합니다. 이처럼 파트너십을 구축하기 위해서는 전반적인 수행 역량이 사전에 확보되어야 하기 때문에 결코 쉬운 일은 아닙니다.

정리하면, 결국 파트너십을 구축하기 위해서는 각 단계별로 필요한 고객 가치를 발굴하고, 이를 구현, 제공할 수 있는 수행 역량이 중요합니다. 여기에서 판매 조직의 가장 중요한 역할 중의 하나가 이러한 고객의 주요 가치를 발굴하기 위해 고객과의 공식적, 비공식적 커뮤니케이션을 관리하는 것입니다. 그리고 도출된 고객의 주요 가치를 구현하는 것은 각 단위 조직에서 해야 할 일이지만, 각 단위 조직의 활동들을 통합하고 조율하는 것은 판매 조직에서 해야 할 중요한 일입니다.

또한 고객과의 관계 발전을 위해서 고객의 주요 가치를 만족시켜주는 활동과 함께 필요한 것이 상호 감정적인 신뢰를 구축하는 것입니다. 인간은 지극히 감정적인 생명체입니다. 아무리 실력을 갖추었더라도 감정적으로 불쾌하거나 신뢰를 갖지 못하면 파트너십을 구축하기가 힘듭니다.

예를 들면 고객 구매 담당자의 실수로 긴급 주문이 발생했을 때, 공급업체의 판매원이 단칼에 이를 거절하거나 급행료를 요구한다면, 구매 담당자의 감정은 어떨까요? 특히 강한 관계 지향적인 문화를 가지고 있는 동양에서 감정적 교류는 더욱 중요합니다. 물론 품질, 가격, 납기, 요구 대응력 등에 대한 기본적 역량 없이 감정적 요소만으로 파트너십을 구축할 수는 없겠죠. 감정적 교감은 이러한 이성적 역량의 토대 위에 효과를 발휘할 수 있습니다.

이제까지 설명한 내용을 압축하면, 판매 활동을 2가지로 정의할 수 있습니다. 표적 고객을 포함한 고객 가치 발굴을 위해 고객과 공식적, 비공식적 커뮤니케이션을 계획하고 실행하는 것, 그리고 고객과 이성적, 감성적 관계 관리를 기획하고 운영하는 것입니다.

지금부터 이 2가지에 대해 조금 더 구체적으로 알아보겠습니다.

⑦ **고객 가치 발굴을 위한 고객 커뮤니케이션 관리**: 앞의 '표적 고객 가치 설계 및 실행 체계 구축' 단계에서 정리한 표적 고객별 고객 가치 제안과 실행 계획 내용이 충분하지 못할 가능성이 높습니다. 왜냐하면 아직 그 단계에서는 표적 고객 내부의 다양한 이해관계자들과 관계 구축도 안 된 상태이기 때문에 고객 가치를 파악하는 데 한계가 있을 수밖에 없기 때문이죠. 더군다나 제품 개발과 품질 인증도 이루어지지 않은 단계일 경우에 암묵적인 고객 가치조차 구체적으로 파악되지 않았을 가능성이 높습니다.

본격적인 고객 가치 파악은 추진 담당 조직이 구성되고, 제품 개발과 품질 인증, 그리고 양산과 고객 관계 관리CRM를 하면서부터 시작됩니다. 이 단계에서 고객 가치 발굴은 표적 고객에만 국한하지 않고 고객 베이스 확대를 위해 잠재 고객을 포함한 모든 주요 고객들에 대해 실시할 필요가 있습니다.

이렇게 파악된 고객 가치는, 구현을 위해 앞에서 설명한 '통합 협의체'를 통해 실행 계획을 수립하고 추진해야 합니다. 만약 기존에 파악된 표적 고객의 가치들에 추가, 변경이 필요할 경우에는 당연히 기존에 작성한 실행 계획서를 업데이트해야겠지요.

그럼 실질적인 문제로 들어가서, '의미 있는 고객 가치를 파악하기 위해서 고객사의 누구와 커뮤니케이션해야 하나요?' 일반적으로 고객 가치를 파악할 때 영업 사원이 구매 실무 담당자를 만나거나, 연구소에서 고객의 제품 개발 담당을 만나서 요구 및 기대 사항을 주로 구두로 파악합니다. 그런데 시장 진입 초기에는 대화 주제가 주로 가격과 품질에 국한되고, 내용도 필수적인 사항만 이야기하기 때문에 파악된 고객 가치가 다양하지 않죠. 그래서 이렇게 조사한 고객 가치를 바탕으로 제품 개발을 하다가 가끔씩 낭패를 당합니다. 고객 가치가 제대로 파악되지 않았기 때문이죠.

"이런 품질 특성은 말을 안 해도 당연히 만족시켜야죠", "이 제품을 사용하려

185

면 우리 설비도 개조를 해야 하는데…", "공정 조건을 바꾸어 테스트하기에는 위험 부담이 커서…" 등등 사전에 파악되지 못했던 문제들로 고객 인증 테스트가 지연됩니다. 어떤 경우에는 이미 투자가 제법 이루어진 신제품 프로젝트 자체가 결국 폐기되는 상황이 발생하기도 하는데, 안타까운 일이죠. 일들을 처음부터 제대로 하지 않으면 시간이 흐를수록 치러야 할 대가는 점점 더 커지는 것이 비즈니스 세계의 법칙입니다.

그래서 고객 가치를 파악할 때 어떤 관점에서, 누구를 만나서, 어떤 방식으로 할 것인가를 결정하는 일은 첫 단추를 꿰는 것처럼 중요합니다. 그럼 어떤 관점에서 고객 가치를 파악할 것인가? 이에 대해서는 앞의 '표적 고객의 가치 발굴'에서 '4P1S와 파트너십' 관점에서 폭넓게 파악해야 한다고 말했습니다. 그럼, 의미 있는 고객 가치를 파악하기 위해 누구를 만나야 하나요?

산업재의 경우는 개인이 아닌 기업이 구매하기 때문에 이해관계가 얽혀 있는 여러 조직과 개인들이 구매 과정에 관여하게 됩니다. 이를 '구매 센터buying center'라고 부르는데 다음 그림을 보시죠.

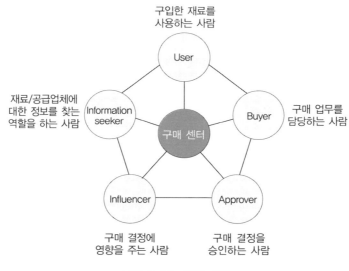

그림 2-50. 구매 센터

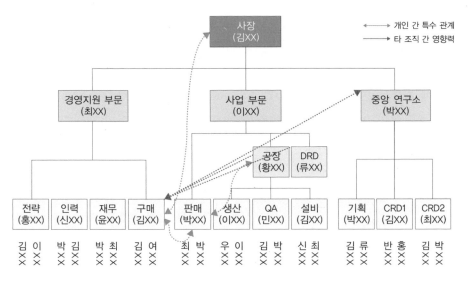

그림 2-51. 조직 간, 개인 간 관계 분석도

그림에 표현된 것처럼 고객사의 구매 센터는 크게 5개의 역할(혹은 단위 조직)로 나뉩니다.

먼저 원부자재나 공급업체를 탐색하는 정보 수집가information seeker가 있습니다. 만약 고객이 제품 개발 과정에서 자사의 재료가 필요할 경우, 개발 실무 담당자가 되겠죠. 기존 제품의 신규 공급업체를 고객이 발굴하고자 하는 경우에는 전략 구매 담당자가 됩니다.

다음은 구매 결정에 영향을 미치는 사람influencer이 있는데, 주로 품질, 생산성, 원가에 직접 관련된 조직입니다. 개발에서 어떤 공급업체의 재료를 사용하기로 결정했다고 하더라도, 그 재료가 생산성이나 양산 품질에 적합하지 않거나 혹은 재료 단가가 너무 높다면 관련 조직에서 반대할 수 있겠죠.

그다음에 구매 결정을 승인approver하는 사람이 있는데, 구매 팀장이나 임원이 해당됩니다. 구매 금액이나 중요도에 따라 사장이 될 수도 있겠죠.

이렇게 구매 승인이 이루어지면 구매 조직에서 구매하고 연구소나 생산에서 이를 사용user하게 됩니다. 아직 양산 이관이 안 된 개발 제품에 사용되는 재료일 경우, 연구소에서 구매 센터 역할 대부분을 담당하기도 하죠. 하지만 기업의 내부 시스템에 따라 담당 조직이 기업마다 다를 수 있기 때문에, 어느 조직에서 누가 담당하는지를 먼저 파악해야 합니다.

그런데, 앞에서 설명한 구매 센터 각각의 역할들을 담당하는 사람(혹은 조직)이 항상 독립적이고 절대적인 권한을 수행하는 것은 아닙니다. 기업 내에서는 조직 간, 개인들 간의 복잡한 관계와 권력이 얽혀 있기 때문에 공식적인 역할 분담과는 다르게 작동하기도 하죠. 앞의 그림 2−51에 대한 설명입니다.

예를 들면, 재무 팀에서 제조 원가에 대한 책임을 가지고 있다면 재료 단가의 비율이 높을 경우, 연구소에서 지정한 재료 사용을 반대할 수도 있습니다. 그리고 조직 규모가 작거나 정치적 문제가 얽혀 있는 경우, 공급업체 정보를 수집하는 단계부터 개인 혹은 조직이 개입할 수 있습니다. 따라서 표적 고객 내부의 조직과 개인들 간의 관계와 권력 구조, 그리고 실제 작동하는 구매 프로세스를 이해하는 것이 중요합니다.

이제까지 정확한 고객 가치를 파악하기 위해서 어떤 관점에서 누구를 만나야 하는지에 대해 설명했습니다. 이렇게 새롭게 파악한 고객 가치를 근거로, 표적 고객인 경우 '표적 고객 가치 설계 및 실행 체계 구축' 단계에서 작성한 카노 분석, 전략 캔버스, 실행 계획서를 지속적으로 업데이트하고, 필요시 '통합 협의체'의 주요 과제에 반영하여 구현될 수 있도록 해야 합니다.

⑧ 고객 관계 관리

구매 결정은 이성적, 감정적 2개의 요소에 의해서 이루어집니다. 이 말은 성공적인 판매를 하기 위해서는 고객의 이성적, 감정적 가치 둘 다를 고려해야 한다는 의미죠.

'이성적 구매 결정 요소'는 공급하는 제품이 고객사 이해관계자들의 '개인적 가치'에 얼마나 부합하느냐에 달려 있습니다. 개인적 가치란 품질, 납기, 가격처럼 이해관계자들 개개인의 성과가 명확하게 평가될 수 있는 지표에 해당되는 것들이지요. 구매 담당자에게 '납기'가 매우 중요한 개인적 가치가 되는 것처럼 말입니다.

반면에 '감정적 요소'는 자사 전체 혹은 직접적 대면을 하는 자사의 직원에 대해 고객이 가지는 '느낌' 같은 것들입니다. 좀 더 정확하게 표현하면 고객사의 구매 센터가 자사와 자사의 판매원, 연구원이나 기술서비스 담당 직원들에게 가지는 호감도 같은 것들입니다. 이 감성적 가치는 이성적 가치가 만족되지 않으면 만들어질 수 없는데, 이성적 가치는 감성적 가치의 필요조건인 셈입니다.

정리하면 '고객 관계 관리CRM'란 고객과의 관계 형성, 유지, 강화의 각 단계별로 파악된 고객의 '이성적 가치'를 바탕으로 감정적 관계를 강화하기 위해 고객의 '감성적 가치'를 파악하여 만족시키는 활동입니다. 이를 좀 더 체계적으로 운영하기 위해 아래와 같은 양식을 활용할 수 있습니다.

표 2-18. 고객 관계 관리 양식의 예

| 고객 | 구매 센터 | | 이성적 가치 | | | 감성적 가치 | | | 감성적 관계 관리 계획(공식/비공식) | | |
	이름	담당 업무	매력적 가치	만족 가치	불만족 가치	기본 정보	Like	Dislike	판매팀	판매 부문장	사장
코리아	박영희	사업부문장	제조 원가 절감			가족: 2녀 1남 종교: XX	등산, 술		등산 정보 제공	반기 2회 식사	연 1회 초청
	홍길동	구매팀장		가격 (8천 원/kg)	납기 미준수	가족: 2남 1녀 종교: XX '20년 승진 대상	여행, 책	술, 'No' 표현	매월 방문 미팅 연 1회 워크숍 여행 정보 제공	반기 2회 식사	
	김철수	생산팀장		품질 (이물)		가족: 1녀 종교: XX 부모님과 동거	야구 (동호회)		연 1회 워크숍 XXX 사인볼		

양식의 '이성적 가치'와 '감성적 가치' 내용의 대부분은 '고객 가치 발굴을 위한 커뮤니케이션 관리'에서 조사한 사항이 기재될 것입니다. 이에 대해 어떤 방식과 주기로 관계 관리를 할 것인지에 대한 아이디어를 도출하고 실행하면 됩니다.

2. 개발

개발의 목표는 무엇일까요? 아마도 '고객이 요구하고 기대하는 제품에 대해 법적 요건을 충족시키면서 적시에, 적절한 비용으로, 양산을 고려한 강건설계robust design를 하는 것'이라고 정의할 수 있을 것입니다.

그런데 '기대', '적시에', '적절한', '강건' 등 모호한 단어가 많습니다. 모호하다는 말은 '명확한 규정과 기준을 정의하기가 어렵다'는 의미이기도 합니다. 이러한 '모호성'을 관리하기 위해서는 방향성은 있되 행동은 상황에 따라 유연하게 개발 활동을 지원할 수 있는 시스템이 필요합니다. 즉, 개발 활동의 방향과 흐름을 관리하는 시스템은 존재하되, 그 시스템은 상황에 따라 신속하게 대응할 수 있는 유연성과 역량이 있어야 합니다.

예를 들면, 한 중요한 고객이 기존의 공급업체를 빨리 대체하려는 의지가 강할 경우에는 샘플 자체의 완성도보다는 개발 속도가 중요합니다. 이 같은 경우에는 품질은 조금 미흡하더라도 빨리 샘플을 만들어 고객 테스트를 통해 피드백을 받는 것이 개발 속도가 더 빠를 것입니다.

그렇지 않고 만약 자사의 필요성에 의해 고객 인증을 위한 샘플을 제작할 경우에는 고객 테스트 기회를 가지는 것 자체가 쉽지 않고, 한 번 실패할 경우에는 다시 테스트를 하는 것이 어렵기 때문에 속도보다 샘플의 품질 완성도에 더 많은 신경을 써야 하는 것이지요.

이와 같이 개발 시스템은 다양한 전략적 상황이 반영되고 유연하게 적용될 수 있도록 설계, 운영되어야 합니다. 물론 유연함과 기본 원칙 간의 경계선은 넘지 않아야겠죠.

그럼 지금부터 본격적으로 성공적인 신제품 개발을 위한 시스템의 구성 요소에 대해 설명하겠습니다. 구성 요소는 총 3개가 있는데 '제품 개발 프로세스와 방법론', 그리고 개발 인프라에 해당되는 '실험 설비 전략', '실험 정보 및 데이터 관리' 등으로 이루어져 있습니다. 사실 처음에는 '다세대 제품 기획MGPP'을 구성 요소에 포함시켰습니다. 하지만 제품 개발 전략은 마케팅, 판매, 생산도 함께 참여해야 하기 때문에 이 모든 기능을 통합, 조율하는 '마케팅' 활동 영역으로 '다세대 제품 기획'을 분류한 것입니다.

먼저 제품 개발에 필요한 3개 구성 요소의 역할을 간략하게 설명하겠습니다. '개발 프로세스와 방법론'은 개발의 방향성을 유지하고 개발의 효율성을 지원하는 역할을 하고 '실험 설비 전략'은 개발 속도를 높이기 위해 필요합니다. 그리고 '실험 정보 및 데이터 관리'는 제품의 품질 개선 및 응용 제품 개발 시 실험 횟수를 줄여 개발 속도를 높여주는 역할을 합니다. 그러면 구체적으로 무엇을 고민하고 어떻게 설계해야 하는지에 대해 이야기하겠습니다. 먼저 '개발 프로세스와 방법론'부터 시작하죠.

1) 제품 개발 프로세스 및 방법론

개발 시스템을 이야기하면서 '식스시그마'에 대한 이야기를 빼놓을 수 없을 것 같습니다. 1996년에 GE가 식스시그마를 도입하면서 개발 분야에서도 적용할 수 있는 DFSSDesign For Six Sigma를 도입했습니다. 그런데 사실 식스시그마는 모토롤라Motorola에서 1987년에 생산 품질을 혁신하기 위해 자체적으로 개발하였는데, GE가

이를 벤치마킹하며 생산뿐만 아니라 개발 분야에도 도입한 것이죠. 일반적으로 생산 분야는 DMAIC 프로세스, 개발 분야에는 주로 DMADV 프로세스가 많이 알려져 있습니다.

당시 GE의 공급업체들도 식스시그마 도입을 요구하였기 때문에, GE와 거래하고 있던 한국 기업들도 도입할 수밖에 없었습니다. 그래서 GE가 '식스시그마'를 본격적으로 도입한 같은 해부터 국내에도 '식스시그마' 열풍이 불었습니다. 그러다가 지금 국내에서는 '식스시그마'가 거의 자취를 감추었죠. 개인적으로도 직장생활을 할 때 약 5년간 생산과 개발 분야의 '식스시그마' 추진을 담당했는데, 이 프로그램은 장단점이 있었습니다.

장점은 개발에 필요한 모든 요소를 빠뜨림 없이 검토하도록 프로세스가 정교했고, 다양한 실행 도구toolkit를 제공한 점이었습니다. 특히 업종별로 차이는 있습니다만, 엔지니어들에게는 실험 계획법DOE, 상관/회귀 분석, 검정test 등 통계 분석 도구들이 참으로 매력적이었죠.

하지만 문제도 있었는데, 자사에 맞게 맞춤화customization를 하지 않고 시스템을 통째로 도입하면서 부작용이 발생한 것이었죠. 정교하지만 복잡한 프로세스와 방법론을 일률적으로 적용하도록 강요했기 때문에 비효율적이고 문서 작업paperwork이 많이 발생하는 문제들이 나타났습니다. 이에 대해 연구원들은 힘들어했고, 보이지 않은 저항도 컸죠. 결국 시스템의 장점이 단점이 되는 모순을 극복하지 못한 것이 한계였습니다.

그런데 사실 어떻게 보면 이것은 '식스시그마' 프로그램 자체의 한계라기보다는 운영상의 문제일지도 모르겠습니다.

연구원들은 공장 엔지니어와는 특성이 약간 다릅니다. 연구원들은 집단적이기보다는 개인 중심적이고, 통제받는 것을 극단적으로 싫어하고, 기술에 대한 집착이 강합니다. 이런 성향이 강한 연구원일수록 정형화된 프로세스와 방법론을 좋아하지 않죠. '이미 머릿속에 해답이 있는데 왜 비효율적인 과정을 거쳐야 하느냐'라는 불만을 가지고 있습니다. 저도 어떤 측면에서는 공감합니다. 본인이 가지고 있는 가설을 가지고 몇 번의 시행착오를 통해 더 빨리 답을 찾을 가능성도 분명히 있습니다. 이렇게 직관적 가설 중심의 연역적 개발 방식은 통찰력이 깊고 과거부터 성공 확률이 높은 개발 패턴을 가지고 있는 소수의 연구원들에게는 확실히 효율적입니다. 하지만 이 방식은 개발 과정과 결과에 대한 지식과 경험이 조직에 체계적으로 축적되지 못하는 단점이 있습니다.

　　반면에 일반적인 통찰력을 가진 연구원들이 모인 개발 조직에서는 정형화된 프로세스와 방법론을 적용하는 귀납적 개발 방식이 전체적인 과제 성공 확률을 더 높일 수도 있을 것입니다. DFSS 개발 프로세스와 방법론은 순서대로 빠뜨리는 것 없이 차근차근 퍼즐을 맞추어가다 보면 좋은 결과가 만들어진다고 가정합니다. 또한 그 개발 과정과 자료가 시계열적으로 관리되기 때문에 지식을 체계적으로 축적하고 공유할 수 있다는 장점이 있죠. 물론 이러한 귀납적 방식에도 문제가 있습니다. 특히 개발 방식을 세밀하게 규정화하고, 엄격한 준수를 획일적으로 강제화할 때 '식스시그마' 사례에서 언급했던 비효율성과 과도한 문서 작업이 발생할 수도 있습니다.

　　정리하면 가장 이상적인 제품 개발 시스템의 모습은 '깊은 통찰력을 가진 연구원과 일반적 통찰력을 가진 연구원들이 과제 추진 과정에서 비효율성과 과도한 문서 작업을 경험하지 않으면서 과제 성공 확률을 높이고, 습득한 지식과 경험을 조직 내에 체계적으로 축적하고 공유할 수 있게 하는 것'이라고 정의할 수 있습니다.

　　사실 이러한 이상적인 모습을 가로막는 원인은 '하나의 시스템을 가지고 모든 유형의 개발 과제에 적용하려는 운영의 경직성'에서 비롯됩니다. 실제 다양한 특성을 가진 모든 개발 과제에 일괄적으로 적용할 수 있는 전지전능한 하나의 시스템은 현실적으로 존재할 수 없습니다. 이것은 철저히 관리자 중심의 과제 관리의 효율성만을 중요시하는 관리적 사고방식이죠. 따라서 개발 프로세스와 방법론은 적절한 복잡도로 설계되어야 하며, 과제의 특성과 연구원의 판단에 따라 유연하게 적용할 수 있도록 설계되어야 합니다.

　　기존의 DFSS 방법론은 회사나 컨설팅업체별로 다양하게 개발되어 있어 '이것이 DFSS 방법론이다'라고 주장하기는 어렵습니다. 그런데 사실 GE의 IDOVE, DMADV와 컨설팅업체에서 개발한 PCOR, CPTP 등등 다양한 방법론들의 내용을 보면 큰 차이가 없습니다. 단지 개발 과제의 특성에 따른 적합도 측면에서 약간의 차이가 있을 뿐입니다. 예를 들면, A 과제는 IDOVE 방법론이 좀 더 적합하고, B 과제는 CPTP 방법론이 좀 더 적합하다고 주장할 수 있는 정도입니다.

　　또한 DFSS의 프로세스와 내용만을 보면 ISO 9001 품질 시스템의 개발 요건 등 기존의 다른 연구 개발 방법론과도 그리 큰 차이가 없습니다. 단지 DFSS는 구체적인 실행 도구들을 제시한 것이 다른 점이나, 이 도구들도 DFSS에서 새롭게 만든 것은 없습니다. 기존에 이미 다양한 용도로 사용하고 있던 것들을 채용한 것뿐이지요. 그리고 시간이 흐르면서 실용성과는 거리가 먼 현학적 도구들이 점점 늘어나면서 사용자 입장에서는 DFSS 매뉴얼만 더 복잡해졌습니다.

이제는 이런 이론적이고 경직된 접근보다는 실용적인 관점에서 다양한 DFSS 방법론들을 통합하고 단순화한 '개발 방법론의 플랫폼'을 만들어, 프로젝트의 성격에 따라 사용자가 응용하여 유연하게 적용할 수 있도록 해야 합니다.

지금부터 소개할 'D&DDV' 프로세스와 방법론은 이러한 목적을 가지고 약 20년 동안 현장에서 적용해온 DFSS 방법론들을 통합하여 좀 더 단순화, 실용화한 것입니다. 물론 '체계적인 지식 축적과 공유'라는 기본 명제도 만족시킬 수 있도록 설계했습니다.

사실 이 'D&DDV' 프로세스와 방법론도 설계의 내용보다는 이를 어떻게 운영할 것인가에 더 많은 중점을 두고 도입해야 합니다. 내용은 기존의 DFSS에 있는 것들 중에서 핵심적인 것만을 선별하여 복잡성을 최소화하였지만, 기존의 '식스시그마'에서 경험한 문제를 되풀이하지 않기 위해 개발 과제의 특성에 따라 유연하게 선택하여 적용할 수 있도록 해야 합니다.

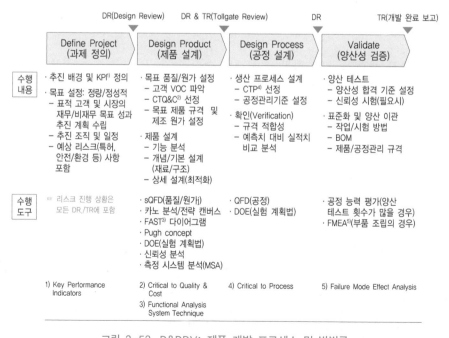

그림 2-52. D&DDV: 제품 개발 프로세스 및 방법론

'D&DDV' 프로세스와 방법론은 과제 정의Define Project, 제품 설계Design Product, 공정 설계Design Process/Parts, 양산성 검증Validate 4단계로 구성되어 있습니다. 그리고 각 단계별로 진행해야 할 '수행 내용'과 이를 지원하는 '수행 도구'가 있습니다.

여기서는 전체의 진행 흐름과 주요 도구에 대해 간략하게 설명하겠습니다. 단, 연구원들이 관심을 많이 가지고는 있지만, 효과성과 효율성의 갈림길에서 고민을 하는 실험 계획법(DOE)Design Of Experiment의 유용성과 한계에 대해서는 조금 더 자세히 다루겠습니다.('실험 계획법' 이슈를 이해하기 위해서는 사전 지식과 경험이 필요한데, 익숙하지 않으신 분들은 전체적인 맥락만 이해하면 되겠습니다.)

첫 번째 단계 '과제 정의': 해당 개발 과제의 추진 배경, 목표 설정 및 추진 계획 등 기본 사항을 정리하는 단계입니다.

만약 개발 제품이 이전에 정한 표적 고객(시장)을 위한 것이라면 이미 대부분 조사가 된 내용이겠지요. 하지만 여기서 다시 한 번 정리하는 목적은 프로젝트 참여자들이 과제의 의미와 목표를 명확히 이해하고, 서로 공감하기 위해서입니다. 물론 기존에 조사된 내용에 변경이 있을 경우에는 수정할 수도 있고, 부족하다고 판단하는 경우 추가 조사를 할 수도 있겠지요. 이 단계에서 정리해야 할 내용은 다음과 같습니다.

- 추진 배경 및 KPI 정의: 프로젝트 추진 동기 및 핵심 성공 지표의 정의
- 목표 설정: 재무 목표(매출액, 영업 이익), 비재무 성과(기술 축적 등)
- 추진 계획 수립: 추진 조직 및 일정(과제 추진 4단계 중 적용 예정 단계 및 완료 예정일), 예상 리스크(특허, 물질 안전성 등 법적 리스크, 원료 확보 등 사업 리스크)

두 번째 단계 '제품 설계': 제품을 설계하기 위해서는 먼저 표적 시장과 고객이 원하고 기대하는 품질과 가격, 즉 제품의 목표 기능과 성능, 그리고 제조 원가를 명확히 정의해야 합니다.

물론 아직 개념 설계도 안 된 현재 단계에서 제조 원가를 추정하는 것은 어려운 일이지만, 목표 영업 이익을 기준으로 역산하더라도 개략적인 목표 제조 원가를 설정해야 합니다. 그렇게 해야 이를 구현하기 위한 재료와 구조, 그리고 재료들의 최적 조합 조건을 결정하는 데 있어 기준점을 가질 수 있기 때문입니다.

물론 나중에 제품 설계를 하고 난 뒤 추정 제조 원가가 좀 더 명확히 산출되면 TR(tollgate review)을 통해 개발 방향과 적정 제조 원가에 대해 논의할 수 있을 것입니다.

그리고, 목표 품질과 제조 원가를 설정하기 위해서는 무엇보다도 먼저 고객이 원하는 구체적인 품질과 가격, 그리고 다른 암묵적, 명시적 요구 사항에 대한 정리가 필요합니다. 사실 이미 '표적 고객의 가치 발굴'에서 다양한 방법의 조사와 분석을 통해 고객 가치가 수집되어 있습니다. 이러한 정보들 중 제품 개발에 필요한 내용만을 선별하고, 필요하다면 판매와 함께 추가 조사를 해서 제품 개발 관련 고객 가치를 최종 확정해야 할 것입니다. 물론 표적 고객이 아닌 제품 개발의 경우에는 처음부터 고객 가치 발굴 작업이 필요하겠지요.

이렇게 파악된 고객 가치를 제품으로 구현하려면 자사의 연구소에서 무엇을 어떻게 개발해야 할지를 명확히 정의해야 합니다. 이를 실행하기 위한 도구로 sQFD(품질 기능 전개)를 활용하는 것이 효과적인데, 다음 sQFD 표를 보시죠.

표 2-19. sQFD 작성 방법의 예

내/외부 고객의 요구(What)	자사 개발 방향(How)	중요도	Haze	외관 등급	기재 접착력	Hardness	대전 특성	Roughness	Thickness	표면 조도	내환경성	마찰 계수	인쇄 접착력
외부 고객	조도편차가 적었으면 좋겠다.	1	9	3									
	scratch가 없어야 한다,	4		9									
	제품의 신뢰성이 높아야 한다.(온도, 열, 습도)	4				3			1		9		
	기재와의 접착력이 좋아야 한다.	3			9	1			3				3
	Sheeting 시 물리적인 취급성이 좋았으면 한다.	3				9		9	3			9	
	Sheeting 시 이물의 혼입이 적었으면 한다.	3				9							
	Sheet 적층 시 달라붙는 현상이 없었으면 한다.	2					9		3	3			
	curl이 적어야 한다.	3							3	3			
	인쇄적성이 좋아야 한다.	3										3	9
	내열특성이 좋았으면 좋겠다.	3				9			1				
	Set 진동 테스트 시 sheet 갈림 현상이 없어야 한다.	5					9	9		9		9	
	이물이 없어야 한다.	5		9									
	가격이 기존 사용 제품보다 10% 낮아야 한다.	5		9									
내부 고객	-	-											
	-	-											
	합계 점수		9	129	27	96	63	72	40	60	36	81	36
	개발 목표(목표치±α)												

중요도(가중치): 5=매우 중요, 4=중요, 3=약간 중요, 2=중요하지 않음, 1=전혀 중요하지 않음
상관관계력: 9=강함, 3=보통, 1=약함
CTQ&C: 파란색 글자

작성 방법을 설명하면, 최종 확정된 고객 가치(세로축)를 자사의 품질 항목으로 변환하고(가로축), 고객 가치의 중요도(1~5점)를 평가합니다. 그리고 확정된 고객 가치와 변환된 자사의 품질 항목 간의 상관 관계력 평가(1, 3, 9점)를 통해 CTQ&C Critical to Quality & Cost와 자사의 품질 항목별로 개발 목표(=목표값±허용오차)를 설정하게 됩니다. 이 책에서 반복적으로 주장하지만 CTQ&C를 정할 때 합계 점수는 참고로만 활용하고, 내부적인 협의를 통해 CTQ&C를 선정하는 것이 좋습니다.

그리고 많은 경우 목표 품질 수준과 제조 원가는 상충합니다. 품질을 좋게 하려면 좋은 재료를 사용해야 하는데, 그러면 제조 원가가 올라가죠. 예를 들면 고객이 중요하게 생각하는 '이물'을 최소화하기 위해 더 좋은 재료를 사용하고, 까다로운 합부 기준을 적용한다면 수율이 떨어져 제조 원가는 높아지게 됩니다. 그래서 품질과 원가 사이의 최적점을 결정하려면 전략적인 의사결정이 필요합니다. '초기 진입 시장의 품질 경쟁력을 높이기 위해서 제조 원가는 어느 정도까지 희생하겠다'라는 등과 같은 전략들입니다. 당연히 이러한 전략적 의사결정이 개발 목표, 즉 목표 제품 규격에 반영되어야 하며, 이러한 개발 목표를 정하는 과정에 판매, 생산, 기술 등 관련 조직들의 참여가 중요합니다.

이렇게 CTQ&C가 선정되고 개발 목표가 설정되면 이를 만족시키기 위한 제품 설계가 본격적으로 진행됩니다.

제품을 설계한다는 것은 제품의 기능과 성능을 정의하는 것이고, 제품의 기능과 성능은 재료의 특성과 구조, 그리고 재료들의 조합을 통해 구현됩니다. 다시 말하면 제품의 기능과 성능을 잘 정의하고, 이를 구현하기 위해 재료들의 특성과 구조, 재료들의 조합 조건을 잘 설정하는 것이 제품 설계입니다. 제품 설계에 대해 좀 더 구체적으로 알아보겠습니다.

제품 설계를 세부적으로 구분하면 기본(개념) 설계와 상세 설계로 나눌 수 있습니다. 기본 설계는 제품에 사용되는 재료와 재료의 구조를 결정하는 것인데, 이것이 품질의 중심값을 결정짓는 핵심 요소입니다. 그리고 기본 설계는 개발자가 재료에 대해 가지고 있는 정보, 경험과 지식, 그리고 통찰력에 전적으로 달려 있습니다. 과거 경험적으로 볼 때도 신제품 개발의 실패와 지연의 50% 이상이 재료를 잘못 선정하거나 구조를 잘못 설계한 데 원인이 있었습니다. 그리고 양산 후 구매 가격과 재료 확보의 용이성 등도 고려해야 하기 때문에 적절한 재료를 선정하는 것이 중요합니다.

　　이러한 기본 설계(특히 재료 선정)를 근본적으로 지원해주는 방법론은 없으며, 가장 효과적이고 효율적인 방법은 관련 내외부 전문가들의 집단지성을 통해 해결책을 찾는 것입니다. 집단지성 방법론에 대해서는 앞의 '유망 아이템 발굴 및 방법론'에서 어느 정도 설명했습니다. 여기에서 집단지성은 다양한 사람들이 물리적으로 모인다고 되는 것이 아니고 화학적 반응을 일으키게 하는 것이 중요하다고 강조했습니다.

　　이러한 기본 설계를 바탕으로 재료들의 최적화 조건을 결정하는 것이 상세 설계입니다. 최적화 설계는 상황에 따라 통계적 실험 계획법DOE이나, 경험에 의한 시행착오trial & error 방법을 사용합니다.

　　실험 계획법은 어떤 변수(재료 등)가 어떤 품질 특성에 얼마만큼 영향을 미치는지, 그리고 영향 변수들의 최적화 조건과 영향 변수의 변화가 품질에 얼마나 영향을 미치는지 등을 예측할 수 있는 함수 모델을 만들기 위해 사용합니다.

　　물론 성공적인 예측 모델링을 하려면 올바른 실험 방법을 선정하고 실험 조건을 설정하는 데 많은 고민을 해야 합니다. 하지만 기본적으로 실험 계획법과 제품, 공정에 대한 충분한 이해가 없으면 적합한 실험 계획법과 실험 조건을 선정하는 것은 어렵습니다. 이런 제약 조건으로 외부의 실험 계획법 전문가는 제품과 공정에 대한 이해가 부족하기 때문에 적합한 실험 설계를 하는 데 한계가 있죠. 반면에 개발자는 실험 계획법에 대한 충분한 지식과 경험이 없기 때문에 효과적이고 효율적인 실험 계획법과 실험 조건을 설정하기가 어렵습니다. 그래서 실험 계획법을 제대로 활용하기 위해서는 실험 계획법, 제품과 공정 모두를 이해할 수 있어야 하기 때문에 일정 수준의 학습과 경험이 필요합니다.

　　그런데 왜 굳이 실험 계획법을 사용해야 할까요? 최적 조건은 아니더라도 기존의 경험과 지식으로 시행착오를 통해 조건을 설정하면 안 되나요? 물론 그렇게 할 수도 있으며, 어떤 경우에는 시행착오 방법이 더 빠를 수도 있습니다. 하지만 통계적 실험 계획법은 지식과 경험을 체계적, 과학적으로 축적할 수 있기 때문에, 향후 고객의 요구 변화에 빠르고 유연하게 응용 적용할 수 있다는 측면에서 그 의미가 있습니다. 그리고 경험적 기술을 이론적 기술로 전환할 때 체계적인 기술 축적을 가능하게 하고, 다른 제품에 대한 응용 속도도 빨라지게 합니다.

　　사실 개발자들이 실험 계획법 적용을 주저하는 이유가 있습니다. 바로 실험 횟수와 실험 소요 시간 때문이지요. 본인들이 과거 하던 방식인 경험적 실험 설계 방법으로 2~3번의 시행착오를 하면 되는데, 실험 계획법은 훨씬 많은 실험을 해야 하기 때문에 비효율적이라고 생각하는 것입니다. 이에 일정 부분 동의합니다. 특히 한 번 실험하는 데 비용이 많이 들거나 시간이 많이 소요되는 경우, 그리고 시간 여유가 없을 경우에는 개발자의 직관으로 설계하는 것이 적절할 수도 있습니다.

하지만 이 방식에는 단점이 있다는 것도 명확하게 이해해야 합니다. 개발자의 직관으로 설계를 하는 경우에는 1~2개 변수의 조정으로 최적 조건을 찾기 때문에 최적 조건이 아닐 가능성이 매우 높고, 또한 체계적인 기술 축적이 되지 않아 응용 적용력이 떨어집니다. 그리고 경험적 실험 설계 방식에서 예상했던 것과는 달리 조건을 찾지 못해 점점 실험 횟수가 늘어나는 경우도 많아, '차라리 처음부터 실험 계획법을 적용했으면 좋았을텐데…'라며 후회하는 안타까운 경우도 많이 보았습니다.

사실 개발자가 실험 계획법을 충분히 이해하지 못해 실험 횟수가 많아지는 경우도 있는데, 이럴 경우 실험 계획법 전문가와 사전에 충분히 협의하여 어떤 실험 설계 방법을 적용할지를 결정하는 것이 좋습니다. 하지만 시간적 제약이 있고, 해당 제품에 대해 이미 상당 부분 지식과 경험이 축적되어 있는 상황이라면 굳이 '실험 계획법을 반드시 사용해야 한다'라고 주장할 생각은 없습니다.

'식스시그마' 프로그램의 성공과 실패를 동시에 가져온 모순이 바로 적용상의 경직성이었다는 것을 앞에서 이야기했습니다. DFSS를 하면 암묵적으로 실험 계획법을 사용할 것을 강요받는데, 이러한 경직성이 비효율성과 과도한 문서 작업을 만들고, 심리적 반감을 초래한다는 것을 과거에 이미 충분히 경험했습니다.

그래서 실험설계법을 사용할 것인지, 집단지성을 활용할 것인지, 아니면 개인적인 경험과 지식에 의존할 것인지는 전적으로 개발자에게 맡겨둘 일입니다. 성공적인 제품 개발을 위한 최적의 방법론에 대한 선택은 개발자의 판단에 맡기고, 기업에서는 선택의 폭을 넓힐 수 있도록 개발 방법론에 대한 교육과 환경을 조성해주는 것이 최상의 방법이라고 생각합니다.

세 번째 단계 '공정 설계': 공정 변수의 최적 조건 설정은 앞에서 설명한 '제품 설계' 방식과 유사합니다. 단지 재료가 아닌, 공정 변수들을 최적화한다는 점만 다르죠.

공정 변수들은 제품의 생산 방식에 따라 다른데 화학산업의 경우 스피드, 시간, 압력, 온도, 진공도 등등이 될 수 있으며 이들의 운전 조건이 제품 품질에 큰 영향을 미칩니다. 그리고 많은 경우 제품 설계 품질이 공정 설계에 영향을 미치기 때문에, 생산 설비와 공정 변수의 특성을 충분히 고려하지 않은 제품 설계는 양산 단계에서 문제가 발생할 가능성이 높죠. 역으로 설명하면, 공정 조건을 제대로 설계하기 위해서는 사용한 재료와 BOM(재료들의 구성), 그리고 양산 설비와 공정 변수들의 특성에 대한 지식이 있어야 합니다.

그럼, 이 공정 설계를 누가 해야 하나요? 연구소에서는 설비와 공정 변수에 대한 경험과 지식이 부족하기 때문에 본인들이 모든 것을 전적으로 책임질 수 없다고 주장합니다. BOMBill of Material 작성까지만 연구소의 역할이라고 생각하는 것이죠.

반면에 생산 조직에서는 사용된 재료와 제품의 특성을 알아야 최적의 설비, 공정 조건을 설정할 수 있기 때문에 당연히 연구소에서 공정 조건까지 설정해서 이관해야 한다고 주장합니다. 그래서 규모가 있는 기업에서는 기술 팀을 만들어 설계 단계부터 참여하여 설계와 양산 간의 간격을 메꾸는 다리 역할을 하기도 합니다. 하지만 기업마다 형편이 다르기 때문에 '반드시 기술 팀을 운영해야 한다'라고 이론적인 주장만 할 순 없습니다. 어쨌든 결론은 양산할 때 설계와 생산 역량이 통합될 수 있는 방법을 찾아야 한다는 것입니다. 예를 들면, 개발 단계별 지식과 정보를 생산과 공유하고, 생산 조건을 설정할 때는 생산과 협의를 통해 설정하는 방식 등이 있을 수 있겠지요.

그래도 여전히 고민스러운 점이 있습니다. 드문 경우지만, '제품 설계' 변수와 '공정 설계' 변수 간에 교호작용interaction이 있는 경우입니다. 교호작용을 확인하기 위해 제품 설계 변수와 공정 설계 변수를 묶어야 하는데, 이 방법은 실험 횟수가 배수로 늘어나기 때문에 정말 큰 부담 없이 실험할 수 있는 제품이 아니라면 현실적으로 적용하기 어렵습니다. 만약 이러한 부담을 감당할 수 없는 상황이라면, 어쩔 수 없이 교호작용이 없다는 전제 아래 공정 변수만의 최적 조건을 찾을 수밖에 없겠지요. 아니면 관련 전문가들의 경험적 직관에 따라 조건을 설정할 수밖에요.

네 번째 단계 '검증': 마지막 단계인 '검증'은 실제 본생산 설비에서 중량 생산을 하여 설계 조건 혹은 예측 모델의 정확성, 즉 개발의 양산 재현성을 평가하는 과정입니다.

비용과 시간 측면에서 본생산 라인에서의 중량 테스트가 비용이나 시간적인 측면에서 용이할 경우에는 공정 능력 지수(Cpk, Ppk, Cpm 등)를 산출하여 검증해보는 것이 가장 좋겠지요. 하지만 대부분의 경우 공정 능력 지수를 산출할 만큼의 최소한의 양산 테스트(약 30회 정도)를 할 수가 없습니다. 어떤 기업에서는 시간과 비용의 제약 때문에 양산 안정성을 확인하기 위해 3번 정도의 테스트만으로 양산 검증을 하기도 하죠.

사실 양산 테스트의 횟수에 비례하여 검증의 신뢰성이 높아지는 것은 맞습니다. 하지만 제품 수명 주기가 빠른 산업의 기업에서는 간혹 이러한 양산 검증 과정을 거치지 못하거나, 1회 본라인 테스트를 해보고 출하하는 경우도 있습니다. 고객이나 영업 조직이 급해서 초도 샘플을 승인하고 바로 발주하는 경우이지요. 이런 제품들은 품질 클레임이 발생할 확률도 높습니다. 특히 생산과 사전 협의 없이 연구소에서 몇 번의 테스트만으로 공정 운전 조건을 설정할 경우 문제가 발생할 확률은 더 높아지죠. 그래서 고객이 품질 문제를 상당 부분 용인할 수 있는 상황이 아닐 경우에는 영업에서 아무리 주장하더라도 충분한 검증 과정을 통과한 제품만 출하할 수 있는 기업 내부의 방침과 이를 준수하는 문화와 시스템이 작동해야 합니다.

지금까지 4단계 개발 방법론과 각 단계별 주요 내용과 도구를 개략적으로 설명했습니다. 정리하면, 'D&DDV'는 제품 개발을 할 때 준수해야 할 기본적인 내용으로 구성되어 있습니다.

그러나 개발자가 개발 과제나 제품의 특성에 따라 필요하다고 판단하는 경우 활동 내용 혹은 수행 도구를 추가 혹은 생략하거나 변형하여 사용할 수 있도록 되어 있습니다. 그리고 개발자가 필요하다고 판단하는 경우 '4단계 중 일부 단계를 생략할 수 있는 권한을 주고, 또 그 권한을 부담 없이 행사할 수 있는 분위기를 만들어주어야 합니다.

예를 들면, A 개발자가 '공정 설계 단계design process' 혹은 '실험 계획법DOE'이 현재의 개발 상황에 적합하지 않다고 판단하는 경우, 눈치 보지 않고 이를 생략할 수 있는 권한과 분위기가 조성되어야 합니다.

앞에서도 이야기한 것처럼 개발자가 판단하여 과감하게 추가, 변형, 생략할 수 없는 분위기 때문에 비효율적인 시도와 문서 작업이 발생하므로, 방법론이 효율성보다 우선시되는 모순이 발생되는 것입니다.

따라서, '제품 개발 프로세스와 방법론'은 개발자와 과제 자체의 다양성을 포용할 수 있어야 합니다. 이러한 관점에서 설계된 'D&DDV' 개발 프로세스와 방법론은 획일적인 적용을 강요하는 시스템이 아니라, 개발자가 자율성을 가지고 활용할 수 있는 유연한 시스템입니다.

이러한 유연성은 제공한 시스템이 개발자 본인의 과제에 도움이 된다고 판단하면, 이 시스템을 자발적으로 사용할 것이라는 기본적인 믿음에서 출발합니다. 그리고 이러한 믿음이 제대로 작동하기 위해서는, 사용자인 개발자가 'D&DDV'에 매력을 느낄 수 있도록 지속적인 수정, 보완이 이루어져야 할 것입니다.

2) 개발 인프라 구축

제품 개발 속도를 높이고 개발 기술을 체계적으로 축적하기 위해서는 '실험 설비', 그리고 '실험 정보 및 데이터 관리' 체계가 중요합니다. 실험 설비는 개발 단계별로 적기에 다양한 조건으로 자유롭게 실험할 수 있기 때문에 개발 스피드를 높이는 데 중요한 역할을 하죠. 그리고 이러한 실험을 통해 나온 정보 및 데이터를 체계적으로 관리하고 공유하면 기술을 단기간에 축적할 수 있기 때문에 나중의 시장 확장 단계에 큰 도움이 됩니다.

물론 둘 다 적지 않은 투자 비용이 발생하기 때문에 이를 결정하기가 쉽지는 않겠지만, 비용 대비 수익성이라는 중장기적인 관점에서 적극적인 고민이 필요합니다.

① 실험 설비 전략

과거 한 기업의 사례를 이야기하겠습니다. 그 기업은 투자 규모가 제법 큰 신규 사업을 하면서 별도 파일럿 설비를 구매하지 않고 본 생산 설비에서 제품 개발 테스트를 하기로 결정했습니다. 파일럿 설비를 구매하지 않기로 한 결정의 배경에는 초기 투자 비용 증가에 따른 부담, 개발 기술에 대한 자신감 등 여러 가지 이유가 있었죠.

하지만 결과적으로 이것은 좋은 생각이 아니었습니다. 예상했던 것과는 다르게 기술 개발이 쉽지 않았고, 양산 설비에서 자유롭게 개발 테스트를 하지 못해 제품 개발이 계속 지연되었습니다. 그때 연구소에서 생산 설비 테스트를 쉽게 하지 못했던 이유가 높은 실험 비용에 대한 부담도 있었지만, 기존 제품 생산 중심으로 설비가 운영되었기 때문에 개발자가 원하는 일자에 실험을 마음대로 할 수 없었죠. 그럴 수밖에요. 생산 설비는 생산 조직의 성과를 만들어내는 자산이기 때문에, 연구소의 개발 성과보다 생산 조직 이익 중심의 설비 운영은 자연스러운 현상입니다.

결국 파일럿 실험 설비가 없어 신제품 개발 지연, 고객 품질 개선 요구에 대한 신속한 대응력 미흡 등에 의한 기회 손실이 더 커졌습니다.

연구소의 실험 설비를 어떻게 구성하느냐는 제품 개발 스피드와 밀접한 관련이 있습니다. 또한 어느 정도 수준의 실험 설비를 갖출 것인가는 실험 설비와 양산 설비 간 품질의 재현성 정도, 고객의 개발 요구 빈도와 개발 기간, 그리고 실험 설비 투자비 대비 양산 설비 테스트 비용들 간의 효율성에 달려 있습니다. 그렇기 때문에 무조건 실험 설비를 완벽하게 갖추어야 한다고 주장하는 것은 무리가 있습니다. 그럼, 연구소에서 실험할 때의 실험 설비의 활용 형태를 다음 그림에서 보시죠.

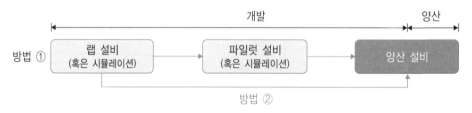

그림 2-53. 실험 설비의 활용 형태

실험 설비를 실험 순서대로 분류하면 랩lab 설비, 파일럿pilot 설비, 양산production 설비로 이루어집니다. 랩 설비는 일반적으로 기본적인 주요 품질 특성만 확인할 수 있는 매우 간단한 실험 장치이지요. 그래서 랩 설비와 파일럿 설비 테스트 결과 데이터들의 상관관계를 분석하는 것은 무리가 있습니다. 마찬가지로 파일럿 설비와 양산 설비 간에도 기능과 성능에 차이가 클 경우에 테스트 결과들의 상관관계 분석은 큰 의미가 없습니다. 전적으로 각 설비들의 사용 목적이 다르고, 기능과 성능에도 차이가 있기 때문입니다. 그런데 만약 랩, 파일럿, 그리고 양산 설비 실험 결과 간의 상관관계가 충분히 높아 보정 등으로 실험 설비 간에 품질 결과를 예측할 수 있다면 실험 비용과 시간을 많이 절감할 수 있을 것입니다. 그리고 물론 실험 설비 조차도 없이 시뮬레이션으로 양산 품질 결과를 예측하고 튜닝할 수 있다면, 가장 바람직한 형태일 것입니다.

대부분의 산업에서는 최종 양산 설비 테스트를 하기 전에 랩 설비와 파일럿 설비에서의 사전 실험은 일반적인 전제 조건입니다. 이런 전제 조건에서 중요한 것은 랩 설비, 파일럿 설비와 생산라인 설비 간 실험 결과의 상관관계를 높이기 위해 실험 설비를 어떻게 설계할 것인가?가 되겠죠. 이것은 쉬운 일이 아니지만, 특히 중요한 품질 특성에 대해서는 최대한 상관 관계를 높여서, 랩 혹은 파일럿 실험 결과의 보정 등으로 예측할 수 있는 실험 설비를 설계하도록 노력해야 합니다.

물론 제품 개발을 할 때 '무조건 랩 혹은 파일럿 실험을 해야 한다'고 주장하는 것은 아닙니다. 기존 신제품의 연장선상에 있는 개선 제품의 경우, 이미 충분한 직관과 데이터가 축적되어 있기 때문에 랩이나 파일럿 테스트 없이 바로 양산 테스트를 하는 것이 더 효율적일 때도 많습니다. 어쨌든 이러한 다양한 상황을 고려하여 실험 방식을 결정하는 것 또한 개발자가 판단할 일입니다.

② 실험 정보 및 데이터 관리

나중에 '기술'에 대해서는 별도로 이야기하겠습니다만, 개발 기술 축적을 위해 가장 중요한 것이 바로 '실험 정보와 데이터'의 관리와 공유입니다. 이것은 두 가지 목적이 있습니다. 향후 제품 개선이나 응용 제품 개발 시 이를 활용하여 제품 개발이나 개선 시간을 단축하자는 것과 조직 측면에서 기술을 체계적으로 축적하여 공유하자는 것입니다.

물론 아무리 개발 과정과 결과를 잘 기술하고 데이터를 잘 관리하더라도, 실제 개발자가 개발 과정에서 체득하는 경험 기술과 미묘한 느낌까지 공유할 수는 없겠지요. 하지만 개발 과정과 결과에서 나온 실험 조건과 결과 데이터를 관련 엔지니어들과 공유할 수만 있다면, 분명 개인의 지식 확장에 도움이 됩니다. 그리고 또한 사실 중심의 기술 토론 문화 구축에도 중요한 토대가 될 것입니다.

그래서 각 개발 단계별로 발생한 데이터와 정보를 보관, 공유하기 위해서는 제품 개발 프로세스(D&DDV)와 연계하여 운영하는 것이 효과적인데, 만약 예산 여력이 있다면 다음 그림처럼 '워크 플로우 관리(WFM)Work Flow Management' 기능이 있는 제품 개발 IT 시스템을 활용하는 것이 기술 축적이라는 측면에서 좀 더 효과적, 효율적입니다.

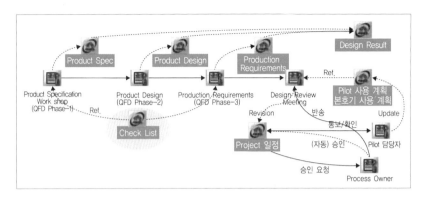

그림 2-54. 제품 개발 워크 플로우 관리 IT 시스템의 예

엔지니어들은 기술에 대한 독점욕이 강하기 때문에 자발적으로 기술을 공개하지 않으려고 합니다.(사실 독점욕은 엔지니어뿐만 아니라 모든 인간의 공통적인 욕망이라고 해석하는 것이 좀 더 정확할 것 같습니다.) 그래서 제품 개발 IT 시스템을 활용하면 개발 과정 중에 반드시 지켜야 하는 공람, 검토, 승인 등의 과정이 시스템적으로 이루어지므로, 데이터와 정보가 IT 시스템에 자동적으로 저장됩니다. 이렇게 저장된 데이터, 정보들이 축적되기 시작하면, 기술 축적의 기본 토대는 만들어지는 셈입니다.

물론 투자비를 절감하기 위해 공유 폴더에 자료를 관리하는 것도 한 방법이지만, 과거의 경험에 따르면 이 방식은 프로젝트 간 저장되는 데이터와 정보 내용의 일관성, 저장의 강제성과 지속성, 검색 용이성과 활용성 등의 한계로 결과가 그리 만족스럽지 못했습니다.

그럼 과연 어떤 데이터와 정보를 저장하고 공유해야 하나요? 파일럿과 양산 설비에서 진행되는 실험 계획서(실험 목적 및 배경, 실험 변수 및 조건, 실험 설비, 시험 방법 등등 명기)와 실험 결과 보고서는 당연히 저장되어야겠지요. 그런데 일반적으로 관리가 잘 안 되고 있는 것이 실패한 실험 데이터들입니다. 특히 양산 설비의 실험과는 달리 파일럿, 랩 실험 실패 데이터는 기록을 잘 안 하죠. 이는 실패의 노출에 대한 거부감도 있지만, 일일이 기록하는 것 자체가 귀찮기 때문입니다. 하지만 실패했을 때의 실험 조건과 결과 데이터도 실험 성공 데이터와 동일하게 중요한 의미가 있으므로 기록하고 저장해야 합니다.

정리하면, 실험 정보 및 데이터는 과제의 추진 과정과 성과를 보여주고, 과정

중에 진행되는 실험의 조건과 결과를 설명해주는 자료입니다. 이렇게 문맥이 있는 사례를 공유하는 것은 경험을 간접적으로 공유하고 재료와 실험 조건들에 대한 지식과 이해도를 높이는 역할을 합니다. 그리고 성공과 실패에 관계없이 랩, 파일럿, 양산 실험 시 발생하는 모든 정보와 데이터를 기록하고 저장해야 합니다. 이 모든 정보와 데이터들은 제품 개발 IT 시스템을 통해 자연스럽게 저장, 공유되도록 하는 것이 가장 효과적이고 효율적인 방법입니다.

3. 생산

　기존 사업이든 신규 사업이든 간에 생산의 이상적인 역할은 무엇이겠습니까? 라는 질문에 '고객이 원하고 기대하는 수준의 제품(품질)을 낮은 가격(원가)으로 적시에 공급(납기)해주는 것이다'라고 답변하면 큰 무리는 없으리라 봅니다. 그럼 '이런 역할을 수행하기 위해서 생산에서는 어떤 능력을 보유해야 합니까?'에 대한 해답이 결국 생산이 갖추어야 할 역량이 될 것입니다.

　생산 역량에 대해 본격적으로 이야기하기 전에 먼저 품질과 원가, 납기에 대한 기본 개념과 이들 간의 관계에 대한 이해가 필요할 것 같습니다. 생산 관리는 결국 이 기본적인 3가지를 잘하기 위해서 무엇을 해야 하는지를 다루니까요. 그리고 생산 활동 측면에서 이 3개 요소들 간의 인과관계를 보면 결국 품질 관리 역량이 핵심입니다. 품질의 평균과 변동 요인을 잘 관리할 수 있는 역량이 있으면 원가와 납기도 상당 부분 해결되는 인과관계가 성립한다는 것인데, 다음 그림을 보시죠.

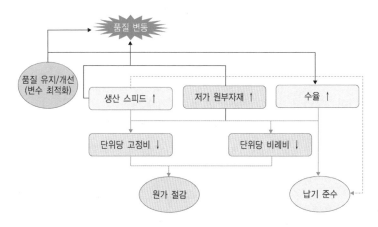

그림 2-55. 품질과 원가, 납기 간 관계

원가 개선은 단위당 고정비와 비례비 단가를 낮춘다는 의미인데, 고정비는 생산 스피드를 높이면 단위당 감가상각비와 인건비가 낮아집니다. 물론 추가 생산량만큼 판매량도 증가한다는 전제 조건이 만족되어야겠죠. 그리고 단위당 비례비는 저가 공급업체나 원부자재로 대체하거나 수율이 개선되거나, 그리고 생산 스피드가 높아질 경우에 에너지의 단위당 사용량이 일부 감소함에 따라 낮아지게 됩니다.

생산 스피드와 수율이 개선되면 생산 계획을 안정되게 수립, 운영할 수 있기 때문에 납기도 많이 개선될 수 있습니다.

이러한 개선 활동의 전제 조건은 '품질'입니다. 생산 스피드와 저가 원부자재 사용량이 증가하면 제품의 품질에 문제가 생길 가능성이 높아집니다. 이렇게 되면 원가 개선 활동은 의미가 없어집니다. 결론적으로 스피드, 원부자재 등 품질에 영향을 미치는 요인이 변하더라도, 이를 제어하는 변수들을 최적화함으로써 기존의 품질 수준, 즉 품질 특성의 평균값과 산포를 유지할 수 있는 역량이 있어야 원가 절감을 할 수 있다는 말입니다.

또한 수율 개선을 하기 위해서도 수율을 저하시키는 품질 특성에 영향을 미치는 변수들을 최적화할 수 있는 역량이 있어야 합니다.

요약하면, 원가 절감과 납기의 정확도를 위해서는 품질, 즉 품질 특성의 평균값과 산포에 영향을 미치는 변수들을 최적화하는 활동이 반드시 필요합니다. 따라서 품질 특성에 영향을 미치는 변수들을 최적화할 수 있는 역량이, 원가와 납기 개선을 위한 핵심 역량이 되는 셈입니다.

그럼 이제부터 생산의 핵심 요소인 품질 관리에 초점을 맞추어 이야기하겠습니다. 먼저 품질 관리의 기본 요소인 품질 특성의 '중심값'과 '산포'의 의미를 간략하게 알아보겠습니다. 사실 이 두 단어가 품질 관리의 가장 기본적이고 핵심적인 단어인데, 제품 개발뿐만 아니라 생산의 궁극적인 목표이기도 합니다. 그래서 생산, 개발 조직뿐만 아니라 판매원들도 '품질'에 대한 기본적인 의미를 이해할 수 있어야 내부 엔지니어, 그리고 고객과 쌍방향 커뮤니케이션을 할 수 있습니다.

이 '중심값'과 '산포'를 다른 말로 표현하면 '정확도'와 '정밀도'입니다. 그래서 품질 관리를 한다는 말은 '제품 특성치의 정확도와 정밀도를 관리한다'라고도 표현할 수 있습니다. 이해를 돕기 위해서 다음 그림을 보시죠.

206

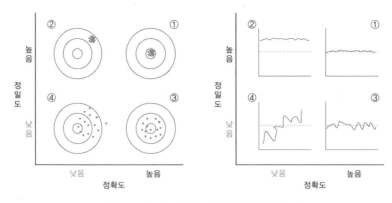

그림 2-56. 산포(정밀도)와 중심값(정확도)

A라는 어떤 품질 특성치의 제품 규격이 100±10이라고 가정해보겠습니다. 목표값이 100이라는 의미죠. 만약 생산한 모든 제품의 측정값이 100±1의 범위 내에 무작위로 분포되어 있다면, 이것은 중심값이 목표치에 근접해 있고 산포도 매우 좁기 때문에 '정확도와 정밀도가 높다'고 할 수 있는데, 앞 그림의 ①에 해당합니다.

반면에 측정값의 중심값이 90이고 90±10의 범위 내에 무작위로 분포되어 있을 경우 '정확도와 정밀도 둘 다 낮다'라고 할 수 있는데, 그림 ④에 해당합니다.

또 다른 경우를 보죠. 측정값의 평균이 90이고 90±1의 범위 내에 분포되어 있다면 '정확도는 낮으나 정밀도는 높다'라고 할 수 있으며, 그림 ②에 해당합니다.

반면에 측정치의 평균이 100이고, 분포가 100±5의 범위 내에 무작위로 있다면 '정확도는 높으나 정밀도는 낮다'라고 말할 수 있죠. 그림 ③에 해당합니다.

결국 품질 관리의 지향점은 '정확도와 정밀도 둘 다 높은' 그림 ①의 모습입니다. 그런데 정확도와 정밀도가 어느 정도 높아야 할까요? 중심값이 97이고 산포가 ±3 내에 들어가면 높은 건가요? 아니면 낮은 건가요? 그리고 샘플링 검사를 했을 때와 전수검사를 했을 때, 합부 판정에는 어떤 차이가 있나요?

이 의문에 대답하기 위해서는 확률 분포와 산포에 대한 기본 이해가 필요합니다. 먼저 확률 분포에 대해 이야기해보죠. 확률 분포의 종류는 매우 많습니다. 정규 분포, 이항 분포, 포아송 분포, 와이블 분포, 지수 분포, 카이제곱 분포 등등은 품질 관리를 하신 분들은 많이 들어봤을 겁니다. 데이터의 종류와 사건의 특성에 따라 다양한 확률 분포가 존재하는 것인데, '어떤 품질 특성은 정규 분포 형태를 가진다'라고 하는 식입니다. 적용되는 분포의 모양이 다르면 확률값도 달라지기 때문에,

207

그 품질 특성에 맞는 정확한 분포의 선택이 예측값의 정확성에 큰 영향을 미칩니다. 품질 관리뿐만 아니라 다양한 분야에서 일반적으로 가장 많이 사용되고 있는 '정규 분포'를 예로 들어 설명하겠습니다.

정규 분포는 다음 왼쪽 그림처럼 평균값을 중심으로 좌우 대칭이고, 평균값이 가장 높이가 높은 종 모양의 형태입니다. 어떤 사건이 이런 종모양의 분포로 발생한다는 의미인데, 품질 관리에서는 대부분의 경우 정규 분포를 가정하여 분석하기 때문에, 확실히 이해할 필요가 있습니다.

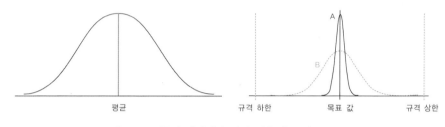

그림 2-57. 품질 관리에서 많이 사용하는 정규 분포

생산 현장에서는 비용과 시간의 제약으로 대부분 샘플링 검사를 하는데, 측정 결과가 오른쪽 그림의 두 가지 모양의 분포로 나타났다고 가정하겠습니다. 좌우가 좁은 분포(A)와 넓은 분포(B) 형태입니다. 어떤 제품의 품질 특성에 대해 올해 생산한 샘플 측정값의 분포가 A 분포이고, 작년 생산한 샘플 측정값의 분포가 B라고 한다면 언제 생산한 제품이 더 불합격일 확률이 높을까요? 당연히 B 분포이겠지요. 왜냐하면 샘플의 대표성과 충분성의 한계로 샘플링 검사 결과와 전수 검사 결과(실제 모집단의 품질) 간에는 오차가 존재하는데, 샘플 측정치들의 산포가 넓을수록 품질이 불안정하다는 의미이기 때문입니다. 그래서 샘플 품질의 산포가 클수록 실제 모집단 품질의 산포도 큰 것으로 추정하는 것입니다. 사실 샘플 측정값 모두는 제품 규격을 만족시켜서 합격이긴 하지만 측정 오차까지 고려하면 실제 모집단의 품질값은 제품 규격을 벗어날 확률이 있는 것이죠. 따라서 당연히 좌우가 넓은 분포, 즉 산포가 넓을수록 불합격 확률이 높아지고, 고객 입장에서도 제품의 품질 관리를 위해 공급되는 원부자재의 품질 변동이 큰 것을 원하지는 않겠죠. 그래서 공급자와 고객 모두 '산포를 줄이자!'라고 외치는데, 이것이 '식스시그마'의 핵심 철학이기도 합니다.

생산한 제품의 품질 평균값(품질 측정 데이터의 중심값을 산출하는 몇 가지 방법 중에서 평균값을 일반적으로 많이 사용)이 목표 값에 어느 정도 근접해 있는지도 품질 관리에서 중요한데, 산포를 줄이는 것에 더 많은 관심을 가지는 이유는 무엇일까요? 일단 산포가 개선되면 중심값을 목표 값으로 근접시키는 것은 상대적으로 쉽다고 보는 겁니다. 또한 고객 입장에서도 원부자재의 품질 관리 측면에서 평균보다는 상대적으로 산포를 더 중요시합니다. 왜냐하면 구매 자재의 로트 간 품질 편차가 크다면 고객이 생산하는 제품 로트들의 품질과 생산성도 같이 흔들리므로, 고객 입장에서 참으로 곤혹스러운 일이기 때문입니다.

그리고 고객 입장에서 평균값이 일관되게 낮은 제품은 사전에 대책을 수립할 수 있지만, 품질 편차가 로트마다 다르다면 대책을 세우기가 매우 어렵습니다. 그래서 중심값보다 산포를 더 중요하게 생각하고, 일단 산포를 줄인 다음에 평균값을 조정하는 순서로 품질 개선을 합니다.

이제까지 설명한 내용을 요약하면, 제품의 품질 수준은 측정치의 중심값이 목표 값에 얼마나 근접해 있는지, 또한 산포가 얼마나 큰가에 달려 있다고 했습니다. 그리고 평균과 산포의 수준을 평가하는 기준이 되는 것이 바로 제품 규격입니다. 어떤 품질 특성 항목의 표준 편차(산포의 측정 지표 중 하나로 가장 일반적으로 사용)값은 같더라도, 제품 규격의 범위가 좁고 넓음에 따라 품질 수준의 평가 결과가 달라집니다.

이처럼 제품 규격 대비 자사의 품질 관리 역량이 어느 정도 되는지를 객관적으로 평가해줄 수 있는 지표가 필요한데, 이 평가 지표를 '공정 능력 지수'라고 하며 2가지 평가 방식이 있습니다. 산포에 대한 관리 능력을 보는 Cp, Pp가 있고, 산포와 중심값(규격 중앙이나 목표 값에 대한 근접도) 둘 다에 대한 관리 능력을 평가하는 Cpk, Ppk와 Cpm이 있습니다. 이에 대한 자세한 내용은 품질 관리 관련 책에서 많이 다루고 있기 때문에 여기서는 별도 설명을 하지 않겠습니다.

지금까지 설명한 품질에 대한 기본 지식을 바탕으로, 신제품 생산 초기와 초기 이후의 환경 변화에 따른 생산의 역할을 간략하게 살펴보겠습니다.

신제품이 생산에 양산 이관된 후 생산의 책임은 연구소의 개발 목표를 만족시키는 품질과 원가의 제품을 안정되게 생산하는 것입니다. 하지만 연구소에서 신제품 개발을 완료하고 양산 테스트를 거쳐 생산 조직에 이관은 했지만, 본격적인 양산 단계에서는 예상하지 못한 문제가 발생하는 경우가 많죠. 이러한 현상은 연구소에서 공장 실험을 아무리 열심히 했다고 하더라도 생산 횟수와 규모, 생산 제품의 다양성, 생산 환경 조건 등에 차이가 있기 때문에 발생합니다. 이 말은 개발할 때는 다양한 변수들의 조건을 반영하는 실험을 하지 못하기 때문에 본격적인 생산을 할 때 제어하지 못한 변수들의 변동에 의해 문제가 발생한다는 의미입니다.

이런 문제는 연구소에 파일럿 실험 설비가 없고 생산 설비에서 실험한 횟수나 양이 적을 때 발생할 확률이 더 높아집니다. 그리고 설사 양산 이관 후 생산 안정화가 되었더라도, 시간이 지나면서 경쟁과 수급 상황의 변화, 고객 요구의 변화에 의해 생산에서는 많은 영향을 받게 됩니다. 더 높은 품질 수준과 균일한 품질, 소량 주문과 긴급 발주에 대한 대응 능력, 제조 원가 인하, 납기 안정성 같은 변화들이죠.

따라서 신사업, 신제품 초기에는 우선 품질에 영향을 미치는 변수들을 신속하게 최적화하는 노력이 필요합니다. 이를 위해 품질에 영향을 미치는 설비 상태, 공정 조건, 작업자들의 숙련도, 자재, 검사 방법, 환경 조건 등 모든 요인들을 하나씩 안정시켜서 관리 상태가 되도록 해야 합니다. 그런데, 생산 초기에 최적화를 했더라도, 생산 제품의 순서와 조합 변경, 새로운 제품과 고객의 추가, 고객 불만 발생과 고객 요구 사항의 변경으로 과거의 최적화 조건은 더이상 적합하지 않게 됩니다. 또한 내부적인 품질과 생산성 개선, 그리고 원가 절감 활동에 의해 기존의 최적화 조건이 맞지 않아 품질 문제가 발생하기도 하죠. 결국 초기 최적화 조건에 대한 재(再)최적화(대부분 초기 최적화 조건의 부분적 조정)의 필요성이 끊임없이 발생하는데, 이것이 바로 신사업 초기 이후에 나타나는 생산 조직의 역할입니다.

결론적으로 품질 관리를 위한 변수들의 최적화 활동이 생산의 역할이며, 최적화 능력이 생산 역량이 됩니다. 그러면 이 초기 최적화와 재최적화의 대상은 무엇인가요? '산포'와 '중심값'입니다. 그럼 먼저 신사업 초기 품질, 즉 산포와 중심값에 영향을 미치는 영향 변수들의 최적화에 대한 이야기부터 하겠습니다.

1) 품질 영향 변수의 초기 최적화

산포와 중심값의 차이가 어디에서 발생하는지, 그리고 어떻게 줄여야 하는지에 대해 알아보겠습니다. 산포와 중심값은 크게 보면 측정의 오차와 제품의 변동에서 발생하죠.

측정 오차는 말 그대로 측정값과 참값 간의 차이를 말하는데, 측정 오차는 시료를 측정할 때 측정자와 측정 기기에서 발생합니다.

측정자의 오차는 교대 근무, 숙련도 등의 이유로 여러 사람들이 동일한 시료를 측정할 때 측정자들 간 측정 방식의 차이에 의해 발생하죠. 그리고 측정 기기의 오차는 동일한 사람이 동일한 시료를 측정했을 때 발생하는 측정 기기의 오차인데 이것은 기기 자체의 미흡한 정확도와 정밀도에 의해 발생합니다.

이렇게 측정자와 측정 기기의 문제에 의해 발생하는 측정 오차를 평가하는 방법이 있습니다. 측정의 정확도(중심값)를 알기 위해서는 선형성과 안정성, 치우침의 정도를 평가하고, 측정의 정밀도(산포)는 측정 기기와 측정자의 변동을 평가합니다. 여기서 측정 기기의 변동을 평가하는 것을 반복성repeatability 평가라고 하고, 측정자의 변동 평가를 재현성reproducibility 평가라고 하는데, 이를 묶어서 Gage R&R이라고 합니다. 여기서 이에 대한 구체적인 평가 방법과 조치 방법에 대해서는 별도로 설명하지 않겠습니다. 시료와 측정 데이터의 특성에 따라 분석과 평가 방법도 달라지는데, 자세한 내용은 '측정 시스템 분석'에 대한 책자를 참고하시길 바랍니다.

어쨌든, 측정 오차가 너무 크다고 평가된 경우, 측정자 교육, 측정 기기의 검교정, 측정 절차와 방식의 개선 등이 선행되어야 합니다. 즉, 제품의 중심값과 산포를 개선하기 전에 측정의 신뢰도를 확보하는 것이 우선이죠. 왜냐하면 측정 데이터에 문제가 있는데도 불구하고 제품의 품질에 문제가 있는 것으로 잘못 판정할 수 있고, 또한 그 데이터를 가지고 최적화를 위한 분석 작업을 하면 엉뚱한 결과가 나오기 때문입니다.

그리고 측정 오차를 개선하는 것은 쉬울 수 있습니다. 무엇을 어떻게 개선해야 하는지가 어느 정도 명확하니까요. 문제는 제품의 중심값과 산포입니다. 설비와 공정의 복잡도에 따라 변수가 너무 많아 어떤 경우에는 품질 관리를 하는 것이 거의 '예술'에 가까울 지경입니다. 물론 화학사업의 연속 혹은 배치 생산 공정처럼 주요 영향 변수가 많지 않고, 일단 최적화를 해놓으면 제품 품질의 변동도 거의 없는 행복한 경우도 있지만요.

이것으로 간단하게나마 측정 오차에 대한 설명을 마치고, 다음은 제품의 변동에 대해 살펴보겠습니다.

제품의 변동, 즉 품질에 영향을 미치는 변수는 크게 보면 원부자재material, 사람man, 작업 방법method, 설비machinery, 환경environment 요소로 구분할 수 있습니다. 품질 관리에서는 4M1E라고 부르는 것들인데, 다음 왼쪽 그림처럼 원부자재가 투입되면 사람, 작업 방법, 설비, 환경 관련 변수들이 영향을 미쳐 제품의 품질이 결정되는 것이지요.

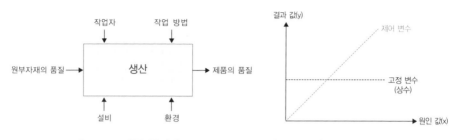

그림 2-58. 제품 품질과 4M1E　　　　그림 2-59. 원인 변수의 유형과 결과 값

　　만약 기존 사업과는 많이 다른 새로운 설비나 작업자와 작업 방법, 원부자재, 환경이 필요한 신규 사업일 경우에 4M1E를 안정화하는 과정은 기존 사업의 것들을 그대로 활용하는 신제품의 경우와는 많이 다릅니다. 고민해야 하는 범위와 순서가 다르죠.

　　설비를 어떻게 설계할 것인지, 어느 공급업체와 어떤 품질의 원부자재를 사용할 것인지, 어떻게 오퍼레이터의 작업 재현성을 높이고, 작업 방법과 환경을 설계할 것인지 등 처음부터 모든 것을 완전히 새롭게 구축해야 하고, 구축하는 순서도 고민해야 합니다. 물론 생산의 기본적인 미션인 목표 품질을 달성하기 위해 원부자재의 품질, 작업자와 작업 방법, 설비와 환경 상태를 최적화한다는 목표는 동일하죠.

　　즉 '제품의 목표 품질(y) = f(원부자재, 작업자, 작업 방법, 설비, 환경 관련 x 변수들)＋e(오차)' 모델에서 e(오차)를 최소화할 수 있는 원인 변수(x)를 찾아내고 최적화하는 점은 같습니다.

　　그런데 이 모든 변수를 동시에 최적화하는 것은 어떤 생산 공정에서도 불가능에 가깝습니다. 그래서 먼저 중요하다고 생각하는 모든 변수를 제어변수와 고정변수로 분류합니다. 어떻게 분류하나요? 실험 시간이나 비용이 많이 들지 않을 경우에는 핵심변수 선정 실험 계획법Screening DOE를 활용하여 도출할 수 있습니다. 하지만 실험이 용이하지 않을 경우에는 관련 전문가의 자문, 과거 유사 경험, 과학적 이론 등을 참고하여 직관적으로 선별할 수도 있을 것입니다.

　　제 개인적 경험으로는, 우선 결과 변수(y)에 많은 영향을 미치면서 용이하고 정교하게 제어할 수 있는 핵심 변수 이외에는 모두 우연 변동만 발생되도록 고정화(상수)하는 것이 좋습니다. 또한 변수를 안정화하는 순서도 중요한데, 잘못하면 변수들의 영향력이 서로 엉켜서 뭐가 뭔지 모르게 되어 초기 생산 안정화에서 불필요한 시행착오로 많은 시간을 허비하게 됩니다.

그래서 신사업의 경우에는 무엇보다도 설비를 안정화하는 노력을 먼저 해야 합니다. 설비가 제대로 작동하지 못하는 상태에서 다른 변수로 품질을 제어하려는 시도는 혼란만 가중시킬 뿐입니다. 왜냐하면 설비의 불안정성과 제어 변수의 영향도가 섞여서 인과관계 분석을 할 때 원인 인자가 무엇인지를 구분할 수 없게 되고, 나중에 설비가 안정되면 공정 제어 변수의 설정 조건도 달라지기 때문이죠.

이런 맥락에서 원부자재도 생산 초기 단계에는 변수를 최대한 줄여 시행착오를 최소화하기 위해 품질이 안정된 자재를 사용하는 것이 좋습니다. 물론 제품 품질과 영향 변수가 안정된 어느 시점에는 원가 절감을 위해서 필요하다면 저가 자재나 공급업체의 변경을 시도할 수 있겠죠.

또한 환경 상태, 작업자 간의 작업 방법과 기준도 표준화하여 품질에 대한 영향도를 고정시키는 것이 필요합니다.

이와 같이 생산 초기에 주요 제어 변수 선정과 최적화 역량을 체계적으로 확보하면 조기에 품질을 안정화할 수 있을 뿐만 아니라, 향후 시장 확대 시 다양한 응용 제품을 제조할 때도 조기에 생산 안정화를 할 수 있습니다. 그럼 지금부터 품질에 영향을 미치는 4M1E 각각을 어떻게 제어할 것인가에 대해 구체적으로 알아보겠습니다. 먼저 신사업 초기에 가장 중요한 '설비machinery'에 대한 설명부터 시작하겠습니다.

① 설비

기존 설비를 그대로 사용하여 신제품을 생산할 수 있는 경우에는 큰 문제가 없습니다. 하지만 신규 생산 설비를 도입할 때는 설비의 기능과 성능, 공정 제어 시스템을 어떻게 설계할 것인가를 고민해야 합니다. 원부자재나 작업 방법 등 다른 요소들은 상대적으로 쉽게 변경하거나 개선할 수 있으나 설비는 한 번 잘못 제작하면 변경 비용과 기회 손실이 매우 큽니다.

어떤 경우에는 투자비를 절감하기 위해 기존 설비를 개조하여 사용하기도 합니다. 물론 기존 설비의 기능과 성능의 변경 규모에 따라 다르겠지만, 안정화 기간이 예상보다 많이 소요되어 사업 기회를 놓치는 것을 제법 많이 목격했습니다. 그리고 많은 경우, 신규 설비 구입 비용보다 개조 및 보완 비용이 더 들기도 하죠.

사실 기존 설비를 개조할 것이냐 아니면 신규 설비를 발주할 것이냐에 대한 명확한 판단 기준을 제시하기는 어렵습니다. 하지만 많은 경우 공정과 설비 엔지니어가 나름대로 직관적으로 정확하게 판단할 수 있기 때문에 이들의 목소리에 귀를 기울일 필요가 있습니다. 설비는 제품 전략 구현의 질과 기간에 매우 중요하기 때문에, 투자 비용 절감을 영웅시하는 분위기와 유혹에 무작정 넘어가지 않도록 조심해야 합니다.

신규 설비를 설계할 때는 제품 전략과 운영 전략을 고려하여 기능과 성능, 크기, 그리고 어떤 센서를 어느 위치에 장착할 것인가를 결정하기 위해 많은 고민이 필요합니다.

설비의 기능이 많아지면 투자 비용이 높아지는 대신 유연성은 좋아지나, 그만큼 변수가 많아져 제어의 난이도가 높아지죠. 또한 설비의 성능이 높아지면 투자 비용은 증가하지만 제어력이 좋아져 좋은 품질의 제품을 생산할 수 있는 조건은 더 좋아집니다.

설비의 크기를 결정하는 것에도 신중해야 합니다. 이론적으로는 조금 더 투자하여 설비의 규모를 크게 하면 생산량이 증가할 수 있지만, 제어가 쉽지 않아 안정화에 어려움을 겪을 수 있습니다. 반대로 규모를 작게 하면 생산성이 떨어져 제조 원가가 높아지죠.

결국 설비는 사업 전략, 더 자세히 설명하면 제품 전략과의 적합성, 시장 진입 타이밍의 중요도, 요구 품질 수준, 가능한 투자비 규모, 목표 제조 원가 수준 간에 전략적 의사결정이 필요하기 때문에 마케팅, 영업, 생산, 기술과 토의하여 설비 사양을 결정하는 것이 바람직합니다. 그리고 만약 두 번째 호기를 가까운 시일 내에 발주할 계획이라면 부품과 기술의 공유 측면에서는 가능한 한 동일한 설비를 사용하는 것이 유리하기 때문에, 이에 대한 고려도 필요합니다.

다음은 어떤 센서를 어느 위치에 설치할 것인가를 결정하는 문제도 중요한데, 이에 대해 두 가지 목적을 가지고 검토해야 합니다. 설비와 공정 상태를 모니터링하여 상태를 실시간 제어하는 것과 센서를 통해 수집한 데이터의 분석을 통해 설비 이상을 관리하고 최적 공정 조건을 찾아내는 목적들이죠. 그래서 무엇을 모니터링하고 제어할 것인지를 먼저 정의해야 센서의 종류와 위치를 결정할 수 있기 때문에 이에 대해 먼저 정리해야 합니다.

품질 관리에 있어 설비 및 공정 센싱 데이터가 매우 중요한데, 데이터 분석을 통한 최적화 관점에서 센서에 대한 설명을 더 하겠습니다.

데이터는 결과 변수(y)와 원인 변수(x) 데이터로 구분되고, 이 두 변수 간에는 y=f(x)의 관계가 성립됩니다. y는 결과 변수인 제품의 품질 특성이고 x는 y에 영향을 미치는 원인 변수들입니다. 진동, 소음과 같은 설비 상태, 그리고 스피드, 온도, 압력과 같은 공정 상태가 원인 변수들이죠.

사실 공정 상태에 영향을 미치지 않는 범위 내에서 센서가 많을수록 나쁠 것은 없습니다만, 설치 비용이 발생하기 때문에 주요 변수를 식별하여 이에 대한 센서만을 설치하게 됩니다. 그런데 현실적으로 신사업 초기 단계에서 '주요 변수에 대한 센서를 설치'한다는 말은 맞지 않을 수도 있습니다. 이전에 경험이 없는 신규 설비를 구매하는 경우, 발주자는 이를 설계할 역량이 없어 설비 제작자에 상당 부분 의존할 수밖에 없는 것이 현실이니까요. 어쨌든 신규 설비일 경우에도 설비 제작자와 데이터 분석이라는 관점에서 토의하고 필요한 센서를 설치해야 할 것입니다.

개인적으로 품질 관리에서 '측정할 수 없으면 관리할 수 없다'라는 주장에 전적으로 동의합니다. 그래서 생산 노하우가 축적된다는 의미가 센서의 위치와 종류에 대한 지식과 경험이 축적된다는 것과 비슷한 의미라고 생각합니다.

정리하면 생산 설비(건물 포함)를 설계할 때 향후 고객의 제품과 품질 요구 수준의 변화와 최적화를 위한 데이터 분석을 고려하여 설계해야 합니다. 물론 너무 이상적인 미래 상황을 고려하여 과대(오버 스펙) 설비를 설계해야 한다는 의미는 아닙니다. 단지 비용 절감 중심의 단기적인 이익 추구보다는 조금은 중기적 관점에서 설비 투자에 대한 의사결정을 해야 한다는 것입니다.

특히 설비 설계는 시장 진입 타이밍, 원가 및 품질 경쟁력에 매우 중요하기 때문에 일시적인 투자 비용 절감에 현혹되지 말아야 합니다. 이것은 비용 절감 성과가 영웅시되는 분위기에서는 더욱 조심해야 할 일입니다.

② 작업자와 작업 방법

사실 품질의 균일화 측면에서만 보면 자동화가 가장 바람직합니다. 작업 방법과 기준의 차이에 의해 발생하는 변동을 제거할 수 있기 때문이죠.

자동화에도 레벨이 있는데 1단계가 인간이 하는 반복적 행동을 기계가 대신하여 일의 속도와 정밀도, 균일성을 높이는 것으로 이미 상당한 수준에 올라 있습니다. 그리고 다음 단계가 데이터 분석을 통해 실시간 피드백 제어를 하는 것인데, 아직은 산업의 특성에 따라 수준 차이가 큽니다. 이것은 변수들의 복잡도와 위험도에 따라 구현 수준이 다른데, 수준을 높이려면 기본적으로 사전에 변수와 변수 간의 관계가 명확히 규명되고 예측 모델링이 되어 있어야 합니다. 이렇게 자동화 여부와 범위를 결정하기 위해서는 당연히 투자비 대비 효과가 고려되어야겠죠.

최근에 자동화를 넘어서 스마트팩토리smart factory를 구현한 기업도 있지만, 이를 구축할 수 있는 설비와 공정 특성을 갖춘 기업은 극히 제한적입니다. 여전히 많은 공장에서는 품질에 영향을 미치는 변수가 무엇인지, 변수 간에 어떤 관계가 있는지 명확하게 모르거나, 혹은 주요 변수를 측정하지 않거나 못하고 있는 것이 현실입니다.

연속 생산 공정처럼 핵심 제어 변수가 명확하고, 결과 변수와 제어 변수의 상태가 정확하게 측정되고 있다면, 리스크는 있지만 최적화 모델링을 하여 공정제어를 자동화할 수 있을 것입니다.

이렇게 완전 자동화가 이루어지지 않은 공장의 경우, 어쩔 수 없이 작업자들의 경험 기술과 적극적인 참여가 품질 관리의 핵심 요소가 됩니다. 전후 공정 간, 혹은 동일 공정 내에서 작업자 간의 지식과 정보 공유, 그리고 문제를 예방, 해결하고 개선하려는 작업자의 노력이 중요한 것이죠. 그럼 실제로 이러한 모습을 구현하기 위한 방법을 살펴보겠습니다.

사실 모든 기업에 적용할 수 있는 정형적인 방법은 없습니다만, 여기에서는 중심값과 산포를 제어하기 위한 작업자들의 생산 기술 축적과 문제 해결 및 예방 역량을 강화할 수 있는 방법을 설명하겠습니다.

생산 기술은 엔지니어와 오퍼레이터들이 문제를 해결하고 예방하는 역량에 의해 결정되는데, 이론과 경험 기술이 충분히 축적되어 있지 않다면 문제를 해결하고 예방하는 데 한계가 있죠. 우리가 흔히 말하는 '아는 만큼 보인다'라는 의미입니다. 그래서 기존의 기술로 적용이 어려운 신사업의 경우 관련 기술을 빨리 습득하고 체계적으로 축적하는 것이 중요합니다. 그럼 어떤 기술을 어떻게 습득하고 축적해야 하나요?

먼저 전후 공정에 대한 경험과 지식이 필요합니다. 내가 담당하는 공정은 이전 공정의 영향을 받고 다음 공정에 영향을 줍니다. 그렇다면 전후 공정에 대한 경험과 지식이 있어야 담당 공정을 더 잘 운영할 수 있겠죠.

내가 담당하는 공정에서 나오는 반제품에 품질 문제가 발생했다고 가정해보겠습니다. 그 문제의 원인이 담당 공정에서 발생한 것일 수도 있지만 이전 공정에서 발생한 것일 수도 있습니다. 그런데 만약 무조건 담당 공정의 제어 변수만을 조정하여 문제를 해결하고자 한다면, 이전에는 없었던 다른 혼란스러운 문제가 발생할 수도 있을 것입니다.

만약 공정 간의 정보가 충분히 공유되지 않는 공간 구조, 조직 체계와 문화를 가지고 있다면 이러한 문제의 발생 가능성은 더 커집니다. 그래서 어떤 기업은 신규 사업을 할 때 본생산 라인이 들어오기 전에 오퍼레이터들로 하여금 파일럿 설비에서 다양한 공정 경험을 하게 하고, 서로 간의 경험을 공유할 수 있는 체계를 운영하기도 했습니다. 이러한 시도가 나중에 본생산 라인 가동과 안정화 과정에서 큰 도움이 되었는데, 이를 당시 '멀티 플레이어 육성 프로그램'이라고 불렀습니다.

또한 공정 간의 오퍼레이터들 간에 심리적 장벽을 제거하고 정보 공유와 소통이 활발하게 이루어질 수 있도록 공간 설계를 하는 것도 좋습니다. 개인적으로 참여한 적이 있는 한 신규 사업의 경우, 공장을 설계할 때부터 두 개의 전후방 공정을 한 공간에서 모니터링, 제어할 수 있도록 DCSDistributed Control System 룸을 설계했습니다. 생산 제품은 다르지만 유사한 공정 구조를 가진 공장에서 경험했던 '공정 간 정보의 폐쇄성' 문제를 되풀이하지 않기 위해서였죠.

이전의 공장은 두 개 공정의 건물이 분리되어 있어서, 앞 공정의 정확한 품질 정보가 후공정과 공유되지 않아서, 후공정에서 품질 문제가 발생할 때마다 문제의 원인을 몰라 이를 해결하는 데 고생했던 기억이 있었던 것입니다.

다음으로 필요한 것은 '표준화와 표준 준수 체계'입니다. 특히 '손끝 기술'이 중요한 공정에서는 신사업 초기 단계부터 표준화와 표준 준수 문화를 내재화할 필요가 있습니다. 그렇지 않으면 교대조 간에, 오퍼레이터 간에 적용하는 운전 기준이 제각각 달라집니다. 문제가 발생하면 해결하는 방식도 다르죠. 물론 문제 해결 방식은 다양할 수 있습니다. 하지만 근무조와 오퍼레이터마다 동일 설비와 제품에 대해 작업 조건과 문제 해결 방식이 각기 다르다면 체계적인 기술 축적이 안 될 뿐만 아니라 근원적인 문제 해결도 어렵습니다. 또한 소수의 '손끝 기술'이 뛰어난 일부 오퍼레이터에 대한 의존도가 높아지고 응용력이 떨어지기 때문에 비슷한 문제가 발생하거나 신제품이 나올 때마다 해결을 위한 시행착오 기간이 길어지죠. 그래서 신사업 초기부터 표준화와 표준을 반드시 준수하고 업데이트하는 문화를 만드는 것이 기술의 축적 측면에서 중요합니다.

③ 원부자재

원부자재의 품질은 제품의 품질에 직접적인 영향을 미칩니다. 신사업 초기에는 아직 자재에 대한 경험이 많지 않은 데다 개발 기간에 여유가 없기 때문에 원부자재의 품질 변동에 의한 제품 품질 문제 발생을 최소화하려고 합니다. 그래서 개발 조직이 제조 원가에 대한 심각한 책임을 지지 않는 경우에는 당연히 가격은 높지만 품질이 좋은 원부자재를 선호합니다. 그리고 어떤 산업에서는 고객이 직접 자재와 생산업체를 지정하기도 합니다.

그런데 여기에 문제가 있습니다. 생산 안정화가 되면 원가 절감을 위해 가격이 싼 원부자재로 변경하려 할 때 변경 과정이 쉽지 않다는 점입니다. 특히 산업재의 경우 일단 품질 인증을 받게 되면, 나중에 자재 혹은 공급업체를 변경할 필요가 있을 때 대부분 사전에 고객의 승인을 받아야 합니다. 특히 구매 비용이 큰 주재료 등은 반드시 변경 승인을 받아야 하는데, 고객의 입장에서는 문제가 없는데 군이 바꿀 이유가 없죠. 물론 자사 입장에서도 품질이 중요한 차별적 경쟁 요소이고 마진율이 높아 상대적인 제조 원가 비율이 높지 않은 경우에는 군이 저가 자재로 바꿀 필요는 없겠죠. 사실 신사업, 신제품에서 이런 상황이 가장 이상적입니다.

하지만 마진율이 높지 않아 원가 절감이 절실한 경우에는, 쉽지 않은 일이지만 고객도 자연스럽게 인정하는 자재 변경 타이밍을 찾아내야 합니다. 고객도 자재 변경에 어느 정도 관심을 가지는 타이밍은 언제인가요? 바로 고객이 자재의 공급 가격이나 개선 자재를 요구할 때, 혹은 품질이나 납기 문제가 발생하여 이를 해결하는 과정에서 뭔가 자재 변경의 당위성이 인정되는 상황이죠.

정리하면, 통상적으로 마진율이 낮은 신사업, 신제품에서 원부자재 선택을 할 때 2가지 방법이 있습니다. 먼저 개발할 때부터 과감하게 오버 스펙 자재 사용을 피하고 상대적으로 저가 자재 혹은 저가의 공급업체 자재를 사용하는 방법입니다. 이 경우에는 마케팅 조직, 경영층과 품질 리스크에 대해 사전 협의할 필요가 있습니다. 그래야 나중에 고객의 품질 인증이 지연될 때, 이에 대한 이해를 받을 수 있습니다. 또 다른 방법은 일단 안정된 자재를 사용하여 품질 인증을 받고 난 뒤 자재 변경 타이밍을 찾는 것입니다.

물론 전제 조건은 자재 자체가 실제 오버 스펙이었거나, 저가 자재 사용 혹은 생산업체 변경을 해도 품질 문제가 발생하지 않을 정도로 기술에 자신이 있어야 한다는 것입니다.

④ 환경

환경의 중요도는 제품 품질 특성의 종류에 따라 다릅니다. 반도체, 디스플레이, 식품업체 등의 경우 이물, 온습도, 정전기 관리가 매우 중요하지만, 석유, 화학 공장의 경우에는 그렇게 예민한 관리 요소들이 아니죠. 여기에서는 환경 요소가 제품에 중요하다고 가정하고 이야기하겠습니다. 환경 요소인 이물, 온도, 습도, 정전기, 조도 등은 공장을 설계할 때부터 가능하다면 고정 변수가 될 수 있도록 최대한 관리 상태하에 두는 것이 좋습니다.

만약 환경 요소가 품질에 유의미한 영향을 미치고 환경 요소의 변동이 제어 불가능한 상태에 있다면 외부 환경 조건에 따라 제품 품질에 영향을 미치는 정도가 들쑥날쑥해집니다. 이렇게 변수의 영향도가 불규칙적이라면, 다른 변수와 교호작용을 일으킬 가능성도 있기 때문에 변수 간의 인과관계 분석이 어려워집니다.

과거에 이런 경험이 있었습니다. 한 번은 중간 공정에서 큰 품질 문제가 발생했는데 원인을 알 수 없었습니다. 당시 원재료 믹싱 탱크가 외부에 노출되어 있었는데 미국인 엔지니어는 외부 온도 변화가 공정에 영향을 미쳐 문제가 발생했다고 주장하고, 한국인 엔지니어는 외부 온도가 아닌 다른 요인 때문이라고 경험적인 주장을 했습니다.

공정에 대한 경험은 부족했지만 데이터 분석을 중요시했던 미국인 엔지니어는 외부 온도 데이터를 입수하여 외부 온도와 품질 간의 상관성을 분석했는데 결과가 참 애매했습니다. 변수 간의 경향성도 뚜렷하지 않았고, 상관계수의 수준도 충분히 강한 것은 아니었습니다. 그리고 또한 다른 중요한 영향 변수들을 분석에서 배제했기 때문에 단순하게 분석한 결과만을 가지고 판단하기에는 부족했죠. 하지만 미국인 엔지니어는 한국인 엔지니어의 경험적 판단에 동의하지 않았고, 두 변수 간에는 상관관계가 있다고 생각했습니다.

사실 어느 한쪽 편을 들기에는 둘 다 명확하고 객관적인 증거가 부족했죠. 상당 시간 동안 평행선을 달리다가 결국은 온도 관리가 아닌 설비 보완으로 문제 해결을 하기는 했습니다. 무엇이 핵심 요인이었는지 명쾌하게 규명되지 않은 상태로 말입니다.

이러한 단편적인 사례 때문이 아니더라도 건물과 설비를 설계할 때 가능하다면 환경 요소의 영향력을 최소화하는 것이 좋습니다. 물론 추가 투자비와 해당 품질의 중요도를 고려하여 결정해야겠지만요.

사실 온습도의 경우 주요 공정과 설비가 건물 내부에 있고, 자동 온습도 제어 장치가 정상적으로 가동되면 특별히 관리할 요소가 그리 많지 않기 때문에 큰 문제는 없다고 생각합니다. 문제는 이물입니다. 물론 산업마다 이물 관리의 중요도와 요구 수준이 다릅니다. 이물이 중요한 산업에서는 이물 관리를 위해 무진 룸 설치등 투자 비용도 많이 들어가기도 하지만 사람, 설비, 공조 등 관리 영역도 광범위하고 세부적인 관리 요소도 많아서 관리 자체가 쉽지 않습니다. 외부 이물의 내부 혼입 방지와 내부 발생 억제, 쌓이는 것을 방지하고 발생 즉시 방출 혹은 제거를 하기 위한 다양한 방법들을 시도하죠.

그중에서 가장 변동성이 높고 관리가 어려운 요소가 사람입니다. 청소, 청결, 정돈뿐만 아니라 사람의 몸이나 움직임 등에 의해서도 먼지가 발생하기 때문에 기본 수칙과 기준을 지키는 것이 중요합니다. 그런데 오퍼레이터들이 이것을 준수한다는 것은 불편한 일이기 때문에 거부반응을 일으키는데, 신사업 초기부터 '당연히 지켜야 한다'는 문화로 자리 잡도록 해야 합니다. 그리고 좀 더 체계적으로 운영하기 위해서는 온습도 및 무진도 측정 위치와 주기가 관리되어, 측정 데이터가 관련 조직, 개인에게 실시간으로 피드백되도록 하는 것도 좋은 방법입니다.

이제까지 품질의 중심값과 산포에 영향을 미치는 4M1E를 어떻게 관리해야 하는지 살펴보았습니다. 그런데 현실적인 문제가 여전히 남아 있습니다. 신제품 양산 초기에 4M1E를 최적화했다고 해서 최적화 상태가 계속 유지되지는 않는다는 것입니다. 어떻게 보면 최적화를 한 것은 그 당시의 특정 제품과 조건, 기간에만 유용한 것일지도 모릅니다.

그런데 현실에서는 새로운 고객 요구가 발생하거나 파생 제품이 탄생하기도 하고 생산 계획도 수시로 바뀝니다. 4M1E도 시간이 흐름에 따라 변화가 생기거나 예상하지 못한 문제가 발생하기 때문에 크거나 작은 조정이 항상 필요합니다. 그럼 이를 어떻게 사전에 감지하고, 문제 발생 시 임시 혹은 근본적 조치를 취할 수 있나요? 다시 모든 데이터를 분석하여 최적 조건을 설정해야 하나요? 물론 그럴 수도 있지만 현실 세계에서는 그렇게 할 수 없는 상황이 대부분입니다.

사실 신사업, 신제품 초기에 품질 영향 변수의 최적화 단계는 품질에 영향을 미치는 변수들을 이해하고, 안정화하는 과정입니다. 품질에 영향을 미치는 변수, 고정 혹은 조정 변수, 그리고 품질과 영향 변수 간 관계를 이해하고 기본 최적화를 하는 것이죠.

그러다가 생산 제품의 순서와 조합이 바뀌고, 새로운 제품과 고객이 추가되기도 되고, 또한 고객 불만 발생, 고객 요구 사항의 변경으로 기존의 최적화 조건이 맞지 않게 됩니다. 또한 내부적인 품질과 생산성 개선, 원가 절감 활동이 추진되면서 기존 영향 변수의 최적화 조건이 맞지 않아 품질 문제가 발생하기도 하죠. 결국 초기 최적화 조건에 대한 부분적 조정tuning이 필요해지는데, 여기에서는 이것을 '품질 영향 변수의 재최적화'라고 정의했습니다.

2) 품질 영향 변수의 재최적화

품질 영향 변수의 재최적화 작업은 모든 제품, 고객에 대해 동시에 진행하는 것은 아닙니다. 부분적이고 불규칙적으로 필요성이 발생하는데, 크게 2가지 형태로 이루어집니다.

먼저 불가피하게 4M1E가 변경되었을 때, 이에 대한 필요한 조치와 함께 실험과 검증을 통해 변경점을 승인하는 형태가 있습니다. 이것은 이미 4M1E의 변경이 불가피한 상황에서 품질과 생산성에 어떤 문제가 있는지 검증하고, 필요시 적절한 조치를 취하는 수동적 접근 방식입니다.

또 다른 유형은 품질과 생산성 개선, 비용 절감을 위해 내부적으로 4M1E를 적극적으로 변경하거나 최적화하는 능동적 접근 방식입니다. 이러한 형태는 주로 프로젝트 형태로 진행되는데, 필요한 경우 2개 이상 조직의 멤버들로 구성되거나, 엔지니어와 오퍼레이터 간의 협업 형태로 추진됩니다. 흔히 부문 과제, 공장 과제, 팀 과제, 소집단 테마 등으로 부르는 것들입니다.

① 4M1E 변경점 관리(수동적 접근 방식)

어떤 경우에는 자사 내부 혹은 고객 내부의 4M1E 변경에 대한 적절한 조치가 이루어지지 않아 품질 클레임이 발생하기도 하죠. 불가피하게 중요한 4M1E 변경이 발생했는데도 불구하고, 이를 간과하거나 시간에 쫓겨서 거쳐야 할 절차를 생략한 경우에 주로 문제가 터집니다.

고객의 수입 검사 때 문제가 발견되었다면 그나마 다행이지만 완제품 최종 검사 때 문제가 발견되었다면 원인 분석과 책임 소재 규명, 배상 규모 협상 등 힘든 과정을 겪어야 합니다. 1:10:100의 법칙 기억하시죠? 품질 문제에서 개발, 생산, 고

221

객 사용 각 단계별로 발생하는 손실 비율이 배수로 증가한다는 의미입니다. 기술 역
량이 안 되어 품질 문제가 발생하는 것은 어쩔 수 없지만, 부실한 관리 시스템에 의
해 발생하는 상황은 막아야 합니다. 이를 위해 사전 예방 시스템 관점에서, 4M1E
변경 사항이 발생한 경우의 대응 및 검증 절차, 책임 사항 등에 대한 절차를 정립하
여 엄격하게 운영하는 것이 중요합니다. 4M1E 변경 관리 절차에는 다음과 같은 내
용을 포함해야 합니다.

- 변경점 정의: 관리되어야 할 주요 변경 사항 정의
- 변경점별 책임 조직: 각 변경 사항에 대한 주관 및 참여 조직 정의
- 변경점 실험 계획: 변경 사항에 대한 조치 내용, 간이 실험 계획 및 실시
- 검증 및 표준화: 검증 방법 및 기준 설정, 문서 제개정

② 4M1E 변경 및 최적화(능동적 접근 방식)

신제품 초기에 품질 문제가 발생할 확률이 상대적으로 높습니다. 사업 초기에
는 주문량이 충분하지 않아 설비 가동률이 높지 않은 데다 가동과 휴지를 반복하기
때문에 품질이 안정적이지 못합니다. 그러다가 주문량이 늘고 가동률이 높아지면
이전에 발생하지 않았던 문제들이 나타나기도 합니다. 다행히 문제의 발생 원인이
밝혀지고 해결 방안도 명확하다면 별 문제가 안 되겠지만, 문제의 원인과 해결책
둘 다 모호한 경우가 많습니다.

그리고 또한 내부적으로 생산성 개선 및 비용 절감을 위해 4M1E를 적극적으
로 변경할 필요성이 생깁니다. 이럴 경우 어떤 변수를 조정해야 할지 난감합니다.

사실 이러한 문제들의 해결은 현재의 기술 역량에 달려 있기 때문에 마법과
같은 해결책을 제시하는 것은 어렵습니다. 하지만 좀 더 다양한 관점에서 문제의
원인을 고민하고 체계적으로 해결책을 탐색할 수 있도록 도와주는 문제 해결 프로
세스와 방법론을 활용한다면, 더 빠르게 문제가 해결될 확률이 좀 더 높아지리라
생각합니다.

'식스시그마'의 DMAIC를 포함하여 문제 해결 방법론은 많습니다. 각 방법론
들마다 나름대로 장단점이 있습니다. 모든 문제의 유형에 적용할 수 있는 방법론이
면 너무 개념적이라 실질적인 적용성이 떨어지고, 반대로 너무 구체적이면 특정한
문제의 유형에만 적합한 경우가 많습니다. 문제 해결 방법론이 '개념적이면서 구체

적이어야 한다'는 모순이죠. '모든 문제의 유형에 적합하면서 특정한 문제에도 적합한 방법론'이 필요하다는 의미이니까요. 이러한 모순을 극복할 수 있는 방법에 대해 고민을 했는데, 핵심은 '통찰력'과 '체계적 분석' 둘 다가 발휘될 수 있는 길을 찾는 것이었습니다.

이러한 고민 속에서 기존의 다양한 문제 해결 기법과 그동안의 개인적인 현장 경험을 기반으로 아래 '생산 문제 해결 프로세스와 방법론'을 설계하였는데, 체계적이고 창의적인 아이디어 도출, 집단지성과 실행 스피드 제고에 중점을 두었습니다. 각 단계별 방법론에 대해서 주요 개념을 간단하게 설명하겠습니다.

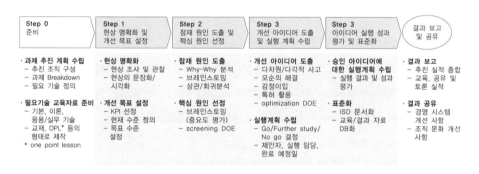

그림 2-60. 생산 문제 해결 프로세스 및 방법론

생산 문제 해결 프로세스는 총 4단계로 구성되어 있고, 각 단계별 주요 활동과 주요 방법론이 열거되어 있습니다. 앞의 '제품 개발 프로세스와 방법론'처럼 같은 이유로 엔지니어와 오퍼레이터의 판단에 따라 필요한 단계들과 방법론들을 선택하여 적용할 수 있도록 했습니다.

그리고, 내용에 식스시그마의 핵심 도구인 통계 분석 방법론도 포함되어 있지만 특별한 비중을 두지는 않았습니다. 왜냐하면 현실적으로 많은 생산 공정에서 통계 분석을 할 수 있는 데이터 환경이 되어 있지 않아서 현실적으로 이를 이론대로 적용하여 성과를 내기가 쉽지 않기 때문입니다. 품질의 인과관계 변수가 명확히 정의되지 않고, 센서가 충분하지 않거나 측정 자체를 하기 어려운 주요 원인 변수들이 많아 통계 분석 자체가 어려운 경우가 많죠. 그리고 데이터를 가지고 있다고 하더라도 통계 분석하기에 적절하지 않은 경우가 많습니다. 그렇다고 최적화에 필요한 데이터를 생성하기 위해 실험 계획법을 적용하기에도 쉽지 않은 것이 현실입니다.

그리고 최근에 머신러닝 분석법(주로 군집 분석 및 분류를 통한 결과값 예측)을 활용하여 품질 관리를 하려는 시도가 있지만 아직은 매우 제한적인 경우에만 적용되고 있고, 확대 적용 가능한 범위도 불투명하기 때문에 여기서 이에 대해 별도 설명은 하지 않겠습니다. 개인적으로는 머신러닝이 기존의 통계를 활용한 품질 관리의 한계를 어느 정도 극복해줄 수 있을지 궁금하기도 합니다.

결론적으로 최적화 모델링을 하기 위해 모든 주요 변수를 정량적으로 측정하기도 어렵지만, 각 변수들의 영향도와 변수들 간의 교호작용 등을 고려한 최적의 알고리즘을 개발하고 적용하는 것은 매우 어려운 일이죠. 더군다나 경험과 데이터가 충분히 축적되지 않은 신사업, 신제품에서는 더욱 어려운 문제입니다. 물론 센서와 최적화 알고리즘 개발에 엄청난 투자를 할 수 있다면 불가능한 일은 아닙니다만, 대부분의 산업과 기업에게는 현실적으로 쉽지 않는 결정입니다.

그래서 4M1E의 변수가 많고 변동이 많은 기업들에게는 오퍼레이터의 축적된 경험 기술, 그리고 품질과 생산성의 유지, 개선에 대한 적극적인 참여가 중요합니다. 그리고 이런 경우에는 차라리 엔지니어들과 오퍼레이터들의 경험과 통찰력이 최대한 빠르게 작동될 수 있도록 환경을 만들어주는 것이 훨씬 효과적, 효율적입니다. 그런데 문제는 경험 기술을 축적하는 것이 참으로 쉽지 않다는 데 있습니다.

과연 오퍼레이터들이 근속 연수가 늘수록 기술도 그만큼 축적이 되나요? 물론 일정 기간 동안은 경험에 비례하여 기술도 늘어납니다. 하지만 일정 기간이 지나면 동일한 경험이 반복되면서 기술 축적이 되지 않고, 문제를 해석하고 해결하는 시각과 방법도 10년 혹은 20년 전과 비슷합니다. 물론 일부 뛰어난 오퍼레이터는 개인의 노력과 재능으로 대단한 경험 기술을 축적하는 경우도 있습니다만, 많은 경우 그러하지 못합니다. 개개인의 기본 역량은 우수한데도 불구하고 이러한 현상이 벌어지는 것을 보면 참 안타까운 일입니다.

그런데 이러한 현상이 왜 벌어질까요? 복합적인 원인이 있습니다만 '효과적이지 못한 동기부여와 운영 체계'가 원인이라고 생각합니다. '내가 왜 힘들게 기술을 축적해야 하는가?' 그리고 '기술을 어떻게 효과적으로 축적할 수 있는가'라는 질문에 오퍼레이터들이 자신 있게 대답을 할 수 없는 것은 동기부여와 기술 축적 체계가 미흡하다는 것을 나타냅니다.

오퍼레이터들의 경험 기술을 체계적으로 축적하기 위해서는 교대조들 간의 경험과 정보의 공유가 중요합니다. 한 오퍼레이터의 업무는 전후 공정 혹은 다른 교대조들과는 독립적으로 이루어질 수 없고 연속선상에서 이루어지기 때문이죠. 이전 공정의 상태가 다음 공정에 입력 요소가 되기 때문에 영향을 주고받습니다. 마찬가지로 이전 근무조의 설비, 공정 상태가 다음 조의 설비, 공정 운영에 영향을 미칩니다. 그런데 많은 경우, 근무 중에 혹은 근무 후 별도로 이러한 경험과 정보를 공유할 환경이나 조건이 안 됩니다. 그래서 경험 기술 축적을 위한 현실적인 대안은 표준화와 표준 준수, 그리고 교대조 간 근무 중 습득한 경험과 정보의 인수인계, 효율적인 소집단 활동을 최대한 활용하는 방법일 것입니다.

정리하겠습니다. 품질을 유지, 개선하기 위해서는 오퍼레이터들의 공정 간, 호기 간 통합된 작업 방식과 정보 공유가 중요합니다. 그리고 또한 오퍼레이터 개개인의 축적된 경험 기술은 문제를 해결하고 예방하는 속도와 수준을 결정합니다.

그런데 이렇게 오퍼레이터들이 자발적 참여 의지를 가지고 기술의 축적, 표준 준수, 그리고 오퍼레이션 지식과 정보를 공유하는 분위기는 저절로 이루어지는 것이 아닙니다. 신사업 초기부터 의도를 가지고 상당한 시간 동안 정교한 설계와 실행을 해야 만들어질 수 있는 것이죠.

3) 소집단 활동과 개선 아이디어 제안

신사업 초기, 아직 안정화되지 않은 4M1E 변수들을 최적화하는 데 있어서 소집단의 역할은 무엇인가요? 엔지니어들이 제시하는 최적화 조건들을 적용하면서 현장에서 실제 일어나는 상태를 정확하게 모니터링하는 것입니다. 그리고 관찰된 사실들을 가시화하여 엔지니어들에게 전달하고, 소집단 내 멤버들과 관련된 소집단과 공유와 토론을 하면서 현상과 결과, 즉 영향 변수와 결과 변수 간의 인과관계에 대한 지식과 경험을 축적하는 것입니다.

그래서 신사업 초기에 기본적인 생산 안정화가 어느 정도 이루어지면, 소집단과 오퍼레이터들은 본격적으로 테마 활동과 개선 아이디어 제안 활동을 시작하는 것이 좋습니다. 사실 4M1E에 대한 운전 지식과 경험이 일정 수준 축적된 시점부터 품질과 생산성 개선, 비용 절감을 위해서는 오퍼레이터들로 구성된 소집단의 참여와 오퍼레이터 개인들의 개선 아이디어 제안이 필요해집니다.

앞에서 설명한 '생산 문제 해결 프로세스와 방법론'에 따라 소집단들은 독립적으로 테마 활동을 진행하지만, 가끔 엔지니어들과 협업하여 과제를 추진하기도 합니다. 왜냐하면 오퍼레이터들은 직접 생산 활동을 하기 때문에 엔지니어들보다 현상을 더 정확하게 이해할 수 있고, 엔지니어들이 제안한 이론적 해결책을 직접 실행하기 때문이죠. 문제를 해결하는 데 있어서 현상을 정확하게 파악하고, 해결 아이디어를 정확하게 실행하는 것은 확실히 중요합니다. 사실 엔지니어들이 문제를 해결하는 데 있어 소집단의 도움 없이는 한계가 있죠. 이러한 현실적 필요성에 대한 이해를 바탕으로, 소집단의 테마 활동과 개선 아이디어 제안을 활성화할 수 있는 방법을 알아보겠습니다.

소집단 활동은 비슷하거나 관련된 업무를 수행하는 현장 오퍼레이터들 간의 경험과 지식의 공유를 통해 현재의 품질 수준을 유지, 개선하기 위한 목적으로 운영됩니다. 반면에 개선 아이디어 제안은 오퍼레이터 개개인의 아이디어 참여를 통해 현재의 문제를 개선하기 위한 것이죠. 그런데 사실 소집단 활동은 오퍼레이터의 관점에서 현장의 문제를 해결하고자 하는 목적뿐만 아니라, 또 다른 중요한 의미가 있습니다.

그것은 개선 아이디어 제안과 테마 활동을 통해 조직 분위기를 활성화하고 개선 활동에 현장이 적극적으로 참여하는 긍정적 문화를 만들 수 있다는 점입니다. 하지만 안타깝게도 많은 기업들이 기대하는 성과를 내지 못하고 있습니다. 오히려 소집단 활동과 아이디어 제안 제도가 기업 문화에 부정적인 영향을 미치는 경우가 발생합니다. 이러한 현상이 발생하는 이유는 지나치게 조직 활성화 용도로만 활용한 소집단 활동, 현실에 맞지 않는 소집단 운영 제도, 그리고 왜곡된 결과를 초래하는 평가와 보상 제도 때문입니다.

예를 들면, 인력이 부족하고 공정 특성상 멤버들이 모여 테마 활동을 하기가 어려운 환경인데도 불구하고 무조건 오프라인 회합을 강요하는 방식을 고수한다든지, 과정과 성과가 과장되거나 미흡한 테마 활동을 과도하게 포상하는 경우죠. 이러한 운영 체계는 현장의 냉소적, 부정적 반응을 만들고, 포상 금액에만 집중하게 만드는 부정적 문화를 형성합니다.

소집단 활동은 생산의 문제 해결 방식, 전략 과제와 연계된 현장 활동, 생산 현장의 경영 참여, 오퍼레이터와 리더 혹은 엔지니어 간의 효과적인 소통, 현장 인력 육성, 건강한 노사 관계 등 현장의 문화 형성에 큰 영향을 미칩니다. 그래서 별도의 공장 조직을 구성하는 신사업의 경우, 초기부터 목적에 맞도록 소집단 활동을 설계, 운영하는 것이 단기적인 개선 성과를 창출하는 것 이상으로 중요합니다. 시간이 흐른 나중에 잘못된 현장 문화를 교정하려면 몇 배의 에너지와 시간, 그리고 비용이 들어가기 때문에 처음부터 제대로 하는 것이 좋습니다.

그러면 어떻게 운영 체계를 설계할 것인가? 하는 물음에 대해 모든 회사에 일률적으로 적용할 수 있는 정답은 없습니다만, 다음의 질문들은 자사에 적합한 소집단 운영 체계를 설계하는 데 참고가 될 수 있을 것입니다.

- 소집단 멤버 개개인의 지식과 경험의 공유가 최대한의 시너지가 이루어지도록 소집단 구성이 되어 있는가?(소집단은 동일 업무 수행 여부에 따라 근무조별 혹은 생산 호기별로 구성하고, 필요할 경우 다른 관련 조직도 참여)
- 소집단의 테마 활동 및 개인 아이디어 제안 활동이 상위 조직의 전략 과제와 연계되어 있는가?(전사 전략 과제 → 부문/본부 전략 과제 → 팀/과 전략 과제 → 소집단 테마 활동 과제 및 개인 아이디어 제안 영역이 정의되어야 함.)
- 소집단 테마 활동과 개인 제안 활동의 영역이 현장의 현실적인 상황에 적합하도록 정의되어 있는가?(어떤 경우에는 현재 오퍼레이터의 업무 영역, 기술 수준을 고려할 때 과제의 범위가 너무 넓거나 난이도가 높아 도전할 엄두를 못 내는 경우가 있음. 그래서 차라리 문제 현상의 정확한 조사, 정의된 문제에 대한 개선 아이디어 제안, 개선 아이디어의 성공적인 실행, 신제품의 신속한 품질 안정화, 생산성 증대 등 범위를 좁혀주는 것이 더 실질적일 수 있음.)
- 온·오프라인 테마 활동 및 아이디어 제안이 제대로 진행될 수 있는 운영 체계가 있는가?(테마 활동 및 아이디어 제안 과정의 물리적, 심리적 장애 요인을 제거하고, 효과적, 효율적으로 활동할 수 있는 환경을 조성하도록 운영 체계를 설계해야 함.)
- 테마 및 제안 활동을 효과적, 효율적으로 추진할 수 있는 프로세스와 방법론을 가지고 있는가?(테마 활동은 테마의 특성에 따라 앞에서 설명한 '생산 문제 해결 프로세스 및 방법론' 내용에서 유용한 단계와 방법론을 적절하게 선택, 적용할 수 있도록 해야 함.)
- 테마 활동 및 제안 아이디어에 대한 평가 및 보상 방법이 소집단 및 멤버 개개인에게 동기부여가 되고 있는가?(성과에 대한 평가/보상 기준은 명확해야 하고, 적용 시에는 일관성과 정확성이 유지되어야 함. 단, 운영 전략

의 변화에 따라 평가, 보상 기준도 같이 변화해야 함.)

- 소집단과 제안 활동 결과에 대해 재무적, 비재무적 성과가 정확하게 측정되고 있는가?(일반적으로 재무적 성과는 비례비, 고정비 절감 측면, 비재무 성과는 기술 축적과 안전 환경 개선 측면에서 평가)

- 소집단의 테마 추진 및 제안 활동 실적과 성과 간에 선순환이 이루어지고 있는가?(성과에는 재무적 성과뿐만 아니라, 오퍼레이터의 동기부여, 현장의 참여/개선 문화 활성화 등이 포함되어야 함.)

- 소집단 활동을 하는 데 있어 엔지니어들의 퍼실러테이션 역할에 대한 평가/포상이 이루어지고 있는가?(실제 어떤 소집단 테마의 경우에는 엔지니어들의 퍼실러테이션 역할이 중요한데, 이럴 경우 엔지니어들의 역할, 성과에 대해 공식적으로 평가, 포상하는 것이 필요)

03 성과와 시장 확장

1. 주요 과제 추진 성과 및 재무 성과

재무 성과는 전략strategy과 실행implementation의 결과이며, 전략과 실행이 제대로 진행되고 있는지를 추적tracking하기 위해 성과를 평가하는 것이죠. 사실 '사업 타당성 조사 및 평가'를 할 때 연도별 재무 성과 목표와 이를 달성하기 위한 가정들은 이미 정해져 있었습니다. 그리고 해당 연도에 대한 구체적 계획도 표적 고객별 실행 계획을 수립할 때 이미 설정되어 있죠. 따라서 성과 평가는 재무 목표와 구체적 실행 계획, 가정들이 제대로 작동하고 있는지를 추적하는 것입니다.

그런데 사업 타당성 평가를 위한 손익을 예측할 때, 자사의 기술력과 시장 상황을 본의 아니게 너무 긍정적으로 해석하여 과다한 목표를 설정한 측면도 있겠지만, 시간이 흐르면서 수급 및 경쟁 상황 등 외부 요인이 예측과는 다르게 변화하면서 성과에 부정적인 영향을 미칩니다. 어차피 미래는 정확하게 예측할 수 없기 때문에 의도적이든 그렇지 않든 간에 차이가 있을 수밖에 없지만, 그 차이가 너무 크다면 곤란하겠지요.

문제는 경영층이 이에 반응하는 방식인데, 특히 단기 재무 성과에만 관심을 두는 경우에는 부작용이 발생합니다. 경영층의 단기적 재무 성과에 대한 평가와 압력이 지속되면, 이에 대한 실무자들의 대응은 그리 건설적이지 못할 가능성이 높습니다. 사실 목표 미달은 노력의 부족보다는 시장 상황이 급변하였거나 내부 역량이 부족한 경우가 대부분입니다. 현재의 내부 역량과 경쟁 환경에 한계가 있어서 잘하고 싶어도 마음대로 안 되는 것이죠. 시간이 흐르면서 경험이 쌓이고 시장 상황이 우호적으로 바뀌는 것을 무작정 기다릴 수밖에 없는 답답한 상황에 처한 것입니다.

이런 상황에서 영업 이익의 단기적 개선에 대한 경영자의 지속적인 압박과 이에 반응하는 구성원들의 스트레스가 심해지면 일시적인 손익 개선을 위해 제조 원가 등 내부 주요 지표 개선에 눈을 돌리게 됩니다. 이제는 어떤 수를 써서라도 개선된 실적을 보여야만 하는 절박한 상황에 내몰리게 된 것이죠. 이런 상황과 분위기는 조직 문화에도 좋지 않은 영향을 미치는데, 보이지 않는 중요한 것들이 파괴되기도 합니다.

물론 그렇다고 리더가 단기적 재무 성과에 무관심하라는 이야기는 아닙니다.

단지 결과보다는 원인 인자들의 개선에 집중하여 재무 성과와 추진 과정 간에 전략적인 균형이 이루어지도록 조직의 건강한 긴장을 유지하는 데 집중하는 것이 보다 효과적이라는 뜻입니다.

그럼, 그 원인 인자들은 무엇이죠? 재무 성과와 인과관계에 있는 실행 과제들입니다. 즉, 다음 그림의 예처럼 실행 과제를 성공적으로 추진하여 실행 지표가 좋아지면, 결과적으로 목표 지표인 영업 이익도 좋아진다는 논리입니다.

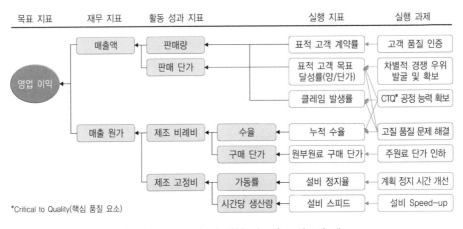

그림 2-61. 성과 및 실행 지표의 로직트리 예

주요 실행 과제를 선정할 때는 경쟁 환경, 자사의 경쟁 위치와 상황을 고려해야 합니다. 위의 그림을 보시죠. 신규 사업이 금년에 시작하여 현재의 설비 가동률이 100%가 안 된다고 가정하겠습니다. 이런 상황에서 제조 고정비를 낮추기 위해 설비 정지 시간을 줄이고 스피드를 높이는 것은 그리 큰 의미가 없습니다. 오히려 불필요한 재고가 증가하는 상황이 발생하죠. 그래서 설비 정지 시간과 스피드 개선은 재무 성과에 도움이 되지 않기 때문에, 주요 실행 과제에서도 빠지게 되는 겁니다.

그러면 재무 성과와 인과관계가 있는 실행 과제는 어떻게 도출됩니까? 사실 이 단계 이전에 이미 실행 과제가 도출되어 있죠. 어느 단계에서요? 바로 '표적 고객 가치 설계 및 실행 체계 구축' 단계와 '전략적 마케팅 활동'의 '통합 협의체 운영'에서죠. 표적 고객에 대한 실행 과제는 고객 중심으로 도출되었지만, 통합협의체에서 추가로 도출된 과제는 특정 고객에 한정되지 않고 재무 성과를 달성하기 위해 개선해야 하는 주요 전략 과제들이 포함되어 있습니다. 표적 고객에 대한 실행 과제의 진행 상황도 모두 '통합 협의체'에서 다루니, 결국 '통합 협의체'의 과제들이 원인 인자들이 되는 셈이죠

그래서 지금 이 단계에서는 '통합 협의체'에 정리된 실행 과제가 제대로 실행되었는지, 그리고 성과가 얼마만큼 창출되었는지를 평가하는 것입니다. 그리고 재무 성과 지표를 분석할 때는 '목표 지표'인 영업 이익뿐만 아니라 '재무 지표'와 '활동 성과 지표'들도 분석해야 합니다. 분석 결과, 영업 이익과 모든 지표들의 성과도 좋으면 최선이겠지만, 그렇지 않다면 미흡한 영역을 찾아야 뭔가 조치를 취할 수가 있습니다.

그리고 또한 '실행 과제'의 추진 성과와 재무 성과 간 인과관계의 정도와 차이 분석도 해야 합니다. 이러한 분석을 통해 신사업을 처음 시작할 때 수립했던 가정들의 변화, 그리고 실행 과제의 적합성과 충분성을 판단할 수 있습니다. 분석 결과에 따라 실행 과제를 변경하거나 추가, 혹은 삭제할 수도 있겠죠.

2. 시장 확장

'시장 확장'은 신사업, 신제품이 어느 정도 궤도에 올라서면 부딪히는 주제입니다. 하지만, 시장 진입 시 향후 제품, 용도, 고객의 확장을 고려하여 표적 고객을 선정하기 때문에, 사실 시장 진입 때부터 이미 시장 확장 활동은 시작된 것입니다. 그리고 사업이라는 것이 시장 진입 → 확장의 단계별로 순차적으로 일어나는 것이 아니고, 시장 상황에 따라 동시에 추진될 수도 있죠. 또한 시장 진입과 확장 시점의 간격이 극단적으로 짧을 수도 있기 때문에 진입과 확장을 시계열적으로 간격을 두고 고민하는 것보다 동시에 고민하는 것이 적절합니다. 하지만 여기에서는 이해를 돕기 위하여 '시장 확장'이라는 사건을 시장 진입과는 시계열적으로 분리된 단계로 가정하고 설명하겠습니다.

표적 시장에 어느 정도 성공적으로 진입하면 진입 초기와 비교하여 손익은 많이 개선되지만, 어느 순간에 성장의 크기와 속도에 한계가 나타납니다. 제프리 무어가 '캐즘 마케팅'에서 이야기한 것처럼 신제품의 수용 단계에 존재하는 초기 캐즘(간극)을 만난 것이지요. 아니면 예상했던 것 이상으로 경쟁이 가속화되거나 시장이 침체되어 표적 시장 자체의 매력도가 급속하게 떨어지는 경우입니다. 물론 이 두 상황이 겹쳐 발생할 수도 있는데, 캐즘을 극복하지 못해 초기 시장에 상당 기간

머무르게 되는 데다가 설상가상으로 경쟁까지 심화되어 손익이 악화되는 상황이죠.

문제는 사업 초기 예측과는 달리 표적 시장 규모 자체의 한계에 의해 확장이 어려워지기도 하는데, 이 경우에는 사업 전략 자체를 재검토해야 합니다.

어쨌든 시장 확장이 어려운 상황에 직면했을 때 이를 극복하기 위한 방법들에 대해 알아보겠습니다. 2가지 방법이 있는데, 먼저 '기술 수용 주기'에서 주장하는 캐즘의 극복을 통해 시장을 확장하는 방법을 알아보겠습니다.

① 캐즘 극복을 통한 시장 확장

캐즘에 대한 이해를 위해 '기술 수용 주기'에 대한 설명이 필요한데, 다음 그림을 보시죠.

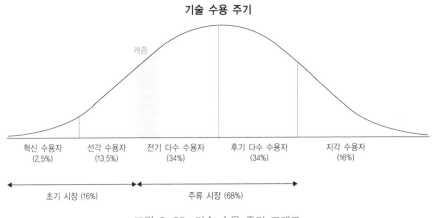

그림 2-62. 기술 수용 주기 그래프

'기술 수용 주기'는 신제품을 전개하는 데 있어서 표적 시장 고객들의 특성별로 신제품의 리스크를 수용하는 조건이 다르기 때문에 고객 특성별로 차별적 접근 전략이 필요하다는 이론입니다. 즉, 신제품을 확대하는 데 패턴이 있다는 것이죠.

내용을 요약하면 초기 시장의 혁신 수용자와 선각 수용자 간에 구매를 결정하는 성향과 기준이 다르고, 초기 시장과 주류시장의 고객군 간에는 더 큰 차이가 존재하는데, 이 차이의 캐즘을 극복하지 못해 시장에서 사라질 수도 있다고 주장합니다. 즉, 성공적으로 신사업 시장에 진입했다고 해서 수요가 자동적으로 확대되지는 않으며, 단계적으로 시장을 확대하려고 노력해야 한다는 뜻입니다.

결론적으로 각 고객군 간에는 크고 작은 캐즘이 존재하는데, 이를 어떻게 극복할 것인가가 핵심입니다. 극복 방법은 역시 관찰과 통찰력을 통해 시장을 구성하는 '고객군들' 간에 존재하는 '고객 가치'의 차이점을 파악하여 해결하는 것입니다.

하나의 예가 되겠습니다만, 제프리 무어의 주장에 따르면 주류 시장의 전기 다수 수용자들은 실용주의적 성향을 가지고 있습니다. 그들은 선각 수용자들의 구매 실적을 참조하려 하지 않으며, 혁신적 도약보다는 합리적인 안정을 추구합니다. 따라서 판매자는 '전기 다수 수용자'들에게는 선각 수용자들과는 다르게 높은 위험 high risk, 높은 수익high return보다는 '안정적으로 수익을 개선할 수 있는 가치 제안 value proposition'에 중점을 두고 접근해야 합니다.

② 표적 시장 조정을 통한 시장 확장

표적 고객의 품질 인증에 통과하여 성공적으로 시장 진입을 하더라도 예측했던 것보다 매출과 수익이 늘지 않는 경우가 많습니다. 대형 고객과의 종속적 관계, 심화된 경쟁 구조 등으로 판매량 증가와 가격 인상은 고사하고, 현재의 실적을 유지하기도 힘들죠. 고민은 앞으로도 이러한 상황이 크게 개선될 여지가 보이지 않는다는 데 있습니다.

그래서 성공적인 시장 진입을 위해 그동안 고객을 만나고 시장조사를 하는 과정에서 축적된 시장 정보를 기반으로 새로운 성장 기회를 탐색하는 활동이 필요합니다. 당연히 그동안 축적한 시장 정보의 양과 질이 시장 확장을 통한 성장 기회를 발견하는 통찰력 수준에 매우 중요한 영향을 미칩니다. 그래서 사업 초기부터 어떤 관점에서 어떤 정보를 모을 것인가를 정의하고, 이를 마케팅, 개발 활동에 적극적으로 반영할 필요가 있습니다.

어쨌든 지금부터 시장 확장을 위해 어떤 관점에서 표적 시장을 재조정할 것인지에 대한 이야기를 하겠습니다. 다음 그림에서 러시아의 이고르 앤소프Igor Ansoff 박사가 개발한 성장 전략 매트릭스를 보면 총 4가지 전략적 옵션을 제시하고 있습니다.

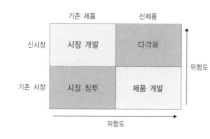

- **시장 침투**Market Penetration
  수익성이 높은 기존 시장의 경쟁사 고객을 공략
- **제품 개발**Product Development
  신규 용도 및 등급 확대 신제품 개발을 통해 기존 고객에 추가 판매 혹은 기존 제품을 대체하기 위한 개량 제품 개발을 통해 판매를 확대하는 제품 라인 확장 전략
- **시장 개발**Market Development
  신규 지역 확대, 신규 고객 발굴 등을 통해 기존 제품의 판매 확대
- **다각화**Diversification
  신제품을 개발하여 신규 시장과 고객을 개척하는 전략으로 기존 제품과 관련된 제품을 개발하여 신시장에 판매하는 관련 다각화와 기존 제품과 관련이 없는 제품을 개발하여 신시장에 판매하는 비관련 다각화가 있음.

그림 2-63. 앤소프의 성장 전략 매트릭스

시장 침투 전략은 경쟁사의 파이를 공략하는 것이기 때문에 조심스럽게 추진해야 하겠지만 단기적인 성공 가능성은 높습니다. 그리고 파이를 얼마만큼 가져올 수 있는가를 결정짓는 요소가 있습니다. 바로 고객 전환 비용의 크기, 침투 가격, 기존 경쟁사의 대응 전략들이죠. 따라서 사전에 이를 충분히 검토한 후 어느 고객을 공략해야 할지를 결정해야 합니다.

고객 입장에서는 공급업체를 변경할 경우 최종 제품의 품질과 생산성의 변동, 기존 생산 설비 개조, 기존 공급사와의 갈등 등을 감수해야 할 수도 있습니다. 그래서 어떤 고객은 이러한 전환 비용을 보상받기 위해 과도한 가격인하를 요구하기도 하고, 혹은 기존의 공급업체가 적극적인 가격인하 대응을 하게 되면 거래가 성사되더라도 수익성에 문제가 발생할 수 있습니다. 최악의 경우에 자사는 시장 침투도 실패하고, 시장 가격만 떨어뜨리는 도구로 전락할 수도 있기 때문에 조심스럽게 선택해야 하는 옵션입니다.

제품 개발 전략은 가장 효과가 크고 매력적인 전략이지만, 관건은 기술입니다. 일반적으로 신사업 초기에는 기술력이 부족하며 상대적으로 부가가치가 낮은 용도나 등급의 시장을 표적으로 하는 수밖에 없었죠. 수익 개선을 위해서는 언젠가 고부가제품으로 한 단계 올라갈 수밖에 없는데, 문제는 그동안 얼마나 많은 기술력을 축적했는가가 핵심입니다. 결국 이 전략은 시장 진입 초기부터 이러한 상황을 염두에 두고 상당한 기술 축적을 해야만 선택할 수 있는 옵션입니다.

시장 개발 전략은 제품의 특성에 따라 다르겠지만 경험상 가장 위험도가 낮으면서, 성공 가능성은 가장 높다고 생각합니다. 특히 세계 시장은 국가마다 수급, 시장 가격, 용도, 요구 품질 수준 등이 달라 상대적으로 기회가 많기 때문에 품질이 어느 정도 안정되면 적극적인 공략을 해볼 필요가 있습니다. 물론 지역적 확장을 시도할 때 제품의 기능이나 성능의 작은 변경이 필요할 수도 있는데, 중요한 것은 준거 고객reference customer의 확보 여부입니다. 만약 글로벌 시장에서 인정하는 시장 선도자에 공급한 실적을 입증할 수 있다면, 상황에 따라 품질 인증 기간 단축 등 여러 가지 측면에서 혜택을 받을 수 있어 진입 속도를 높일 수 있기 때문이죠.

다각화 전략은 잠재 성장의 크기 측면에서 가장 매력적이기는 하나, 실패 위험성도 가장 높습니다. 신제품을 개발하는 것도 쉽지 않지만 새로운 시장과 고객을 이해하고, 고객과의 관계 구축, 고객의 전환 비용 등 장애 요인을 극복하는 것이 쉽지 않기 때문입니다.

정리하면, 4가지 성장 전략 중 '제품 개발 전략'과 '다각화 전략'은 신제품을 필요로 하는데, 상대적으로 많은 자원과 시간이 필요합니다. 사실 이 두 전략은 이 책의 주제이기도 하고, 이제까지 설명한 모든 내용이 이들에 관한 이야기들이었습니다. 이 말은 그만큼 난이도가 높다는 의미이기도 합니다.

반면 '시장 침투 전략'과 '시장 개발 전략'은 기존 제품을 가지고 기존 시장이나 신규 용도 시장을 발굴하는 것이기 때문에 상대적으로 자원과 시간 투입이 적게 들어가는 대신 시장 자체의 매력도는 그리 크지 않을 가능성이 많습니다.

어쨌든 어떤 확장 전략을 선택할지를 결정하고 나면, 다음 단계에는 이를 과제화하여 구체적으로 마케팅 전략을 수립하고 실행해야 할 것입니다. 사실 이와 관련된 프로세스와 방법론을 앞의 '전략'과 '실행'에서 자세히 설명했습니다. 하지만, 시장에 대한 정보와 경험이 어느 정도 축적된 현재의 시장 확장 단계에서 이를 그대로 적용하는 것은 비효율적일 수도 있기 때문에 추진 프로세스와 방법을 단순화하고 내용을 조정할 필요가 있는데, 이를 정리한 것이 다음 그림입니다.

	표적 시장 선정	표적 고객 선정	아이디어 개발	실행 계획 수립	실행
실행 내용	· 과제 추진 계획 수립 · 시장 정의 및 표적 시장 선정	· 표적 시장별 고객 탐색 · 표적 고객 선정	· 표적 고객의 가치 발굴 · 고객 가치 제안	· GTM*전략 수립 *Go-To-Market · GTM 실행 조직 구성	· 실행 및 성과 모니터링
기법/도구 (필요시)	· 유망 아이템 발굴 12가지 착안점	· 고객별 경쟁 위치 분석 · 고객별 신제품 수용도	· 카노 분석 · 전략 캔버스 · 5C 경쟁 분석 · 고객 워크숍 · 고객 인터뷰 및 설문조사		
결과물	· 과제 추진 계획서 · 표적 시장	· 표적 고객	· 표적 고객별 가치	· GTM 전략 · GTM 실행 조직	· 실행 계획 대비 실적(성과)

그림 2-64. 시장 확장 마케팅 프로세스와 방법론

　　시장 확장을 위한 마케팅 프로세스는 총 5단계로 구성되어 있으며, 이에 대해 간략하게 설명하겠습니다.

　　먼저, 어떤 제품을 가지고, 어떤 지역과 용도, 제품을 표적으로 할 것인지를 선정합니다. 이 단계에서는 시장을 용도, 지역별로 미개척 시장, 비진입 시장, 기존 시장으로 구분하고 어떤 용도와 지역을 표적으로 할지를 결정합니다.

　　그다음 단계에서는 표적 시장에 있는 고객들의 경쟁 포지션이나 신제품 수용도 등을 분석하여 매력도가 높은 표적 고객을 선정하게 됩니다.

　　이후 표적 고객에 대한 다양한 조사와 분석을 통해 고객 가치를 발굴하고, 전략 캔버스 작성을 통해 전략적 고객 가치 제안을 수립하는 아이디어 개발 단계를 거칩니다.

　　그러고 난 뒤, 아이디어를 내부적으로 구현하기 위한 실행 계획을 수립하고, 실행 과정과 성과가 계획 대비 이루어지고 있는지를 모니터링하여 필요시 조치를 취하도록 설계되어 있습니다.

　　이 마케팅 프로세스에서 가장 중요한 것이 '고객 가치'에 대한 정보의 양과 질, 그리고 통찰력입니다. 이를 위해서는 판매, 연구소, 생산 등 다양한 단위 조직들이 참여하여 필요한 정보와 아이디어를 발굴하고, 토론을 통해 최적의 해결책을 도출할 수 있어야 합니다.

　　이렇게 처음부터 관련 조직들의 참여가 있어야 실행 단계에서도 합의된 일정과 단위 조직별 목표를 달성하기 위해 최선을 다하게 됩니다.

지금까지 '가치 창출 활동'의 구성 요소와 단계별 활동에 대해 설명했습니다만, 설명한 모든 단계를 밟아야 한다고 주장하는 것은 아닙니다. 신사업과 신제품의 특성과 시장 환경에 따라 어떤 단계는 생략하거나 순서를 바꿀 수도 있을 겁니다. 그리고 사실 각 단계의 수행 여부보다 더 중요한 것은 어떻게 수행하느냐 하는 문제입니다.

규모가 어느 정도 있는 기존 기업들과 이야기해보면 많은 경우 이렇게 답변을 합니다. '체계적이지 않았을지는 모르겠지만, 앞에서 설명한 것과 같은 활동을 과거에는 했습니다.' 아니면 '지금 이미 하고 있습니다.'

하지만 중요한 것은 '활동의 질'과 '활동 간의 정합성congruence' 측면에서 제대로 하고 있느냐입니다. 실제로 확인해보면 실행의 흔적이 군데군데 보이기도 합니다만 활동 내용이 효과적, 효율적이지 못한 점이 많이 발견됩니다. 한편으로는 그럴 수밖에 없을 것이라고 이해합니다. 왜냐하면 지금까지 기업의 조직은 기능 중심으로 운영되어왔고, 각 기능별 업무도 현상에 대응하는 방식(자극－반응이라는 생존본능에 더 가까운 대응의 결과로 자연적으로 형성된 업무 추진 방식)으로 수행해왔기 때문이죠. 사실 이러한 방식은 미래의 성공은 고사하고 현재의 생존을 위해서도 그리 썩 효과적이지도, 효율적이지도 않습니다.

중요한 것은 '가치 창출 활동'을 설계, 수행할 때 성과 창출 '활동의 질'과 '활동 간의 정합성' 측면을 고려하여 성과를 창출할 수 있도록 제대로 해야 한다는 점입니다.

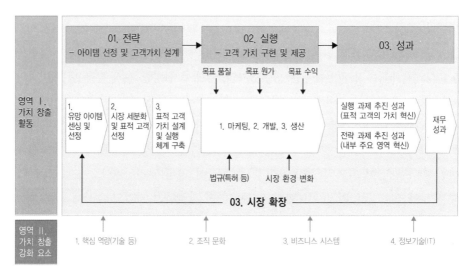

영역 I.
가치 창출
활동

영역 II.
가치 창출
강화 요소

그림 2-65. 신사업과 신제품 추진의 성공 프레임워크-가치 창출 강화 요소 영역

그림에서도 표현한 것처럼 '가치 창출 강화 요소'는 '가치 창출 활동'을 성공적으로 하도록 지원하는 요소들입니다. 신사업, 신제품의 특성에 따라 다양하게 정의될 수 있겠습니다만, 공통적인 주요 요소 4가지가 있습니다. 바로 '핵심 역량'과 '조직 문화', '비즈니스 시스템', 그리고 '정보기술(IT)'입니다. 사실 이 요소들은 현실적으로 기존 사업의 신제품에는 적용하기 쉽지 않습니다. 왜냐하면 기존 사업에서 발굴한 신제품을 성공시키기 위해 기존 조직이 가지고 있는 것들을 바꾸는 것은 매우 어렵기 때문입니다. 따라서 '가치 창출 강화 요소'는 기존 사업에서 완전히 독립한 조직을 운영하는 신사업에 적용하기가 좀 더 적합할 수 있습니다.

01 핵심 역량(기술 등)

핵심 역량은 기업을 지속적으로 생존, 성장시켜줄 수 있는 기업 내부의 고유 역량을 말합니다. 이것은 특화된 기술, 브랜드 이미지, 유통망, 고객 정보, 선도 고객과 파트너십, 특허, 기술 인력, 조직 문화 등과 같은 유무형 자산들입니다.

그렇다고 기업이 가진 모든 요소가 핵심 역량이 될 수 있는 것은 아닙니다. 핵심 역량이 되기 위해서는 갖추어야 할 몇 가지 조건이 있죠.

첫째는 현재와 미래의 지속적인 사업 성공에 핵심적인 요소여야 하고, 둘째는 경쟁사와 지속적인 차별화가 가능해야 하며, 마지막으로 지속적 성장을 위해 신사업이나 신제품에 적용이 가능한 확장성이 있어야 합니다. 그런데 사실 이를 만족시킬 수 있는 핵심 역량을 찾아내고 확보하는 것이 그리 만만치가 않죠.

많은 기업들의 경우 '어떤 핵심 역량을 가지고 있습니까?'라고 질문하면 '우리의 핵심 역량은 경쟁사보다 우수한 생산성입니다' 정도의 답변을 합니다. '그러면 그 생산성이 사업 성공의 핵심입니까?', '경쟁사보다 확실히 차별화된 생산성을 가지고 있나요?', '그 생산성 기술이 다른 사업 혹은 제품을 생산할 때도 재현이 될까요?'라고 질문하면 이내 난처한 표정으로 바뀝니다. 사실 신사업을 성공적으로 추진한 경우의 그 성공 요소가 반드시 핵심 역량이 되는 것은 아니죠. 그리고, 그 성공 요소가 당시에 핵심 역량이었다고 하더라도 쉽게 복제가 가능하다면 조만간에 차별적 경쟁 우위를 잃을 수 있기 때문에 근본적인 핵심 역량은 될 수가 없습니다.

'핵심 역량'을 기업의 근본적인 경쟁 우위의 원천으로 활용하기 위해서는 제대로 된 '핵심 역량'을 선정하고 확보해야 합니다. 그리고, 현재뿐만 아니라 미래의 사업 환경과 경쟁 상황, 패러다임의 변화에도 기업이 지속적인 생존과 성장을 지원하기 위해서는 핵심 역량도 같이 진화할 수 있도록 관리해야 합니다.

물론 핵심 역량이 기업의 생존과 성장을 전적으로 책임질 수 있다고 주장하는 것은 아닙니다. 단지 생존과 성장의 확률을 더 높일 수 있는 핵심 역량을 확보할 수 있다면, 이것은 기업 경영에 상당한 의미가 있다는 뜻입니다. 사실 대부분 신규 사업의 초기 단계에 '핵심 역량'이 성과 창출에 실질적인 역할을 하는 것은 아니지만, 향후 시장의 확장과 제품 라인의 확대를 위해 사업 초기 단계부터 핵심 역량에 대한 운영 체계를 구축해야 합니다.

개인적인 경험을 보면, 핵심 역량을 도출하는 것이 깊은 통찰력을 필요로 하는 쉬운 일은 아니었지만, 더 어려운 것은 이를 실제 구현하는 일이었습니다. 경영층의 단발적인 지시나 의지로 짧은 시간 내에 만들어질 수 있는 것이 아니죠. 시스템과 제도, 그리고 조직과 구성원의 업무 방식까지 바꾸어야 하기 때문에 제법 긴 시간의 집중과 전략적인 접근이 필요합니다. 그런데 일반적으로 단기적 성과 창출에 모든 에너지가 집중되는 신사업 준비 단계에서 '미래를 위해 지금부터 핵심 역량을 준비해야 한다'라는 주장에 귀를 기울이고 이에 시간을 투자하는 것은 쉬운 일이 아닙니다.

하지만 기업의 지속적 생존과 성장의 열쇠는 바로 이런 특별한 데 있습니다. 지금 당장 필요하지는 않지만 미래의 생존과 성장에 정말 중요한 것은 핵심 역량을 포함한 경쟁력 있는 경영 시스템과 조직 문화를 사업 초기에 설계하고 시작하는 것과 같은 일들입니다.

모든 기업에 적용될 수 있는 절대적인 핵심 역량은 없습니다. 기업의 현재와 미래의 사업 특성과 전략에 따라 다양한 핵심 역량이 도출될 수 있기 때문이죠. 하지만 많은 기업에 있어서 '기술'이 공통적인 핵심 역량이라는 주장에 별 다른 이견이 없을 것입니다. 어떤 산업에서는 기술의 속도가 기업의 혁신 속도를 결정지을 만큼 정말 중요하기도 합니다.

그렇지만 현실은 안타깝게도 '기술'을 제대로 관리하는 기업이 그리 많지 않은 것 같습니다. 그저 막연히 기술이 중요하다고 의례적인 강조를 할 뿐이지, 실제 경영자들이 이를 제대로 이해하고 철학을 가지고 체계적으로 관리하는 기업은 매우 드뭅니다. 하지만 기술은 기업의 생존과 성장에 매우 중요한 요소이기 때문에, 조직의 본능과 습성에 맡겨두는 것은 무책임하고 위험한 일입니다.

신규 사업 초기에 기술을 중시하는 조직 문화와 기술을 축적할 수 있는 시스템을 설계하고 운영하는 것은 중요합니다. 사업 초기에 구축했던 기술 축적 방식과 기술 지향 조직 문화가 향후에도 기업의 DNA로 굳어질 가능성이 높기 때문이죠.

이러한 배경을 가지고, 여기서는 사업 초기 단계부터 '기술'을 제대로 축적하기 위해 고민해야 할 사항들을 다루려 합니다.

1. 기술의 유형

기술은 역할에 따라 플랫폼 기술과 응용 기술로 분류할 수 있습니다만, 이들을 명확하게 정의하는 것은 쉽지 않습니다. 일단 개념적으로 설명하면 플랫폼 기술은 말 그대로 응용 기술을 탑재할 수 있는 기반 기술을 말합니다. 컴퓨터를 예로 들면 윈도우나 리눅스와 같은 운영 체계os에 해당하는 것들인데, 윈도우의 기반 위에 '오피스'와 같은 응용 프로그램을 설치할 수 있죠. 그래서 어떤 종류의 기술 플랫폼을 가지느냐에 따라 사업 영역과 시장이 상당 부분 결정되기 때문에 기술 플랫폼 결정은 매우 중요한 일입니다.

그리고 응용 기술은 플랫폼 기술에 다양한 기능과 성능을 탑재함으로써 제품의 용도나 등급 수준을 결정합니다. 따라서 사업의 방향과 제품의 기능, 성능을 관리하기 위해서는 플랫폼 기술과 응용 기술 둘 다를 체계적으로 관리할 필요가 있습니다.

그리고 기술은 중요도에 따라 요소 기술과 핵심 기술로 구분됩니다. 요소 기술은 제품의 기능을 구현하는 기술들이며, 핵심 기술은 요소 기술들 중에서 제품의 경쟁 우위를 결정하는 기술들입니다. 이 말은 핵심 기술은 고객과 시장이 요구하는 제품의 가치에 따라 달라질 수 있다는 의미입니다. 고객이 품질보다 가격을 더 중요하게 생각한다면 원가를 낮출 수 있는 요소 기술이 핵심 기술이 되는 것이지요.

그러면, 이러한 기술들을 어떻게 관리할지 이야기하겠습니다.

2. 기술 관리 방법

기술을 체계적으로 관리하는 방법 3가지를 소개하겠습니다. '기술의 분류와 시각화', '기술 축적의 생태계 조성', '기술과 성과 간의 연계'를 통해 사업 전략과 연계된 기술 축적과 진화의 선순환 고리를 만드는 방법들에 대한 이야기입니다. 첫 번째 방법부터 설명하겠습니다.

① 기술을 분류하고 시각화하라

앞에서 '개발'에 대해 설명하면서 다세대 제품 기획MGPP과 PRMProduct Roadmap, 그리고 제품 개발 계획을 구현하기 위한 TRMTechnology Roadmap에 대해 간략하게 설명했습니다. 사실 아무리 대단한 신제품 전략을 수립하고 아이디어를 발굴했더라도 이를 구현할 수 있는 기술이 없다면 의미가 없겠죠. 문제는 어떤 기술을 어떻게 확보하느냐입니다.

기업에서는 필요 기술을 확보하는 노력과 결과에 대해서는 자신 있게 말을 못하지만 '우리는 PRM과 TRM을 작성하고 있으므로, 향후 신제품 개발을 위해 어떤 기술이 필요한지는 알고 있습니다'라고 주장합니다. 하지만 TRM에 명기된 기술들은 많은 경우 필요한 분석과 충분한 토론이 사전에 이루어지지 않아서 실행에 옮길 수 있을 정도로 구체적이지 못합니다.

현재 자사는 어떤 기술을 가지고 있고, 향후 필요한 기술이 무엇인지를 명확하게 정의할 수 있어야 좀 더 체계적으로 기술을 확보할 수 있지 않을까요?

기술은 제품의 기능을 구현하는 것이기 때문에, 분류된 기술의 영역을 보면 현재와 미래의 사업 분야와 제품 라인을 추정할 수 있습니다. 또한 기술의 내용은 향후 성장의 방향과 가능성을 보여주기도 하고, 어떤 경우에는 사업 전략과 연계한 핵심 기술의 내용을 구체적으로 보여주기도 합니다.

이렇게 정리된 기술을 자세히 들여다보면 많은 것을 유추할 수 있습니다. 특히 오랫동안 기술이 핵심 역량으로 내재화된 기업에서는 제품과 연계된 기술의 역사를 공개하기도 하는데, 이를 통해 과거부터 현재까지 기술의 변천 과정, 기술 간의 결합과 융합을 통해 어떤 제품이 탄생되어 왔는지를 한눈에 이해할 수 있습니다.

이러한 기술의 시각화는 향후 신제품 아이디어 발굴과 기술의 활용성 측면에서도 중요한 역할을 합니다. 만약 모든 구성원들이 자사 기술의 흐름과 보유 기술, 그리고 기술 간의 연결과 융합을 통해 탄생한 제품들을 이해하고 한눈에 볼 수 있다면, 열정적인 구성원들의 뇌에는 수많은 아이디어들이 스파크처럼 일어날 겁니다. 외부 세상의 변화, 그리고 트렌드와 연상시켜 향후에 추가로 필요한 기술이 무엇인지, 이러한 기술들의 융합으로 어떤 신제품을 개발할 수 있는지에 대한 직관이 자연스럽게 작동할 것입니다. 다음 그림은 3M과 일본의 니토덴코Nitto Denko의 홈페이지에 공개된 것으로, 자사의 기술들을 분류한 자료입니다. 두 회사 모두 100년이 넘은 기업인데 기술적으로 대단한 회사들이죠.

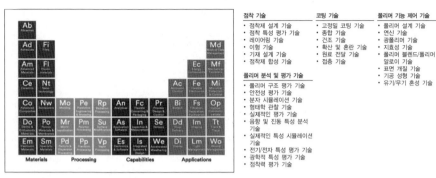

점착 기술
• 점착제 설계 기술
• 점착 특성 평가 기술
• 레이어링 기술
• 이형 기술
• 기재 설계 기술
• 점착체 합성 기술

코팅 기술
• 고정밀 코팅 기술
• 종합 기술
• 건조 기술
• 확산 및 혼란 기술
• 원료 전달 기술
• 접층 기술

폴리머 기능 제어 기술
• 폴리머 설계 기술
• 연신 기술
• 광폴리머 기술
• 지효성 기술
• 폴리머 블렌드/폴리머 알로이 기술
• 표면 개질 기술
• 가공 성형 기술
• 유기/무기 혼성 기술

폴리머 분석 및 평가 기술
• 폴리머 구조 평가 기술
• 안전성 평가 기술
• 분자 시뮬레이션 기술
• 형태학 관찰 기술
• 실제적인 평가 기술
• 음향 및 진동 특성 분석
• 실제적인 특성 시뮬레이션 기술
• 전기/전자 특성 평가 기술
• 광학적 특성 평가 기술
• 점착력 평가 기술

https://www.3m.com/3M/en_US/company-us/about-3m/technologies/
https://www.nitto.com/kr/ko/rd/base/

그림 2-66. 3M과 니토덴코의 기술 분류

기술을 분류하는 절대적인 기준은 없으며, 기업의 사업 전략과 특성에 따라 다양한 기준을 적용할 수 있습니다.

3M은 기술을 소재material, 가공processing, 소프트웨어/분석/제어capabilities, 응용applications 등 유형별로 분류하였습니다. 니토덴코는 접착, 코팅, 폴리머 기능 제어, 폴리머 분석/평가 등으로 기술을 구분했습니다. 니토덴코는 플라스틱과 플라스틱 가공 기술과 사업에 특화된 반면, 3M은 다양한 소재와 가공 기술 등 총 46개의 플랫폼 기술을 가지고 있으며, 사업 및 제품의 영역이 매우 넓습니다.

이렇게 기술을 좀 더 체계적으로 관리하여 성과를 창출하기 위해서는 구성원들이 쉽게 이해할 수 있도록 기술을 분류하고 시각화하는 작업이 중요합니다. 그럼 기술을 분류하고 시각화하는 방법을 좀 더 자세히 알아보죠.

먼저 자사가 가진 기술의 변천 과정을 정리하고, 사업 전략과 연계하여 플랫폼과 응용 기술, 그리고 기술의 중요도에 따라 요소 기술과 핵심 기술 등과 같이 내부 기준을 정하여 기술을 분류합니다. 그리고 이러한 기술들이 제품과 어떻게 연결되는지를 가시적으로 정리하여 구성원들이 이해할 수 있도록 해야 합니다. 특히 엔지니어들이 현재뿐만 아니라 과거의 기술도 깊이 이해할 수 있도록 지속적인 학습과 토론을 할 수 있는 환경을 만들어주어야 합니다. 이러한 과정을 통해 엔지니어들은 현재와 미래의 필요 기술에 대한 이해와 통찰력을 가질 뿐만 아니라, 신사업과 신제품에 대한 아이디어도 더 효과적으로 발굴할 수 있게 될 것입니다.

다음 그림은 기술을 분류하고, 기술을 시각화하는 과정을 보여주는 예입니다.

왼쪽 그림은 제품의 기능을 분해하여 요소 기술과 기술군을 도출하는 방법론인 기술 트리technology tree입니다. 오른쪽 그림은 왼쪽에 분류한 기술을 종합 정리하여, 어떤 기술을 누가 얼마만큼 가지고 있는지를 보여줍니다.

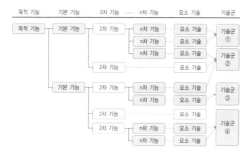

대분류	중분류 (기술 군)	소분류 (요소기술)	홍길동	이순희	김철수
재료 기술	X기술	X1	Level 5		
		X2			Level 4
	Y기술	Y1	Level 3	Level 5	
		Y2			
		Y3			
설계 기술				Level 2	
공정 기술					Level 5
설비 기술					
측정 및 분석 기술					

Level 평가: '개인별 기술 수준 평가 기준서'에 따름
(Level 1~5까지 분류)

그림 2-67. 기술의 분류와 시각화

이러한 기술을 분류하고 시각화하여 이 기술들이 제품과 어떻게 연계되어 있는지 볼 수 있다면 여러 가지로 활용할 수 있습니다. 신제품 아이디어를 발굴하는 데 활용할 뿐만 아니라, 미래 사업 전략과 연계된 필요 기술 확보 전략과 체계적인 엔지니어 이동 및 육성 계획을 수립할 수도 있고, 특정 프로젝트를 위한 최적의 기술 인력 배치에도 활용할 수 있죠.

물론 반드시 이와 같은 형태로 시각화할 필요는 없습니다만, 중요한 것은 어떤 목적을 가지고, 누가 참여하여, 어떠한 과정을 통해 기술을 정의하고 시각화했느냐입니다. 단지 소수의 사람이 시각화 작업에 참여하고, 이를 활용하지 못한다면 시각화 여부는 별 의미가 없을 것입니다.

② 기술 축적의 생태계를 만들어라

『축적의 시간』을 저술한 서울대학교 공과대학 이정동 교수는 한 강의에서 "창의적이고 혁신적인 기술은 후진국에서 나올 수 없으며, 기존의 축적된 기술과 네트워크 자산이 있는 선진국에서 가능하다. 그리고 축적된 기술은 '시행착오의 총량'에 달려 있다"라고 했습니다.

이에 전적으로 동의합니다. 다음 그림처럼 결국 기술은 경험 기간의 축(x축)과 시행착오 빈도축(y축)의 범위에서 축적됩니다. 하지만 동일한 시도와 경험, 체계적이지 못한 시스템과 조직 문화에서는 아무리 오랜 시간이 흘러도 기술이 축적되지 않습니다. 단지 숙련도가 강화될 뿐이죠.

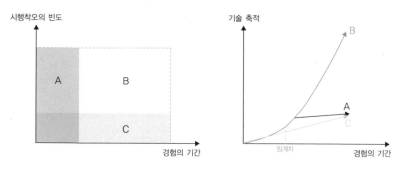

그림 2-68. 기술 축적의 총량과 속도

'축적'이라는 것은 다양한 시도와 경험이 이루어지고, 이러한 경험과 결과가 개인과 조직의 기억 속에 저장되고 공유되어야만 제대로 이루어집니다. 기술이 축적되는 형태는 3가지가 있다고 생각합니다.

그림처럼 신사업 초기에 다양한 시도로 기술을 축적하다가, 어떠한 이유로 어느 시점부터는 다양한 기술적 시도를 하지 못해 기술 축적이 거의 일어나지 않는 모습(A)과 오랫동안 거의 유사한 방식의 시도로 기술이 거의 축적되지 못해 기술 축적의 기울기가 매우 완만한 형태(C)입니다. 그리고 마지막으로 신사업 초기부터 현재까지 다양한 시도와 경험을 통해 기술을 축적하는 형태(B)입니다.

이 중에서 가장 바람직한 형태는 당연히 (B)입니다만, 현실적으로 (B)의 방식으로 기술을 축적하는 데는 장애 요인이 많습니다. 특히 단기 성과에 대한 압박이 클수록 엔지니어들은 새로운 것을 시도하려 하지 않기 때문에, (B)의 모습과는 거리가 더 멀어집니다. 프로젝트가 실패해서 '무능력자'로 낙인이 찍히는 모험보다 적당하게 성공할 수 있는 안정적인 방법을 선택하려 하기 때문이죠. 이러한 선택은 인간의 생존본능에 가까운 것이기 때문에, 엔지니어들이 비난받을 일은 아닙니다.

그럼 어떻게 하면 오른쪽 그림의 (B)처럼 기술 축적의 총량을 최대화하고, 기술 축적의 속도가 폭발적으로 일어나는 임계치의 순간을 당길 수 있을까요? 이를 위해서는 쉽지 않은 가정들이 필요한데, 너무 이상적인 전제 조건일 수도 있겠다는 고민이 들기도 합니다.

　　세상의 현상과 변화에는 숨겨진 질서와 규칙이 있다고 주장하는 사회과학자들이나 물리학자들의 이론들 중 하나가 '순환적 인과관계'입니다. 우리가 보고 경험하는 현상과 변화에는 원인이 있고, 원인과 결과 간에는 상호작용이 일어난다는 것이죠. 이 말은 우리가 원하는 결과를 만들기 위해서는 원인 인자를 찾아내어 부정적 관계는 제거하거나 줄이고, 긍정적 관계는 강화하거나 새롭게 만듦으로써 결과를 조정할 수 있다는 의미입니다. 그러나 인과관계의 복잡성과 우연적 발생이 존재하는 넓은 현실 세계의 생태계에서 이를 제어하는 것은 불가능한 일입니다.

　　하지만 순환적 인과관계가 작동하는 기술의 생태계는 공간이 넓지 않고, 변수도 많지 않아서 상당 부분 제어가 가능합니다. 그럼 한 기업에서 기술 축적의 생태계는 무엇(변수)으로 이루어져 있나요? 다음 그림에 정리된 것처럼 크게 보면 '리더'와 '엔지니어', 그리고 '환경', 이 세 가지 변수로 구성되어 있다고 생각합니다.

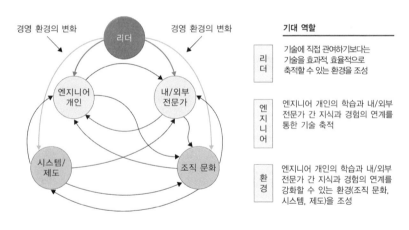

그림 2-69. 기술 축적의 생태계

　　기술 축적을 위해 엔지니어들 개인이 해야 할 일은 학습과 경험을 통해 외부 환경의 변화에 대응할 수 있는 기술 역량을 축적하는 것입니다. 그리고 내외부 전문가들과의 연계와 상호작용을 통해서 기술 축적의 총량을 늘리고 가속화하는 노력도 필요합니다.

　　이러한 엔지니어의 모습은 참으로 이상적입니다. 기술에 대한 애착이 강한 엔지니어들도 이런 세상을 원하지만, 혼자의 힘으로 실현하기는 어렵죠. 왜냐하면 이러한 의지에 영향을 미치는 원인 변수들인 리더의 영향력, 그리고 조직 문화, 시스템, 제도와 같은 환경 요인들이 존재하기 때문입니다. 이 중에서 엔지니어들의 기술 축적 의지와 환경 조성에 절대적인 영향을 미치는 리더가 기술 축적을 위해 해야 할 역할에 대해 알아보겠습니다.

리더는 본인이 하거나 하지 말아야 할 일을 명확하게 정의하고 실천해야 합니다. 하지 말아야 할 일을 할 경우 조직에 미치는 그 피해와 후유증이 큰데, 어떤 경우에는 중성자탄처럼 겉으로 보이지 않는 무형적인 피해가 가공할만 합니다.

기술 축적이라는 관점에서 보면, 리더가 하지 말아야 일은 실무 차원의 기술 문제까지 깊이 개입하여 영향력을 행사하는 행위입니다. 이것은 자신의 과거 성공 경험과 법칙으로 주어진 지위와 권력을 전혀 다른 분야에도 확대 적용하려는 욕망에서 발생합니다.

앞에서도 몇 번 반복한 주장이지만, 특정 전문 분야에 대해 뛰어난 통찰력을 가지려면 그 분야에 대한 지식과 경험의 축적이 필요합니다. 그런데 대부분의 사람들은 다양한 분야에 대해 깊이 있는 지식과 경험을 가지기가 어렵습니다. 더군다나 경력 개발 프로그램CDP이 체계적으로 가동되지 않는 기업의 경우, 특정 분야에서 탁월한 성과를 창출한 전문가가 승진하여 더 넓은 영역의 업무를 맡을 가능성이 높습니다.

예를 들면, 마케팅 전문가가 생산, 개발까지 맡게 되는 사업본부장으로 승진하는 경우죠. 이렇게 승진한 리더가 기술 분야와 직접적 관련이 없는 과거의 경험과 지식으로 기술을 평가하고, 방향을 정하고, 아이디어를 제안하는 것은 정말 위험한 일입니다. 그리고 또한 단기 성과를 요구하면서 엔지니어들을 지나치게 압박하는 것도 별 도움이 되지 않습니다. 이렇게 압박이 커지면 커질수록 엔지니어들은 단기적 성과를 보여주기 위한 과정과 기술들에 접근할 가능성이 높습니다. 이런 분위기 속에서 '경험의 기간'은 '기술의 축적'에 별 도움이 되지 않습니다.

결론적으로 엔지니어들에 대한 리더의 직접적인 영향력은 제로zero로 하는 것이 좋습니다. 단, 의사결정자가 최고 기술자인 중소기업이나, 혹은 타고난 통찰력을 가진 극히 일부 기업들에는 어쩔 수 없이 예외의 법칙을 조심스럽게 적용할 수 있겠지요.

그럼 기술 축적을 위한 리더의 역할은 무엇인가요? 바로 엔지니어들 개인의 기술 축적 노력을 지원하고, 내외부 엔지니어들 간의 연계를 통해 기술 축적을 가속화하고 진화시킬 수 있는 환경, 즉 조직 문화, 시스템, 제도를 설계하고 운영하는 것입니다.

사실 한 개인의 생각과 행동은 그 개인이 속한 환경에 많은 영향을 받습니다. 그래서 경영층은 기술 축적의 생태계라는 큰 구조와 구성 요소들을 설계하고, 구성 요소들이 선순환적으로 상호작용하여 기술을 효과적, 효율적으로 축적하도록 시간을 투입해야 합니다. 물론 이런 생태계를 설계하고 의도한 대로 작동하게 만드는 것은 쉽지 않으며, 상당한 내공이 필요한 일입니다. 잘못된 시스템이나 제도를 도입하면 기술 축적은 고사하고, 기존의 기술 역량에 상처를 주는 부작용이 발생하기도 합니다.

과거의 '식스시그마'가 어떤 기업에게는 그러했습니다. 한동안 최고의 경영혁신 기법으로 평가받던 '식스시그마'가 모든 기업에 항상 도움이 되는 것은 아니었으며, 일부 기업에서는 부작용을 초래하기도 했습니다. 특히 자사의 시장과 제품, 업무, 문화 특성을 고려하지 않고, 이론적인 '식스시그마' 프로그램을 그대로 도입한 경우에 실패 확률이 더욱 높았습니다.

사실 '식스시그마'의 매력은 문제 해결 프로세스인 DMAIC, DMADV와 같은 단계들과 각 단계를 구성하는 하위 프로세스, 그리고 통계적 기법과 같은 다양한 분석 도구들이었습니다. 그리고 각 추진 단계별로 과제를 점검, 평가하기 때문에 생산과 연구소의 모든 추진 과제가 지금 어느 단계에 있는지를 한눈에 볼 수 있었습니다. 리더들의 과제 관리 관점에서 보면 매우 체계적이라 정말 매력적인 경영 혁신 방법론이었습니다. 하지만 많은 실무 엔지니어들은 과제 추진 과정의 비효율성에 불만을 가졌고, 기업에 따라 심각한 문제가 발생했습니다.

어떤 기업은 '식스시그마'를 도입하면서 표면적인 무질서와 비효율성에서 발휘되었던 혁신성이 약화되기도 했습니다. 그리고, 경험 기술이 무시당하고, 측정 데이터를 억지로 만들어내거나, 의미가 없는 사실들을 문서로 작성 혹은 소급 작성해야 하는 비효율성이 발생하기도 하였습니다. 이처럼 '식스시그마'는 과학적으로 문제를 해결하고, 체계적으로 기술 축적을 하게 하는 좋은 시스템이지만, 잘못 도입하면 기술 축적의 생태계에 부정적인 영향을 미치게 됩니다.

정리하면, 개인과 조직의 기술 역량은 기술 축적 생태계를 어떻게 구축하느냐에 달려 있으며, 리더의 역할은 이를 위한 조직 문화, 시스템과 제도를 설계하고 운영하는 것입니다. 이 역할을 잘 수행하기 위해서는 생태계의 구성 요소와 구성 요소 간의 선순환적 상호작용이 작동할 수 있도록 설계하고 운영해야 합니다. 사실 기술 축적 생태계 구축이 신사업 초기 단계의 성과에 중요한 영향을 미치는 것은 아니지만, 향후 지속적 생존과 성장을 위해서는 신사업 초기 단계에 이를 구축하는 것이 확실히 중요합니다.

③ 기술을 성과와 연결할 수 있는 체계를 만들어라

기술은 제품의 기능과 성능을 구현하는 수단입니다. 뛰어난 기술이 있다고 해서 자동적으로 훌륭한 신제품이 탄생하거나 성공적으로 시장에 출시할 수 있다는 것은 아닙니다. 기술은 신제품 아이디어 발굴과 제품의 개발, 생산으로 연결되어야 시장 성공으로 연결되고 수익이 실현됩니다. "구슬이 서 말이라도 꿰어야 보배"가 되는 것이죠.

기술을 사업 성과와 연계시킬 수 있는 방법은 2가지가 있는데 다음 그림에 정리되어 있습니다. 즉, 기술 관점에서 신제품 아이디어를 발굴하는 것과 기술 통합 체계 구축을 통해 고객의 기술적 요구에 신속하게 대응하는 것입니다.

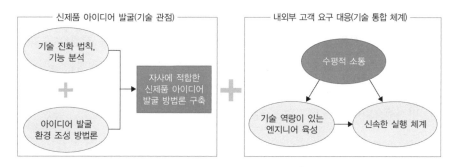

그림 2-70. 기술과 성과 간 연계 체계

그럼 신제품 아이디어를 발굴하는 데 있어서 기술의 역할에 대해 살펴보겠습니다. 이에 관해서는 이 책의 전반부에서 설명했습니다. 요약하면 '기술 진화 법칙', '기능 분석' 등 기술 관점의 신제품 아이디어 발굴 방법론을 자사에 적합하게 설계하여 아이디어를 발굴할 수 있는 체계를 만드는 것이죠. 예를 들면, 매년 관련 기술 전문가들이 모여 특정 분야의 제품과 기술의 진화 트렌드를 토의하고 차세대 제품 아이디어를 도출하는 '전문가 포럼'을 정례화하는 것들입니다.

그리고 기술을 사업 성과와 연계시킬 수 있는 또 다른 방법은 고객이 요구하는 제품을 신속하게 개발, 개선 혹은 양산할 수 있도록 보유 기술들을 통합할 수 있는 체계를 운영하는 것입니다. 신사업, 신제품의 초기 단계에는 기존 제품의 개선이나 수익 개선을 위해 고부가 제품high-end products 개발이 필요한 상황이 많이 생기는데, 이것은 고객의 제품 개발 및 개선 요구 혹은 자사 내부의 필요성에 의해서 주로 발생합니다. 특히 고객의 제품 개발 및 개선 요구 사항에 대해서는 매우 빠르게 대응할 수 있는 기술 역량을 확보하는 것이 중요합니다. 고객 내부의 일정에 보조를 맞추어야 하는 중요한 이유도 있지만, 경쟁 업체들의 대응보다 늦으면 자사 기술에 대한 신뢰 문제로 다음의 비즈니스 기회를 잃어버릴 수도 있기 때문이죠.

고객의 요구에 차별화된 대응력을 가지기 위해서는 연구소 같은 특정 기능의 노력만으로는 부족할 때가 많습니다. 문제의 성격에 따라 개발 기술뿐만 아니라 공정, 설비, 측정 등 융복합적인 기술로 문제를 해결해야 하기 때문이죠. 이러한 융복합 기술이 제대로 작동하기 위해서는 3가지 조건이 필요한데, '기술 역량이 있는 엔지니어'와 '신속한 실행 체계', 그리고 '수평적 소통 문화'입니다.

하나하나가 쉬운 문제가 아닙니다. 상당한 노력과 시간, 인내심이 필요하죠. 더군다나 조기 성과에 대한 압박이 있는 신규 사업 초기에 이런 체계와 문화를 구축하는 것은 결코 쉬운 일은 아닙니다. 하지만 신사업 초기에 이를 제대로 구축하지 못하여 시간이 흐른 나중에 이미 굳어진 체계와 조직 문화를 교정하는 것은 정말이지 쉽지 않습니다. 다시 융복합 기술의 3요소들에 대한 이야기로 돌아가서, 하나씩 설명하겠습니다.

기술 역량이 있는 엔지니어 육성: '기술 역량이 있는 엔지니어'는 이론과 경험 간에 균형이 있어야 하지만, 먼저 충분한 이론적 지식이 있어야 합니다. 물론 학교에서 배운 이론을 현장에 그대로 적용하는 데에는 한계가 있지만, 문제를 해결할 때 이론으로부터 출발해야 지식을 체계적으로 축적할 수 있기 때문이죠.

개인적으로 과거 한국 대기업의 미국 자회사 혁신 활동에 오랫동안 관여했습니다. 당시 두 명의 미국인 공장장이 저에게 똑같은 질문을 했습니다. "당신들의 기술은 과학science입니까? 예술art입니까?" 이 질문은 아마도 파견된 엔지니어와 오퍼레이터들마다 문제 해결 방법이 제각기 다르고, 공정 조건을 변경할 때 그 이유를 수식으로 명확하게 설명하지 못했기 때문일 것입니다.

생산 공정의 특성에 따라 차이는 있습니다만 이러한 현상은 한국의 많은 기업들의 공통적인 기술 특성에서 비롯되는데, 축적된 기술의 형태가 개개인의 경험에 의해 만들어진 경험적 기술이기 때문이죠.

사실 한 기업이 가지고 있는 특성은 해당 국가의 산업 발전 역사와 사회구조, 그리고 문화의 영향을 많이 받습니다. 한국 기업들은 짧은 산업 성장의 역사 속에서 자연스럽게 '빨리빨리 문화'를 만들었습니다. 이러한 환경과 문화에 물든 사람들이 모인 집단은 규정과 절차 준수, 점진적 개선 같은 방식에는 그리 익숙하지 않습니다. 본인의 경험적 직관에 따라 판단하고 행동하는 것을 선호하죠. 반면에 오랜 산업의 역사, 다양한 국적과 교육 수준, 질서와 규칙을 중요시하는 문화적 배경을 가진 미국과 독일, 영국과 같은 국가들은 엄격한 규정과 절차 준수, 그리고 사람에 의한 변동성을 최소화할 수 있는 시스템, 체계 등을 중요시합니다.

이론 기술과 경험 기술 둘 다 중요하다고 봅니다. 하지만 재현성과 확장성을 위해서 가능한 한 경험 기술을 이론화, 수식화하려는 지속적인 노력은 필요하죠. 물론 개념 설계 기술과 같이 이론화가 거의 불가능한 경우가 있습니다. 또한 주요 변수가 측정되지 않거나, 변수 간의 상호작용이 너무 복잡해서 현실적으로 이론화, 수식화하기 어려운 공정도 있습니다. 이런 상황에서는 차라리 경험 기술을 좀 더 체계적으로 축적할 수 있는 시스템과 문화를 구축하는 것이 더 효과적입니다.

요약하면, 기술 역량이 있는 엔지니어를 육성하려면 먼저 이론 기술을 습득하게 하고, 기술을 과학화할 수 있도록 노력해야 합니다. 그렇게 하지 못하는 환경에서는 경험 기술을 체계적으로 축적하기 위한 시스템과 문화를 구축하는 것이 더 효과적일 것입니다.

신속한 실행 체계: 고객이 요구하는 제품 개발, 개선 요구에 신속하게 대응하기 위해서는 핵심 요구 사항을 빠른 시간 내에 도출, 구현하여 샘플을 제작할 수 있는 체계가 필요합니다.

핵심 요구 사항을 신속하게 도출하기 위해서는 개발, 생산, 설비, 측정 등 다양한 분야의 엔지니어들이 참여하여 자유로운 토론을 통해 핵심 요소를 도출하고 실행의 우선순위를 결정할 수 있어야 합니다. 만약 위계질서 문화가 강한 조직이라면 임원과 팀장을 제외한 유사한 계층의 실무 엔지니어들만 모이는 것이 효과적일 수 있는데, 눈치 보지 않고 다양한 관점에서 문제 원인과 해결 아이디어를 도출할 수 있기 때문이죠.

이렇게 도출된 개선 아이디어들에 대해 가능한 한 실행의 우선순위를 회의 당일 결정하고 다음 날 시도할 수 있도록 해야 합니다. 또한 빠른 시간 내에 실험을 통해 샘플을 제작하는 것이 중요한데, 샘플을 만들어봐야 새로운 사실을 배울 수 있고 무엇이 문제라는 것도 빨리 알 수 있기 때문에 결과적으로 전체 사이클 타임을 줄일 수 있습니다.

그러나 현실적으로 테스트 일정 확보 등 여러 가지 이유 때문에 샘플을 제작하기까지 긴 시간이 소요되는 경우가 많습니다. 이것은 기술의 체계적인 축적과 신속한 문제 해결에 좋지 않은 영향을 미칩니다. 문제 해결 기간이 길어질수록 이전에 영향을 미치지 않았던 다른 변수가 등장할 가능성이 높아지기 때문이죠. 이렇게 되면 문제의 원인과 결과 변수 간의 관계가 모호해져 모델링을 하기도 어렵지만, 변수들에 대한 명확한 지식이나 정보가 축적되지 못하기 때문에 문제의 원인을 엔지니어들이 제각각 다르게 이해하는 상황이 발생합니다.

이렇게 되면 다음에 유사한 문제가 발생해도 신속하게 문제를 해결하지 못하고 과거와 비슷한 시행착오를 반복하는 현상이 발생하죠.

기술 통합 체계 구축: 특정 기능의 기술로 어떤 문제를 해결하는 데 한계가 있기 때문에 개발, 공정, 설비, 측정 등 관련 기술들 간의 복합적, 융합적 접근이 필요한 경우가 많은데, 이를 위해서는 수평적인 소통 체계와 문화가 매우 중요합니다.

체계적인 기술 축적과 신속한 문제 해결을 위해서는 다양한 기술 영역에 있는 엔지니어들 간의 자유롭고 적극적인 소통이 필요한데, 그래야 다양한 관점의 기술이 축적되고 창의적인 문제 해결 아이디어가 나올 수 있기 때문입니다.

그런데 사실 위계질서가 강한 동양문화권에서 계층 간 수평적 소통은 쉽지 않은 문제입니다. 또한 지식과 경험의 깊이에 차이가 많은 엔지니어들이 함께 있으면 효과적인 소통이 일어나지 않습니다. 즉, 지식과 경험이 비슷한 엔지니어들이 모여야 활발한 수평적 소통이 일어납니다. 앞에서도 이야기했습니다만, 내공이 있는 엔지니어와 신입 엔지니어가 같이 있으면 일방적인 정보 전달이나 강의가 이루어지고 수평적인 소통이 일어나기가 어렵습니다.

요약하면, 어떤 기술 문제를 해결하는 데 관련 기술들 간의 통합적 접근이 필요한 경우가 많은데, 이를 위해서는 엔지니어들 간의 수평적 소통 체계를 구축하는 것이 중요합니다. 효과적인 소통 체계를 구축하기 위해서는 일방적인 권력이 영향을 미치지 않도록 사전에 조치를 취해야 하며, 추진 멤버를 선정할 때도 지식과 경험의 깊이가 유사한 집단이 구성되도록 하는 것이 효과적입니다.

02 조직 문화

조직 문화는 신사업이든 기존 사업이든 관계없이 기업 경영에 있어 재무 성과와 함께 가장 중요한 결과물입니다. 이 책에서는 조직 문화를 '가치 창출 강화 요소'들의 한 요소로 다루었지만, 사실 조직 문화는 다음 그림처럼 신사업, 신제품 추진 활동의 최종 결과물일 뿐만 아니라 모든 활동에 영향을 미치는 매우 중요한 요소입니다.

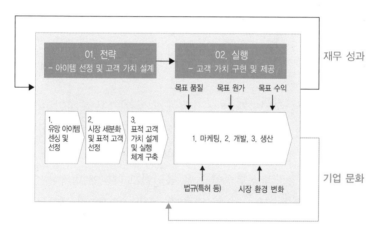

그림 2-71. 조직 문화의 영향

하지만 이 책에서는, 신사업, 신제품 초기 단계의 현실적인 중요도를 고려할 때 기업 문화를 핵심 주제로 다루기에는 무리가 있어서, 범위를 좁혀 신사업과 직접 관련된 조직 문화를 어떻게 구축할 것인가에 대해 설명하기로 했습니다. 언젠가 조직 문화에 관한 여러 이론들과 개인적인 생각과 경험을 토대로, 좀 더 본질적으로 다루어볼 생각입니다.

지금부터 신사업의 조직 문화에 초점을 맞추어 이야기하겠습니다.

현실적으로 신사업 초기에는 조직 문화를 고민할 여유가 없는데, 상황은 충분히 이해됩니다. 빨리 제품 개발을 하고 고객 인증을 받아서 목표 매출과 수익을 달성하는 데 몸과 마음이 온통 집중되어 있기 때문이죠. 하지만 어느 정도 사업이 안정되기 시작하면서 적합하지 않은 '조직 문화' 때문에 다음 단계로 순조롭게 가지 못하고, 기능 조직 간에 갈등과 문제가 발생하여 결과적으로는 더 큰 손실이 돌아옵니다.

조직 문화는 제품, 손익처럼 눈에 보이지는 않지만 구성원과 조직들의 생각과 행동 방식을 결정하기 때문에 신사업을 시작하기 전에 반드시 치열하게 고민해야 합니다. 사업 초기에 구성원들이 경험하는 조직 문화가 이후에도 지속적으로 유지, 강화될 가능성이 많고, 굳어지기 시작하면 이를 바꾸기가 매우 힘들기 때문이죠.

'그러면, 조직 문화를 어떻게 설계하고 구현해야 하나요?'라는 물음에 대해서 명쾌한 답변을 하기가 참으로 난감합니다. 실제 이것은 단기간에 제품을 개발, 양산하고 수익을 창출하는 것 이상으로 복잡한 문제이기 때문입니다.

1. 조직 문화의 정의

'과연 조직 문화란 무엇인가요?' 사람들에게 이런 질문을 하면 어떤 모호한 느낌을 가지고 답변하려 노력하지만 명확하게 정의하는 데 어려움이 있는 듯 보입니다. 뭔가는 느끼는데 정확한 표현이 머리에 맴도는 것이지요.

사실 '문화'는 추상성과 복합성이 높은 용어이기 때문에 명확히 정의하는 것이 쉽지 않습니다만, 다음과 같이 정의할 수 있을 듯합니다. '조직 문화는 구성원들 간에 공유된 생각과 느낌, 행동의 양식이다'라고요. '과거의 경험상 뭔가 이렇게 해야만 할 것 같다'라는 문맥상의 느낌인데, 의식과 무의식이 표출된 감정적 상태죠.

자세하게 설명하기 위해 조직 문화 전문가인 에드거 샤인이 조직 문화를 어떻게 정의하고 있는지 살펴보겠습니다.

샤인은 다음 빙산 그림과 같이 겉으로 드러나는 인공물artifacts, 추구 가치와 믿음espoused values and beliefs, 암묵적 기본 가정들basic underlying assumptions 등 3개의 계층으로 문화가 구성되어 있다고 주장합니다. 다음 빙하 그림의 내용은 에드거 샤인의 저서 『Organizational culture and leadership』의 내용 일부를 임의적으로 보완하여 표현한 것입니다.

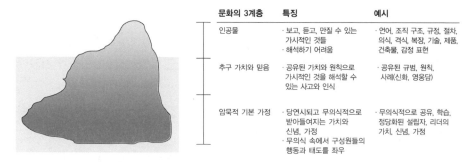

문화의 3계층	특징	예시
인공물	·보고, 듣고, 만질 수 있는 가시적인 것들 ·해석하기 어려움	·언어, 조직 구조, 규정, 절차, 의식, 격식, 복장, 기술, 제품, 건축물, 감정 표현
추구 가치와 믿음	·공유된 가치와 원칙으로 가시적인 것을 해석할 수 있는 사고와 인식	·공유된 규범, 원칙, 사례(신화, 영웅담)
암묵적 기본 가정	·당연시되고 무의식적으로 받아들여지는 가치와 신념, 가정 ·무의식 속에서 구성원들의 행동과 태도를 좌우	·무의식적으로 공유, 학습, 정당화된 설립자, 리더의 가치, 신념, 가정

그림 2-72. 에드거 샤인의 조직 문화 3계층

샤인이 정의한 기업 문화의 계층을 보면, 정신분석의 창시자인 지그문트 프로이트가 주장한 마음의 통제 구조와 닮아 있습니다. 프로이트는 마음의 구조가 원시적 충동들로 구성된 무의식의 세계인 이드id와 현실 원칙을 받아들여서 타협한 형태로 나타나는 에고ego, 그리고 규범과 도덕률처럼 이드를 억압하고 에고를 통제하는 슈퍼에고superego로 이루어져 있다고 주장했습니다.

샤인이 주장하는 '인공물'들은 기업의 경우 사용하는 용어, 복장, 의식, 격식, 조직 구조 등의 가시적인 형태로 나타나는 것들입니다. 그런데 이 '인공물'들로만 조직 문화를 정확하게 해석하기는 어렵습니다. 샤인의 저서에서도 예를 든 것처럼 엄격한 드레스 코드를 가지고 있는 기업들도 창의와 혁신적 기업 문화를 중요시할 수도 있고, 복장이 자유로운 기업도 엄격한 계층 문화를 가지고 있는 경우도 많으니까요. 그래서 '슈퍼에고'처럼 그 기업이 '공표한 추구 가치와 믿음espoused values and beliefs'을 이해할 수 있어야 '인공물'들을 좀 더 정확하게 설명할 수 있습니다.

하지만 이러한 것들도 실제 기업의 조직 문화를 정확하게 나타내는 것은 아닙니다. 실질적으로 단위 조직이나 구성원들의 행동과 생각을 결정하는 것은 오랜 기간 동안 경험하고 학습된 가치와 신념들인데, 이러한 것들이 무의식적으로 내재화되어 구성원들의 모든 행동과 생각에 영향을 미치기 때문입니다. 이렇게 내재화된 가치와 신념들은 특히 사업 초기에 설립자나 리더의 가치와 신념의 영향을 받아서 형성되죠. 현대그룹과 삼성그룹, SK그룹 창업주들의 가치와 신념이 현재의 조직 문화에 어떻게 영향을 미치고 있는가를 생각해보면 이해가 될 겁니다. 샤인은 이것을 '암묵적 기본 가정basic underlying assumptions'이라고 불렀는데, 이는 구성원들의 생각과 행동 양식을 결정하는 조직 문화의 핵심입니다.

이것은 프로이트가 말한 인간의 원시적 본능인 이드와 비슷합니다. 이드는 표면적으로 나타나지 않으나 억압된 무의식적 형태로 존재하며 모순된 구조 속에서 발생하는 심리적 갈등 같은 것입니다. 이는 보이지는 않지만 인간의 행동과 사고에 항상 영향을 미치고, 어떤 때는 표면으로 불쑥 돌출되기도 합니다.

사실 무의식으로 존재하는 이 영역을 다루기가 쉽지는 않지만, 조직 문화를 제대로 구축하려면 반드시 넘어야 할 산입니다.

정리하면, 조직 문화는 구성원들이 과거에 경험한 기억들의 문맥적 실재 contextual reality입니다. 이 기억들의 문맥은 세 가지 요소, 즉 '인공물', '공표한 추구 가치와 믿음', '암묵적 기본 가정' 등에 의해 만들어집니다. 조직 문화 특성의 강도는 이 세 가지 요소들이 얼마나 일관되고 강하게 연결되어 있느냐에 달려 있는데, 이들 중 가장 영향력이 큰 것은 '암묵적 기본 가정'입니다. 그리고 조직 문화는 사업 초기에 상당 부분 형성되는데, 일단 형성되면 변경하기 어려운 속성을 가지고 있어서 신사업 초기에 이를 어떻게 구축하느냐가 중요합니다.

2. 조직 문화 설계 및 구축

기존 사업의 조직 문화를 변화시키는 것보다 신규 조직에 새로운 문화를 구축하는 것이 상대적으로 더 쉬울 수 있습니다. 왜냐하면 기존 조직의 문화가 바람직할 경우 이를 보완하여 이식하기가 쉽고, 기존 조직의 문화가 바람직하지 않을 경우 새로운 조직 문화를 도입할 수 있는 변화의 분위기와 긴장이 조직 내에 이미 자연스럽게 형성되어 있기 때문이죠. 즉, 신사업 초기에는 구성원들의 변화 수용도가 높아져 있는 상태이기 때문에 새로운 조직 문화를 도입하기가 조금 더 유리한 상황인 셈입니다.

그러면 실질적인 질문으로 넘어가겠습니다. '과연 조직 문화를 의도한 대로 만들 수 있을까요?'라는 의문입니다. 언뜻 대답하기 쉽지 않은 문제이지만 '제법 긴 시간을 가지고 전략적이고 일관된 접근을 한다면 가능합니다'라는 것이 제 개인적인 믿음입니다.

앞에서 조직 문화는 '과거에 경험한 기억들의 문맥적 실재'라고 했습니다. 만약 '기억들의 문맥'에 강하게 영향을 미치는 요인들을 잘 설계해서 대상자들에게 직간접 경험을 시킬 수 있다면, 구성원들은 설계자가 의도한 대로 생각과 행동을 하게 되겠죠. 그럴듯하게 들리지 않나요? 그런데 사실 이것은 쉽지 않습니다. 현실적으로 통제할 수 없는 주요 변수가 많기 때문입니다.

기업 내부에는 최고 의사결정자와 리더들의 다양한 성향, 노사 관계, 기업이 속한 산업과 시장의 특성 등의 변수들이 있습니다. 그리고 외부 요소를 보면 인간의 본능, 개인적 특성, 기존의 경험 기억들, 소속된 국가와 지역 등과 같은 공동체 문화 등의 변수들이 영향을 미치죠. 이러한 기업 내외부 변수들이 상호작용하면서 리더와 구성원들의 복잡한 생각과 행동의 패턴들을 만듭니다.

예를 들어, 이 변수들 중 공동체 문화가 기업 문화에 어떻게 영향을 미쳤는지를 살펴보죠.

과거 한국 기업에서는 개인의 이익보다는 국가와 기업의 이익을 우선시하는 소명 의식이 당연시되었습니다. 그리고 더 거슬러 올라가면 서양과는 달리 동양, 특히 한국에서는 개인보다 '우리'라는 집단 문화가 강하게 형성된 역사적인 배경도 있습니다.

1962년부터 시작된 '경제개발 5개년계획'과 1970년부터 시작된 '새마을운동'은 개인보다 '우리 민족', '우리나라', '우리 마을', '우리 회사'라는 공동체에 대한 헌신을 더 중요시하는 사회적 분위기를 만들었습니다. 그리고 당시 성공에 대한 강한 열망과 모험, 도전의 DNA를 가진 경영자들이 추구했던 가치와 믿음, 신념의 성격이 더해져서 나름대로 강점을 가진 고유한 기업 문화가 자연스럽게 형성되었습니다.

하지만 이러한 문화들이 지금은 많이 없어지거나 약화되었고, 혹은 변형된 형태로 어정쩡하게 남아 있는데, 역사의 흐름 속에서 정치적, 사회적 변혁들이 영향을 미친 결과입니다. 예를 들면 과거의 암묵적 종신 고용이 약화되면서 구성원들은 조직보다 개인의 이익과 성공을 더 중요한 가치로 여기게 되었습니다. 그리고 엄격한 위계질서와 '우리나라와 우리 회사'라는 소명 의식 속에서 순종하던 노동자들은 1980년 중반부터 시작된 민주화의 열기에 의해 노조의 힘이 강해지면서 노사 간의 관계가 타협적 관계로 바뀌게 되었죠.

또한 최고경영자들이 추구하는 가치와 믿음, 신념, 열정도 세대가 바뀌면서 크게 변화했습니다. 리더십 스타일의 변화뿐만 아니라, 과거 소수 카리스마적 리더에 의존하는 위계질서와 통제 중심의 경영 방식이 현재의 한국 기업들이 직면한 경쟁의 속도와 속성, 방식에 적합하지 않게 된 것이었죠.

이렇게 내외부의 많은 변수들의 동시다발적 변화는 새로운 긍정적인 조직 문화도 만들었지만 과거 기업 문화의 특성과 강점을 약화시켰고, 모호하게 만들기도 했습니다. 내외부 변수들이 바뀌면 기존의 조직 문화도 이에 적합하게 변신해야 하는데, 변화의 충격을 여과 없이 그대로 흡수해버린 것이지요.

몇 개의 사업장을 가지고 있는 한 대기업의 사례를 들겠습니다. 증설을 하면서 기존 사업장과는 다른 별도의 지역에 공장을 설립하였는데 대부분 젊은 신규 채용자로 조직을 구성하였습니다. 사업장의 위치와 사람이 기존의 공장과 독립되어 있으므로 완전히 새로운 문화가 자연스럽게 형성되었는데, 이 사업장의 문화는 정말 머리가 아플 지경이라고 합니다. 노사 간 힘의 균형이 무너져서 작업자는 지켜야 할 규율을 어겨도 제재를 받지 않고, 업무에 대한 몰입과 열정도 약해서 목표 달성을 위해 뭔가를 개선하려는 의지도 미흡하다고 합니다.

저는 이러한 현상이 특별하다고 생각하지 않습니다. 조직 문화 형성은 구성원 개인에게 영향을 미치는 환경과 사건들의 반복성과 영향력의 강도에 달려 있습니다. 다른 사업장의 구성원들은 조직의 성과와 노조원들의 권리가 균형을 이루고 있는 데 반해서 이 사업장은 노조의 권력이 더 강해서 노조원들은 노조의 우산 아래서 개인에 유리하고 편안한 대로 행동하는 문화가 형성되어버린 것입니다.

회사가 노조원들에게 반드시 지켜야 할 규칙을 어기면 처벌을 받는다는 인식을 심어주지도 못했고, 자발적이고 의욕적인 참여를 불러일으킬 수 있는 동기부여 프로그램도 미흡한 것이 근원적인 문제였던 것입니다.

기업이 지속적으로 생존과 성장을 하기 위해서는, 앞의 사례처럼 기업 문화가 자연발생적으로 형성되도록 내버려두는 방임형 방식에서 사전에 정교하게 설계, 구축하여 의도적으로 기업 문화를 형성하는 방식으로 바뀌어야 합니다. 물론 구성원들의 생각과 행동 양식을 변화시키는 것은 쉽지 않죠. 우리는 종종 '사람은 변하지 않는다', '사람을 변화시키는 것은 불가능하다'라는 말을 하지 않습니까? 사실 이미 만들어진 개인의 생물학적, 심리적, 사회적 특성을 기업이 원하는 방향으로 바꾼다는 것은 매우 어려운 일이기는 합니다.

개인적으로도 기업 문화 혁신 업무를 담당한 직장생활의 7년간은 인간의 특성 자체의 한계와 변화의 주체인 기업의 구조적 한계를 절감한 시간들이었습니다. 하지만 만약 기업 내부의 구조적 한계를 극복하고 제대로 접근할 수만 있다면, 의도된 조직 문화를 성공적으로 구축할 수 있다고 지금도 믿고 있습니다. 지금부터 이에 관한 실질적인 이야기를 시작하려고 합니다.

신사업의 조직 문화를 성공적으로 구축하기 위해서 고려해야 할 3가지 중요한 요소들이 있습니다. 기업이 지향하는 조직 문화와 가치에 적합한 사람을 선발하고, 지향 조직 문화에 연계된 프로그램을 도입하고, 조직 문화의 구축 스피드를 높이는 일입니다. 각각에 대해 설명하겠습니다.

적합한 사람 선발: 신사업에서 지향하는 기업 문화를 구축하기 위해서는, 이에 적합한 사람들로 조직을 구성하는 것이 매우 중요합니다. 적합하지 않은 사람들로 구성된 조직에서 적합한 조직 문화를 구축한다는 것은 어려운 일이기 때문이죠.

그래서 주어진 인력 풀에서 기업이 지향하는 문화에 적합한 사람을 잘 선발하는 것이 중요하지만, 쉽지는 않습니다. 선발 기준 자체가 다양한 스펙트럼과 복합성을 가지고 있는 개인의 특성을 정확하게 측정하고 분류하는 데 한계가 있기 때문이죠. 또한 선발 시에는 개인의 성향뿐만 아니라 업무 수행 역량 등 다른 요소들도 고려해야 하는데, 어느 요소를 얼마나 더 우선시해야 할 것인지, 그리고 설계된 선발 기준이 평가 과정에서 실제 정확하게 반영될 수 있는지 등의 여러 가지 현실적인 한계가 있습니다. 특히 외부 경력자를 신규 채용할 때는 더 어렵죠. 신사업에 필요한 기술은 있는데 다른 자격 요건이 적합하지 않아 채용 과정에서 가끔 HR 조직과 사업 개발 조직 간의 갈등이 발생하기도 합니다.

이렇게 촘촘한 그물망으로 적합한 인력을 선발하는 것은 쉽지 않은 일이지만 기업의 핵심 가치와 문화에 가장 적합한 사람을 채용하려는 최선의 노력은 필요합니다. 적합하지 않은 사람을 채용하면 구성원 간의 갈등 등 여러 가지 문제를 야기시켜 전체 손실이 더 커지기 때문이죠. 물론 기업에서 교육 등을 통해 변화시키려고 노력하지만, 타고나거나 이미 길들여진 개인의 속성을 바꾼다는 것은 매우 어려운 일입니다. 그래서 처음부터 적합한 사람을 선발하는 것이 매우 중요합니다.

적합한 프로그램 도입: 이렇게 그물망을 통과한 다양한 개인들을 기업이 원하는 방향으로 생각하고 행동하도록 뭔가를 해야 합니다. 개인들은 특별한 동인 없이 기업이 원하는 방향대로 알아서 변화하지 않습니다. 그리고 구성원들 스스로가 이러한 내적 동인을 만들 것이라고 기대하는 것은 이상적인 소망입니다. 결국 의도된 조직 문화를 만들기 위해서는 기업에서 외적 동인을 제시해야 합니다. 즉, 기업이 설계할 수 있는 여러 시스템과 제도, 규정, 그리고 경영 철학과 핵심 가치, 리더의 말과 행동으로 구성원 개개인에 영향을 주어야만 기업이 원하는 방향으로 구성원들의 생각과 행동양식을 바꿀 수가 있습니다.

인간이 다른 동물과 다른 점은 스냅 사진과 같이 단순한 하나의 사건 경험이 기억 속에 따로 존재하는 것이 아니라, 개인 간의 상호작용과 맥락 속에서 감정과 함께 경험적 기억이 저장되고 인출이 일어난다는 점입니다. 이 말은 기업이 구성원들에게 '기대하는 감정'을 키우기 위해서는, 뭔가 정교한 설득 과정, 즉 기대하는 감정과 관련된 문맥적 경험이 필요하다는 의미입니다. 이러한 관점에서 보면 많은 기업에서 문맥 없이 단편적으로 기업 문화 변화 프로그램을 도입하는 것은 효과가 없거나 부작용을 초래할 위험성이 높습니다.

예를 들면, 도전 정신을 장려하기 위해 뜬금없이 개인 중심의 파격적인 포상 시스템을 도입한다든지, 창의적인 분위기 형성을 위해 유연근무제도를 갑자기 실시한다든지 하는 이벤트들입니다.

과연 개인 중심의 파격적인 포상 제도만을 도입하면 조직에 긍정적인 도전정신이 만들어지나요? 제대로 도입하면 도움이 되겠지만 실질적으로 이런 긍정적인 결과만을 기대하기란 쉽지 않은 일입니다. 오히려 신사업의 성공에서 중요한 팀워크가 손상될 우려가 있고, 평가 기준의 정확성과 공정성에 대한 불만으로 수상자에 대한 냉소와 갈등이 발생될 수도 있죠. 특히 조직과 개인 간의 협업이 재무 성과 창출에 중요한 역할을 할 경우에는 더욱 그렇지요. 그리고 또한 주로 재무 성과가 큰 일부 과제 중심으로 포상이 이루어질 수밖에 없는데, 이에 해당하지 않는 구성원들은 상대적인 박탈감을 가질 수 있고, 포상 팽배 문화 형성 등 의도하지 않은 부작용이 나타날 수가 있습니다.

만약 개인과 조직 간의 협업 문화가 중요하다면 이러한 부작용 없이 협업을 강화할 수 있는 포상 제도를 어떻게 설계, 도입할지를 고민해야 합니다.

유연근무제도 마찬가지입니다. 개인의 상황에 맞게 알아서 근무 시간을 선택하도록 하면 구성원들의 창의성과 업무 효율성이 정말 높아지는지, 이러한 창의성과 효율성이 시간이 흘러도 유지되는지, 그리고 부작용은 발생하지 않는지를 고민하여 설계해야 합니다.

이렇게 한 제도의 변화는 구성원들의 심리에 복잡하게 영향을 미치기 때문에 다차원적인 관점에서 바라봐야 합니다. 그래서 조직 문화를 새로 정립하거나 변화시킬 때는 무엇을 어떻게 설계하고 운영해야 할지를 전체적인 맥락과 종합적인 관점에서 고민해야 합니다.

볼링을 할 때 킹 핀을 건드리면 도미노처럼 모두가 쓰러지는 것과 마찬가지 이치입니다. 조직 문화를 새롭게 정립 혹은 변화시키기 위한 프로그램을 도입할 때는 구성원들이 가장 중요하게 생각하고 영향을 많이 받는 내용을 선정하여 정교하게 설계, 운영해야 합니다.

구축 스피드 제고: 신사업 조직이 구성되고 시간이 지나갈수록 의도된 조직 문화를 구축하기는 것은 점점 더 어려워집니다. 주어진 생태계 속에서 자연스럽게 만들어지는 조직 문화는 시간이 흐를수록 점점 경화되어가기 때문인데, 이는 조직 전체의 최적화 관점에서 조직 문화를 구축할 수 있는 기회가 점점 사라져가는 것이죠.

그래서 신사업의 조직 문화 구축 시점은 빠를수록 좋습니다. 신사업 초기에는 구성원들의 긴장감과 기대감이 높아서 변화에 대한 수용성도 높아집니다. 가능하다면 사업 시작 전에 지향 조직 문화에 대한 설계를 완성하고, 사업 시작과 함께 구축하는 것이 좋습니다.

신사업의 조직 문화 구축 시 고려해야 할 3가지 주요 요소들에 대한 설명은 이것으로 마치고, 지금부터는 신사업의 조직 문화를 설계하고 구축하는 실질적인 방법을 다루겠습니다. 2가지 주제가 있는데, 첫째는 조직 구조와 구성원의 유형에 따라 조직 문화를 어떻게 구축할 것인가이고, 둘째는 신사업의 성공에 필요한 일반적인 지향 조직 문화가 무엇인지, 그리고 이를 구현하기 위한 프로그램을 어떻게 설계하고 실행할 것인가에 대한 이야기입니다.

① 신사업의 조직 구성과 구성원의 유형에 따른 조직 문화 구축

신사업의 조직 문화는 신규 조직 구성 여부와 신규 멤버 채용 여부에 따라 다음 표처럼 3가지 형태로 형성됩니다. 이를 어떻게 구축하느냐에 따라 조직 문화의 성격이 많이 달라지죠.

표 2-20. 조직 구성과 구성원 유형에 따른 형성 조직 문화

조직 구성 \ 구성원	기존 조직 구성원 배치	신규 채용 구성원 배치
기존 조직 내 신사업 조직 구성	I: 기존 조직 문화 유지	II: 기존 조직 문화 + 신규 조직 문화
신규 조직 구성	I: 기존 조직 문화 유지(이식)	III: 신규 조직 문화 형성

　　기존 조직 내 신사업 추진 조직을 구성하든, 신규 조직을 구성하든 관계없이 기존 조직의 구성원을 활용할 경우(I)에는 기존의 조직 문화가 유지될 가능성이 매우 높습니다. 왜냐하면 결국 조직 문화란 리더와 구성원들 간에 공유된 가치와 규범, 그리고 구성원들 개개인이 가진 무의식적 가정들인데, 기존 구성원들을 신사업에 배치한다면 기존과는 다른 조직 문화가 만들어질 동인이 없습니다. 더군다나 이 경우에 기존 사업이 가지고 있는 시스템, 제도, 규정의 대부분이 그대로 복사될 가능성도 높기 때문에 조직 문화에 변화가 없을 수밖에요.

　　물론 기존의 조직 문화가 적합하다면 다행한 일입니다만, 그럴 가능성은 그리 높아 보이지 않습니다. 왜냐하면 많은 경우 기존 사업의 환경에서 만들어진 구성원들의 사고, 행동 양식이 신규 사업의 성공에 필요한 사고와 행동 양식과는 맞지 않고, 신규 사업에 필요한 역량과 시스템, 제도, 규정도 다르기 때문입니다.

　　예를 들어보죠. 구성원들의 행동에 직접적인 영향을 미치는 평가 시스템과 회사 전결 규정 등이 기존 사업에서는 안정과 관리 중심으로 만들어졌을 가능성이 높습니다. 그런데 이들을 그대로 신사업 조직에 적용한다면, 신사업에 필요한 도전과 혁신적인 생각과 행동 양식을 억제할 가능성이 큽니다.

　　어쨌든 기존 조직 문화의 관성이 자리를 잡기 전에 신사업 초기에 구성원들의 의식과 무의식에 큰 영향을 줄 수 있는 강력하고 일관된 변화 프로그램을 가동해야 합니다. 슬로건, 규정, 절차와 같은 인공물을 만들고 교육과 스토리텔링을 통한 추구 가치와 믿음을 전파하기도 하고, 실질적으로 구성원들의 무의식에 큰 영향을 줄 수 있는 경험들을 만들어내는 활동들도 필요합니다.

　　다음은 기존 조직 내 신사업 조직을 새로 구성하고 신규 구성원을 채용하는 경우(II)를 보겠습니다. 신규 채용자들은 기존 사업의 구성원들과는 다른 특성을 가지고 있고, 신규 사업 특유의 환경과 분위기에 영향을 받기 때문에, 기존과는 다

른 조직 문화가 형성될 가능성이 높습니다.

그러나 만약 기존 조직 내에 신규 사업 조직을 구성하고 신규 채용을 하는 경우에는 여전히 기존 조직 문화가 영향을 미칠 가능성이 높습니다. 특히 동일한 사업장 내에 있을 때는 더욱 그렇죠. 기존 사업 조직에 근무하는 사람들이 사용하는 용어, 플래카드, 가끔 접촉하는 관리 부서의 업무 처리 방식, 그리고 동일한 노조 등등의 주위 환경이 큰 영향을 미치기 때문입니다. 더군다나 기존 사업의 시스템, 규정, 제도 등이 그대로 복사 적용될 경우에는 더욱 그렇죠.

이런 경우에는, 기존 사업의 문화가 영향을 주는 환경 속에서 신규 사업의 특성에 적합한 조직 문화를 어떻게 구축할 것인가를 고민해야 하는 어려움이 있습니다.

기존 사업과 완전히 분리된 신규 조직을 구성하고 구성원을 새롭게 채용하는 경우(Ⅲ)는 기회와 위험이 공존합니다. 신사업에 적합한 조직 문화를 구축할 수도 있고, 그렇지 않을 수도 있다는 말입니다.

이 책의 전반부에서 언급한 세상에서 가장 혁신적인 연구소라 불렸던 '제록스 PARC'를 기억하십니까? 당시 보수적인 제록스에서 어떻게 엄청난 것들을 개발할 수 있었을까요? 기존의 제록스 연구소와 본사가 멀리 떨어져 있어서 본사의 간섭을 받지 않고 '제록스 PARC'에 적합한 새로운 인력 채용과 시스템, 규정, 제도를 운영했기 때문이었죠. 하지만 문제도 있었는데, 그것은 시장과 재무 성과와 연계되지 않은, '혁신을 위한 혁신'을 하는 분위기였습니다.

그래도 '제록스 PARC'는 뭔가 엄청난 성과를 이루었으니 나름 괜찮은 조직 문화를 가지고는 있었지만, 조직 문화가 방치된 많은 신사업의 경우 문제 있는 조직 문화가 형성될 가능성이 높습니다. 특히 사업 초기부터 실적 부진과 성과에 대한 경영층의 압박을 심하게 받는 경우에는 이에 단기적으로 대응하는 과정에서 적합하지 않은 문화가 형성되고, 시간이 갈수록 점점 더 악화되어가다가 나중에는 손을 쓸 수 없을 정도로 굳어져버리죠.

결론적으로 신규 조직과 신규 채용을 하는 신규 사업의 경우에는 마음의 여유는 없겠지만 처음부터 지향 기업 문화를 정의하고, 이를 구현하기 위해 전략적으로 설계, 운영하려는 노력이 필요합니다.

② 신사업의 공통 조직 문화 정의 및 구축 방법

모든 신사업의 특성에 관계없이 '필요한 조직 문화는 이런 것입니다'라고 주장하는 것은 사실 무리가 있습니다. 하지만 지금부터 신사업의 유형과 특성에 관계없이 적용할 수 있는 공통적인 지향 조직 문화를 제안하려 합니다.

개인적 경험으로 볼 때 신사업에서 가장 중요한 것은 '개방적인 커뮤니케이션'과 '개발, 판매, 생산 조직 간의 협업', 그리고 '기술 중시' 문화라고 생각합니다. 여기서 '기술 중시' 문화는 신사업의 특성에 따라 어떤 기업에는 중요하지 않을 수도 있을 것입니다. 서비스 업종이나 기술보다는 브랜드, 마케팅, M&A를 핵심 역량으로 하는 기업들 같은 경우에는 기술이 크게 중요하지 않을 수도 있죠. 하지만 많은 기업, 특히 제조업의 경우 '기술'은 불변의 핵심 역량이기 때문에 '기술 중시' 문화를 공통 지향 조직 문화에 포함시켰습니다. 그럼 하나씩 설명하겠습니다

'개방적인 커뮤니케이션' 문화: 기업에서 '개방적'이라는 의미에는 '상하 간', '단위 조직 간', '내외부 간'이라는 커뮤니케이션의 범위와 방향을 내포하고 있습니다. '커뮤니케이션'이라는 단어는 개인의 정보와 지식, 경험을 교환하면서 새로운 지식을 창출하든지, 아니면 더 성공 확률이 높은 의사결정을 한다는 목적성을 가지고 있죠.

이러한 '개방적 커뮤니케이션 문화'가 조직 내에 만들어지기기 위해서는 모두가 동의하고 기대하는 명확한 공동의 커뮤니케이션 목표가 존재해야 합니다. 또한 이러한 공동의 목표 아래 서로가 가진 정보와 지식, 경험의 공유와 솔직한 토론이 궁극적으로 '나에게 도움이 될 것이고, 적어도 나에게 손해는 되지 않을 것이다'라는 믿음을 조직 전체가 인식하고 있어야 합니다.

이런 전제 조건들이 충족되지 않은 상태에서 리더가 당위성만으로 커뮤니케이션의 중요성을 강요한다고 해서 개방적인 커뮤니케이션이 저절로 이루어지지 않습니다. '우리 계급장 떼고 솔직하게 이야기해보자'라고만 하면 솔직하게 이야기할 순진한 구성원이 그리 많지 않다는 뜻입니다. 그런 허심탄회한 개인의 감정적 상태가 어떻게 만들어지나요? 리더가 '계급장을 떼고 솔직하게 이야기해보자'라고 선언만 하면 그런 감정이 일어나나요? 어떤 리더에게 솔직하게 이야기했다가 불이익을 당했다는 소문이 이미 사내에 퍼져 있는데, 누가 어리석게 그런 모험을 또 하겠습니까?

현재의 감정은 과거에 형성된 감정 상태가 지금 표출된 것에 불과하기 때문에 현재의 감정을 바꾸기 위해서는 과거와는 다른 환경의 변화가 필요한 것이죠. 자연

스럽게 계급장을 떼고 솔직하게 이야기할 수 있는 감정 상태를 만들기 위한 분위기가 먼저 조성되어 있어야 한다는 말입니다.

예를 들면 직급별 계층과 엄격한 위계질서가 존재하는 구조적인 장벽이 있는 상황에서 본부장과 팀장들, 팀원들이 모여 자유롭게 토의할 수 있을까요? 물론 리더들의 성향과 커뮤니케이션 테크닉에 따라 자유로운 토론이 일어날 수도 있겠지만, 일반적으로 이런 예외적인 광경을 기대하기에는 본질적인 한계가 있는 것 같습니다. 그래서 이러한 광경이 만들어지고, 정착될 수 있는 방법을 고민해야 합니다.

예를 들면, 직급에 의한 영향력을 최소화하기 위해 직급별로 분리하여 토론하고, 그 결과를 가지고 별도 본부장과 팀장 회의에서 다시 토론하는 것도 좋은 방법이 될 수 있습니다. 그리고 자유로운 아이디어 제안 문화를 정착하기 위해서 '아이디어에 대한 평가는 아이디어 제안 시간이 끝난 후 한다' 등과 같이 회의 시 반드시 지켜야 할 구체적인 규칙을 회의실마다 붙여놓고, 회의를 시작할 때 이를 상기시킴으로써 평등한 아이디어 제안과 토론 분위기를 만들어주는 방법도 있겠죠.

아니면 3M의 '기술 포럼'처럼 기술자 간에 자연스럽게 커뮤니케이션을 할 수 있는 제도적 장치를 만들어 운영한다든지, 어떤 주요 이슈에 대해서는 개인의 심리적 위축과 부담을 최소화하기 위해 외부에서 회의를 진행하는 방법들도 생각해볼 수 있을 것입니다.

이와 같이 '개방적인 커뮤니케이션'을 가로막는 요소가 무엇인지, 그리고 이를 해결하기 위해 무엇을 어떻게 해야 하는 것인지를 찾아내고, 이를 제대로 작동시키기 위한 프로그램을 상세하게 설계하고 운영하는 것이 핵심입니다. 다음은 '개발, 판매, 생산 조직 간의 협업' 문화에 대한 이야기로 넘어가겠습니다.

'개발, 판매, 생산 조직 간 협업' 문화: 왜 개발, 판매, 생산 조직 간에 협력이 잘 안 될까요? 특히 신사업 초기에 조직 간에 갈등이 표면화되고, 별다른 조치를 취하지 않는 한 시간이 흐르면서 이러한 갈등은 더 굳어지는데 이것은 두고두고 골칫거리가 됩니다.

신사업 초기에 이러한 갈등 관계가 점화되는 것은 서로 간의 이해관계가 상충되거나, 현재 신사업의 어려움이 상대 조직의 잘못으로 인식되어야 내 조직이 좀 더 질책을 덜 받을 것이라는 자신에 대한 보호 본능이 작동하기 때문입니다.

먼저 기능 조직 간의 이익이 상충되는 현상이 발생하는 상황들을 보겠습니다.

앞에서 이야기했습니다만, 신사업 초기에 판매 팀은 고객 품질 인증을 위해 될 수 있는 대로 샘플을 많은 고객들에게 수시로 보내고 싶어 합니다. 하지만 샘플을 생산하는 것은 생산(혹은 연구소) 조직의 성과에는 별 도움이 안 됩니다. 오히려 생산수율이 떨어지거나 다른 신제품의 개발 속도에 지장을 주기 때문에 판매 팀과 생산(혹은 연구소) 간의 이익이 상충하는 것이죠.

또 다른 장면을 보겠습니다. 신사업 타당성 분석을 할 때 사업 2차년도부터 영업 이익이 흑자가 될 것이라고 예측했고, 이 숫자를 근거로 신사업 투자심의위원회를 통과했습니다. 그런데 2차년도에도 여전히 많은 적자를 기록하고 있고, 내년에도 획기적으로 좋아질 기미가 보이지 않습니다.

판매 팀은 제품의 품질에 문제가 있어서 고객 인증에 실패하거나 고객 클레임이 발생하기 때문에 재무 성과 개선 속도에 한계가 있다고 최고경영자에게 은연중에 보고합니다. 실제 품질 지표인 생산수율도 낮아 제조 원가가 매우 높습니다.

표면적으로 보면 생산 팀의 잘못이 명백하기 때문에 최고경영자의 질책에도 생산 팀은 변명을 할 수 없습니다. 하지만 마음속으로는 판매 팀에 대한 불만이 많습니다. '판매 팀에서는 마케팅 전략도 없이 샘플을 아무 고객에게 배포하다 보니 수율이 낮아질 수밖에…', '까다로운 제품, 소로트 주문만 받아 오니 생산 시간이 많이 걸리고, 품질 문제도 발생해서 생산수율이 떨어졌는데…'와 같은 억울한 생각들입니다. 연구소와 판매, 생산 간의 갈등 구조도 이와 유사합니다.

사실 이러한 예들은 사업의 특성에 따라 발생하지 않거나 심각성이 덜할 수도 있지만, 판매, 생산, 개발의 협업이 필요한 신사업에서는 제법 많이 일어나는 상황들인데, 이를 제때, 제대로 관리하지 못하면 영원한 갈등 구조로 굳어버리죠.

그럼 이 문제를 어떻게 극복할 수 있을까요? 더 나아가 미래의 지속적인 성장을 위해 신사업 초기에 조직 간의 협업 문화를 어떻게 구축할 수 있을까요? 조직 구조를 기능 중심이 아닌 제품이나 고객 중심의 프로세스 조직이나 매트릭스 조직 형태로 만들어 운영하면 해결이 되나요? 그런데 이러한 조직 구조 접근법은 현실적으로 적용하기가 쉽지 않기도 하지만, 여전히 기능을 수행하는 개인이나 단위 조직이 존재하기 때문에 갈등이 근본적으로 없어지지는 않습니다.

문제를 해결하기 위해서는 문제의 근원을 먼저 이해해야 합니다. 조직 간 갈등의 근원에는 개인의 성과와 역량에 대한 평가가 숨어 있습니다. KPIkey performance indicator 평가 시스템에 의해 본인의 연말 성과 평가를 의식한 부분도 있지만, 자신에 대한 경영층의 비공식적 역량 평가를 두려워하는 것이 더 큰 영향을 미칩니다.

먼저 KPI 성과 평가 문제에 대한 해결책부터 이야기해보죠. 기본적으로 생산, 판매, 개발 간의 협업이 필요한 활동 내용을 특정 기능 조직이나 개인의 평가 지표로 선정하는 것은 피해야 합니다.

예를 들면, 'A 제품의 시장 확대'를 성공적으로 수행하기 위해서 판매, 개발, 생산 기능의 협업이 필요한데, 이 과제를 판매 팀의 KPI로만 선정하면 개발, 생산의 적극적인 참여를 이끌어내기가 쉽지 않을 것입니다. 따라서 단지 하나의 아이디어이긴 하지만 CFTcross functional team 운영을 확대하고 이에 대한 평가 가중치를 높이거나 할 수 있겠죠. 아니면, 책임 소재가 불명확해지는 문제가 있지만, 차라리 각 기능 조직별 평가 지표를 없애고 영업 이익 등 전체 재무 성과 지표로 통일하여 운영할 수도 있을 것입니다.

어쨌든 가장 바람직한 모습은 기능별 활동과 기능 간의 협업 둘 다를 강화할 수 있는 평가 시스템을 개발하는 것입니다. 어쩌면 이 둘을 모두 만족시킬 수 있는 평가 제도를 개발하는 것이 어려울 수도 있는데, 극단적인 경우에는 기능별 평가 지표를 포기하고 기능 간의 협업을 위한 평가 지표만을 가져갈 수도 있을 것입니다.

결론적으로 신사업 초기에는 어떤 단위 조직이든 최선의 노력을 다하려 하기 때문에 개인별 공헌도와 역량에 중점을 두는 평가보다는 사업 성공을 위하여 조직 간의 협업에 중점을 두는 평가를 하는 것이 더 바람직합니다.

다음에는 기능 조직 간의 협업을 위해 구성원 개인에 대한 경영층의 비공식적 평가를 어떻게 활용할 것인가를 알아보겠습니다. 조직 문화를 형성하는 데 있어 리더의 영향력은 절대적입니다. 극단적으로 표현하면 조직 문화 형성에 있어서 리더가 적어도 95% 이상의 영향력을 가지고 있다고 봅니다. 구성원들은 리더들이 순수하게 KPI 실적만을 가지고 개인의 성과와 역량을 평가하지 않는다는 것을 잘 알고 있습니다.

평가자가 '비공식적으로 나를 어떻게 평가하나?'에 많은 신경을 쓸 수밖에 없죠. 그래서 리더가 구성원들에게 어떤 말과 행동을 하느냐가 구성원들의 생각과 행동에 중요한 영향을 미칩니다.

앞의 사례처럼, 판매 활동의 성과와도 연관 있는 지표인 '생산 수율' 실적을 가지고 생산 팀을 질책한다면 생산 팀은 '수율'을 높이기 위해 여러 시도를 하려고 할 것입니다. 품질 관리가 까다로운 제품, 생산성을 떨어뜨리는 소로트, 다양한 규격의 샘플, 긴급 오더 등과 같이 수율을 떨어뜨리는 주문은 가능한 한 생산하지 않으려 할 것이고, 실적에 대한 리더의 압력이 강해지면 편법으로도 수율을 높이려고 할지도 모릅니다.

그래서 리더는 다차원적인 관점을 고려하여 합리적이고 전략적인 메시지와 압력을 주는 것이 중요합니다. 방향이 잘못된 리더의 메시지와 압력은 단위 조직들 간의 협업 문화를 약화시키고 갈등을 증폭시키기 때문입니다.

'기술 중시' 문화: 신제품 개발과 품질 관리가 중요한 기업에서 대부분의 리더들이 기술이 중요하다고 가끔씩 공개적으로 강조합니다만, 엔지니어들은 그 말을 액면 그대로 믿지 않죠. 실제 경영층의 공식적인 경영 방침과 평상시의 의사결정이나 암묵적 메시지를 보면 그렇지 않기 때문입니다.

기술이 축적될 수 없는 환경과 분위기 속에서는 리더가 아무리 기술을 강조하더라도 기술은 축적되지 않습니다. 실제 조직 전반에 기술을 중시하는 문화가 정착되어야 기술이 지속적으로 축적되고 진화, 발전할 수 있습니다. 이러한 문화를 구축하기 위해서 어떻게 해야 하나요? 그것은 바로 기술의 중요성을 모든 구성원이 공유하고, 엔지니어 개인의 학습 열정을 강화시키고, 내외부 엔지니어 간 지식과 경험이 연계될 수 있는 체계와 프로그램을 만드는 것입니다.

예를 들면, 앞에서 설명한 3M의 기술 포럼 같은 것들이죠. 그리고 신제품을 개발할 때 '기술 트리'와 '다세대 제품 기획MGPP'을 반드시 작성하여 활용하고, 적시에 업데이트할 수 있는 체계를 구축하거나 매년 기술 관점에서 신제품 아이디어 발굴 워크숍을 개최할 수도 있습니다. 또한 엔지니어들이 동기를 부여하고 자부심을 느끼도록 3M과 같이 다양한 동기부여 프로그램들을 개발하여 운영할 수도 있을 것입니다.

이러한 체계를 구축할 때 중요한 것은 이 프로그램들이 유기적으로 연계될 수 있도록 얼마나 체계적으로 설계하느냐입니다. 전체 프로그램들이 세밀하게 연결되어야 효과가 크고, 기업 문화로 성공적으로 안착할 수 있습니다.

정리하면, 기업의 성장 전략에서 기술이 매우 중요한 한 축이라는 것을 인식하고, 실제 기술을 통해 성과를 창출하고, 성과에 대해 인정과 동기부여를 해주는 선순환적 구조를 만들 수 있는 프로그램을 개발, 운영하는 것이 '기술 중시' 문화를 구축하는 데 핵심입니다.

03 비즈니스 시스템

비즈니스 시스템이란 '경영 목표를 달성하기 위해서 독립된 요소(업무 프로세스)들을 결합 혹은 조합하여, 전체가 유기적으로 연계되어 하나로 동작하는 것'이라고 정의할 수 있습니다. 만약 시스템의 구성 요소인 업무 프로세스를 '내외부 고객에게 가치를 제공하기 위한 활동, 그리고 활동의 절차와 규칙의 집합'이라고 정의한다면, 비즈니스 시스템과 업무 프로세스 둘 다 제대로 설계, 운영해야 효과를 창출할 수 있습니다. 그럼 현실에서 비즈니스 시스템이 어떻게 구축되고 운영되는가를 살펴보죠.

신사업 초기에는 제품 개발과 품질 인증, 생산 안정화 등 제품과 고객 확보에 모든 활동과 관심이 집중되어 있기 때문에, 상황에 따라 임의로 업무 방식이 정해지고 운영됩니다. 그리고 단위 조직 간 업무 커뮤니케이션과 실적 관리를 위해서 ERP를 도입하거나, 고객의 구매업체 등록을 위해 ISO 시스템 인증 획득을 서두르기도 하지요.

사실 사업의 특성에 따라 비즈니스 시스템 구축이 신사업 초기의 핵심 주제가 아닐 수 있습니다. 당장 해결해야 할 다른 직접적인 이슈가 많은 신사업 초기 상황에서는 더욱 그렇죠.

하지만 시간이 지날수록 시장에 대한 정보와 고객과의 커뮤니케이션이 많아지면서 수행해야 할 업무가 더 복잡해지고, 전략적인 업무 추진과 전체 최적화 관점에서 단위 조직 간에 역할 분담이 필요해집니다. 즉, 사업 전략과 실행 계획을 수립하고 성공적으로 실행하기 위해 어떤 업무와 활동을 누가, 어떤 절차와 방법, 방식으로 수행할 것인가를 규정하는 것이 중요해지죠. 이것이 바로 '비즈니스 시스템'을 설계하는 목적인데, 비즈니스 시스템을 구축하는 일은 크게 두 가지로 구분됩니다.

먼저 경영 목표를 달성하기 위해 필요한 업무 프로세스들을 도출하고(비즈니스 시스템의 구성 요소와 구조 정의), 업무 프로세스들 간의 관계를 설정(유기적 연계성 확보)해야 합니다. 그리고, 도출된 업무 프로세스들 각각의 목표를 설정하고, 이를 달성할 수 있도록 효과적, 효율적으로 프로세스의 내용을 설계하고 운영하는 것입니다.

물론 대부분의 기업들은 자발적이든 강제적이든 어떤 이유에서든지 비즈니스 시스템을 가지고 있습니다. 하지만 제대로 시스템을 구축한 기업은 매우 드문데, 먼저 이러한 현실을 정확히 이해한 뒤 비즈니스 시스템을 어떻게 구축할 것인가를 고민하는 것이 좋을 듯합니다.

1. 기존 비즈니스 시스템의 한계

대부분의 기업들은 정형화된 업무 규정과 절차서를 가지고 있습니다. 그런데 내부적인 필요성에 의해서라기보다는 고객들의 요구로 ISO 품질/환경 시스템, OSHA 안전/보건 시스템 인증서를 획득하기 위해 시스템이 구축되었죠. 그리고 어느 정도 규모가 있는 기업의 경우에는 단위 조직 간의 커뮤니케이션과 효율적인 실적 관리를 위해 대부분 ERP를 도입하고 있습니다. 그리고 체계적인 경영이나 국가 품질상 수상에 따른 브랜드 이미지를 제고하기 위해 MB(맬컴 볼드리지) 모델에 기반한 경영 시스템을 구축하기도 합니다.

하지만 이러한 시스템들의 도입 목적이 인증 획득이나 기업 홍보적인 측면이 강하기 때문에 제대로 된 프로세스의 설계와 실행, 그리고 지속적인 개선이 이루어지지 않고 있습니다. 이런 목적으로 구축된 시스템들은 기업의 지속적인 생존과 성장에 별반 도움이 되지 않고 있는 것이 또한 현실입니다. 오히려 인증 획득과 사후 관리를 위한 비용만 발생시키는 존재로 전락하죠.

안타까운 일이지만 이러한 부정적인 진단에 대해 적어도 기업의 실무 담당자들은 내키지 않는 동의를 하리라 봅니다. 그런데 이런 문제가 왜 발생할까요? 개인적으로 4가지 원인이 있다고 봅니다.

첫째는 근본적으로 도입 배경과 목적에 문제가 있습니다. 비즈니스 시스템은 경쟁 우위를 확보하기 위해 추진하여야 하는데, 많은 경우 공급업체 등록을 위한 인증 획득과 기업 이미지 홍보 목적을 위해 도입합니다.

그러다 보니 심사 통과에 중점을 두고 시스템을 구축하고, 인증 획득과 수상 후에는 리더와 구성원의 관심도가 떨어지면서 기업 경영에 별 도움이 되지 않는 계륵과 같은 존재가 됩니다.

둘째는 시스템 자체가 도입 회사의 사업 특성과 전략, 적용성을 반영하여 설계된 것이 아니라 시스템 자체의 요건과 지침을 만족시키는 데 중점을 두고 설계되었다는 데 그 한계가 있습니다. ERP, ISO 시스템, MB 모델을 예로 들어 좀 더 자세하게 설명해보죠.

ERP는 회사 전체의 운영 시스템이지만, 정확하게 말하면 단순히 업무 흐름과 데이터의 생성과 제공을 지원하는 조력자에 불과합니다. ERP는 마케팅 전략과 판매, 생산, 개발 역량 자체를 향상시킬 수는 없으며, 단지 효과적이고 효율적인 비즈니스 시스템을 구축하는 데 사용하는 도구일 뿐입니다.

그런데 현실은 ERP 패키지 자체가 비즈니스 시스템 설계의 중심이 되어 패키지의 요건에 맞춰 시스템이 구축됩니다. 이렇게 되면 문제는 ERP가 가진 영역과 기능 이상으로 경영 시스템을 설계할 수 없게 된다는 것입니다.

그리고 ISO 시스템은 품질, 환경 시스템을 구축하기 위한 기본 지침만을 제공하고 최소 수준의 요건을 만족시키면 인증서를 취득할 수 있습니다. 문제는 이 지침과 심사 기준이 개념적이고 해석과 적용 수준이 모호해서, 각 기업의 도입 목적과 설계 역량에 따라 시스템의 범위와 깊이에 큰 차이가 발생한다는 것입니다. 또한 부분 최적화에 집중함으로써 시스템 전체의 효과성과 효율성은 소홀하게 다루어지기도 합니다. 시스템 전체 혹은 개별 프로세스의 효과성과 효율성은 문제가 있더라도 ISO 기본 요건을 만족시키는 규정, 표준, 기준을 만들고 준수하면 인증서를 취득하고 유지할 수 있으니까요.

이렇게 만들어진 시스템은 ISO 심사를 통과하더라도 품질의 유지와 개선에 별 도움이 되지 않습니다. 그래서 지금은 많은 기업의 경우 ISO 시스템이 제품의 품질이나 환경 활동의 질적 수준을 높이는 데 의미 있는 기여를 하지 못하고, 관련된 단위 조직들의 책임과 권한을 정의해주는 업무분장서의 역할에 머무르고 있습니다.

MB 모델도 비슷한 상황입니다. MB 모델은 기업의 경영 활동을 7개 범주로 분류하여 각 범주별로 필요한 기본 요건과 지침만을 제공하는데, ISO 시스템과는 반대의 문제점이 있습니다. 심사는 산업 특성에 관계없이 적용되는 공통의 기준을 가지고 합니다. 점수가 높아야 수상할 수 있기 때문에 최대한 심사 기준을 많이 만족시킬 수 있는 시스템이 구축되어야 높은 점수를 받을 수 있습니다. 그럼 만점인 1,000점을 받은 기업의 경영 시스템은 정말 완벽한가요? 실질적인 측면에서 보면 그렇지 않습니다.

이렇게 평가 점수를 목표로 구축된 시스템은 겉으로는 그럴듯해 보이지만 실질적인 효과성과 효율성은 떨어질 수밖에 없습니다. 사업 특성과 전략이 제대로 반영되지 않고 전체 최적화가 되지 않은 복잡한 시스템은 멋지게는 보이지만 제대로 작동하지 않는 고급자동차와 같습니다. 그래서 개인적으로 잘 구축된 MB 모델의 심사 점수는 700점이라고 주장하기도 합니다.(물론 시스템 자체가 제대로 구축되어 있어야 한다는 전제 조건이 있습니다만.)

사실 MB 모델이 세상에 존재하는 유일한 전사적 경영 시스템이기 때문에, 매우 드문 경우이기는 하지만 최고경영자의 올바른 도입 의도와 의지가 있고, 제대로 육성된 경영 시스템 전문가가 설계한다면 나름 가치 있는 시스템을 구축할 수는 있을 것입니다.

셋째는 단위 시스템들 간에 통합이 되지 못하고 따로따로 운영되어 시너지와 실행력이 떨어진다는 점입니다. 즉, ERP, ISO 시스템, MB 모델의 경영 시스템이 통합이 안 되어 발생되는 문제입니다.

통상 ERP는 IT 조직, ISO 시스템은 공장 조직, MB 경영 시스템은 본사 경영 혁신 담당 조직에서 담당합니다. 전체를 통합할 수 있는 담당 조직이 없는 것도 그렇지만, 이 전체를 화학적으로 통합할 수 있는 역량을 가진 전문가가 없다는 것이 더 실질적인 문제입니다. 물론 기업의 경영 철학과 사업 전략을 이해하고 이를 현실에 구현하기 위해서 모든 단위 조직과 개인의 역할을 전체 최적화 관점에서 정의하는 것은 쉽지 않은 일입니다. 더군다나 이를 수행하는 절차와 방법, 방식을 구체적으로 설계할 수 있는 지식과 경험을 갖춘 전문가를 육성하는 것은 더욱 어려운 일입니다. 하지만 ERP, ISO, MB 모델 등 다양한 목적으로 도입한 시스템들을 자사의 경영 철학과 사업 전략을 고려하여 통합 설계, 운영해야 제대로 작동할 수 있기 때문에 필요하다면 외부 전문가의 도움을 받더라도 반드시 통합 시스템을 구축해야 합니다.

넷째는 시스템이 실질적인 성과 창출에 기여할 수 있도록 설계, 운영되지 않고, 지속적인 개선이 이루어지지 않고 있다는 점입니다.

시스템을 아무리 그럴듯하게 만들었다 하더라도 직접적으로 성과를 창출하거나 적어도 성과에 충분히 공헌하고 있다는 확신을 리더와 구성원들에게 주지 못한다면 시스템은 지속적으로 유지, 발전되기가 어렵습니다. 제대로 된 비즈니스 시스템 구축이 왜 필요한지, 그 효과를 입증해야 시스템이 살아남을 수 있는 것이죠.

지금까지 설명한 기존 비즈니스 시스템의 한계를 충분히 이해해야 제대로 된 시스템을 구축하는 출발선상에 설 수 있습니다. 지금부터는 경영 성과와 조직 문화에 직접 연계된 비즈니스 시스템을 어떻게 구축할 것인가에 관해 이야기하겠습니다.

2. 비즈니스 시스템 구축 방법

비즈니스 시스템을 제대로 구축하기 위해서는 3가지 요소에 대한 고민이 필요합니다. 먼저 비즈니스 시스템의 구조 및 구성 요소를 정의하는 것, 그리고 업무 프로세스를 설계하는 방법과 마지막으로 비즈니스 시스템을 설계할 때 고려해야 할 기본 원칙에 대한 것입니다. 하나씩 설명하겠습니다.

① 비즈니스 시스템의 구성 요소 및 구조, 구성 요소들 간 관계 정의: 비즈니스 시스템을 구축할 때 가장 먼저 해야 할 일은 경영 목표 달성과 사업 전략을 수행하기 위해 필요한 업무 프로세스들을 도출하고(시스템의 구성 요소와 구조 정의), 업무 프로세스들 간에 관계를 설정(유기적 연계성 확보)하는 일입니다. 이것은 경영 목표 달성에 필요한 업무와 시스템 전체의 목표 달성을 위한 유기적 연계성을 정의하는, 즉 시스템의 프레임워크를 설계하는 중요한 일입니다.

사업 전략과 특성에 따라 비즈니스 시스템의 구성 요소인 업무 프로세스들을 다양하게 도출할 수 있을 것입니다. SNS 등을 통해 실시간으로 생성되는 빅 데이터 분석을 통해 실시간으로 서비스를 제공하여 수익을 창출하는 사업 모델이라면 'SNS 데이터 수집 및 분석 프로세스', '실시간 정보 제공 프로세스' 등이 중요한 프로세스들로 도출되겠죠. 아니면 자라Zara처럼 전 세계 매장의 실시간 판매 정보를 수집, 분석하여 자동 판매 예측과 출하 관리를 통해서 판매량을 최대화하고 재고 수준을 최소화하는 전략을 선택한 경우에는 '매장 데이터 수집 프로세스', '판매 예측 프로세스', '출하 관리 프로세스'들이 필요할 것입니다.

이 프로세스들 간의 유기적 연계성을 확보하여 전체 목표를 달성하기 위해서는 매장 데이터 수집, 판매 예측, 출하 관리 프로세스를 연계하고 통합하며, 연계성을 고려한 각 프로세스들의 성과 목표를 명확하게 정의해야 합니다.

273

좀 더 구체적으로 설명하기 위해 전형적인 비즈니스 시스템의 예를 들어 보겠습니다. 다음 그림은 비즈니스 시스템의 구조와 구성을 보여주는데, 일반적으로 시스템의 구성 요소인 업무 프로세스들은 프로세스의 범위, 내용의 깊이와 실행 주체에 따라 계층 구조로 구성되어 있습니다.

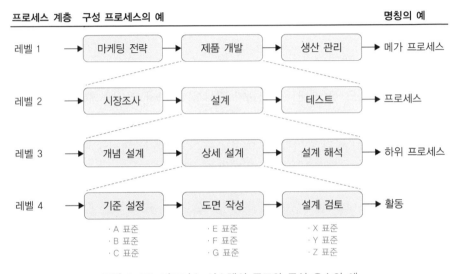

그림 2-73. 비즈니스 시스템의 구조와 구성 요소의 예

그림은 업무 프로세스에 대한 개념적 설명을 위해 4계층까지 구성되어 있는데, 기업의 규모나 사업 특성에 따라 계층들을 줄이거나 늘릴 수 있습니다. 각 레벨을 간략하게 살펴보겠습니다.

가장 상위 계층인 레벨 1에는 '사업 전략 수립 및 운영', '마케팅 전략', '제품 개발', '생산 관리', '인력 개발 및 관리', '재무 관리' 등과 같은 메가 프로세스mega process인 전사 프로세스가 있습니다. 이 메가 프로세스는 기업 경영에 중요한 모든 활동들을 범주화하여 프로세스의 명칭과 역할, 프로세스들 간의 관계를 정의하였기 때문에, 이를 보면 자사의 경영 시스템이 어떻게 구성되어 있는지를 한눈에 볼 수 있습니다.

레벨 2는 정의된 전사 프로세스들 각각의 주요 활동 및 기준을 정한 것입니다. 제품 개발의 경우 '시장조사', '설계', '테스트' 등과 같은 하위 활동들과 절차, 그리고 각 활동별 지켜야 할 기준을 정의할 수 있습니다. 이 레벨에서는 개발 제품의 특성에 따라 단위 조직별 혹은 사업별로 특화된 '제품 개발 프로세스'가 나올 수도 있겠죠.

레벨 3의 하위 프로세스는 레벨 2 프로세스를 구성하는 각 활동을 좀 더 구체적인 세부 활동과 절차, 방법, 방식으로 기술한 것입니다. 예를 들면, 제품 설계를 개념 설계, 상세 설계, 설계 해석 등의 세부 활동들로 정의하고, 각 활동별로 실행 절차와 준수해야 할 기준을 열거하는데, 주로 팀 조직 단위에서 수행해야 할 내용들로 구성되어 있습니다.

마지막 단계인 레벨 4에서는 레벨 3에서 정의한 주요 활동들의 구체적인 수행 방법 혹은 수행 기준을 작성합니다. 주로 조직의 최하위 단위 조직이나 개인이 준수해야 할 내용들인데, 작업 표준서나 기준서로 불리기도 하죠.

이렇게 도출된 프로세스들은 동일한 레벨 내 혹은 상하위 레벨들 간에 연계성이 있습니다. A 프로세스의 출력output이 B 프로세스의 입력input이 되는 식이죠. 그리고 A 프로세스의 출력 목표 수준에 따라 B 프로세스의 내용이 달라지기도 합니다.

다음 판매 시스템의 예처럼, 시스템을 구성하고 있는 7개 업무 프로세스는 서로 입출력 관계로 연계되어 있습니다. 연계성이 있다는 말은 상호 의존 관계라는 의미이기 때문에 한 개의 업무 프로세스(예를 들면, 고객 가치 설계 프로세스)가 잘못되어 있다면 판매 시스템의 전체 결과에 영향을 미치게 됩니다.

그림 2-74. 판매 시스템의 예

이렇게 비즈니스 시스템의 구조와 구성, 그리고 시스템의 구성 요소인 프로세스들 간의 연계성을 잘 정의하는 것은 비즈니스 시스템의 체계성 측면에서 중요한 일입니다. 하지만 더 중요한 것은 실제 시스템의 실행 성과입니다. 아무리 시스템의 구조를 잘 갖추었더라도, 실행을 통해 기대하는 결과를 지속적으로 창출하지 못한다면 별 의미가 없으며 시스템에 뭔가 결함이 있는 것이죠.

물론 시스템을 도입했다고 해서 무조건 성과가 창출되는 것은 아닙니다. ISO

시스템을 도입한 수많은 기업들 중에 품질과 환경이 이전과 비교하여 더 좋아졌다고 답변할 수 있는 기업들이 그렇게 많지 않은 것도 성과와 직접 연계된 시스템을 구축하는 것이 그만큼 어렵기 때문이죠. MB 모델을 도입하여 국가품질상을 수상한 기업들 중에서도 경영 역량이 높아지고 성과가 지속적으로 개선되었다는 사례를 찾기 어려운 것도 같은 이유에서입니다.

개인적으로도 비즈니스 시스템을 구축할 때 항상 고민하는 것이 어느 정도 수준과 내용으로 구축하느냐 하는 것이었습니다. 그럴듯한 이론과 베스트 프랙티스best practice는 많지만, 이를 그대로 도입하면 대부분의 경우 뿌리를 내리는 데 실패합니다. 많은 비용을 투자하여 만든 시스템들이 설계가 끝나자마자 제대로 작동하지 않는 사례도 많이 목격했습니다. 이러한 문제는 기업마다 사업 특성과 환경, 조직 문화가 다르고 시스템을 수용할 수 있는 역량의 정도가 다른데도 불구하고 이론과 막연한 기대만을 가지고 만든 시스템이 현실 세계에서는 잘 작동하지 않기 때문입니다.

그래서 제대로 된 비즈니스 시스템을 설계하기 위해서는 해당 기업의 경영 전반과 상황을 다차원적으로 이해할 수 있고, 다양하고 구체적인 방법론까지 알고 있는 전문가가 필요합니다. 통찰력을 갖춘 전문가는 리더와 구성원들과 많은 토론을 통해, 비즈니스 시스템 도입 단계에 어떤 업무 프로세스들을 어느 정도 수준으로 도입해야 할지를 냉정하게 판단할 것입니다.

이렇게 비즈니스 시스템의 구성 요소(업무 프로세스들) 및 구조, 그리고 구성 요소들 간의 관계를 정의한 뒤 해야 할 일은 도출된 업무 프로세스를 구체적으로 설계하는 것입니다. 실제 수행 업무의 효과성과 효율성은 이들의 내용에 따라 결정되기 때문에 각 업무 프로세스들의 목표를 달성할 수 있도록 설계해야 합니다.

하나의 시스템이 어느 정도 정착하기까지는 적어도 2~3년 정도의 시간이 필요한데 이를 염두에 두고 설계해야 합니다. 새로운 업무 방식이 기존 업무 방식의 관성을 극복하기 위해서는 점진적인 변화와 변화를 위한 에너지와 경험의 시간이 기본적으로 필요하기 때문입니다. 다음은 업무 프로세스 설계 방법입니다.

② 업무 프로세스 설계 방법: 먼저 업무 프로세스에 대한 기본적인 이해가 필요할 것 같습니다. 다음 그림은 '업무 프로세스'를 단순하게 표현한 것입니다.

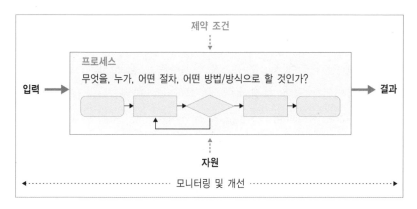

그림 2-75. 업무 프로세스의 기본 개념

업무 프로세스는 목표 결과물을 효과적, 효율적으로 달성하기 위하여 자원 resource의 도움을 받아 제약 조건을 극복하면서 입력을 출력으로 변환시키는 활동들의 조합입니다. 그럼 어떻게 변환시키나요? 바로 프로세스(무엇을, 누가, 어떤 절차와 방법, 방식을 정의하고 실행하는 과정)를 통해 입력을 출력으로 변환시키게 되는데, 프로세스의 구성 요소들에 대해 자세하게 알아보겠습니다.

- 무엇을: 어떤 업무를 할지를 결정
- 누가: 업무 수행을 누가 주관하고 지원할 것인가를 결정
- 어떤 절차: 업무의 실행 절차와 기준을 결정
- 어떤 방법과 방식: 업무의 수행 방법/방식(도구, 기법 등등)을 결정

어떤 업무를 할 것인가를 결정하는 것은 '첫 단추를 잘 꿰어야 한다'라는 평범한 속담처럼 매우 중요합니다. '무엇을' 결정한다는 것은 자사의 사업 특성 및 전략, 가용 자원을 고려하여 지속적인 생존과 성장을 위해 어떤 업무를 해야 할 것인가를 정의하는 것입니다.

예를 들면 '시장 세분화', '고객 만족도 조사', '기술 중심의 마켓 센싱', '통계적 실험 설계 및 공정 관리', '변경점 관리'를 할 것인지 말 것인지를 결정하는 것이죠.

그리고 어떤 업무를 하기로 결정하였다면 어느 조직에서, 어떤 절차와 방법, 방식으로 할 것인가를 결정해야 하는데, 이것을 얼마나 잘하느냐가 업무 프로세스의 성과를 좌우합니다.

　예를 들어보죠. 지금까지 판매원들은 매년 습관적으로 시장을 용도별, 지역별로 세분화해왔습니다. 그런데 금년부터 내년도 마케팅 전략을 수립하기 위해 외부 장소에서 마케팅 팀과 판매 팀, 연구소가 참석하여 시장 분석과 토론을 통해 시장을 정의하고, 정의된 시장을 특성별로 세분화하기로 하였습니다. 그리고 라이프스타일, 인구통계학적, 지리학적, 구매 규모, 구매자의 시장 포지션 등등의 다양한 세분화 방법들 중에서 자사의 사업 특성과 전략에 적합한 세분화 기준을 제대로 적용하기로 했다면, 기존의 습관적인 시장 세분화 방식보다 나은 결과가 나올 수 있을 것입니다.

　그런데 업무 프로세스를 설계(무엇을, 누가, 어떤 절차, 어떤 방법과 방식을 정하는 것)할 때 고려해야 할 요소들이 있습니다. 예산, 인력 규모와 같은 유형적 제약 조건과 리더십, 구성원의 역량, 조직 문화 등과 같은 무형적 제약 조건들, 그리고 현실적으로 활용할 수 있는 가용 자원입니다. 이렇게 '유무형 제약 조건'과 '가용 자원'에 대한 정확한 이해를 바탕으로 프로세스를 설계해야, 이상과 현실 간에 균형점을 이룰 수 있는 시스템을 구축할 수 있습니다.

　따라서 '업무 프로세스'를 좀 더 구체적으로 정의하면 '가용 자원을 활용하여 제약 조건을 극복하면서 입력 요소를 목표로 하는 결과로 변환시키기 위하여 무엇을, 누가, 어떤 절차, 어떤 방법과 방식으로 할 것인지를 결정하고 실행하는 것이다'라고 할 수 있습니다.

　그래서 '프로세스 지향적인 업무 수행'이라는 것은 프로세스의 본질적 목표를 달성하기 위하여 최적의 활동들을 조합하는 것이기 때문에 과업, 직무, 사람 중심적으로 업무를 수행하는 것과는 다릅니다. 과거의 경험을 예로 들어보겠습니다.

　여기 한 B2B 기업의 고객 클레임 처리 프로세스가 있습니다. 그 프로세스에 따르면 고객이 품질 클레임을 제기하면 품질보증 팀에서 먼저 생산 이력을 확인하여 어떤 의심되는 문제가 당시에 있었는지를 조사하는 것이 첫 번째 순서였습니다. 그리고 고객을 방문하여 문제의 제품을 확인하고 다시 돌아와서 추가 내부 조사를 한 후 반품 여부를 결정하도록 되어 있었죠.

　그러다가, 한 판매원을 통해 클레임 제품의 회수가 늦는 것에 대해 일부 고객들이 불만이 많다는 것을 알게 되었습니다. 조사 결과 두 가지 문제점이 발견되었습니다.

　첫째는 고객이 품질 불만을 제기한 시점부터 회수되기까지 상당 기간이 소요되어, 고객이 문제의 제품을 보관하는 데 불편이 많았습니다. 실제 일부 제품은 현장에 오랫동안 방치되어 미관상으로도 좋지 못했고, 자사의 브랜드 이미지 관리 측면에서도 문제가 있었습니다. 오랫동안 방치한 제품은 오염 때문에 회수해도 재생하기가 어려워 자사 입장에서도 손해였죠.

두 번째 문제는 그동안 고객의 반품 클레임 실적을 조사한 결과 고객의 사용 잘못으로 판명되어 반품이 거절된 사례가 한 번도 없었다는 사실이었습니다.

결국 그 품질 불만 처리 프로세스는 고객과 공급자 모두에게 가치가 없고 손해가 되는 일처리 방식이었죠. 그래서 결론적으로 고객이 품질 문제로 반품을 요구하는 경우, 판매 팀의 판단하에 품질보증 팀의 내부 조사 이전에 무조건 반품 회수하는 것으로 프로세스를 변경했습니다.

그 이전의 프로세스에서 판매 팀, 품질보증 팀, 물류 팀 등 각각의 직무가 명확히 정의되고 운영되었지만 고객 가치 창출이라는 관점에서 보면 그 프로세스는 효과적이지도 효율적이지도 못했던 것입니다.

이와 같이 부분적이 아닌 전체 프로세스 관점에서 단위 조직 혹은 구성원 개인의 업무가 정의되어야 효과적, 효율적으로 가치 창출을 할 수 있습니다. 물론 사전에 비즈니스 시스템 전체가 추구하는 지향점과 철학, 전략을 정의하고, 이를 중심으로 세부 업무 프로세스를 설계해야 합니다.

③ 비즈니스 시스템 설계의 기본 원칙: 기업의 단기 및 중장기 목표 달성에 공헌하기 위해서 비즈니스 시스템이 갖추어야 할 기본 원칙 3가지가 있습니다. 시스템을 구성하고 있는 프로세스들의 통합 및 최적화, 전 구성원의 실행 및 참여, 그리고 진화적 메커니즘입니다.

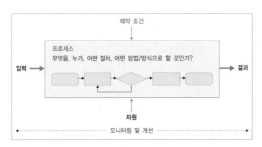

· **통합 및 최적화**
사업 특성 및 전략에 적합하도록 프로세스들 간에 상호 연계 및 통합, 최적화되어야 함.
· **실행 및 참여**
반드시 실행되고, 모든 리더/구성원들이 참여할 수 있도록 시스템이 설계되어야 함.
· **진화**
환경 변화에 지속적으로 대응하여 진화할 수 있도록 설계, 운영되어야 함.

그림 2-76. 비즈니스 시스템의 설계 원칙

279

먼저 '통합 및 최적화'에 대해 이야기하겠습니다. 프로세스들 간에는 일정 부분 인과관계가 존재합니다. 앞에서도 설명했습니다만, 한 프로세스의 결과가 다른 프로세스의 입력 요소가 된다는 뜻이죠. 물론 입력이 결과를 결정하는 것은 아니지만 입력이 프로세스의 출발점이기 때문에 당연히 결과에 중요한 영향을 미칩니다.

예를 들어보죠. '시장 및 고객 정보 수집 프로세스'와 '고객 가치 제안 프로세스'가 있다면, 후자의 결과(예를 들면, 고객 가치 제안의 내용)는 전자의 결과(시장 및 고객 정보의 양과 질), 즉 후자의 입력 내용의 양과 질에 상당 부분 영향을 받게 됩니다. 이와 같이 프로세스들은 강도의 차이는 있지만 서로 영향을 주고받죠. 그래서 프로세스들 간의 복잡한 인과관계와 관계의 강도를 종합적으로 이해해야만 제대로 된 시스템을 설계할 수 있습니다.

그리고 '실행 및 참여'는 모든 구성원이 자발적, 의욕적으로 시스템의 실행과 개선 활동에 참여해야 성과가 나올 수 있다는 뜻입니다. 적어도 참여와 실행을 해야 보완해야 할 점이 무엇인지를 알 수 있는 것이죠. 그런데 시스템 구축 초기에 구성원의 실행과 참여가 실현되기가 쉽지 않습니다. 대부분의 구성원들은 새로운 업무 방식의 도입을 환영하지 않으며, 더군다나 신사업 초기의 문제를 단기적으로 직접 해결해주지 않을 것 같은 새로운 방식과 규칙을 받아들이는 데 더욱 소극적이기 때문입니다.

그래서 시스템 구축 초기에는 프로세스 실행 감사 등을 통해 현장에서 잘 준수되고 있는지, 개선점이 있는지를 파악해서 필요한 조치를 신속하게 취해야 합니다. 관성을 극복하기 위해 처음에는 반강제적으로 준수할 수 있도록 하는 프로그램이 필요한 것입니다.

그런데 여기에 전제 조건이 있습니다. 시스템의 설계 내용이 실행하기 어려울 만큼 이상적으로 설계되어 있거나, 기존의 활동 내용을 그대로 복사하여 시스템을 구축해서는 안 됩니다. 어렵지만 실행할 수 있고, 기존보다 나은 성과를 창출할 수 있는 이상과 현실 사이의 스펙트럼에서 최적점을 찾아내어 시스템을 구축해야 구성원들로부터 지지를 받을 수 있습니다.

마지막으로, 진화 메커니즘이 시스템 내에 녹아 있어야 합니다. 경영 시스템의 방향성과 운영, 프로세스 내용을 시장 환경과 사업 전략의 변화에 대응할 수 있도록 설계해야 한다는 의미죠. 환경 변화에 적절히 대응하지 못하는 효과적이지 못한 시스템은 유지되기가 어렵습니다. 구성원들이 사업 환경에 적합하지 않은 시스템을 본능적으로 외면하기 때문인데, 다음과 같은 상황이죠.

　　신사업 시장 진입 당시 개발했던 제품이 경쟁 심화로 1~2년 이내에 시장 가격이 30% 이상 하락할 것으로 예상된다면 중요하게 가동해야 할 프로세스와 활동은 무엇이겠습니까? 고부가 신제품 발굴과 개발, 기존 제품의 원가 구조 혁신 등의 활동이 작동되어야겠지요. 그런데 신사업 초기에 성공적인 시장 진입을 위해 품질 안정화에 중점을 둔 기존 시스템을 계속 강조한다면, 환경 변화에 유연하게 대응하지 못하는 무기력한 시스템이 되고 마는 것입니다. 그래서 적어도 매년 1회 이상은 환경 변화와 사업 전략, 그리고 경영 시스템 간의 정합성에 대한 객관적인 진단과 분석, 그리고 이에 대응하는 업무 방식에 대한 치열한 고민이 필요합니다.

04 정보기술(IT)

과거 기업에서는 IT를 담당하는 조직을 '전산부(과)'라고 했습니다. '전산화'는 사람이 하던 업무를 컴퓨터로 처리하게 한다는 의미였죠. 예를 들면 업무 프로세스를 컴퓨터로 수행하거나 오프라인 커뮤니케이션을 온라인으로 하거나, 정보나 데이터를 보관, 분석한다든지 하는 일들입니다. 생산 현장에서는 '자동화'라는 용어를 많이 사용했는데, 일의 정확성과 효율성을 위해 작업자가 하던 일을 기계로 대신한다는 의미였습니다.

그동안 용어도 전산에서 정보기술(IT)로 바뀌고 적용 범위 관점에서도 전략적 정보 시스템(SIS), 경영자 정보 시스템(EIS) 등으로 확장해왔으며, 이를 구성하는 하드웨어와 소프트웨어도 엄청나게 발전했습니다. 이렇게 정보기술은 3차, 4차 산업혁명을 주도할 만큼 변화의 중심에 있었는데, 아마도 IT 분야만큼 치열한 경쟁과 급격한 변화를 경험한 산업은 없을 것입니다. 하지만 기업 경영이라는 측면에서 현재의 활용 수준을 보면, 아직도 대부분의 기업들이 '전산화', '자동화'의 목적과 범위를 크게 벗어나지 못했습니다. 1990년도부터 도입되기 시작한 'ERP'조차도 실질적으로는 전산화의 가치 범위를 뛰어넘은 것이 아닙니다.

최근 일부 기업에 한정된 상황이기는 하지만 기기device 간, 비즈니스 프로세스 간, 기능function 간, 내외부 가치 체인 간, 사업장 간 데이터와 정보의 초연결을 통해 IT 활용 대상의 범위가 급격하게 확장되면서 기존 IT의 가치 영역에서 벗어나기 시작했습니다.

다양하고 광범위한 데이터와 정보를 바탕으로 한 전략적 의사결정, 그리고 프로세스 및 설비, 기기 간의 인터페이싱과 최적화 통합, 또한 수집과 분석을 위한 비정형 데이터와 정보 등이 확대되면서 IT의 범위와 중요성도 더욱 확대, 심화되고 있습니다.

이러한 변화의 실재reality가 '디지털 기업', '스마트 팩토리' 혹은 '독일의 인더스트리 4.0'으로 불리는 것들입니다.

물론 하드웨어의 비약적인 발전이 이러한 엄청난 데이터와 정보의 저장, 가공과 분석, 그리고 초연결을 가능하도록 했습니다. 즉, 'IoTInternet of Things', 'ICTInformation and Communication Technology', '빅 데이터', '인공지능AI' 같은 정보기술이 현실 세계에 구현될 수 있도록 인프라를 제공해준 것이죠.

P&G 제공(Business Sphere)
비즈니스 스피어(Business Sphere)에는 전 세계 사업장의 시장 상황을 실시간으로 시각화한 분석 내용과 다양한 지표가 대형 곡면 스크린에 떠 있으며, 매주 경영진들이 모여 이를 기반으로 회의를 하고 의사결정을 하며, 분석자료는 모든 P&G 임직원에게 제공된다.

지멘스 제공(독일 암베르크 공장)
고객의 요구에 따라 생산라인을 자유자재로 변형할 수 있는 이 공장은 기계 이상과 불량품 생산을 감지하는 1,000개의 센서와 스캐너로 하루 5,000만 개의 데이터를 처리하고 있으며, 문제가 발생하면 즉시 감지, 통보한다.

그림 2-77. P&G와 지멘스의 정보기술

최근에는 디지털 기술Digital Technology이라는 용어가 등장하고 있는데, 일부 산업계에도 '디지털 전환digital transformation'이라는 새로운 패러다임의 변화를 먼저 감지하고 이를 주도하는 선각자들이 있습니다. 테슬라, 아마존, 구글, 자라, P&G, 지멘스, 보쉬 등과 같은 디지털 기업들이죠. 이들은 성공에 필요한 게임의 규칙을 다르게 보고 다른 경쟁자들보다 먼저 새로운 길을 선택한 모험가들입니다.

이들 중에는 옳은 선택이었음을 이미 입증한 기업도 있고, 전환 중인 기업들도 있습니다. 현재까지 보면 그들이 선택한 방향은 옳았다고 봅니다. 하지만 제프리 무어가 '캐즘 마케팅'에서도 주장한 것처럼 이러한 변혁이 '선각 수용자'와 '전기 다수 수용자' 사이에 있는 캐즘을 넘어 산업계에서 일반화로 인정되기까지는 아직 시간이 좀 더 필요할 듯합니다. 4차 산업혁명이 과거와 단절된 형태로 출현한 것이 아니라, 기술의 불균형 속에서 지리적 위치와 분야에 따라 여전히 1, 2, 3차 산업혁명의 시대들과 공존하고 있듯이 기존 IT 시스템의 영역들도 분야와 지역에 따라 큰 차이가 상당 기간 지속될 것입니다.

결국 누가 이 변화의 물결에 먼저 뛰어들 것인가?가 문제인데, 더 중요한 것은 어떻게 제대로 뛰어들 것인가?입니다.

최근 '스마트 팩토리'라는 개념이 유행하면서, 기존의 IT 시스템을 업그레이드

하려는 기업들이 생기고 있지만, 많은 기업들의 경우 한계가 있습니다. 일부 기업을 제외하고는 기존에 발생하는 데이터와 정보, 장비와 기기 등 레거시legacy 시스템으로는 스마트 팩토리를 구현하는 것은 고사하고, 필요한 데이터를 정의하고 수집하는 데에도 기술적, 비용적인 측면에서 만만치가 않습니다. 결국 새로운 개념의 IT 시스템 구축은 새로운 설비와 인프라로 신규 사업을 설계할 때 반영하는 것이 가장 적절한데, 이 또한 쉽지 않습니다.

무엇보다도 사업 전략과 운영 전략을 연계하여 전사 측면에서 IT 시스템을 설계할 전문가인 시스템 아키텍트architect를 확보하기 어렵다는 것과 '스마트 팩토리'를 구축하기 위해 신사업 초기부터 많은 투자 비용과 투입 인력, 구축 시간을 감수하기 힘들다는 현실적인 이유 때문입니다. 이런 한계들을 고려하면, 모든 산업계에서 '디지털 기업'이 뉴 노멀new normal로 정착하는 데는 생각보다 더 시간이 필요할 수도 있을 듯합니다.

디지털 기업, 스마트 팩토리와 같은 개념들은 아직도 많은 기업들에게 이상적이고 이론적인 모습일 것입니다. '말은 맞지만 우리 회사에 도입하는 것은 거의 불가능하다'고 생각할 겁니다. 기업마다 현실적 상황, 사업 특성과 전략이 다르므로 일률적으로 이상적인 모습만을 주장할 수는 없겠죠. 그래서 현재와 미래의 IT 시스템에 대한 정확한 이해를 바탕으로 자사의 사업 특성과 전략에 적합한 수준과 방향으로 시스템을 구축하는 것이 현실적인 대안일 것입니다.

자, 그러면 현실적인 상황으로 돌아가서, IT 시스템을 어떻게 설계할 것인지에 대한 이야기를 해보겠습니다. 다음 그림은 사업 특성에 따라 약간씩 다르겠지만 제법 규모가 큰 제조업체들이 현재 가지고 있는 IT 시스템의 기본 계층 구조입니다. 특히 장치 산업에서는 전형적인 IT 시스템의 구조이죠.

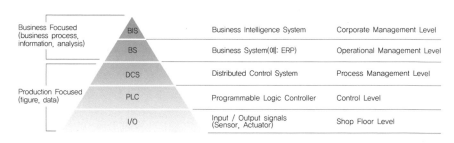

그림 2-78. IT 시스템의 기본 계층 구조

최상위 계층인 BIS~Business Intelligent System~는 리더들의 올바른 의사결정을 위해 데이터를 분석하여 의미 있는 정보를 효율적으로 제공하는 시스템입니다.

BIS 영역은 지속적으로 진화 발전하여왔는데 최근에는 데이터 분석을 통해 예측, 시뮬레이션, 최적화하는 분야까지 확장하고 있습니다. 경영진들에게 의사결정을 위한 실적 분석 정보를 제공하는 과거의 영역을 넘어서서 여러 가지 시도와 확장을 하고 있는 듯합니다. 하지만 현실은, 업종에 따라 다르지만 여전히 일부 혁신 기업들을 제외하고는 BIS를 제대로 도입하고 있는 기업들이 그리 많지 않습니다. 대부분 ERP와 같은 BS~Business System~ 수준에 머물러 있는 듯 합니다.

더군다나 투자비 절감과 단기적 수익을 고민하고 있는 신사업의 경우, BIS 도입은 우선순위에서 밀릴 수밖에 없는 것이 현실입니다. 그리고 제품과 고객이 그리 많지 않은 산업재의 경우에는 이에 대한 필요성 인식이 상대적으로 더 약하죠.

BS의 대표적인 솔루션인 ERP(전사적 자원 관리)~Enterprise Resource Planning~는 전사의 자원과 비즈니스 프로세스와 정보를 통합 관리하는 시스템입니다.

과거에 단위 업무 기능별로 각각 개발되어 운영되던 것이 전체적인 통합과 최적화를 위해 유기적으로 연계된 것이죠. ERP 초기에는 판매, 생산, 구매, 물류, 재무, 인사 등의 모듈들로 구성되어 있다가 제품 수명 관리~PLM~나 고객 관계 관리~CRM~ 등 세분화된 영역으로 확장하고 있습니다.

ERP는 글로벌 표준으로 자리매김함에 따라 글로벌 사업 확장을 하는 기업들에게는 매력적인 대상이었습니다. 짧은 시간 내에 시스템을 구축할 수 있고, 사업장별 시스템과 데이터를 통합할 수 있는 강점이 있기 때문에 많은 기업이 도입했습니다.

그리고 분산 제어 시스템이라 불리는 DCS~Distributed Control System~는 PLC~Programmable Logic Controller~와 같은 공정 제어 장치와 인터페이싱하거나 측정 장치와 직접 연결하여 전체 공정을 모니터링하고 제어하며, 공정 데이터를 일정 기간 보관하는 중앙 제어 시스템입니다. DCS의 일부 정보(예를 들면, 공정 시작 및 완료 정보)는 ERP에 전달되어 활용되기도 하죠.

그리고 PLC는 센서로부터 신호를 받아서 제어 기기에 신호를 보내 단위 공정의 운전 조건을 설정하고 조정하는 공정 제어 역할을 합니다.

PLC의 입출력 데이터가 DCS에 전송되기도 하는데, 공정 관리 관점에서 보면 DCS와 PLC를 묶어 하나의 시스템으로 간주해도 무리는 없을 듯합니다.

마지막으로 I/OInput/Output signals는 PLC 혹은 DCS의 명령을 받아 센서로 공정 상태를 측정하고 설비를 구동하는 역할을 합니다. IT 시스템의 가장 하단에 있지만 실제 제품의 품질과 생산성에 직접적인 영향을 미치는, 생산의 가장 근원적인 기능을 수행하죠. 그리고 공정 조건 최적화를 위해 필요한 분석용 데이터를 발생시키며, 어떤 경우에는 설비, 장비, 기기가 ERP의 모듈들과 직접 인터페이싱하여 데이터를 전송하기도 합니다.

사실 측정의 결과물이 데이터지만 측정을 하기 위해서는 '센서'가 필요합니다. 필요한 '센서'가 제대로 설치되어 있지 않다면 제대로 분석할 수가 없죠. 과학화, 이론화, 모델링을 하는 데 한계가 있을 수밖에 없는 데이터를 가지고 엔지니어들이 아무리 분석해도 신뢰할 수 있는 예측 모델링을 할 수가 없는 것입니다.

'측정할 수 없으면 관리할 수 없다'라는 말처럼, 반드시 필요한 것이 적합하고 충분한 '데이터'입니다. 식스시그마, SQC, SPC 활동과 같은 과학적 품질 관리를 하기 위해서도 '적합하고 충분한 데이터'가 핵심입니다. 결국 센서들의 구성과 규격의 설계 내용이 과학적 품질과 생산성 관리 수준을 상당 부분 결정합니다. 개인적으로도 품질과 생산성은 어디에, 어떠한 센서를 설치했는가에 상당 부분 달려 있다라고 생각합니다.

그런데 문제는 설비에 부착된 센서는 대부분 설비 제작업체에서 설계를 하는데, 제작업체는 철저하게 설비 구동 관점에서 설비의 기능을 수행하고 성능을 제어하는 데 중점을 둡니다. 그러면, 센서를 제품 품질과 연계된 설비 및 공정 상태의 모니터링, 그리고 데이터 분석을 통한 최적화와 예측 모델 구축이라는 관점에서 설계하는 것과는 어떤 차이가 있겠습니까?

아마도 센서의 종류와 위치, 그리고 정밀도가 많이 달라질 수도 있을 것입니다. 물론 아직까지 설비나 공정에 대한 지식과 경험이 없는 신사업의 신규 설비에 대해서는 판단에 한계가 있겠지만, 최대한 전문가의 의견과 정보를 수집하여 설비를 설계할 때 데이터 분석이라는 관점에서 센서의 종류와 위치가 반영되도록 해야 합니다.

이제까지 대표적인 IT 시스템의 계층 구조와 각층 간의 관계를 개략적으로 설명했습니다. 이것을 그림으로 표현하면 다음과 같습니다만, 사업과 제품, 공정의 특성에 따라 구조가 달라질 수도 있을 것입니다.

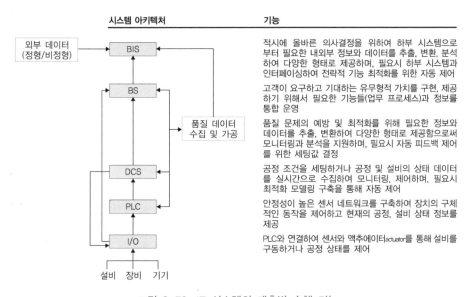

시스템 아키텍처	기능
외부 데이터 (정형/비정형) → BIS	적시에 올바른 의사결정을 위하여 하부 시스템으로부터 필요한 내외부 정보와 데이터를 추출, 변환, 분석하여 다양한 형태로 제공하며, 필요시 하부 시스템과 인터페이싱하여 전략적 기능 최적화를 위한 자동 제어
BS	고객이 요구하고 기대하는 유무형적 가치를 구현, 제공하기 위해서 필요한 기능들(업무 프로세스)과 정보를 통합 운영
품질 데이터 수집 및 가공	품질 문제의 예방 및 최적화를 위해 필요한 정보와 데이터를 추출, 변환하여 다양한 형태로 제공함으로써 모니터링과 분석을 지원하며, 필요시 자동 피드백 제어를 위한 세팅값 결정
DCS	공정 조건을 세팅하거나 공정 및 설비의 상태 데이터를 실시간으로 수집하여 모니터링, 제어하며, 필요시 최적화 모델링 구축을 통해 자동 제어
PLC	안정성이 높은 센서 네트워크를 구축하여 장치의 구체적인 동작을 제어하고 현재의 공정, 설비 상태 정보를 제공
I/O	PLC와 연결하여 센서와 액추에이터(actuator)를 통해 설비를 구동하거나 공정 상태를 제어
설비 장비 기기	

그림 2-79. IT 시스템의 계층별 수행 기능

신규 사업에서는 IT 시스템을 어떻게 구축하는 것이 좋을지를 2가지 측면에서 고민해야 합니다.

첫째는 IT 시스템의 구축 목적을 명확하게 정의하는 일입니다(개념 설계). 시스템을 구축하는 목적이 무엇인가? 하는 것이죠. 이것은 비즈니스 모델, 사업 전략과 연계하여 전체 시스템 구조와 각 시스템에 대한 개념 설계를 어떻게 할 것인가 하는 물음이기도 합니다. 쉽게 답변할 수 있는 문제는 아니며, 제대로 답변하기 위해서는 자사의 사업 전략과 IT 시스템 둘 다에 대한 깊은 통찰력이 필요합니다.

둘째는 IT 시스템의 구축 목적(개념 설계)을 실제 구현하기 위해 시스템의 기본 및 상세 설계를 어떻게 할 것인가? 하는 것입니다.

개념 설계를 구체화할수록 다음 단계에 진행되는 상세 설계 및 구현 단계를 좀 더 정확하게 진행할 수 있습니다.

이러한 개념 설계와 기본 및 상세 설계 내용을 구두로 시스템 개발업체에 전달하기도 하는데, 이러면 나중에 시스템으로 구현된 모습과 상당한 오차가 발생할 수 있습니다. 따라서 가능하다면 시간 투자가 필요하더라도 개념 및 기본, 상세 설계 내용을 문서로 정리하여 개발업체에 전달하는 것이 좋습니다. 시스템 개발이 완료된 후에는 이를 교정하는 것은 경우에 따라서는 시스템을 다시 개발하는 것보다 어려울 수도 있기 때문에, 처음부터 명확하게 요구 사항을 정리하여 커뮤니케이션해야 합니다.

그럼 지금부터 신규 사업에서 IT 시스템을 구축할 때 고민해야 할 개념 설계, 기본 및 상세 설계 시 고려해야 할 내용을 설명하겠습니다. 그리고, 이를 바탕으로 현재 시스템의 문제와 한계가 무엇인지, 그리고 신사업 설계 단계에서 바람직한 시스템을 구축하기 위해서는 어떤 것을 고려해야 하는지도 짚어보겠습니다.

1. IT 시스템의 개념 설계: 시스템의 구축 목적과 방향을 명확하게 정의

앞 그림에서 계층 구조의 시스템 아키텍처에 대해 설명했습니다만, 먼저 IT 시스템의 구축 목적이 명확해야 시스템의 전체 구조와 설계해야 할 계층별 시스템의 내용이 명확해집니다. 만약 IT 시스템의 구축 목적이 공정의 물리적 흐름을 효율적으로 관리하는 것이라면, IT 시스템은 원부자재 발주부터 완제품 출고까지의 프로세스를 효율적으로 관리할 수 있도록 설계해야겠지요.

하지만 자라처럼 시장과 고객 정보의 실시간 수집과 분석을 통해 디자인과 생산, 물류를 제어하는 체계를 구축함으로써 고객이 요구하는 디자인의 제품을 적기에 제공하고 재고를 최소화하는 것이 목적이라면, 이러한 관점에서 데이터와 정보 중심의 IT 시스템을 개발해야 할 것입니다.

이처럼 IT 시스템은 비즈니스 모델을 성공적으로 구현하는 데 중요한 수단이므로 비즈니스 프로세스와 설비를 설계하는 이전 단계부터 많은 고민이 필요합니다. 고객에게 어떤 가치를, 기업 내부의 어떤 가치 구현 체계를 통하여 제공할 것인가? 그리고 이러한 가치 창출과 제공 체계에 IT 시스템이 어떤 역할을 할 것인가? 하는 생각들입니다.

사실 이러한 고민은 쉽지 않은 문제이기 때문에, 전문적인 경영 시스템 아키텍트를 보유하지 못한 대다수의 기업에서는 차별적 경쟁 우위를 확보할 수 있는 IT 시스템을 구축하기가 어렵습니다. 대부분 시스템의 설계조차 IT 개발업체에 전적으로 의존하는 것이 현실이죠. 물론 IT 개발업체의 역량이나 의도에 문제가 있다는 의미는 아닙니다. 사업 전략과 연계하여 IT 시스템의 구축 방향을 정하는 개념 설계와 시스템의 구조를 정하는 기본 설계는 기업 자신이 해야 할 중요한 역할이라고 강조하고 싶은 것입니다. 그렇지 않고 IT 업체에 무조건 맡겨두면 실제 구현된 시스템이 자사의 차별적 경쟁력 확보에 별 도움이 되지 못하거나 비용 대비 효과가 미흡한 상황이 종종 발생합니다.

지금은 대부분의 기업들이 사용하고 있는 ERP를 예로 들어보죠. 1990년 말부터 본격적으로 도입되기 시작한 ERP가 짧은 기간에 시장을 지배한 이유가 있었습니다. 무엇보다도 판매, 생산, 구매, 물류, 재무, 회계 등 각각 독립적으로 운영되던 시스템이 하나의 표준 시스템으로 통합됨으로써 효율적인 관리가 가능한 점이 가장 큰 매력이었습니다.

자세하게 설명하자면 기능들 간, 사업장들 간 업무 프로세스의 통합, 그리고 통합 데이터베이스와 마스터master 관리로 데이터들의 통합성과 정확성, 연계성이 확보되면서 시스템 내용의 수정과 변경이 쉬워졌고, 데이터 간 연계 분석이 용이해졌습니다. 또한 특성이 유사하거나 동일한 신규 사업장에 빠른 시간 내에 시스템을 복사할 수 있는 강점이 있었죠. 그리고 개인적인 기억으로는 당시 기업의 재무 투명성이 강조되었는데, ERP 시스템이 이를 강화하는 데 도움이 된 측면도 ERP의 빠른 확산에 영향을 미쳤던 것 같습니다.

ERP가 기업들의 IT 시스템을 상향 평준화시키고, 신속한 전사 IT 시스템 구축과 기업의 투명성에 중요한 역할을 한 것은 의미 있는 일이었습니다. 하지만 모든 일에 명암이 있는 것처럼 아쉬운 점도 있었습니다. 각 기업들의 사업 전략을 반영한 차별적 업무 프로세스와 데이터 체계를 구축하지 못했다는 것이었습니다. 약간 극단적으로 표현하면 ERP는 제품 생산과 배송, 그리고 재무 분석을 위해 원부재료나 제품과 같은 물질의 흐름에만 중심을 둔, 개별 기업의 사업 전략과 특성에 관계없이 일률적으로 구현된 표준 시스템에 불과했습니다. 이것은 프로세스 설계를 주도한 컨설팅 업체들도 일부 책임이 있습니다만, ERP 패키지 자체의 태생적인 경직성의 한계이기도 합니다.

ERP 도입 초기에 IT 개발업체들이 ERP의 효용성을 설득했던 말이 있었습니다. 'ERP는 베스트 프랙티스Best Practice를 기반으로 전사적 정보 관리 및 업무 프로세스의 혁신을 지원할 수 있는 패키지 시스템이다'라는 매우 매력적인 주장이었죠.

사실 당시에는 이 멋있지만 모호한 주장에 매력을 느꼈지만, 지금 생각해보면 몇 가지 간과했던 점들이 있습니다.

'베스트 프랙티스', '패키지 시스템'이라는 용어들입니다. 모든 산업과 사업 유형에 통용되는 '베스트 프랙티스'는 존재하지 않는다는 사실을 당시에 인식조차 하지 못했습니다. 이 '베스트 프랙티스'라는 환상적인 단어에 매료되어 획일화하는 순간 어떤 기업에게는 시스템의 효율성과 효과성, 사업 전략의 운용 측면에서 문제가 발생한 것이죠.

그리고 또한 '패키지'라는 단어는 모든 프로세스와 데이터가 연결되어 있기 때문에 구성 모듈들의 내용을 특정 기업에 맞게 수정하는 것이 매우 어렵다는 의미를 내포하고 있습니다. 그래서 '베스트 프랙티스를 표준화한 패키지'라는 말은 상당수의 기업에는 '비효율적이고 경직된 IT 시스템'이라는 의미가 함축되어 있습니다.

따라서 이러한 한계가 있는 시스템 속에서 구축된 '비즈니스 프로세스'와 이에 따라 발생하는 '데이터'로 '전략적인 전사적 정보 관리'를 기대하기에는 태생적인 한계가 있을 수밖에 없었죠.

정리하면, IT 시스템의 핵심 역할은 사업 전략과 실행을 성공적으로 지원하는 것이며, 이것은 '비즈니스 프로세스'와 '데이터'의 설계에 달려 있습니다. 즉, 사업 전략과 비즈니스 모델을 성공적으로 구현하기 위해 핵심 비즈니스 프로세스를 어떻게 설계하고, 어떤 데이터를 생성하고 수집하여, 어떻게 분석할 것인가를 사전에 충분히 고민해야 합니다.

ERP 시스템은 기업들의 IT 시스템의 상향 평준화, 신속한 IT 경영 시스템 구축과 확대 적용, 재무 투명성의 관점에서는 중요한 역할을 했지만 차별적 사업 전략에 적합한 비즈니스 프로세스 설계와 전략적 의사결정을 위한 데이터 생성과 분석, 그리고 정보 제공에는 큰 도움이 되지 못했습니다. 그래서 만약 신사업의 비즈니스 모델이 디지털 기업과 같은 방식을 추구하는 것이라면, 원하는 데이터를 생성하고, 데이터를 분석하기 위해서는 ERP 시스템만으로는 부족하며 뭔가 다른 것이 필요할 것입니다.

결론적으로, 전략적인 IT 시스템을 구축하려면 투자비와 같이 현재 기업이 가지고 있는 현실적 제약 조건을 고려하여 다음과 같은 근원적인 질문에 답변할 수 있어야 합니다.

- 비즈니스 모델과 사업 전략을 성공적으로 수행하기 위한 핵심 요소는 무 엇이며, 이와 관련된 핵심 업무 프로세스들은 무엇입니까?(핵심 업무 프로 세스의 정의)
- 또한 필요한 핵심 데이터와 정보는 무엇입니까?(핵심 데이터와 정보 정의)
- 그리고, IT 시스템 구축을 위해 투자 가능한 최대 금액과 기간은 어느 정 도입니까?(제약 조건 정의)

그리고 이를 바탕으로 '시스템 개념도'를 그리는데, 이것이 바로 '개념 설계'입니다. 여기에는 IT 시스템의 역할 및 구조, 구성 시스템들의 역할 정의, 구성 시스템들 간의 관계를 개념적으로 정의한 내용들이 포함되죠.

앞의 3가지 질문에 대한 이해를 돕기 위해서, 신사업이 처한 전형적인 가상 상황을 예로 들어 설명하겠습니다.

투자비가 충분하지 않은 A 신사업의 경우 신속한 시장 진입과 확대를 위해서는 고객 요구에 신속하게 대응할 수 있는 신제품 개발력과 품질, 생산성이 핵심 요소라고 가정하겠습니다.

이 경우 IT 시스템의 구축 방향은 '신속한 신제품 개발 프로세스를 구축하고, 품질 최적화를 위한 데이터와 정보 제공'이 되겠죠. 그리고 신사업 초기에 투자 가능 규모를 고려하여 다음과 같은 '시스템 개념도'를 작성하였습니다.

앞에서 가정한 것처럼, A 신사업은 적기 제품 개발, 품질과 생산성이 시장 진입과 확대에 중요한 요소이므로, IT 시스템은 이들을 개선하는 데 초점이 맞추어져 있습니다. P&G, 자라, 아마존처럼 전사 차원의 데이터나 정보의 통합으로 전략적 의사결정이나 정보와 물류의 흐름을 최적화하는 것과는 다른 목적이 있습니다.

그리고 투자비가 충분하지 않아서 1차적으로 제품의 품질과 생산성 개선에 직접적으로 필요한 제품, 공정, 설비, 원부원료, 환경 데이터와 정보에 중점을 둔 IT 시스템을 구축하기로 했습니다.

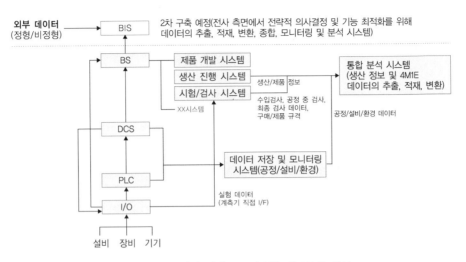

그림 2-80. 개념 설계: IT 시스템 개념도의 예시

이에 따라, 시스템들을 ERP와 같은 비즈니스 시스템, 그리고 DCS나 PLC의 공정, 설비, 환경 관련 데이터를 통합하여 저장, 모니터링, 수집, 분석할 수 있는 통합 분석 시스템으로 구성하였습니다.

2. IT 시스템의 기본 및 상세 설계: 개념 설계를 구현하기 위한 요구 사항을 구체적으로 정의

전사 시스템의 개념도가 아무리 잘 설계되었더라도, 각 구성 시스템의 역할과 시스템들 간의 유기적 관계가 잘 정의되지 못하면 최종 구축된 IT 시스템은 그리 만족스럽지 못하게 되는데 안타깝게도 이런 경우가 종종 목격됩니다.

처음 IT 시스템을 설계할 때 정의한 목적과 방향은 바람직한데, 실제 구축된 결과물을 보면 과녁에서 많이 빗나가 있죠. 이런 상황이 발생하는 이유는 개념 설계와 상세 설계 간에 차이가 발생했기 때문입니다. '개념 설계'는 말 그대로 한 사람이 개념적으로 설계하는 것이지만, 상세 설계는 각 모듈 혹은 구성 시스템별로 생각과 수준이 다른 개인들이 설계하기 때문에 이런 문제가 발생합니다. 좀 더 정확하게 표현하면, 각 구성 시스템의 설계자들은 전체 최적화의 관점보다 본인이 담당한 분야 내에서 개인이 알고 있는 지식과 경험의 범위 내에서 부분 최적화 설계를 하기 때문입니다.

예를 들어보죠. 만약 설비 담당 조직에서 설비를 설계하고 발주한다면, 관련 조직에서 요구한 제품을 생산하는 데 필요한 설비의 기능과 성능을 정의하는 데 초점이 맞추어질 것입니다. 공정 최적화 분석을 위한 데이터 생성에 필요한 센서의 종류나 위치, 규격에 대해서는 상대적으로 그리 많은 신경을 쓰지 않겠죠.

물론 설비 설계 당시에는 아직 생산 경험과 데이터가 없어 품질과 품질에 영향을 미치는 변수 간의 관계를 규명하기 어려운 이유도 있습니다만, 설비 담당 조직의 역할을 보면 근본적으로 품질 최적화를 위한 데이터 분석 관점에서 설비를 설계하는 데는 상대적으로 관심이 적을 수밖에 없습니다.

마찬가지로 재무 조직에서 ERP 도입을 주관한다면 생산이나 판매 관련 비즈니스 프로세스의 적합성과 효율성, 필요한 정보와 데이터 생성에 대한 관심보다는, 정확하고 유연한 재무 데이터와 정보 제공에 더 중요성을 두고 시스템을 구축하려 하겠지요. 즉, 재무 조직 관점에서는 ERP 시스템을 통해 '정확한 재무 회계 정보의 적시 제공으로 의사결정을 강화'하는 것이 더 중요한 가치라고 생각할 것입니다.

그리고 또한 품질 관리 시스템을 구축할 경우에도 설계자가 데이터 분석에 대한 지식이 깊지 않다면 시험 및 검사 기능에 제품의 합부 판정에만 중점을 두고 설계하겠지요. 이렇게 되면, 겉으로 보기에 IT 시스템이 그럴듯하게 구축되었지만, 품질 최적화를 위한 데이터 생성과 활용 측면에서 보면 한계가 있게 됩니다.

'아는 만큼 보인다'라는 말처럼 설계 담당자의 내공에 따른 관점의 차이를 받아들일 수밖에 없기는 합니다만, 아쉬움은 있습니다. 사실 이러한 이유로, 경영이라는 폭넓은 관점에서 IT 시스템을 바라보고 구체적으로 설계할 수 있는 전사 IT 시스템의 아키텍트와 각 구성 시스템별 아키텍트 둘 다가 필요한데, 이들을 확보하기가 쉽지 않은 것이 문제입니다.

그럼 계속해서 앞에서 설명한 A 신사업의 개념 설계 내용이 기본 및 상세 설계로 어떻게 연결되어가는지를 살펴보겠습니다.

A 신사업은 제품의 품질과 생산성 개선을 위해 필요한 제품, 공정, 설비, 환경 데이터와 정보를 수집하고 분석하는 것에 중점을 둔 IT 시스템의 구축에 목적을 두고 개념 설계를 했다고 말했습니다.

기본 및 상세 설계는 개념 설계의 목적을 성공적으로 구현하기 위해서 어떤 데이터와 정보를 주고받고, 사용자가 어떤 내용을 볼 수 있어야 하는지를 구체적으로 정의하는 일입니다.

만약 좀 더 적극적으로 설계하고자 하는 의지가 있다면 이를 상세한 UIUser Interface 화면까지 그리는 것이 바람직한데, 이렇게 작성된 상세 설계서는 IT 개발 업체에게는 시스템 구축 요구서requirements가 됩니다. 사실 시스템 구축 요구서를 접수하고 난 뒤 이를 IT 시스템으로 어떻게 구현할 것인가를 고민하고 코딩하는 단계부터가 IT 업체의 역할인데, 지금은 많은 경우 IT 업체가 상세 설계까지 모두 합니다. 하지만 이렇게 하면 개념 설계의 목적을 충분히 만족시키지 못하는 IT 시스템이 구축될 가능성이 높습니다.

다시 A 신사업의 예로 돌아가겠습니다. 다음 그림은 개념 설계 내용을 약간 더 구체화한 것인데, 주로 구성 시스템들 간 인터페이싱 내용이 정의되어 있습니다. 데이터 모니터링과 분석을 통한 품질 개선과 유지, 생산성 개선이라는 관점에서 다음 4개 시스템 각각의 구성 내용을 정의하면 이것이 기본 설계가 됩니다.

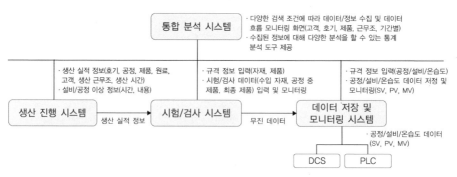

그림 2-81. 기본 설계의 예시

기본 설계의 구성 내용을 구체적으로 설명하는 것을 상세 설계라고 하는데, 정확한 커뮤니케이션을 위해 가능하다면 UI 화면으로 작성하는 것이 좋습니다. 물론 구성 내용의 모든 구동 이미지를 UI 화면으로 세세하게 그려야 한다는 것은 아닙니다. 시간과 사람이 부족한 신사업에 이렇게 요구하는 것은 현실적으로 무리가 있죠. 그래서 IT 시스템의 전략적 구축 방향과 내용에 직접적으로 연관되는 주요 내용, 즉 A 신사업의 경우에는 데이터 모니터링과 분석을 위해 필요한 데이터와 정보를 수집하고 분석하는 내용만이라도 자세하게 UI를 설계하면 됩니다.

이렇게 A 신사업 IT 시스템의 개념 및 기본, 상세 설계가 완성되면 IT 업체에서 구현 가능 여부를 검토하고 비용을 산출합니다. 양사 간의 검토와 조율 과정에서 구축 내용과 방법이 바뀔 수도 있습니다만, 핵심 목적인 '데이터 모니터링과 분석을 위해 필요한 데이터와 정보의 수집' 기능은 반드시 구현될 수 있도록 해야죠.

그리고, 설계 당시의 사업 전략과 투자비 제약이라는 상황에서 구축된 시스템은 언제든 바뀔 수 있습니다. 시장 환경과 경쟁 요소가 바뀌어 경쟁 전략이 달라지거나 사업 구조가 바뀌면 당연히 IT 시스템의 역할도 달라져야 합니다. 그렇기 때문에 항상 시장 환경과 사업 전략의 변화를 모니터링하여 IT 시스템의 적절성에 대해 검토하고, 업그레이드 여부를 판단해야 합니다.

물론 그렇다고 스마트 팩토리나 디지털 기업처럼 일반적인 당위성만을 가지고 무조건 시스템을 도입해서는 안 됩니다. 사업 전략과 특성에 맞지 않는 시스템에 시간과 비용을 투입하여 기존의 IT 시스템을 변경하거나 추가하면 도움이 되기보다는 손실을 초래할 수 있기 때문입니다.

리더와 구성원

이 책의 앞부분에서 '가치 창출 활동'과 '가치 창출 강화 요소'들의 설계와 수행의 주체를 리더와 구성원이라고 했습니다. 그리고 구성원의 일부인 리더를 별도로 구분한 것은 리더의 역할이 그만큼 중요하기 때문이라고도 했습니다. 이 말은 리더와 구성원, 특히 리더가 역할을 잘못 수행하면 이제까지 설명한 내용들이 제대로 작동하지 않을 수 있다는 의미이기도 합니다. 사실상 '리더'는 경영의 수준을 결정짓는 핵심 요소들 중 핵심입니다.

솔직히 고백한다면, '리더와 구성원'은 이 책에서 가장 난해한 주제이며, 실행에 있어서도 가장 자신 없는 부분이기도 합니다. 왜냐하면 순전히 인간의 본능과 개인의 근본적인 특성에 관한 영역이기 때문이죠. 여기에서 아무리 리더의 역할에 대해 제대로 제안하더라도, 리더가 지배 욕망이 강하고 권력 지향적이며, 모든 영역에 세세히 개입한다면 어찌할 도리가 없습니다. 더군다나 해당 사업 분야에 대한 통찰력까지 없는 상황이라면 문제는 더욱 심각해집니다. 이제까지 설명한 모든 내용들은 고장 난 부품처럼 전혀 작동이 안 되든지, 혹은 의도와는 다른 방향으로 작동될 것입니다.

이러한 한계와 리스크를 가지고 신사업의 성공적 추진을 위해 리더가 해야 할 역할과 구성원이 갖추어야 할 역량에 대한 이야기를 시작하겠습니다. 내용 흐름상 '구성원의 역량'을 먼저 설명하는 것이 좋겠습니다.

01 │ 구성원의 역량

기존 사업의 조직에서 신사업의 특성에 적합한 역량을 갖춘 구성원들을 발견하기는 쉽지 않습니다. 대부분의 구성원들이 기존 사업의 시장 구조와 경쟁 위치에서 업무를 오랫동안 수행해왔기 때문에 신규 시장과 제품에서 요구하는 핵심 기술, 마케팅 및 판매 전략, 품질 관리에 대한 경험과 지식이 부족할 수밖에 없기 때문이죠.

공정 조건을 최적화하는 과정을 예로 들어보죠. 기존 사업에서는 품질 문제가 발생하면 시행착오 방식으로 몇 개의 공정 변수를 조정하여 해결하려 합니다. 실제로 기존 제품의 공정 지식이 상당히 축적되어 있기 때문에 몇 번의 시행착오로 문제를 해결할 가능성이 높습니다. 하지만 신사업의 신제품에 이러한 방식을 적용하는 것은 비효과적, 비효율적이며 문제의 재발 가능성도 높습니다. 신사업 초기에는 어떤 공정 변수가 중요하게 영향을 미치는지도 모르는 데다 설비도 불안정하고 계측의 신뢰성도 검증이 안 된 상태에서 기존 사업의 방식대로 감각적으로 몇 개의 변수를 조정하여 최적 공정 조건을 찾는 것은 한계가 있기 때문이죠.

판매도 마찬가지입니다. 기존 사업에서 판매원의 업무는 고객과의 인간적 관계를 강화하고 고객 요구를 접수하여 연구소나 생산에 전달해주는 메신저 역할이 많습니다. 하지만 신규 사업에서는 시장을 세분화하고 고객이 중요하게 생각하는 가치를 찾아내고 가치 제안을 설계하는 업무가 더 중요합니다. 고객 정보를 수집, 분석하고 마케팅 전략을 수립할 수 있는 역량이 필요한 것이죠.

개발도 상황은 비슷합니다. 기존 사업처럼 시행착오에 의한 튜닝 기술이 아닌 새로운 변수 선정과 물질 발굴부터 최적화 모델링을 해야 하는 새로운 기술과 접근 방법이 신사업, 신제품에서는 필요합니다.

이처럼 기존 사업의 구성원들은 현재 갖춰진 시장에서 유지 관리 및 작은 개선에 필요한 업무 경험과 지식을 가지고 있습니다만, 신사업과 신제품은 새로운 고객과 시장, 혹은 이미 경쟁사가 선점한 시장을 공략해야 하기 때문에 상당 부분 다른 역량이 필요합니다.

그래서 외부 경력사원을 채용하려고도 하죠. 물론 경력사원 채용은 기존 구성원 선발보다는 옵션이 많습니다만, 해당 신사업의 특성에 적합한 경력자를 찾기가 그리 쉽지는 않습니다.

그럼 직접적인 질문을 하나 하겠습니다. 성공적인 신사업 추진에 필요한 구성원의 역량은 무엇인가요? 사실 이를 일률적으로 정의하기에는 무리가 있습니다. 신사업의 특성, 신제품의 라이프사이클 단계, 경쟁 상황 및 포지션에 따라 필요로 하는 역량이 다를 수 있기 때문이죠. 다음 표는 기존 사업과 신사업에 필요한 역량을 단순하게 비교한 것인데, 상황에 따라 양쪽의 역량을 적절하게 조합하는 것이 좋을 듯합니다.

표 2-21. 기존 사업과 신사업 간 필요 역량의 예

	기존 사업	신사업
판매 역량	· 고객 관계 관리 · 가격 관리 · 유통 관리(대리점 등) · 고객 요구 접수 및 사후 관리 (고객 요구 → 연구소, 생산 전달)	· 시장 세분화 및 목표 시장 선정 · 고객 발굴 · 고객 및 시장 정보/가치 수집 및 분석 · 고객 가치 제안 · 유통 채널 개발
개발 역량	· 품질 및 원가 개선 제품 개발 · 고객 요구 제품 개발	· 시장 진입 신제품 조기 개발(개념 및 기본 설계) · 다양한 고객 요구 신제품 샘플의 적기 개발
생산 역량	· 생산성 개선 · 품질 유지 및 개선(변수 튜닝) · 고객 클레임 대응	· 신제품 품질 및 수율 조기 안정화 (주요 변수 선정 및 최적화) · 지속적인 품질 균일화

그럼 이런 역량을 어떻게 확보할 수 있겠습니까? 무작정 개인의 치열한 노력을 기대할 수는 없습니다. 그렇다고 교육 훈련을 통해서 단기간에 전문가를 육성하는 것도 어려울 것입니다. 그래서 어떻게 보면 구성원의 필요 역량을 빨리 확보할 수 있는 방법은 신사업의 기능별 조건에 가장 부합하는 경험과 특성을 가진 사람들을 내부 선발이나 외부 채용을 통해 확보하고, 내부적으로 역량 축적의 속도를 가속화할 수 있는 방법을 찾는 것입니다. 어떻게요? 조직 문화에서도 설명한 '개방적인 커뮤니케이션'과 '개발, 판매, 생산 조직간의 협업' 체계를 필요 역량의 축적 속도를 높일 수 있도록 운영하는 것이죠. 지식과 경험을 가장 빨리 축적할 수 있는 방법이 개인과 조직이 가진 지식과 정보, 경험을 공유하는 것인데, 강제적인 공유가 아닌 조직 문화에 의해 개인 간, 조직 간의 상호작용이 활발히 일어날 때 그 축적의 속도와 깊이는 더욱 좋아질 것입니다.

다음 표는 효과적, 효율적으로 구성원들의 역량을 축적할 수 있는 방법과 도구들의 예입니다. 중요한 것은 사전에 어떤 지식과 경험을 축적할 것인가를 명확히 정하고 체계적인 실행 과정을 통해 역량이 축적되도록 하는 것입니다.

표 2-22. 구성원 역량 축적의 방법과 도구의 예

	내용	도구(예)
개방적인 커뮤니케이션	· 외부 전문가의 지식, 경험 활용 · 내부 구성원의 지식과 경험의 공유 · 내부 구성원 간 토론	· 세미나, 컨설팅, 교육 · 포럼, 워크숍 · 토론 규칙
개발/판매/생산 조직 간의 협업	· 공동 프로젝트 추진 · 정기 통합 회의	· 프로젝트 추진 프로세스 및 방법론 · 회의 운영 프로세스 및 규칙

02 　리더의 역할

　　기업의 지속적 생존과 성장에 리더의 역할은 절대적입니다. 신사업에서는 더욱 그러합니다. 그러면 성공적인 신사업 추진을 위한 리더의 역할은 무엇인가요? 사실 리더의 역할에 대해서 이 책의 중간중간에 이미 모두 언급했습니다.

　　극단적으로 표현하면 '이 책에 나와 있는 모든 내용을 설계하고 운영할 책임이 있습니다'라고 주장하고 싶습니다. 하지만 너무 광범위하죠. 그래서 볼링의 킹핀처럼 핵심적인 것 몇 가지를 선정하였는데, '핵심 역량 확보 및 활용', '강하고 우수한 조직 문화 구축', 그리고 '비즈니스 시스템 설계 및 운영' 3가지입니다.

　　이들의 특성을 보면 사업 전략 및 실행과 직접 관련된 요소가 아닌, 구성원들의 활동을 지원하고 강화하는 무형적인 인프라 같은 것들입니다. 이 3요소는 서로 독립적인 것이 아니라 상호 보완 관계에 있습니다. 예를 들면, 핵심 역량을 확보하고 활용하기 위해서는 조직 문화와 비즈니스 시스템에도 이것이 반영되어 있어야 실행력을 높일 수가 있습니다. 마찬가지로 조직 문화도 비즈니스 시스템에서 지향 조직 문화를 정의하고 이를 확보, 강화, 활용할 수 있도록 업무 프로세스 곳곳에 반영되어 있어야 합니다.

　　리더는 이처럼 다차원적이고 통합적인 시야를 가지고 전략적으로 구현할 수 있는 역량이 있어야 합니다. 리더의 역할에 대한 본격적인 설명을 하기 전에 먼저 리더가 업무 전반에 어느 정도 개입할 것인가에 대한 이야기를 먼저 하는 것이 좋겠습니다. 업무의 중요도와 특성에 따라 차이는 있지만 리더의 개입 정도는 신사업, 신제품의 성공에 매우 중요한 요소입니다. 리더가 너무 실무적인 수준까지 개입하거나, 잘 알지 못하는 분야까지 관여하고 의사결정을 한다면, 그 부정적 여파가 너무 크기 때문입니다.

　　이 책의 앞부분 '유망 아이템 센싱 및 선정'에서 리더의 개입 정도가 강할 때 나타나는 부작용과 한계에 대해 설명했습니다만, 요약하면 이렇습니다.

　　리더가 아무리 관련 분야에 대해 깊은 지식과 경험이 있더라도 여전히 한정된 사고와 행동의 패턴에서 벗어날 수 없는 통찰력을 가지게 될 수밖에 없습니다. 그리고 이러한 통찰력이 모든 경우에 항상 적합하지는 않습니다. 문제는 리더가 잘못된 개입이나 의사결정을 할 경우에도 구성원들은 반론보다는 부정적인 순응과 대응을 함으로써 왜곡된 결과를 초래할 수도 있다는 것입니다. 특히 리더가 해당 전문 분야에 대한 지식과 경험이 없는 상태에서 개념과 당위성만을 가지고 실무 수준의 업무 개입을 할 경우에 상황은 더 심각해지고, 조직 문화에도 치명적인 영향을 미칩니다.

예를 들면, 최고경영자가 스마트 팩토리나 인공지능, 머신러닝에 대한 이론과 현실에 대한 깊은 지식과 정보도 없이 개념과 당위성을 가지고 일방적으로 밀어붙이면 비용과 기업 문화 측면에서 큰 손실을 초래할 수 있습니다.

그렇다고 리더는 무조건 업무의 개입 정도를 최소화해야 한다고 주장하는 것은 아닙니다. 어떤 상황에서는 현실적으로 리더의 직접적 개입이 불가피합니다. 더군다나 관련 지식과 경험이 조직에 축적되지 않은 신사업 초기에는 신속한 실행을 위해서 리더 중심의 강력한 추진력이 더 적합한 경우도 많습니다.

다음의 왼쪽 그림은 구성원과 리더의 통찰력 수준의 차이에 따라 리더의 개입 정도를 어떻게 조정해야 할지를 보여줍니다.

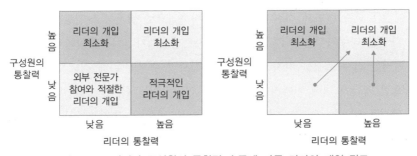

그림 2-82. 리더와 구성원의 통찰력 수준에 따른 리더의 개입 정도

가장 바람직한 상황은, 리더와 구성원 둘 다(아니면 적어도 구성원들)의 통찰력이 높은 상태에서 리더의 개입을 최소화하고, 다양한 통찰력을 가진 구성원들의 집단지성에 의존하는 형태일 것입니다.

그런데 리더의 적극적 개입이 불가피한 과도기적 상황이 있습니다. 구성원들의 통찰력이 리더의 통찰력보다 많이 부족한 경우이죠. 다시 말하면 리더를 제외하고 아직 조직에 해당 신사업, 신제품에 대한 지식과 경험의 축적이 이루어지지 않은 단계입니다. 이런 상황은 주로 규모가 크지 않고 오너 주도로 운영하는 기업이나, 수동적 조직 문화가 강한 기업에서 많이 나타납니다.

혹은 매우 드문 경우이지만 테슬라의 일론 머스크처럼 기술과 시장에 대한 통찰력과 혁신 DNA가 강한 천재가 리더인 경우이죠. 이럴 때는 리더의 적극적인 개입이 필요할 수밖에 없습니다. 하지만 이러한 상황도 가능한 한 빨리 다양하고 깊은 통찰력을 가진 구성원들 중심의 기업 운영 체제로 전환될 수 있도록 노력해야 하는데, 다음과 같은 몇 가지 이유 때문입니다.

첫째는, 통찰력도 분야가 있다고 앞에서 몇 번 강조했습니다만, 신사업 분야가 시간이 흐르면서 다변화될 경우 기존의 통찰력이 적합하지 않거나 더 뛰어난 통찰력을 가진 구성원들이 육성될 수 있기 때문이죠. 이럴 경우, 잘못하면 리더가 가진 기존의 통찰력이 사업 확대에 장애물이 될 수도 있습니다.

둘째는, 통찰력이 뛰어난 후계자를 지속적으로 발굴한다는 것은 거의 불가능하기 때문에, 소수 천재 중심의 경영 방식은 연속성을 가지기가 어렵습니다.

그리고 마지막으로, 새로운 사업 기회를 창출하고 추진 방향을 설정하는 신사업 초기 단계에는 천재가 필요하지만 이를 개선, 안정화, 확장시키는 데는 일정 수준의 통찰력을 갖춘 집단지성이 확률적으로 더 유리할 수 있습니다.

어쨌든 환경 변화에 적절히 대응하여 지속적으로 생존하고 성장하려면 소수보다는 다양한 다수가 진화하기 위해 노력하는 생태계가 더욱 유리합니다.

이러한 전제 조건을 가지고 성공적인 신사업 추진을 위해 리더가 해야 할 3가지 중요한 역할에 대해 이야기해보죠. 사실 이 3가지는 신사업 초기 단계의 성과에 크게 영향을 미치는 요소가 아닐 수 있습니다만, 신사업 초기 단계부터 이를 준비하고 구축해야 시장 확장, 그리고 또 새로운 제품 발굴 및 확대의 선순환적인 성공 궤도에 올라갈 수 있을 것입니다.

① 핵심 역량 확보 및 활용

핵심 역량의 중요성과 의미는 앞에서 충분히 설명했습니다. 그런데 많은 경우 현재와 미래의 지속적 생존과 성장을 위해 필요한 핵심 역량을 선정한 뒤 이를 확보하고 활용하는 노력은 제대로 하지 않습니다. 사실 핵심 역량을 제대로 선정하는 것도 쉬운 일이 아니지만, 이를 제대로 확보하고 활용하는 것은 더욱 어려운 일입니다. 왜냐하면 당장의 성과와 연계되지 않는 일을 끈기 있게 추진하는 것도 어렵지만, 기존의 일상 업무에 매몰된 구성원들을 독려하고 설득하는 것 또한 쉬운 일이 아니기 때문입니다.

그래서 리더는 핵심 역량을 확보하고 성과와 연계시키기 위해서, 그 중요성에 대해 지속적이고 일관된 메시지를 구성원들에게 전달하고, 구체적인 실행 프로그램을 만들어서 운영해야 합니다.

구성원들은 리더의 메시지에 진정성이 있는지 없는지를 잘 압니다. 리더의 생각과 행동이 일관성 있게 유지되고 있는지 약화되고 있는지도 본능적으로 느낍니다. 리더의 일관성이 약화되고 단기적인 재무 성과에 우선순위가 밀렸다고 생각하는 순간 '핵심 역량'을 확보하기 위한 프로젝트는 성공하지 못합니다.

그리고, 리더의 지속적인 메시지와 일관성 있는 생각, 행동과 함께 필요한 것이 핵심 역량을 확보하고 활용할 수 있는 프로그램을 설계하고 운영하는 일입니다. 핵심 역량의 내용에 따라 프로그램이 달라질 수 있는데, 앞의 '핵심 역량'에서 설명한 '기술'의 예를 다시 한 번 들겠습니다.

기술을 확보, 활용하기 위한 3개의 구현 프로그램을 앞에서 이야기했습니다. '기술의 분류와 시각화', '기술 축적의 생태계 조성', '기술의 성과 연계 체계'였죠.

리더의 역할은 이렇게 정의된 핵심 역량을 확보, 강화, 활용하기 위해 어떤 프로그램이 필요한지를 구성원들과 협의하여 도출하고, 이들이 제대로 실행되는지, 효과가 있는지를 지속적으로 모니터링하여 지속적으로 프로그램을 보완하는 것입니다.

② 강하고 우수한 조직 문화 구축

조직 문화는 개인이 집단 속에서 어떻게 생각하고 행동할 것인가를 결정합니다. '강한 조직 문화'란 조직에 공통적인 '색깔'이 얼마나 강하게 존재하느냐 하는 것이죠. '우수한 조직 문화'는 형성된 조직 문화가 그 기업의 지속적 생존과 성장, 그리고 구성원들의 행복에 적합하다는 의미입니다.

이렇게 기업 문화란 '강함'과 '우수함' 둘 다의 속성을 가지고 있어야 제대로 작동할 수 있습니다. 만약 사전에 설계된 조직 문화가 없으면 리더들을 포함한 구성원 개개인들은 인간의 본능, 개개인의 습성과 믿음, 이익에 따라 행동하게 되는데, 그 결과 형체를 알아볼 수 없는 부적합한 문화가 형성될 가능성이 매우 높습니다. 그래서 앞의 '조직 문화' 설명에서도 조직 내에 부적합한 문화가 굳어지기 전에 지향 기업 문화를 정의하고 전략적으로 설계, 운영하는 것이 중요하다고 강조했습니다.

결론적으로, 조직 문화에 대한 전반적인 책임은 적어도 재무 성과와 동등하게 기업 문화의 중요성을 강조하고 추진할 수 있는 권한을 가진 리더에게 있습니다. 특히 신사업 초기에 리더의 생각과 행동방식이 기업 문화 형성에 매우 중요하며, 더군다나 절대적인 권력을 가진 설립자가 리더인 경우에는 그 영향력은 결정적입니다.

조직 문화를 구축하는 데 있어 구체적인 리더의 역할은 핵심 역량과 동일합니다. 지향 조직 문화를 정의하고, 구성원들의 의식과 무의식에 큰 영향을 줄 수 있는 강력하고 일관된 변화 프로그램을 설계, 운영하는 것이죠.

그런데 사실 이런 조직 문화를 구현하기 위한 정형화된 프로그램은 없습니다만, 건강한 토론을 위한 규칙, 협업을 강화할 수 있는 KPIKey Performance Indicator 평가 시스템, 조직 간 협업을 할 수 있는 CFTCross Functional Team 운영 프로세스, 3M의 기술 포럼 같은 기술 공유 행사, 기술 트리와 다세대 제품 기획MGPP과 같은 프로그램들이 예가 될 수 있습니다. 이러한 프로그램들을 설계, 실행하는 것도 필요하지만, 효과성에 대한 지속적인 모니터링과 보완을 통해 잘 정착되도록 하는 것이 더 중요합니다.

③ 비즈니스 시스템 설계 및 운영

비즈니스 시스템을 설계한다는 것은 지속적인 생존과 성장을 위해서 누가, 무엇을, 어떤 절차로, 어떤 방법과 방식으로 경영 활동을 할 것인가를 결정하는 것입니다. 이러한 비즈니스 시스템 구축에 필요한 요건들과 도구들은 이미 시장에 많이 나와 있는데, ERP, MB 모델, ISO 시스템 같은 것들이죠.

하지만 이러한 시스템들은 이론적 통합조차 안 되어 있고 제각각 구축되어 있어 비효율적인 데다, 시스템들 자체에도 한계가 있어 도입해도 기대하는 효과를 거두지 못하고 있습니다. 더군다나 일부 시스템들은 고객의 공급업체 등록을 위해 인증을 받아야 하기 때문에, 효과가 없어도 도입하지 않을 수도 없습니다. 하지만 어차피 도입을 해야 한다면 제대로 구축해서 경영에 도움이 되도록 하는 것이 최선인데, 여기에는 몇 가지 장벽이 있습니다.

무엇보다도 가장 큰 장벽은 경영 전반에 대한 이해가 깊은 통합 경영 전문가를 확보하기가 쉽지 않다는 것입니다. 최적의 통합 경영 시스템을 설계하기 위해서는 많은 요소들을 고려해야 하죠. 재무 성과와 조직 문화, 핵심 역량 간의 연계성,

프로세스 자체의 효과성과 효율성, 업무 프로세스들의 전체 최적화 등과 같이 약간 추상적인 요소들입니다. 이러한 보이지 않는 요소들을 시스템 전반에 전략적으로 반영하는 일은 경영 전반에 대한 통찰력이 없이는 쉽지 않습니다.

또 다른 장벽은 구성원들의 기존 업무 방식이나 관성적 행동을 한꺼번에 바꾸기가 쉽지 않다는 점입니다. 그래서 비즈니스 시스템은 현실과 지향점 사이 어느 한 점에 위치해 있어야 하며, 그 위치점은 지향점을 향해 계속 나아갈 수 있도록 PDCAPlan, Do, Check, Action 사이클이 작동되어야 합니다. 그런데 구성원들은 일상 업무에 사로잡혀 있어 기존 방식과 관성을 자발적으로 바꾸려 하지 않습니다. 변화는 불편하고, 변화를 위해서는 많은 에너지가 필요하기 때문에 이것은 당연한 현상입니다. 이러한 장벽들을 제거하고 살아 있는 시스템으로 내재화시키기 위해서는 적어도 3~5년의 시간과 전략적인 접근이 필요합니다.

이제까지 설명한 리더의 역할을 정리해보죠. 신사업의 성공적인 추진을 위해 구성원들의 통찰력 수준에 따라 리더의 실무 개입 수준을 결정하는 기준에 대해 설명했고, 궁극적으로는 리더의 직접적 업무 개입을 최소화하는 것이 좋다고 말했습니다.

그리고 리더가 집중해야 할 3개의 주요 영역과 이를 실행하는 과정에서 극복해야 할 장벽에 대해서도 설명했습니다. 그런데 이 3영역인 '핵심 역량 확보 및 활용', '강하고 우수한 조직 문화 구축'과 '비즈니스 시스템 설계 및 운영' 간에는 상호 지원 관계가 있습니다.

'비즈니스 시스템'은 '핵심 역량'과 '조직 문화'를 구현, 강화시켜주는 역할을 하고, '조직 문화'는 '핵심 역량'을 강화시켜주는 역할을 하죠. 그래서 이들을 개별 독립적으로 구축하는 것보다는 상호 지원을 통해 시너지 효과가 나타나도록 설계하는 것이 중요합니다.

리더의 역할과 역할들 간의 상호관계를 그림으로 정리하면 다음과 같습니다.

리더의 역할	주요 내용	특기사항
핵심 역량 확보 및 활용	핵심 역량 정의 및 지속적 업데이트	현재와 미래의 사업 환경 및 핵심 성공 요소 파악
	핵심 역량 확보 프로그램 개발 및 운영	핵심 역량의 효과에 대한 지속적 모니터링 및 보완
강하고 우수한 조직 문화 구축	지향 조직 문화 정의 및 내재화	내재화 프로그램 개발 및 운영
	집단지성 환경 조성	구성원들 간 연계 및 자발적 참여 환경, 분위기
비즈니스 시스템 설계 및 운영	전사 기능의 통합 및 최적화를 위한 비즈니스 프로세스 설계 및 운영	최초 도입 후 내재화를 위해 3~5년간 집중적인 노력이 필요
	업무 수행 방식의 효과 검증 및 지속적 업그레이드	업무 수행 방법론 및 도구의 발굴

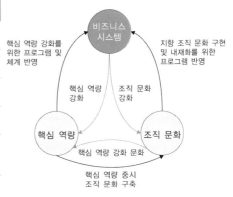

그림 2-83. 리더의 역할과 역할들 간의 상호 관계

3개 영역을 성공적으로 수행하기 위해서는 전사적인 차원에서 최고경영자가 직접 주도해야 합니다. 임원들과 단위 조직들의 적극적인 참여가 필요하기 때문에, HR 팀과 같이 특정 단위 조직에서 위임을 받아 감당할 수 있는 일이 아닙니다.

물론 그렇다고 최고경영자 혼자서 모두를 할 수는 없습니다. 성공적으로 추진하기 위해 구체적이고 실질적인 전략을 수립하고 운영하는 실무적 접근도 중요하기 때문이죠. 그래서 여기에 집중할 수 있는 실무 전담 조직을 신설하는 것이 가장 바람직합니다. 만약 이것이 어렵다면 최소한 혁신과 관련된 조직을 선정하여, 최고경영자와 수시로 직접 커뮤니케이션할 수 있는 체계를 운영하는 것이 차선책입니다.

　　신사업과 신제품은 기업이 지속적으로 생존, 성장하는 데 반드시 필요합니다. 하지만 수많은 도전들이 실패로 끝납니다. 이러한 높은 실패율을 단순히 확률적인 문제로 치부하기에는 손실이 너무 크고 중요합니다. 그리고 단언컨대 이것은 이미 정해진 확률의 문제가 아니라 기업이 가진 역량의 문제이며, 성공률을 높일 수 있는 방법론(이 책에서 '프레임워크'라고 부르는)과 이를 제대로 설계하고 실행할 수 있는 전문가가 없는 것이 그 원인이라고 생각합니다.

　　오랜 기업의 역사에도 불구하고, 정말 핵심적인 분야에 제대로 된 전문가가 없다는 것이 신기하기조차 합니다. 이런 결과는 특정 기능 분야의 경력자만을 양산하는 과거와 현재의 경영 시스템과 기업 문화에 원인이 있습니다. 이제는 뭔가 변화가 필요합니다. 미흡하나마 이 책을 쓰게 된 이유에도 이러한 배경과 소명 의식이 있었습니다.

　　사실 지난 30여 년간 경험하고 학습한 내용과 느낌을 글로 표현하는 데는 적지 않은 한계가 있었습니다. 언어란 인간의 지식과 정보, 경험과 느낌을 범주화시켜 표현하는 도구이기에 미묘하고 세부적인 지식과 느낌들을 제대로 전달하는 데 있어, 이것은 어쩔 수 없는 어려움이라고 생각됩니다. 하지만 이런 기본적인 한계와 함께 저 개인의 부족한 표현력과 앞선 의욕이 독자들의 어려움을 가중시켰을지도 모를 일입니다.

　　글 쓰는 사람의 능력에 관한 문제는 쉽게 보완할 수 있는 것이 아니라서, 어쩔 수 없이 독자들의 독해력에 공을 넘길 수밖에 없을 것 같습니다. 하지만 저 개인적으로도 이러한 약점을 보완하기 위해 가장 많은 시간을 투자하여 고민한 것이 '신사업과 신제품 추진의 성공 프레임워크' 설계였습니다. 만약 이것으로 신제품의 성공 요소와 경로를 명쾌하게 제시할 수 있다면 표현의 한계를 어느 정도 보완할 수 있으리라 생각했고, 고민의 깊이만큼 프레임워크의 구조와 구성 요소가 여러 번 바뀌었습니다.

　　최종적인 프레임워크의 구조는 3개의 영역과 각 영역별로 구성 요소들을 1계층 혹은 2계층으로 배치하였습니다. 3개의 영역은 '가치 창출 활동', '가치 창출 강화 요소', '리더/구성원' 등으로 구성되어 있는데, '리더와 구성원'과 '가치 창출 강화 요소'는 '가치 창출 활동'을 수행하거나 강화하는 역할을 하도록 관계가 설정되어 있습니다.

　　그리고 '리더와 구성원'과 '가치 창출 강화 요소'는 각각 1계층으로 구성되어 있으나, '가치 창출 활동'은 2계층으로 이루어져 있습니다. 다음 그림에서 보시는 것처럼 '전략'과 '실행', 그리고 '성과'로 구분하였고, 이들의 각각에 대해 구체적인 활동 내용들을 시계열적으로 나열했습니다.

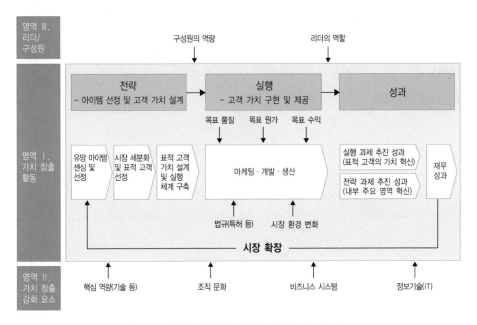

그림 3-1. 신사업과 신제품 추진의 성공 프레임워크

처음 이 프레임워크를 고민할 때 다양한 신사업, 신제품의 특성과 환경에 유연하게 활용할 수 있도록 '컴포넌트 기반 설계(CBD)Component Based Design' 개념을 적용하고자 하였습니다. 추진 상황과 조건에 따라 레고 블록처럼 필요한 구성 요소(블록)를 선택하여 프레임워크를 재구성할 수 있도록 한 것입니다.

예를 들어보죠. 기존 조직에서 신제품을 추진할 때는 비용과 시간 등 여러 가지 이유 때문에 기존의 '리더와 구성원(영역 Ⅲ)', 그리고 '가치 창출 강화 요소(영역 Ⅱ)'를 새롭게 구성하거나 변경하는 것이 현실적으로 어렵습니다. 이 경우에는 '가치 창출 활동(영역 Ⅰ)' 컴포넌트만 적용하면 되는 것이죠. 또한 이미 아이템 선정과 표적 시장, 고객 선정이 완료된 상태인 경우에는 '표적 고객 가치 설계 및 실행 체계 구축' 단계부터 필요한 요소들을 선택하여 활용할 수 있습니다. CBD 설계 방식은 이렇게 신사업, 신제품의 특성과 환경에 따라 유연하게 적용할 수 있는 것이 강점입니다.

개인적인 경험을 비추어 보면 기존 조직에서 신사업을 추진하든, 신규 조직을 구성하든지 간에 관계없이 중요하게 다루어야 할 구성 요소들이 있습니다. 어떻게 보면 신사업, 신제품 성공의 공통 핵심 요소라고 할 수 있죠.

그것은 리더의 역할, 비즈니스 시스템, 그리고 조직 문화입니다. 이 3개 요소를 선정한 근거가 있는데, 이에 대한 설명을 위해 '신사업과 신제품 추진의 성공 프레임워크'의 구성 요소들 간 인과관계를 다음과 같이 그려보았습니다.

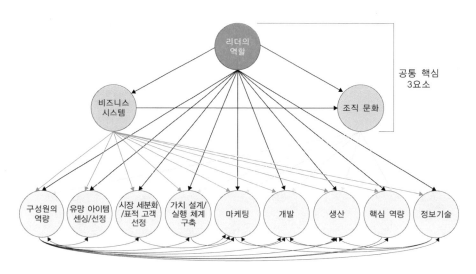

그림 3-2. 신사업과 신제품 추진 프레임워크 구성 요소들 간의 인과관계

그림처럼 공통 핵심 3요소는 모든 혹은 대부분의 구성 요소들에 영향을 미치는 원인 인자들입니다. 다른 말로 설명하면, 이 3요소는 잘 운영하면 모든 요소들의 성과도 높일 수 있는 핵심 인자들인 셈이죠.

그럼 이 3요소들 간의 관계를 살펴보겠습니다. '리더의 역할'은 '비즈니스 시스템'과 '조직 문화' 둘 다에 중대한 영향을 미치고, '비즈니스 시스템'은 '조직 문화'에 영향을 미치고 있습니다. 정리하면 조직 문화=f(리더의 역할, 비즈니스 시스템), 비즈니스 시스템=f(리더의 역할)이라는 함수 관계가 성립하죠. 즉, '조직 문화'는 '리더의 역할'과 '비즈니스 시스템'의 영향을 받고, '비즈니스 시스템'은 '리더의 역할'의 영향을 받습니다.

결론적으로 '리더의 역할'이 성공적인 신제품 추진에 가장 많은 영향력을 미치는 핵심 인자들 중 핵심인 셈이죠. 이것은 경험적으로도 상당히 맞는 말입니다. 이 '리더의 역할'의 중요성은 앞에서도 설명했지만, 아무리 강조해도 지나치지 않습니다. '신사업, 신제품의 시장 진입과 확대의 성공 여부는 리더에 의해 좌지우지된다' 라고 말해도 지나친 말이 아닙니다.

특히 계층적 권력 구조가 강한 기업에서 이런 현상은 더욱 뚜렷합니다. 직장에서 구성원들 개인의 생존과 성공에 절대적인 영향을 미치는 리더의 명시적, 암묵적인 지시는 절대적인 힘을 가집니다. 이와 같은 생태계의 구조 속에서 리더의 권력은 조직을 어려움에 밀어 넣기도 하고 지속적인 성공으로 이끌기도 하는 극단적인 요소입니다.

이렇게 막강한 영향력을 가진 리더의 업무 개입 수준과 역할에 대해서는 앞에서 충분히 설명했습니다만, 간단하게 요약하겠습니다. 먼저 리더의 업무 개입 수준에 대해 2가지 경우를 말했습니다.

첫째, 해당 신사업, 신제품 분야에 대한 리더의 통찰력이 관련 구성원들의 통찰력보다 훨씬 뛰어나 상당 부분 넓은 영역에서 깊게 개입할 수밖에 없는 상황입니다. 리더들은 이와 같은 과도기적 기간을 최대한 빨리 단축시켜서, 다음 설명할 두 번째 상황으로 넘어갈 수 있도록 노력해야 합니다.

둘째, 리더의 통찰력 수준이 구성원들과 비슷하거나 떨어지는 경우입니다. 이럴 때는 리더의 개입을 최소화하고, 다양한 통찰력을 가진 구성원들의 집단지성에 의존하는 형태로 운영하는 것이 바람직합니다.

그리고 일반적인 경우에 리더들이 해야 할 중요한 역할은 '핵심 역량 확보 및 활용', '강하고 우수한 조직 문화 구축', 그리고 '비즈니스 시스템 설계 및 운영' 3가지가 있습니다.

그런데 문제는 이렇게 중요한 리더들의 역할과 업무 개입 수준을 제어할 수 있는 실질적인 수단이 딱히 없다는 점입니다. 이상적인 승계 시스템이 제대로 작동하거나, 아니면 선한 권력 의지를 위한 개인의 철학적 노력에 맡겨둘 수밖에 없는 것이 현실적인 한계죠.

'선한 권력 의지'를 가질 수 있는 방법에 대해 개인적으로 많은 생각을 했습니다만, '신사업과 신제품의 성공적 추진'이라는 주제에서 철학적인 주제에 많은 페이지를 할애한다는 것은 적절치 않기 때문에 자세한 이야기는 별도의 기회에서 다룰 생각입니다.

결과적으로, 이 책에서는 아쉽게도 '리더의 역할'을 통제할 수 없는 '불확실성이 높은 변수'로 남겨둘 수밖에 없을 것 같습니다.

이것으로 신사업, 신제품의 발굴부터 시장 진입 및 확장 단계까지 필요한 내용에 대한 이야기를 마치겠습니다. 이 책의 내용과 사례를 직접적으로 참조하기가 적합하지 않는 신사업과 신제품의 유형도 당연히 있을 것입니다. 하지만 책에서 주장하는 핵심을 충분히 이해한다면 큰 무리 없이 적용할 수 있으리라 생각합니다.

아무쪼록 이 책이 신사업, 신제품의 지속적인 성공을 원하는 기업과 진정한 전문가가 되기를 꿈꾸는 사람들에게 플랫폼 지식이 되기를 바랍니다.

찾아보기

○ 저자소개

황춘석 1961년생, 고려대학교 경영대학원 석사(마케팅)

대기업에서 28년간 근무하면서 국내뿐만 아니라 미국, 중국에서 기존 사업과 신사업의 다양한 업무와 혁신 프로젝트, 그리고 관계사를 포함한 사내외 컨설팅을 수행했다.

세계 최고의 경영 전문가가 되기 위해 직장 생활 때부터 체계적인 이론 학습과 실무 경험을 통해서 지식과 경험의 범위, 깊이를 지속적으로 확장해왔다. 그리고 축적한 다양한 플랫폼 지식과 경험들 간의 연결과 융합을 통해 경영에 대한 균형적이고 통합된 통찰력을 갖고자 했다.

전문 분야는 사업 전략, 마케팅 및 판매, 연구개발, 생산 등 기능별 프로세스 및 방법론들뿐만 아니라 기업 문화, 핵심 가치와 역량, 기술, 품질, 원가, 소집단 활동, BPRbusiness process reengineering, PMIpost−merger integration 등 영역별 혁신 프로그램을 설계하고 구축하는 일이다.

그리고 이러한 다양한 영역에 대한 이해를 바탕으로, 기업의 특성과 상황에 따라 최적화된 '통합 경영 시스템'을 설계, 구축하는 데 힘을 쏟고 있다.

2016년에 퇴직하고 현재 컨설팅과 강의, 그리고 경영 관련 집필 활동을 하고 있다.

mobile : 010−5290−5122
e−mail : ini−lab@naver.com
blog : https://blog.naver.com/ini−lab

신사업, 신제품 오디세이

초판발행	2019년 9월 3일
지은이	황춘석
펴낸이	안종만 · 안상준
편 집	강진홍
기획/마케팅	장규식
표지디자인	벤스토리
제 작	우인도 · 고철민
펴낸곳	(주) **박영사**
	서울특별시 종로구 새문안로3길 36, 1601
	등록 1959. 3. 11. 제300-1959-1호(倫)
전 화	02)733-6771
f a x	02)736-4818
e-mail	pys@pybook.co.kr
homepage	www.pybook.co.kr
ISBN	979-11-303-0796-1 93320

정 가   20,000원